예비·현직교사를 위한

수업모형의 실제

김민환 · 추광재 공저

박영story

개정판에 부치는 글

우리나라 교육계에 끊임없이 제기되는 비판중의 하나는 바로 수업이다. 일제로부터 벗어난 이후 오늘날까지 수업체제나 질 등을 향상시키기 위한 정부 차원의 제도적 개선을 비롯해 학교나 교사 중심의 자생적 노력이 지속적으로 이루어지고 있다. 이러한 노력들이 우리나라 학교 수업의 질적 수준을 높이는 데 기여한 것으로 보이나 모두 성공적이었다고 볼 수는 없다. 예컨대, 1945년 이후 전개되었던 '새교육운동'을 비롯하여 역대 정권 교체기마다 교육개혁 작업의 일환으로 제시되었던 다양한 수업 개선 노력들은 일견 그럴듯하게 보였고, 그 효과가 부분적으로 인정되는 듯하였지만, 이를 둘러 싼 개선 과제는 여전히 잔존하고 있다. 1990년대 중반에 우리나라 교육계에 휘몰아쳤던 이른바 '열린교육'의 광풍은 수업개선에 대한 강한 의지와 열망을 담고 있었으나 그 효과는 미미했을 뿐만 아니라 이제는 그 이름조차 거론하지도 않는 상황이다. 열린교육의 이념과 방법을 잘못 이해한 결과 엉뚱하게도 학교 담장이나 교실 벽을 허무는 일을 벌이기도 하였다. 열린 교육의 핵심인 '학생중심 수업'은 거의 간과된 채 수업 개선을 위한 노력이 이루어졌던 것이다. 단지 일부 학교의 일부 교사만이 열린교육의 이념을 올바로 이해하고 실천했던 것을 볼 수 있었다. 그 결과 지금은 열린교육이 해당 정권의 만료와 함께 이슬처럼 사라지고 말았던 것이다.

그럼에도 불구하고 정부나 각 학교에서는 오늘날에도 수업개선을 위한 노력을 여전히 지속적으로 기울이고 있다. 교과교실제나 자유학기제 및 창의인성 교육의 강화 등은 현 정권에 들어서 새롭게 강조되고 있는 것들이다. 그런데 이들 구호나 테마를 꿰뚫고 있는 한 가지 이념은 학생중심 수업으로 이전의 교육개혁 작업에 담겨 있던 정신과 크게 다를 바가 없다. 학생중심 수업을 통해 수업, 나아가 교육의 본질을 되찾고자 하는 것이다. 학생중심 수업의 취지를 제대로 살려서 수업다운 수업, 교육다운 교육을 전개하고자 하는 것이다. 이럼에도 불구하고 학교 현장의 실정은 어떠한가?

일부 학교의 교과교실제를 들여다 볼 때, 교실과 같은 하드웨어와 기자재만 갖추고 있을 뿐 실상 이 제도의 핵심인 학생중심 프로그램의 개발이나 수업은 거의 찾아 볼 수 없는 실정이다. 무늬만 교과교실제인 경우가 허다한 실정이다. 자유학기제는 이제 막 출발한 상태이기에 그 결과를 속단할 수는 없지만, 만일 이 제도도 교과교실 제처럼 이해되고 실천된다면 그 결과는 가히 불문곡직(不問曲直)이다. 창의인성교육 역시 마찬가지일 수밖에 없을 것이다.

학생중심 수업의 취지를 온전하게 구현하고, 이를 통해 수업효과를 높일 수 있는 방안을 다양한 수업모형에서 찾을 수 있다. 특히 수업모형 중에서도 수업의 절차나 과정에 관한 것이나 혹은 수업설계에 관한 모형보다 수업내용의 조직과 제시 방법에 관한 모형에서 찾을 수 있다. 이른바 수업에 관한 '내용모형'들이 그것이다. 필자들은 일찍이 이러한 점을 직시하고 3년 전에 '예비·현직 교사를 위한 수업모형의 실제'를 출간하였다. 이 책에서는 초·중등학교 교사들은 물론 예비교사들도 많이 활용하거 나 그럴 가능성이 큰 수업모형들 19개를 제시하였다. 각 모형의 이론적 배경을 먼저 제시하고, 이를 수업에 적용할 방법과 유의사항 등을 자세하게 제시하였다. 특히 수 업모형을 적용하기 위한 시나리오나 교수·학습 과정안을 함께 제시함으로써 독자들 의 활용 가능성을 제고하고자 하였다.

그렇지만 각 수업모형의 소개 순서가 다소 일관적이지 않고, 일부 오·탈자 등이 더러 눈에 뜨이기도 하였다. 또한 새로운 수업모형의 소개 필요도 제기되었다. 예컨 대, STEAM모형은 최근에 우리나라 학교 현장에서 널리 소개되고 활용되는 것으로 이에 대한 정확한 이해와 활용방법의 습득 필요성이 제기되었다. 이에 필자들은 독자 들이 기존의 책자에 담기 다양한 수업모형들을 쉽게 이해하고 용이하게 활용할 수 있도록 윤문을 하였고, 수업모형들의 성격에 따라 게재 순서를 바꾸었으며, 성격이 중복되는 일부 모형을 삭제하였고, STEAM모형을 추가하였다. 개정판에 실린 수업모 형들은 모두 '내용모형'에 속하는 것들로 학생중심 수업을 펼치는 데 적합한 모형들이 다. 모쪼록 현직 교사나 예비교사들이 이 개정판에 담긴 다양한 수업모형들을 활용해 수업 개선에 적극 활용하길 기대한다.

2015년 입추(立秋)에
저자 일동

머 리 말

　교직의 전문성을 논할 때 자주 거론되는 것이 바로 수업 전문성이다. 수업 전문성은 모든 교사가 추구할 가치이자 활동이다. 그만큼 수업 전문성의 중요성이 강조되고 있다. 최근에 우리나라에서도 교원능력개발평가가 이루어지면서 수업 전문성에 대한 새로운 인식과 함께 그 실천 방안에 관한 논의가 진지하게 전개되고 있다. 수업 전문성의 주요 내용과 실천 방안에 대한 논의나 연구 및 연수가 활발하게 이루어지고 있는 것을 볼 수 있다. 이러한 노력들은 대부분 학교 현장 교사들의 수업 전문성을 제고하기 위한 것들이다. 특히, 2012년부터 수석교사제가 법제화 되면서 이들이 갖추어야 할 전문성의 성격이나 내용도 결국 수업에 관한 전문성으로 귀결되고 있다.

　수업 전문성의 주요 내용은 무엇인가? 이 질문에 대한 답을 크게 두 가지로 나누어 살펴 볼 수 있다. 하나는 수업 내용에 관한 것이며, 다른 하나는 수업방법에 관한 것이다. 전자는 가르치고자 하는 내용에 대한 전문성이 담보되어 있느냐의 문제로 수렴되어 논의되는 경향이며, 후자는 그것을 가르치는 방법이 능숙하고 탁월한가의 문제를 중심으로 논의되고 있다. 그런데, 이러한 논의를 바라보는 시각에도 두 가지가 존재한다. 하나는 수업 내용과 방법이 성격상 이질적이어서 서로 분리되어 있는 것으로 보는 것이며, 다른 하나는 이들이 서로 밀접하게 관련을 맺고 있어서 이들 중 어느 하나가 나머지 하나에 내재되어 있는 것으로 보는 관점이다.

　내용과 방법이 성격상 이질적이란 관점에서는 내용에 관한 전문성과 방법에 관한 전문성이 다를 뿐만 아니라 그것을 추구하는 방법도 다를 수밖에 없는 것으로 간주한다. 그러나 이들이 성격상 이질적이기 보다 어느 하나가 다른 하나에 내재되어 있다고 보는 관점에서는 내용에 관한 전문성이나 방법에 관한 전문성을 추구하는 것이 서로 다르지 않다고 본다. 내용과 방법의 관계에 관한 논의는 이미 100여 년 전부터 이루어졌다. 듀이(J. Dewey)는 「민주주의와 교육」에서 이들의 관계를 명쾌하게 제시하고 있다. 그는 "방법이라는 것은 교과(내용)와 다른 것이 아니라 바로 교과가 배열된 모양을 가리키며, 다만 그 배열이 교과를 가장 잘 활용할 수 있도록 이루어진 것을 가리킨다. 방법이 내용의 바깥에 있는 경우는 절대로 없다. 교과를 직접 다루는 개인의 입장에서 보면 방법은 어떻게 규정되는가? 이 경우에도 방법은 외적인 것이 아니다. 그것은 바로 '내용에 관한' 것이며, 내용을 효율적으로 다루는 것을 일컫는 것 이외의 아무 것도 아니다."라고 주장한다.

듀이의 주장을 받아들일 때, 수업 전문성의 대상은 구체적으로 어떠한 형태로 제기될 수 있는가? 수업 내용과 방법을 아우르고 있는 수업모형(teaching model)이 바로 그것이다. 다양한 수업모형 중에서도 이른바 수업의 과정이나 절차에 관한 모형보다 수업 내용의 조직과 제시 방식을 논의하고 있는 모형이 여기에 해당한다. 이른바 수업에 관한 '절차(혹은 목표)모형'보다 '내용모형'이 그것이다. 예컨대, Joyce, Weil, & Calhoun이 제시하는 수업모형들이 그것이다. 이들 모형에서는 학습자에게 기르려고 하는 행동특성이 무엇인가에 따라 서로 다른 내용 조직 방식과 제시 방법을 설명하고 있다. 다시 말하면, 가르치고자 하는 내용의 특성에 따라 서로 다른 내용 조직 방식과 제시 방법을 안내하고 있다. 이러한 점을 감안하면, 교사들의 수업 전문성이란 결국 다양한 수업모형에 정통하는 것으로 볼 수 있다.

이 책에서는 초·중·고등학교 교사들이 자주 활용할 수 있는 19개 수업모형을 제시하였다. 단순히 수업모형을 이론적으로 이해하기 위한 것이 아니라 수업모형의 실질적 활용을 돕기 위한 것이다. 각 모형을 제시하기에 앞서 제 1부에서는 수업모형에 관한 기초 내용을 제시했다. 수업과 수업모형의 의미를 비롯하여 수업모형의 유형과 선정 원리에 관하여 안내하였다. 제 2부에서는 수업모형의 활용 실제에 관하여 자세하게 언급하였다. 수업모형 각각에 대하여 교사들의 이해를 돕고 실제 활용 능력을 함양할 수 있도록 다음 사항을 포함시켰다. ① 수업모형의 등장 배경과 의미, ② 수업모형에 따른 학습의 일반적 절차, ③ 수업모형에 따른 학습의 기본 가정, ④ 각 수업모형의 장점과 단점, ⑤ 수업모형에 따른 학습에서 교사의 역할(지도원리), ⑥ 수업모형 적용을 위한 시나리오, 그리고 ⑦ 수업모형을 적용하기 위한 교수·학습 과정안이 그것이다.

특히, 이 책에서는 각 수업모형의 적용을 위한 시나리오와 교수·학습 과정안의 작성에 심혈을 기울였다. 이 부분은 집필자들뿐만 아니라 부분적으로 초·중등 교사들의 참여로 이루어졌다. 한국교원대학교 교육대학원에서 '교수·학습이론의 이해'를 수강하였던 일부 교사들이 각 수업모형을 충분히 이해하고 토론하였으며, 그 결과를 바탕으로 수업모형의 적용 시나리오와 교수·학습 과정안을 작성한 것이다. 이 과정에서 가능하면 각급 학교 교사들이 수업모형을 쉽게 이해하고 적용할 수 있도록 하였다. 때문에 교사라면 누구나 여기에 제시된 수업모형을 이해하고 실천하는 데 별다른 어려움이 없을 것이다.

모쪼록 이 책이 현직 교사는 물론 예비 교사들에게도 수업 전문성을 함양하는 데 도움이 되길 바란다. 이 책이 나오기 까지 한국교원대학교 교육대학원 수업에서 활발한 토론과 아이디어를 제공한 원생들이자 현직 교사였던 모든 이에게 고마움을 전한다. 그리고 어려운 경제 상황임에도 불구하고 선뜻 출판을 맡아주신 원미사 박준식 사장님과 읽기 좋고 예쁜 책을 만들어 주신 편집부 직원들께도 깊은 감사를 드린다.

2012년 12월
저자 일동

목 차

제 1 부

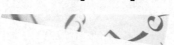

수업모형의 기초

수업과 수업모형

1. 수업의 의미

가. 수업의 의미

　수업(授業, instruction)이란 흔히 교수·학습 활동이나 과정을 의미한다. 교사가 가르치고 학습자들이 배우는 활동이나 과정 및 현상을 일컫는 용어이다. 그렇지만 이 용어에는 다소간 논쟁의 여지가 있다. 그것은 이 말의 의미가 사용자나 용도에 따라 다양하게 규정되고 있기 때문이다. 특히 이 말과 밀접한 관련을 맺고 있는 교수 (敎授, teaching) 및 학습(學習, learning)과의 관계에서는 더욱 그렇다. 수업과 교수는 종종 동일한 의미로 사용되기도 하지만, 일부 학자들은 이들의 의미상 차이를 엄격하게 구분하여 사용하기도 한다. 오늘날엔 대체로 'instruction'을 수업으로, 'teaching'을 교수로 번역하고 있다. 먼저 수업의 의미를 살펴보면 다음과 같다.

　수업이란 학습을 촉진시키기 위하여 학습자에게 영향을 미치는 일련의 모든 의도적 사건들을 말한다. 즉, 수업이란 학습자에게 올바른 학습 방향을 안내하고, 적절한 지식을 습득시키며, 학습자의 활동을 관찰하는 한편, 학습활동에 적절한 피드백을 주는 활동을 의미한다(Gagné, et al., 1992).

　이보다 앞서 Corey는 수업이란 개인으로 하여금 특정 조건이나 혹은 특정 상황에 대한 반응으로서 특정 행동을 나타내도록 학습하게 하거나 또는 그 특정 행동에 참여할 수 있도록 개인을 둘러싸고 있는 환경을 계획적으로 조작하는 과정으로 규정하고 있다(1971).

　위와 같은 정의에 비추어 볼 때, 수업이란 특정 학습을 지향하고 있으며, 이를 위하여 환경을 계획적으로 조작하는 활동이나 과정으로 볼 수 있다. 바꾸어 말하면, 수업이란 학습자들에게 의도적이며 계획적으로 무엇인가를 처치하는 활동이라고 할 수 있다. 이러한 정의는 근본적으로 교육을 무엇으로 규정하느냐에 따라 달라진다. 어떠한 교육관을 견지하고 있는가에 따라 수업에 관한 규정도 다르게 이루어지고 있다.

나. 수업과 교수의 관계

수업과 교수의 관계는 어떠한가? Eisner(1964), Dearden(1967), Green(1971), Soltis(1978) 등의 분석은 수업과 교수의 개념을 보다 명백히 해준다. 수업과 교수의 관계를 보면 다음과 같다(김민환, 2004).

수업과 교수의 관계를 보는 관점에는 크게 세 가지가 있다. 하나는, 교수가 수업보다 포괄적인 것으로 보는 것이며, 다른 하나는 수업을 교수보다 포괄적인 것으로 보는 것이다. 또 다른 하나는 교수와 수업의 의미를 같은 것으로 보고, 이들을 엄격하게 구분하지 않고 혼용하는 것이다.

첫째 관점에서는 일반적으로 교수가 수업보다는 포괄적인 것으로 간주되고 있다. 예컨대, 학습 내용의 성질이나 학습자의 특징을 고려하는 데 있어서 수업은 학습자의 지적인 특성을 주로 자극하는 데 반하여, 교수는 학습자의 모든 능력 요인을 자극하려 한다는 것이다. 그리고 수업이 학습자의 변화 중에서 비교적 의도적인 측면만을 고려하는 데 반하여, 교수는 우연적이며 비의도적인 부분도 포함한다는 점에서 더 포괄적이라는 것이다. 또한 수업이 교사와 학생 간의 상호작용 과정에 있어서 반드시 인격적인 만남을 전제로 하지 않고 있는 데 반하여, 교수는 반드시 이를 전제하고 있는 점이 다르다. Green은 교수의 개념을 폭넓게 보면서 수업을 교수의 하위 개념으로 간주하고 있다(1971).

둘째 관점에서는 수업이 교수보다 더 포괄적 개념으로 간주된다. 이렇게 보는 사람들은 Gagné & Briggs(1979), Hosford(1973), Macdonald(1965), 그리고 Smith & Ragan(1999) 등이다.

Gagné & Briggs는 수업을 학습이 일어 날 수 있도록 학습자의 내적 조건과 외적 조건을 체계적으로 조정하는 것으로 본다. 후에 Gagné는 수업을 학습자가 계획된 학습 목표를 달성할 수 있도록 체계적이고 계획적으로 정보와 환경을 제공하는 일로 재 정의하고 있다(1985).

Hosford에 따르면, 수업은 학습자의 학습 목표 성취에 영향을 주는 간접적 과정으로, 교수가 수업의 중심적 활동을 차지한다. 이에 반하여, 교수는 교사와 학생 간의 상호작용을 통하여 학습자의 학습 목표 성취를 통제하는 직접적 시도이다. 그가 말하는 직접적 시도란 설명하고, 결론을 내리며, 추론하고 정의를 내리는 행동을 의미한다. 간접적 과정이란 교사의 활동을 포함한 분위기 조성이나 자료 제시 및 환경 조성 등을 통하여 학업 성취를 높이려는 과정을 말한다.

Macdonald에 따르면, 교수란 교사의 전문적 역할을 수행하는 행위이며, 학습이란 학습자가 학습 과제를 수행하는 행위이고, 수업이란 교수·학습 과정을 의미하는 것이다. 이렇게 보면, 수업에는 교수 활동과 학습 활동이 포함되는 것이다.

Smith & Ragan은 수업이 교수보다 포괄적 개념이지만, 교수가 수업에 전적으로 종속되고 있는 것은 아니라고 한다. 수업은 구체적인 학습목표를 달성하기 위한 활동이지만, 교수는 때때로 사전에 계획된 구체적인 학습목표를 겨냥하지 않은 채 이루어지기도 한다는 것이다.

셋째 관점은 교수와 수업의 의미를 같은 것으로 보는 것이다. 이 관점에서는 두 용어의 의미를 엄격하게 구분하기 보다는 이들이 다 같이 학습자를 대상으로 한 가르치는 행위나 과정을 지칭한다는 점에서 동일한 것으로 본다. 때문에 이들 용어의 구분은 별다른 의미가 없는 것으로 보기도 한다. 다만 그 용어의 선호가 사용 국가나 맥락에 따라 서로 다르다는 점을 강조한다. 예컨대, 미국을 비롯한 북미 국가에서는 교수란 용어를 선호하며, 영국 계통의 국가에서는 수업이란 용어를 더 즐겨 쓴다.

이상의 내용에 비추어 보면, 수업과 교수의 관계는 사용자들의 맥락에 따라 다양하게 규정되고 있음을 알 수 있다. 그렇지만, 수업과 교수가 모두 학습자를 대상으로 무엇인가를 가르친다는 점에서 일치하는 것으로 볼 수 있다. 또한 우리나라에서는 교수·학습 활동이나 과정을 수업으로 부르는 경향이다. 따라서 이 책에서는 학교교육의 성격을 감안하여 교수란 용어보다 좀 더 의도적이며 계획적이고 실질적인 의미를 지닌 수업이란 용어를 쓰고자 한다. 그러나 문맥에 따라서 교수란 말이 더 적합할 경우에는 부분적으로 교수를 사용하기도 하였다.

2. 수업의 유사 용어

　수업의 유사 용어로는 교수를 비롯하여 학습, 교화, 훈련, 연습, 조건화 등이 있다. 이들 중 교수는 수업과 동일한 의미로 사용되기도 한다. 그렇지만, 교화 등의 용어는 교수와 전혀 다르거나 혹은 교수의 의미와 극히 일부분만 일치하는 것으로 사용된다. 각 용어의 의미를 차례로 보면 다음과 같다.

가. 교 수

　교수(teaching)는 일반적으로 가르치는 일이나 행위를 일컫는 말이다. 그렇지만 이 용어에 대한 우리의 인식은 보다 확대되어야하며 또한 심층적이어야 할 것이다. 왜냐하면 이 말에 관한 이해 정도는 곧 교수 행위와 이와 관련된 제 연구의 성격을 결정짓기 때문이다(김민환, 2004). 교수란 일반적으로 교사가 내용을 매개로 학습자와 의도적이며 계획적으로 상호작용 하는 행위를 말한다. 이를 좀 더 분석적으로 살펴보면 다음과 같다. T. F Green(1971)과 R. T. Hyman(1974)은 교수를 크게 세 가지 행동으로 나누어 설명하고 있다. 논리적 행동, 전략적 행동, 그리고 제도적 행동이 그것이다.

　논리적 행동(logical acts)이란 교사가 교과 내용을 학생들에게 제시하거나 이해시키며, 내용들 간의 관계를 파악케 하는 등의 사고 활동을 말한다. 예컨대, 설명하기, 결론짓기, 추론하기, 이유 제시하기, 증거 수집하기, 정의 내리기 그리고 비교하기 등이다. 전략적 행동(strategic acts)이란 교사가 학생에게 교과 내용을 가르칠 때 취하는 행동으로서, 교과 내용의 이해나 재조직을 위한 것이라기보다는 바로 위와 같은 일이 효과적으로 일어날 수 있도록 취하는 행동이다. 동기 유발하기, 상담하기, 평가하기, 계획 세우기, 격려하기, 강조하기 그리고 질문하기가 그것이다. 마지막으로 제도적 행동(institutional acts)이란 교사의 학생에 대한 직접적인 지도 행위보다는 교사직에 요구되는 행위들을 가리킨다. 때문에 교사의 제도적 행동은, 교수의 본질에 비추어 볼 때, 논리적 행동이나 전략적 행동만큼 그 의미가 학생 지도와 직결되지는 않는다.

　Green은 학교에서 이루어지는 교사의 행동을 중심으로 교수의 개념을 〈표 1-1〉과 같이 세 차원으로 분류하여 설명하고 있다.

〈표 1-1〉 Green의 교수 개념 분류

구 분	논리적 행동	전략적 행동	제도적 행동
1	설명하기	동기유발하기	돈 걷기
2	결론짓기	상담하기	안내하기
3	추론하기	평가하기	복도 순시하기
4	이유제시하기	계획세우기	회의 참석하기
5	증거수집하기	격려하기	출석 부르기
6	증명하기	강조하기	학부모 상담하기
7	정의내리기	질문하기	보고하기
8	비교하기		

이와 같은 분류는 Hyman의 사고에서도 볼 수 있다. Hyman은 Green처럼 교사의 행동을 세 영역으로 나누는 점에서는 입장을 같이한다. 다만 각 영역의 내용에 있어서는 약간 달리하고 있다(1974).

〈표 1-2〉 Hyman의 교수 개념 분류

구 분	논리적 행동	전략적 행동	제도적 행동
1	추론하기	질문하기	직원회의에 참석하기
2	결론 내리기	동기유발하기	출석 부르기
3	설명하기	평가하기	복도 순시하기
4	비교하기	검사하기	돈 걷기
5	정의 내리기	강화하기	보고하기
6	정당화 하기	격려하기	
7		신뢰하기	
8		존경하기	

그러면, 교수의 의미를 무엇으로 볼 수 있는가? 일반적으로 교수는 지식을 습득하고 이해시키며, 특정 태도와 가치를 내면화하며, 운동기능이나 기술을 형성하기 위하여 의도적이며 조직적으로 학생의 학습을 유도하는 것으로 볼 수 있다. 그리고 그것은 교사의 교과 지도 계획으로부터 실제 지도 과정과 지도 결과의 확인 작업까지를 포함한다. 이렇게 보면, 교수는 교사의 의도성이 전제된 상태에서 학생의 학습을 조장하고 이끌어가는 행위로 규정지을 수 있다.

나. 교 화

교화(教化, indoctrination)는 위교(僞教)로도 불리는 것으로, 특정 신념이나 가치관 및 이념 등을 무비판적으로 수용하도록 가르치는 것을 말한다. 교화의 초점은 가르치고자 하는 신념의 근거가 타당한지 여부를 따지는 것이 아니라, 그 신념을 어떻게 수용시키느냐에 있다. 이에 반하여, 수업에서는 가르치고자 하는 신념의 근거에 비중을 둔다. 따라서 수업의 성공 여부는 교사가 가르치는 신념에 관한 근거를 학생이 충분하게 가지고 있느냐의 여부에 달려 있다. 이와 관련하여 Hyman은 교화와 교수의다른 점을 목적, 내용, 방법으로 나누어 다음과 같이 제시하고 있다(1974).

첫째, 교화의 목적은 학생들의 다양한 능력을 계발하기 보다는 종교적으로나 정치적, 혹은 도덕적으로 교사의 의견에 무비판적으로 따르게 하는 데 있다. 따라서 이러한 입장을 취하는 교사는 학생들과 위와 같은 문제에 관한 토론이나 의견교환을 하지 않는다. 그 대신 교사의 의견을 믿고 일방적으로 받아들이게 주입하는 활동을 한다.

둘째, 교화의 주요 주제는 비합리적이거나 비윤리적인 내용들로 비난의 대상이 되는 것들이 대부분이다. 때문에 진리보다는 시비 여지가 많은 특정 신념이나 태도 및 이데올로기들이 주요 내용으로 선정되는 경우가 많다. 진리와 신념을 구분하는 중요한 준거는 증거의 합리성이다. 만일 내가 참이라고 믿는 신념에 명백한 증거가 있으며, 객관적이고 합리적인 증거가 수반될 때, 그것은 단순히 개인적 신념으로 머물지 않고 진리로 자리 잡을 수 있게 된다.

셋째, 교화의 주요 방법은 학생들에게 특정 관점만을 제시하며 일방적으로 믿고 따르게 하는 것이다. 때문에 교화에서는 문제를 분석하고 타당한 증거와 의미 있는 결론을 추출하는 능력을 기르지 않는다.

이와 유사한 관점에서 Grote도 교화를 다음과 같이 비판하고 있다(1971). 학생들의 학습 의지와 관계없는 가르침이나 특정 집단의 목적을 위한 수단으로서 이루어지는 가르침은 일종의 강도행위나 마찬가지이다. 이른바 지적 강탈행위로 볼 수 있다. 비유컨대, 성폭력으로 성이 추하고 혐오스럽게 생각되는 것처럼 지적 강탈에서는 학습이 무의미하게 여겨진다.

다. 훈 련

훈련(訓練, training)이란 주로 특정 행동이나 기술을 습득하거나 형성하는데 사용되는 개념이다. Green은 훈련을 습관 형성의 방법으로 보고 있으며(1964), Peters는 제한된 상황에서 적절하게 반응하거나 습관을 형성하는 것으로 보고 있다(1965). 훈련에는 지성이 포함되기도 하며 때로는 포함되지 않기도 한다. 예컨대, 전자는 비행기 조종사 훈련이나 기술자들의 기술 습득 훈련 등이 그것으로, 이러한 경우에는 인지적 능력이나 운동기능 능력을 포함한다. 그렇지만, 개나 코끼리 등의 훈련에는 지성이 포함되지 않은 것으로 본다. 따라서 지성의 포함 여부는 훈련, 그리고 다음에 설명할 연습이나 조건화와 구분되는 주요 준거가 된다.

또한 훈련은 수업과 엄격히 구분된다. 훈련이 주로 습관 형성에 관한 것이라면 수업은 이를 포함하여 훨씬 더 넓은 영역까지 다루는 점에서 다르다. 특히 수업은 행동 형성은 물론 지식을 전달하고 이해시키며, 가치관이나 신념을 형성하는 것까지 포함한다. 훈련이 수업의 하위 개념인 셈이다. 수업과 훈련이 다 같이 행동을 형성하는 점에서 일치하지만, 수업이 지성적 행동을 강조하는 점에서 구분된다. 수업의 본질은 바로 지성을 가르치는 데 있다.

라. 연 습

연습(練習, drill)이란 학습자가 자신의 일상적인 일이나 절차를 계속하여 반복 수행하는 것을 말한다. 훈련보다는 덜 지적인 활동으로, 때때로 학습자가 자신이 무엇을 하고 있는지에 관한 자각이나 이해 없이 이루어지기도 한다.

마. 조건화

조건화(條件化, conditioning)란 학습자가 특정 자극에 대하여 물리적으로 반응하는 것을 배우는 과정을 일컫는다. 특정 조건하에서 특정 행동을 가능케 하는 것이다. 예컨대, 개에게 종소리를 들려주었을 때 침을 흘리는 것은 교수나 훈련이 아니라 조건화이다. 왜냐하면, 개가 침을 흘리는 것은 종소리란 조건 자극에 대한 반응일 뿐 지적인 작용이 아니기 때문이다. 그리고 여기서는 특정 자극에 대한 반응이 어떻게 나타나느냐에 관심을 가질 뿐 반응의 방향, 즉 옳고 그름에 관해서는 문제 삼지 않는다. 이 말은 특히 B. F. Skinner를 중심으로 하는 행동주의 심리학자들이 인간이나 동물의 학습 현상을 설명하는 용어로 쓰인다.

바. 학 습

학습(學習, learning)에 관한 정의는 학문적 관점에 따라 매우 다양하다. 여기서는 크게 행동주의 심리학과 인지 심리학적 관점으로 나누어 간략히 살펴보았다. 이른바 행동주의 심리학에서는 학습을 '자극과 반응간의 상관관계에서 일어나는 체계적인 변화'로 본다. 이에 반하여 인지 심리학적 관점에서는 학습을 '인지 구조의 변화'로 보고 있다. 이들 관점에서 구체적으로 학습을 어떻게 규정하던 우리가 여기서 발견할 수 있는 공통점은 학습이란 일종의 '변화'를 상정하고 있다는 것이다. 이를 좀 더 자세하게 보면 다음과 같다.

Hilgard 등(1966)은 학습을 어떤 상황에 직면해 그로부터 새로운 행동이 일어나거나 혹은 어떤 행동이 변하게 되는 과정으로 보고 있다. Mayer도 학습이란 경험의 결과로 야기되는 한 개인의 지식이나 행동, 혹은 태도가 비교적 지속적으로 변화되는 것을 의미하는 것으로 규정하고 있다(1982). 이밖에도 수많은 심리학자나 교육학자들의 정의가 있지만 이들로부터 이끌어 낼 수 있는 학습의 개념은 ① 학습은 행동의 변화 과정이며, ② 이 변화가 비교적 지속적일 것, ③ 이 변화가 반드시 경험에 의한 것이어야 한다는 것이다. 이를 보다 자세히 보자.

첫째, 학습이란 행동의 변화를 말한다. 이 때 행동의 변화 방향은 문제 삼지 않는다.

둘째, 이 변화는 경험이나 연습을 통해서 일어나는 변화이며, 성장이나 성숙 또는 생리적인 변화 등으로 인해서 일어나는 변화는 학습으로 간주하지 않는다.

셋째, 이 변화는 비교적 영속적이어야 한다. 이는 학습에서의 변화는 어느 정도 상당한 기간 지속되어야 한다는 것이다. 그렇기 때문에 동기, 피로, 유기체의 민감한 감수성에 의한 일시적인 변화는 학습의 개념에서 제외된다.

이상의 내용들로부터 우리는 학습이라는 개념과 비 학습적 개념을 비교적 명백하게 구분해 낼 수 있을 것이다. 이때 특히 유의할 점은 다음과 같다.(정원식 외, 1975).

첫째, 선천적인 성질 또는 선천력에 의한 변화와 후천적이거나 환경적인 힘에 의한 연습과 같은 노력에 의해서 얻어진 획득 또는 변화되는 경향과의 관계이다. 즉, 전자는 비 학습적인 행동으로서의 변화인데 반하여 후자는 학습된 행동이거나 학습으로써 이룩된 행동의 변화를 말한다.

둘째, 변화가 비록 후천적인 환경이나 경험의 결과로 이루어진 것이라 하여도 일시적인 동기에 의한 것이거나 신체적인 피로 · 외상 · 질병 등의 결과로 나타나는 것은 학습에서 제외된다. 이러한 이유는 피로 · 외상 · 질병과 같은 원인으로 나타나는 변화란 자극 또는 그러한 상황이 없어지거나 환원되면 변용된 행동도 역시 곧바로 환원

되어 지속적이지 못하기 때문이며, 동시에 유기체의 학습기제(learning mechanism)를 통해서 이루어진 것이 아니기 때문이다.

셋째, 진보적인 변용이라는 견해와 좋은 행동에로의 변화이든 나쁜 행동에로의 변용이든 행동의 변화는 일단 학습으로 보는 것이 교육과는 다소 다르다. 일반적으로 일반 심리학이나 학습 심리학과 같은 순수 심리학적 견해는 항상 가치 개념을 배제하므로 진보적이든 퇴보적이든 그 어느 쪽의 변화든 간에 모두 학습으로 간주한다. 예컨대, 소매치기 기술을 습득하는 것은 비교육적이기 때문에 교육의 개념에는 그것이 속하지 않지만, 기술을 습득하였다는 변화라는 측면에서 볼 때 그것은 엄연한 학습의 결과이다. 이렇게 보면 학습은 가치중립적 개념이다.

그러나 교육은 항상 가치 개념을 전제로 하고 있기 때문에 종종 이점이 문제가 되고 있음을 볼 수 있다. 학교 교육에서는 소매치기 기술을 가르치지도 않을 뿐더러 설령 그런 기술을 습득한 학생이 있다 할지라도 그 기술이 퇴보되었을 때 진보적이라고 해석하고 이를 학습의 결과로 본다. 보다 과학적이며 기술적인 입장에서는 일단 가치를 배제하고 생각한다는 점에서 학습의 개념은 가치중립적인데 반해, 일단 학습현상의 본질이 규명된 연후에 이에 대한 가치 부여의 문제는 교육적인 차원의 문제이기 때문에 교육 상태에서의 학습은 가치 전제적인 속성을 지니고 있다고 볼 수 있다.

3. 수업모형의 의미

수업모형에 관한 논의를 하기 전에 도대체 수업모형이란 것이 무엇인가를 밝히는 것이 요구된다. 그리고 수업모형의 개념을 규명하기 위해서는 모형의 개념을 먼저 명백하게 밝힐 필요가 있다(김민환, 2004).

모형(模型)이란 말은 영어의 model을 번역한 것으로, 어떤 사물의 모습을 복사한 것이나 추상화 한 것을 의미한다. 예컨대, 서울시의 교통망을 한눈에 알아 볼 수 있는 지도 혹은 실물 비행기를 축소시킨 장난감 비행기가 곧 모형이다. 이 모형의 개념은 비단 가시적인 사물에만 적용되는 것은 아니다. 복잡한 사회 현상을 알기 쉽게 설명하기 위한 체제를 만들거나, 현상 자체를 간단하게 구조화한 것도 모형으로 본다. 예컨대, 물리학에서 각종 현상 이를테면, 작용 - 반작용이나 낙하 운동 현상을 설명하는 방정식이 있는데 이를 모형으로 볼 수 있다. 이밖에 모형은 일종의 계획을 의미하기도 한다. 교육학에서도 모형의 개념은 마찬가지로 이해되고 있다.

요컨대, 모형이란 어떤 현상에 대한 이해와 설명을 돕기 위하여 고안된 단순하고 이해하기 쉬운 구조나 체제 및 계획을 일컫는다.

그러면, 수업모형이란 무엇인가? 수업모형(models of instruction)이란 복잡한 수업 과정이나 현상을 특징적인 요인을 중심으로 단순화시킨 설명 체제나 구조를 의미한다고 본다. 또한 그것은 수업에 관한 일종의 계획을 담고 있는 틀이기도 하다. 수업모형이 곧 수업 자체는 아니지만, 그것을 압축하여 특징적인 요인을 중심으로 재현하고 있으며, 앞으로의 수업 실천을 위한 계획을 담고 있는 것이다. 이를테면, 수업목표는 어떻게 진술하여야 하며, 수업의 과정은 어떠한 절차를 밟아야 되고, 수업 내용의 조직은 또한 어떻게 하여야 하는지 등의 문제를 알기 쉽게 구조화시킨 설명 체제이자 계획인 것이다.

이와 같은 맥락에서 Joyce & Weil은 수업모형이란 교육과정을 구성하고, 수업 자료를 선정하며, 학급이나 또 다른 사태에서 교사의 가르치는 행위를 이끄는데 사용되는 일종의 계획으로 보고 있다(1980). Cole & Chan은 수업모형을 수업의 실제를 기술하기 위하여 수업의 주요 특징들을 압축해 놓은 설계도나 계획으로 보고 있다(1987). 또한 Eggen & Kauchak은 수업모형을 특수한 수업 목적을 달성하기 위하여 마련한 처방적인 수업전략으로 보고 있다(1988).

수업모형의 개념을 보다 명백하게 하기 위하여 이와 유사한 의미로 사용되고 있는 수업이론이나 수업원리와 비교하는 일도 바람직하다. 그런데 수업모형과 수업이론의 차이란 결국 모형과 이론의 차이에 기인되기 때문에 여기서는 이론의 개념을 모형과 비교하면서 이들 간의 차이점을 밝히는 것으로 대신하였다.

이론의 의미는 학자에 따라 매우 다양하게 정의되고 있다. 그렇지만 대체로 그것이 어떤 현상을 논리적이며 체계적으로 설명하고 예언할 수 있는 일련의 명제들의 집합으로 보는 점에서는 대체로 합의하고 있다. 그러면서 그것은 일반화의 가능성이 매우 큰 것을 전제하고 있다. 이론의 추출은 구체적인 현상들로부터 가설을 설정하고, 이를 검증하여 몇 가지 법칙을 수립하고, 이어서 일반화의 가능성을 찾는 과정을 거친다.

모형은 전술한 바와 마찬가지로 복잡하거나 규모가 큰 현상을 간결하고 단순하게 나타낸 설명 체제이자 계획이다. 이러한 의미의 모형과 이론은 어떠한 점에서 다른가? 여기에는 대략 세 가지 관점이 있다. 하나는 모형을 이론의 하위 개념으로 보는 것이며, 다른 하나는 이와 반대로 이론을 모형의 하위 개념으로 보는 것이다. 그리고 이론과 모형을 동일한 것으로 보는 입장이다. 여기서 우리는 일방적으로 어느 관점이 더 올바르다고 말할 수는 없다. 보다 정확한 파악을 위해서는 이들의 쓰임새와 논의의 맥락에 따라 그 의미를 보다 명확하게 규명하여야 할 것이다. 그렇지만 이들 관계는 대체로 다음처럼 이해되고 있다.

하나의 현상에 대한 설명 체제는 그것을 먼저 모형화 하고 이를 이론으로 발전시키는 것이다. 이렇게 보면 모형은 이론의 하위 개념으로 분류될 수 있다. 그런데, 이미 정립되어 있는 이론을 설명하기 위한 도구로서 모형을 제시하는 경우도 있다. 이렇게 보면 모형은 이론을 응고시킨 결정체로도 보인다. 이론이 응고되었다는 것은 이론에 내포되어 있는 제 변인이나 이들의 관계가 특징적으로 제시되었다는 것을 말한다.

예컨대, Reigeluth는 수업설계와 관련하여 모형과 이론의 차이점을 다음과 같이 제시하고 있다(1999). 수업설계 모형이란 예상되는 수업 조건에서 기대하는 수업 결과를 최대로 성취할 수 있도록 수업을 구성하는 다양한 요소들 간의 관계를 말한다. 이에 반하여 수업설계 이론이란 사람들이 좀 더 효과적으로 학습하거나 개발할 수 있는 방법을 명확하게 안내하는 것이라고 한다. 이렇게 보면, 수업설계 이론이 모형보다 더 추상적이며 처방적 성격을 강하게 띠는 것으로 볼 수 있다. 반면에 수업설계 모형은 수업 실천에 따른 관련 요인들 간의 관계를 조망하거나 구체적인 수업 활동을 안내해 주는 것으로, 모형이 이론보다 좀 더 구체성을 띠는 것으로 볼 수 있다. 그렇지만 이들 간에 비록 정도의 차이가 있을 지라도, 모두 처방적 성격을 띠는 점에서는 입장을 같이한다. 때문에 모형을 이론과 동일시하는 경우도 있다(Dick, 1987; Wilson, 1997). 이로 인해 모형과 이론을 엄격하게 구분하기가 쉽지 않다.

모형과 유사한 또 하나의 개념으로 원리를 꼽을 수 있다. 일반적으로 원리란 제 변인들 간의 관계를 진술한 문장을 일컫는다. 이 관계는 경험적이긴 하지만 아직 법칙 수준까지는 도달하지 못한 것을 말한다. 그렇기에 수업원리란 하나의 지침으로서 의미를 지닐 뿐 수업 현상을 설명하는 논리적인 체제는 아니다. 예컨대, 개별화의 원리, 자발성의 원리, 직관의 원리, 사회화의 원리 그리고 통합의 원리 등으로 집약되는 수업원리들은 수업방법이나 방향을 안내해 주는 성격이 강하다.

수업모형의 유형

1. 수업모형의 성격에 따른 분류

　수업모형에는 어떠한 것들이 있으며, 어떻게 유형화 할 수 있는가? 수업모형은 그 성격이나 분류 준거 등에 따라 매우 다양하게 유형화되고 있다. 우선 수업모형의 성격에 비추어 볼 때, 크게 수업설계에 관한 모형, 수업절차에 관한 모형, 그리고 수업내용에 관한 모형으로 나누어 볼 수 있다. 먼저 이들 각 모형의 의미를 간략히 보면 다음과 같다.

가. 수업 설계에 관한 모형

　수업 설계에 관한 모형은 다시 수업 설계(instructional design, ID) 모형과 수업체제설계(instructional systems design, ISD) 모형으로 나누어 볼 수 있다. 전자는 전체 수업 체제보다 수업 그 자체에 초점을 맞춘 것으로 수업체제설계를 이루는 하나의 구성 요소로 간주된다. 후자는 수업목표를 달성하는 데 영향을 주는 모든 요소들의 관계를 총체적으로 조망해 볼 수 있는 모형을 의미한다. 여기서는 수업을 하나의 체제(systems)로 보고, 수업목표 달성에 따른 단계나 구성 요소들 간의 관계를 제시한다. 예컨대, Dick & Carey의 모형(1996)을 비롯하여, ADDIE(분석, 설계, 개발, 실시, 평가) 모형은 수업체제설계의 기본적 모형으로 간주되고 있다.

　오늘날 수업설계는 대부분 수업체제설계 관점에서 이루어지고 있다. 체제 이론에 바탕을 두고 체제접근을 하고 있는 것이다. 따라서 수업설계를 수업체제설계의 의미로 사용하고 있다. 이에 따라 수업설계 모형도 수업체제설계 모형으로 수렴되어 사용되고 있다.

나. 수업 절차에 관한 모형

수업 절차에 관한 모형(김호권, 1982)은 실제 수업이 이루어지는 절차나 과정을 관련 요인들을 중심으로 단계적으로 제시하는 모형을 말한다. 이는 수업 과정 모형이나 혹은 목표 모형으로도 불리고 있다. 이홍우는 수업모형(본인은 '교수모형'으로 표현하고 있음)을 '교육과정의 구체적인 표현'으로 보면서 크게 목표 모형과 내용 모형으로 나누고 있는데(이홍우, 1977), 그가 말하는 목표 모형이 바로 수업절차 모형이다. 이 모형에서는 그 초점을 수업 내용의 조직 보다 수업이 이루어지는 절차, 즉 수업의 과정에 둔다. 수업이 어떠한 절차에 따라 조직되어야 하며, 가장 효율적인 수업의 흐름이 어떻게 구안될 수 있는가에 관심을 둔다. 여기서는 수업 목표의 설정과 진술이 가장 우선적으로 이루어지며, 중요한 과업으로 인식되고 있다. 그리고 수업 활동은 곧 설정된 목표를 달성하기 위한 것으로 집약된다. 이러한 모형의 이면에는 경영학에서 발달한 체제적 사고가 깃들여 있다.

이러한 수업 절차 모형의 기원을 고전적인 Herbart의 교수 4단계(명료-연합-계통-방법)와 그의 영향을 받은 Rein의 교수 5단계(예비-제시-연합-종합-응용)에서 찾아볼 수 있다. 근대에는 R. Glaser의 수업모형(1962)과 한국교육개발원의 수업모형(1975), Gagné & Briggs의 수업모형(1979)등에서 볼 수 있다. 이밖에 이러한 목표 지향적 사고를 R. Tyler(1949)나 H. Taba(1962)의 교육과정 개발 모형에서도 엿볼 수 있다.

다. 수업 내용에 관한 모형

수업모형의 초점이 수업내용을 조직하고 제시하는 방식에 있는 모형들을 말한다. 수업의 절차보다는 수업내용에 관하여 교사의 견해가 분명하게 드러나고, 실제로 수업 과정에서 내용이 어떠한 방식으로 다루어지는가를 담고 있는 모형들이다. 이홍우는 이를 앞의 절차(목표)모형에 대비되는 것으로 내용모형이라고 부른다(1977). 1970년대 초부터 우리나라에 널리 소개되었고, 지금도 자주 거론되고 있는 Bruner의 수업 이론이 바로 이 모형을 대표한다. 그의 지식의 구조에 관한 견해는 교실에서 지식이 어떻게 다루어질 때 보다 학습 효과가 높고 경제적인가를 제시한다. 이밖에 수업내용에 관한 모형으로 E .E. Bayles의 수업모형, B. G. Massilas의 탐구 수업모형, 그리고 B. Joyce & M. Weil이 분류하고 있는 대부분의 모형 등을 들 수 있다.

2. 학자별 수업모형 분류

가. 학자별 다양한 수업모형 분류

수업모형의 유형은 학자에 따라 매우 다양하게 분류되고 있다. 예컨대, 이홍우는 모형의 중점을 무엇에 두느냐에 따라 크게 목표모형과 내용모형으로 나누고 있다 (1977). 이에 반하여 김호권은 학교 수업의 관점을 크게 수업 운영 원리적 측면, 학습 조건 측면, 그리고 교사 행동의 세 측면으로 나누고, 이들 각각에 대한 수업모형을 설정하고 있다. 이른바 수업 절차 모형, 학습 조건 모형, 그리고 교사 행동 모형이 그것이다(1982).

Cole & Chan은 수업에 실제로 사용되고 있는 모형들을 체계화 하여 7개로 제시하고 있다. 인성 특성 모형, 행동주의 모형, 교과 방법 모형, 수업 기술 모형, 역할 모형, 그리고 수업 원리 모형으로 구분하고 있다(1987). 이와는 달리, Joyce, Weil, & Calhoun은 각 수업모형의 인간관과 학습 방법에 따라 크게 정보처리 모형, 사회적 모형, 개인적 모형, 그리고 행동주의 체제 모형의 네 가지로 나누고 있다(2004). Gunter, Estes, & Mintz는 수업목표에의 부합성에 따라 11개의 모형을 제시하고 있다 (2007). 지시적 수업모형, 개념 획득 모형, 개념 발달 모형, 문제 중심 탐구 모형, 창조적 문제해결 모형, 인과 모형, 소크라테스식 세미나 모형, 어휘 획득 모형, 갈등 해결 모형, Eggen & Kauchak의 통합 모형, 협동학습 모형이 그것이다.

Joyce, Weil, & Calhoun의 분류와 Gunter, Estes, & Mintz의 분류는 대부분 이홍우 가 말하는 내용모형에 속하는 것들이다. 수업 내용을 어떻게 조직하고 제시할 것인가 에 관한 모형들로 교사들이 가장 관심을 기울여야 하며, 어느 한두 가지 이상의 모형 에 통달하여야 할 것들이다. 교사가 학생들에게 가르치는 것은 교과 내용이다. 이 내용을 어떻게 분류하고 조직하며, 해석하고, 제시할 것인가를 안내하는 것들이 내용 모형이다. 이상의 제 학자들의 분류를 일목요연하게 제시하면 다음 〈표 2-1〉과 같다.

<표 2-1> 학자별 수업모형 분류

학 자	수업모형 유형
이홍우(1977)	목표 모형, 내용 모형
김호권(1982)	수업 절차 모형, 학습 조건 모형, 교사 행동 모형
Cole & Chan (1987)	인성 특성 모형, 행동주의 모형, 교과 방법 모형, 수업 기술 모형, 역할 모형, 수업 원리 모형
Joyce, Weil, & Calhoun(2004)	정보처리 모형, 사회적 모형, 개인적 모형, 행동주의 체제 모형
Gunter, Estes, & Mintz(2007)	지시적 수업모형, 개념 획득 모형, 개념 발달 모형, 문제 중심 탐구 모형, 창조적 문제해결 모형, 인과 모형, 소크라테스식 세미나 모형, 어휘 획득 모형, 갈등 해결 모형, Eggen & Kauchak의 통합 모형, 협동학습 모형

이상의 여러 모형 중 여기서는 Joyce, Weil, & Calhoun(2004) 이 분류하는 모형의 개요를 좀 더 구체적으로 살펴보았다. 이들이 제시하는 모형은 이미 30여 년 전부터 전 세계에서 널리 사용되고 있는 것들로 그만큼 활용 가치가 높은 것들이다. 이밖에 Gunter, Estes, & Mintz(2007)가 분류한 모형들도 학교 현장에서 활용하기 쉽게 각 수업모형의 적용 단계와 시나리오 등을 제시하고 있어서 주목할 만하다. 그런데 이들 두 부류의 학자들이 분류하고 있는 모형들은 서로 이질적인 것들이기 보다 동일하거나 유사한 모형들을 서로 다른 기준으로 나누고 있을 뿐이다.

나. Joyce, Weil, & Calhoun의 분류

Joyce와 Weil은 80여명의 교육 이론가들이 제시하고 있는 수업 이론들을 몇 가지 기준에 따라 22개로 정리하고 있다. 실제 논의는 30여개 조각으로 나뉘어져 있으나 서두와 후반부의 몇 개는 수업모형의 응용에 관한 것이기 때문에 수업모형 자체에 관한 논의로 보기는 어렵다. 이들은 처음(1972)에 16가지로 정리하여 제시하였으나 후에(1980, 1986, 2004)는 좀 더 포괄적으로 제시하고 있다. 그들은 각 수업모형의 인간관과 학습 방법에 따라 크게 정보처리 모형, 사회적 모형, 개인적 모형, 그리고 행동주의 모형의 네 가지로 나누고 있다. 각 영역의 모형들을 보면 다음과 같다.

1) 정보처리 모형

정보처리(information-processing) 모형은 학생들의 정보처리 능력과 그들이 정보를 다룰 수 있는 능력에 대한 지침을 제시해 주는 것들이다. 여기서 정보(information)처리란 사람들이 환경으로부터의 자극을 처리하며, 자료를 조직하고, 문제를 인지하고 해결하며, 개념을 형성하고, 언어적 · 비언어적 상징을 사용하는 방법과 관련된 것을 말한다. 즉, 자료를 수집해서 조직하고, 문제를 인지하여 해결책을 모색하며, 이에 따른 개념과 언어를 형성하고 개발하는 것을 말한다.

여기에는 학습자에게 정보와 개념을 제공하는 것을 비롯하여 개념형성과 가설을 검증하는 것, 그리고 창의적 사고를 개발시켜주는 것 등이 포함된다. 이러한 모형들은 자기 자신을 정확하게 알고 사회를 배우는 데 유용하다. 따라서 교육목표 중에서 개인적 목표나 사회적 목표를 달성하는 데 적합하다.

이 부류의 모형들을 각 모형의 개발자(재 개발자)와 목표를 중심으로 보면 다음 〈표 2-2〉와 같다.

〈표 2-2〉 정보처리 모형(발췌)

모　　　형	개발자(재 개발자)	목　　표
개념 획득 모형	Jerome Bruner (Bruce Joyce)	주로 귀납적 추론 능력을 발달시키려고 고안되었으나, 개념 발달과 분석에도 좋다. 학생들이 정보를 좀 더 효과적으로 학습할 수 있게 한다.
귀납적 사고 모형	Hilda Taba (Bruce Joyce)	주로 귀납적 사고 과정과 지적 추론이나 이론 형성의 발달을 위해 고안했으나, 이러한 능력들은 인간적이며 사회적인 목적들에도 유용하다.
탐구 훈련 모형	Richard Suchman (Howard Jones)	학생들이 인과관계를 추론하여 문제를 제기하고, 이에 따라 개념과 가설을 형성화여 검증하는 방법을 습득하기 위한 것이다.
과학적 탐구 모형	Joseph J. Schwab	과학적 방법을 가르치고, 해당 분야의 기초 지식이나 개념을 이해하는 데 목표를 둔다. Schwab은 특히 생물교과를 예로 들고 있다.
인지 발달 모형 (지력 개발 모형)	Jean Piaget, Irving Sigel, Edmund sullivan, Lawrence Kohlberg	전반적인 인지 발달, 특히 논리적 추론능력을 위한 것으로, 도덕성 발달에도 적용될 수 있다. 학생 개개인의 발달 단계에 맞춰 수업설계를 할 수 있게 한다. 모든 학습 상황과 내용에 적용가능하다.
선행 조직자 모형	David Ausubel (Lawton & Wanska)	지식 체계를 흡수하고 연관 지을 정보처리 능력의 효율성을 증진시키기 위한 것이다. 즉, 학생들에게 제시되는 다양한 학습 자료를 이해할 수 있도록 관련된 인지구조를 제공하기 위한 것이다.
기억 모형 (기억 보조)	Harry Lorayne, Jerry Lucas, Joel Levin 등	기억술은 정보를 암기하고 동화하는 학습전략으로, 여기서는 기억력을 증진시켜 학습을 효과적으로 할 수 있게 한다.

2) 사회적 모형

사회적(social) 모형들은 학습자들의 사회성 발달을 위한 것으로, 협동적 행동을 전제로 고안된 것이다. 말하자면, 집단 속의 협동적 학습을 상정하고 이 학습의 시너지를 올리려는 생각에서 고안 된 것들이다. 이 부류의 모형에서 강조되는 것은 개인과 사회 그리고 사람들 간의 관계이다. 따라서 인간의 생활 체제가 구성원들 간의 사회적 상호 작용 관계로 맺어져 있었음을 밝히고, 이러한 관점에서 개인들 간의 관계를 증진하는 일, 민주적인 과정에 열중하는 일, 사회에서 생산적으로 일하는 것 등을 중시한다. 대표적인 사회적 모형을 요약하면 다음 〈표 2-3〉과 같다.

〈표 2-3〉 사회적 모형(발췌)

모 형	개발자(재개발자)	목 표
집단 탐구(조사) 모형	John Dewey Herbert Thelen (Bruce Joyce, Shlomo Sharan)	중요한 사회적·학문적 문제들을 협동적으로 탐구하는 능력을 기르고자 한다. 학생들이 문제를 규정하고, 다양한 관점에서 탐구하며, 이에 따른 정보와 아이디어 및 기술 등을 숙달케 한다.
역할놀이 모형	Fannie Shaftell, George Shaftell	학생들에게 사회적 가치를 학습시키며, 사회적 문제에 대한 정보를 수집·조직하고, 타인과 공감대를 형성하는 사회적 기술을 향상시키고자 한다. 주로 타인의 역할을 대행하거나 사회적 행동을 관찰시킨다.
법률 탐구 모형	Donald Oliver, James P. Shaver	학생들에게 시민교육을 시키기 위하여 사례연구 방법 등을 통하여 사고력과 사회적 문제해결 방법에 대한 법률적 지식을 위한 것이다.
사회적 탐구 모형	Byron Massialas, Benjamin Cox	학문 탐구와 논리적 추론에 의한 사회적 문제해결에 강조를 둔다.
실험실 훈련 모형	National Training Laboratory : NTL, Bethel Maine	개인이나 집단의 성공은 사회적 이해나 기술 및 조직 분위기에 좌우되는데, 이러한 사회적 기술과 공동체 의식을 형성하고자 한다.
사회적 시뮬레이션 모형	Sarane Boocock, Harold Guetzkow	다양한 사회적 과정과 현실에 대한 경험을 하게 해주고, 타인에 대한 자신의 반응을 탐색하게 하며, 개념과 결정 능력의 획득을 돕는다.

3) 개인적 모형

개인적(personal) 모형들은 각 개인의 정의적 특성 발달을 위한 것이다. 이들은 우리들로 하여금 우리 자신을 보다 잘 이해하고, 자신의 교육에 책임을 지며, 질 높은 삶을 추구하는 과정에서 보다 창조적인 사람이 되도록 안내해 준다. 이 범주의 모형들의 목적은 다음과 같다.

첫째, 학생들에게 올바른 자아개념을 형성시키고, 현실을 올바로 파악케 하며, 자아에 대한 자신감을 갖게 하고, 타인에게 호의적이며 감정이입(感情移入)적 반응을 할 수 있도록 하여 정신적으로 건강한 사람이 되도록 도와주는 것이다.

둘째, 자발적인 학습 능력을 갖출 수 있도록 도와주는 것이다.

셋째, 창의성과 같은 특정 유형의 사고 능력을 신장시켜 주기 위한 것이다.

이 범주에 속하는 모형들을 각 모형의 개발자(재 개발자)와 목표를 중심으로 보면 다음 〈표 2-4〉와 같다.

〈표 2-4〉 개인적 모형(발췌)

모 형	개발자(재 개발자)	목 표
비지시적 수업 모형	Carl Rogers	학생들의 학습을 촉진시키기 위한 것으로, 교사는 학생들과 상담관계를 형성하고, 그들의 성장과 발전을 안내하는 촉진자 역할을 수행한다.
자긍심 강화 모형	Abraham Maslow (Bruce Joyce)	학생들의 긍정적 자아 개념 발달을 위한 모형이다.
자각 훈련 모형	Fritz Perls William Schutz	자기 탐색과 자각 능력의 증진, 간인간적 의식과 이해의 발달, 신체와 감각의 자각을 강조한다.
창조적 문제해결 모형	William Gordon	창의력과 창조적 문제해결의 인성적 발달을 강조한다.
개념 체계 모형	David Hunt	인성적 복잡성과 융통성의 증진을 강조한다.
학급 내의 만남 모형	William Glaser	자기 이해와 자신과 사회적 집단에 대한 책임감의 발달을 강조한다.

4) 행동주의 모형

행동주의(behavioral) 수업 모형들은 행동수정이나 행동치료, 그리고 인공지능이론 등을 바탕으로 하고 있다. 주로 행동주의 심리학 등의 이론을 원용해 만들어지고 있다. 여기서는 인간을 과제 수행의 성패에 따라 자기 행동을 수정하는 자기 교정적 의사소통 체제(self-correcting communication systems)로 가정한다. 이러한 시각에서 수업모형은 인간의 내면적인 심리 구조와 같은 비가시적인 행동보다는 관찰이 가능한 학습자의 외적 행동을 문제 삼는다. 행동주의 모형들은 교육 분야에서 뿐만 아니라 각종 훈련이나 사람들 간의 행동 유형을 밝히는 문제나 심리치료 분야에서 널리 활용되어 왔다. 예컨대, 공포감 감소, 읽고 계산하기, 불안감 이완하기, 비행기나 우주선 조종에 필요한 복잡한 지적·사회적·운동적 기능을 학습하는데 활용되고 있다. 이 모형의 두드러진 특징은 학습 과제의 해결을 일련의 작은 행동들을 통하여 시도한다는 것이다.

이 부류의 수업모형에는 다음과 같은 현대 행동주의의 이론적 가정이 반영되어 있다.

① 인간의 행동은 법칙성을 지니며, 다양한 환경적 변인들로부터 영향을 받는다.
② 인간의 행동은 관찰 가능하며 확인할 수 있는 현상이다.
③ 부적응 행동은 학습의 결과이며, 학습 원리를 통하여 수정될 수 있는 것이다.
④ 행동주의 목표는 구체적이며, 단계적이고, 개별화되어 있다.
⑤ 행동주의 이론은 현재의 현 위치에 초점을 맞춘다. 한 개인에게 새로운 행동을 형성시키는 데 과거는 그리 중요하지 않다.

대표적인 행동주의 수업모형을 보면 다음 〈표 2-5〉와 같다.

〈표 2-5〉 행동주의 모형(발췌)

모　형	개발자(재 개발자)	목　표
완전학습 모형	John B. Carroll B. S. Bloom	개별화 수업을 전제로 모든 학생의 완전 학습 상태 도달
상황 관리 모형	B.F. Skinner	사실, 개념, 기능(skill)의 획득
긴장 완화 모형	Wolpe	사회적 상황 속에서의 불안의 대체
주장성 훈련 모형	Wolpe, Lazarus Salter	사회적 상황에서의 감정의 직접적, 자발적 표현 능력 획득
시뮬레이션 훈련 모형	Carl Smith Mary Smith	인공지능원리를 바탕으로 실제 생활 사태와 같은 수업 상황에서 특정 기능이나 기술을 획득

이상에서 Joyce, Weil, & Calhoun(2004)의 수업모형 분류를 살펴보았다. 이들의 분류는 매우 포괄적이며 실제적이다. 위의 제 모형들은 각기 독특한 수업전략을 제시하고 있다. 그렇지만 이들이 서로 배타적인 관계는 아니다. 오히려 이들은 상호 보완

적 기능을 수행할 수 있는 관계로 파악하여야 할 것이다. 어느 하나의 모형만을 고집하는 것은 학생들의 발달을 특정 방향으로 모는 결과가 된다. 그러므로 수업모형의 효과를 증진시키고 학생의 조화로운 발달을 위해서는 네 가지 부류의 수업모형을 병행하거나 결합하여 사용하여야 할 것이다.

다. 기타 유형 분류

이밖에도 수업 장면을 구성하는 주요한 요인에 따라 교사 행동을 강조하는 수업모형(예컨대, D. P. Ausubel의 수업모형)과 학습자 행동을 강조하는 수업모형(예컨대, C. Rogers의 수업모형) 그리고 이를 통합한 모형(예컨대, R. M. Gagné의 수업모형)으로 분류하기도 한다.

김호권도 위와 비슷한 측면에서 학교 수업의 제 모형을 수업 절차 모형, 학습 조건 모형 그리고 교사 행동 모형으로 분류하여 논의하고 있다(1982). 그의 분류를 요약하면 다음 〈표 2-6〉과 같다.

〈표 2-6〉 김호권의 3가지 수업모형의 비교

구 분	수업 절차 모형	학습 조건 모형	교사 행동 모형
예	• Herbart 5단계 교수설 • Glaser의 수업모형 • 완전학습을 위한 수업모형	• Gagné의 '학습조건' 모형 • Bruner의 교수이론 • Massilas의 탐구학습 모형 • Ausubel의 유의미 언어학습 모형 • 교과별 학습지도론	• Flanders의 언어적 상호작용분석 모형 • Gage의 '행동 준거 교사교육' 모형
문 제	• 일련의 수업 과정 속에 어떤 절차적 요소를 어떻게 배열할 것인가?(수업의 시간적 흐름을 규정)	• 특정 학습을 발생시키는 최적의 내외적 조건이 무엇인가?(특정 학습의 발생 조건을 규정)	• 수업 운영에서의 교사의 적정 행동이 무엇이며 그 수준은 어떠한가? (학습을 촉진하는 교사 활동 및 행동 수준을 규정)
목 표	• 수업의 생산성	• 특정 학습에 대한 수업 조건의 타당성	• 수업의 기술적 적정선
적용 범위에 대한 가정	• 일반적 모형	• 특수 모형	• 일반적 모형
연구 절차	• 실증적 절차	• 실증적 절차	• 실증적 절차

	① 수업절차의 여러 절차적 배열의 구성 ② 각 배열의 학습효과를 다양한 장면에서 실증적으로 입증	① 학습을 여러 유형으로 분류 ② 각 유형의 학습 발생 조건을 지배하는 제 조건을 가정 ③ 각 유형의 학습 발생에 요구되는 상이한 제 조건의 실증적 입증 • 논리적 절차	① 수업효과에 영향을 주리라고 예상되는 교사행동 특성을 분류 ② 각 교사 특성을 조작적으로 정의 ③ 각 교사 특성의 작용을 실증적으로 증명
주 연구진	• 교수 이론 전문가	• 교과 전문가 • 특정 교수이론 전문가	• 교육 실천가 교사, 장학 인사

* 위 표에서 독자의 편의를 위하여 인용자가 인명을 영문으로 수정하였으며, 숫자도 원의 숫자로 표기하였다.

수업모형의 선정

　어떠한 수업모형을 선정하여 실제 수업에 적용할 것인가의 문제는 수업 계획 단계에서 고려할 사항이다. 그렇지만 여기서는 논의의 맥락상 이를 따로 분리하여 수업모형론에 포함시켜 논의한다. 이러한 이유는 수업모형의 개념과 종류에 관한 이해가 수업모형의 선정이나 실제 적용과 분리된 채 이루어 질 수 없다는 판단 때문이다. 이들이 서로 분리되어 이해되는 것은 수업모형을 관념적으로만 인식하는 결과가 된다.

　위에서 우리는 무수히 많은 수업모형들을 살펴보았다. 이들은 각기 나름대로의 이론적 배경과 논리를 갖고 있다. 어느 모형이 어떤 내용의 수업에 더 적합하며 효과적인가? 사고력 신장에는 어느 모형을 적용할 것이며, 행동 수정에는 어느 모형이 적합한가? 그리고, 사회과와 과학과의 탐구 수업에는 어느 모형이 제일 효과적인가? 이러한 질문은 수업 전에 교사들이 수없이 당면하게 되는 사항들이다. 비록 이러한 의문을 갖지 않은 수업자가 있다고 하더라도 그는 이미 모종의 수업모형에 입각해 수업을 전개해 나가고 있음을 볼 수 있다. 그는 이미 언젠가 한번은 심각하게 수업모형의 선정에 관하여 고민하였을 것이다. 이때 어느 수업모형을 어떤 교과에 적용할 것인가는 자칫 임의적이며, 때로는 종래의 교사들이 해오던 방식에 의존하고 마는 경우가 발생한다. 여기에 보다 합리적인 수업모형의 선정 기준과 원칙에 관한 이해가 필요하다고 본다.

　수업모형의 선정에 필요한 기준으로는 대략 다음과 같은 사항을 고려해 볼 수 있다. 수업과정의 주요 요소인 교사, 학생, 수업 내용 그리고 이들을 둘러싸고 있는 환경적인 요인 특히, 수업 매체의 여부 등이다. 이 중에서 가장 비중 높은 요인은 학생의 학습 수준과 수업 집단의 규모 그리고, 수업 내용이다.

수업 내용은 수업모형을 결정하는 중요한 요인이다. 학생들이 학습할 내용이 인지적 영역의 것인가, 혹은 정의적 영역의 것인가, 아니면 운동 기능에 관련된 사항인가가 그것이다. 그리고 각 영역의 내용들에 있어서도 단순히 이해만 요구되는 내용인가, 아니면 실험이나 실습 혹은 관찰 등의 행동을 필요로 하는 내용인가도 고려된다. Bruner의 수업모형은 수업 내용을 어떠한 방식으로 조직하여 어떠한 방법으로 제시할 때 효과적인가를 나타내 주는 것으로, 철저히 수업 내용을 고려한 채 전개되고 있다. 그의 수업모형은 개념 획득과 같은 인지 과정의 학습에 적합한 모형으로 간주되고 있다.

수업모형의 결정이 가장 심각하게 대두되는 분야는 교과교육 분야이다. 흔히 '교과교육론'이나 '각과 지도법'이란 명칭 하에 논의되는 내용들은 교과의 성격에 적합한 ' ~교과의 심층적인 내용 구조'라기 보다는 그 교과 지도에 따른 일반적 원리를 중심으로 구성되어 있다. 이 점에 관하여 이홍우 교수는 다음과 같이 비판한다(1975).

"…… 특히 오늘날 우리나라 교육 현실에서 교과교육의 소위 '일반적 원리'라는 것은 거의 감정적인 반응을 일으키고 있는 것 같다. 이 반응은 구체적으로 흔히 다음과 같이 표현된다. 이때까지 교육학자들의 논의가 어떤 특정한 교과를 가르치는 데 구체적으로 무슨 도움을 주었는가? 그들의 논의는 걷잡을 수 없이 추상적이고 일반적인 것에 그쳤다. 이때까지 우리는 이러한 논의를 충분히 들어왔다. 이제 우리에게 필요한 것은 특정한 교과를 가르치는 구체적이고 특수적인 지침이다. 이런 현실에서 교과교육의 '일반적인 원리'는 무더기로 불신과 의혹의 대상이 되고 있다."

따라서 수업모형은 우선 학생들이 배워야 할 내용의 성격에 비추어 선정하여야 할 것이다. 이는 마치 식사를 한식으로 할 것인가 아니면 일식이나 양식을 할 것이냐에 따라서 먹는 방법과 도구가 다른 것과 마찬가지이다.

학생들의 학습 수준과 학습 집단의 규모 역시 수업모형의 선정 기준이 된다. 수업 대상이 어느 수준의 학력을 소유하고 있는가는 곧 이들에게 적용할 수업모형의 선정에 영향을 준다. 예컨대, 유치원생으로부터 대학생에 이르기까지 동일한 내용을 가르치고자 할 때, 그 접근 방법은 다르게 나타난다. 이와 같은 사고는 전통적인 교육 내용관에 기인된다. Tyler 등의 관점에서 볼 때, 교육내용은 가르쳐야 할 제목 정도로 인식된다. 그러므로 여기서 문제되는 것은 교육내용의 조직이지 표현 방식은 아니다. 다시 말하면, 가르쳐야 할 내용의 조직에 있어서 계속성이나 계열성이 심각하게 대두 될 뿐 그것의 표현 방식은 그리 심각한 문제가 안된다.

이에 반하여 Bruner는 대립된 의견을 제시한다. 그는 "어떤 교과든지 그것이 올바른 방식으로만 표현되면 어느 발달 단계에 있는 아동에게라도 효과적으로 가르칠 수 있다"는 가설을 내세우고 있다. 그는 교육내용을 가르쳐야 할 제목으로 보기 보다는 오히려 지식 혹은 지식의 구조로 보며, 위의 가설에 의거해 지식의 조직과 표현 방식에 독특한 견해를 나타내고 있다. 그의 주장에 의하면 보다 중요한 것은 표현 방식이다. 그리고 우리가 주의하여 볼 것은 발달 단계를 막론하고 가르칠 교과 내용은 동일하다는 것이다. 이렇게 보면, 어느 내용을 어느 수준의 학생에게 배정할 것인가의 문제는 그다지 중요하지 않다. 따라서 수업모형의 선정은 연령 단계에 따라 달라지지 않음을 알 수 있다.

이처럼 상반된 견해에도 불구하고 수업모형의 선정은 학습 집단의 수준과도 관련이 깊은 것으로 인식되고 있음을 부인할 수 없다. 학습 집단의 규모도 수업모형의 선정에 영향을 주는 것으로 인식되고 있다. 일반적으로 대규모 집단 수업인가 아니면 소규모 집단 수업인가에 따라 적용 가능한 수업모형과 그렇지 못한 수업모형을 구분하는 예가 그것이다. 예컨대, 사회과 탐구수업이나 과학과 탐구수업모형의 적용은 대집단 수업에는 썩 어울리는 것이 아니다. 특히 Socrates의 문답법은 극히 소수의 인원일 때 효과적이다.

이밖에도 교사의 개인적인 특성이나 교과관 혹은 수업모형관도 수업모형의 선정에 영향을 준다. 특히, 교사의 특정 수업모형에 관한 이해도 여부나 숙지 정도는 수업모형 선정의 중요한 준거가 된다. 교사 자신이 정확히 이해하거나 숙지하지 못한 수업모형을 적용하는 것은 마치 싸리로 만든 체에 물을 담으려 하는 것과 같다. 또한 학생들의 요구 사항이 무엇인가, 수업에 활용할 시간은 어느 정도인가, 실제 사용할 수 있는 예산은 어느 정도이며, 이에 따른 시설이나 설비는 충분한지 등도 수업모형의 선정 시에 고려할 사항들이다.

Bank, Henerson & Eu는 수업모형의 선정 시에 고려할 사항을 다음과 같이 제시한다(1981).

① 수업모형이 자신이 생각하고 있는 학습에 대한 견해를 나타내고 있는가?

② 이 수업모형은 자신이 생각하고 있는 프로그램에 적합한 것인가?

③ 이 수업모형은 교사에게 익숙하고 편안한 것인가?

④ 이 수업모형은 학생 활동을 적절하게 요구하고 있는가?

⑤ 교사는 수업모형에 필요한 학급을 조직할 수 있으며, 또한 이에 필요한 자료들을 구할 수 있는가?

⑥ 교사는 수업모형의 적용으로 야기되는 제 문제들을 해결할 수 있는가?

　요컨대, 어떠한 수업모형을 선정할 것이냐의 문제는 가르칠 내용이 무엇이며, 그 내용에 적합한 모형으로는 무엇이 있고, 다양한 수업모형 중 교사 자신이 가장 잘 적용할 수 있는 것은 어느 모형인가가 고려되는 상황에서 풀어가야 할 것이다. 이러한 점에서 Joyce, Weil, & Calhoun의 분류는 매우 활용 가치가 높다. 특정 모형을 선정한다는 것은 결국 수업의 효율성과 경제성의 문제이자, 동시에 철학적인 의미를 고려해야만 하는 문제이다. 적절하게 선택된 수업모형들은 학생들에게 새로운 학습 환경을 제공해 주며, 학생들은 그 환경 속에 내재된 가치와 함께 그 환경을 배우게 된다.

교수·학습 과정안의 작성 *

　교수·학습 과정안은 교사가 수립한 구체적인 수업 실천계획을 문서로 작성한 것이다. 이는 교수·학습 지도안, 수업 지도안, 학습 지도안, 수업 보도안, 교안 등으로도 불린다. 교수·학습 과정안의 획일적인 틀은 없다. 그렇지만 학교 현장에서 통용되고 있는 형태를 감안하면 크게 세부 교수·학습 과정안(세안, 細案)과 약식 교수·학습 과정안(약안, 略案)으로 나눌 수 있다. 전자는 한 단원의 수업 계획(unit plan)과 본시(혹은 단위 시간별) 교수·학습 계획(lesson plan)을 모두 포함하는 것이다. 이에 반하여 후자는 본시 교수·학습 계획만을 지칭한다. 단원의 수업 계획과 본시 교수·학습 계획의 구성 체제를 다음과 같이 제시할 수 있다.

1. 단원의 수업 계획(지도 계획)

　단원의 수업 계획에는 다음과 같은 구성 요소가 포함되어야 할 것이다. ① 단원명, ② 단원의 개관, ③ 단원 목표, ④ 단원 내용의 조직 구조, ⑤ 단원의 수업 계획, ⑥ 수업(지도)상의 유의점, ⑦ 단원의 평가 계획, ⑧ 단원 수업에 따른 참고문헌 및 자료 등이다. 이들은 교과나 단원의 특성에 따라 다를 수 있다.

1) 단원명(title)

　단원은 학습내용의 조직 단위를 말한다. 단원에는 그 범주에 따라 대단원, 중단원, 그리고 소단원으로 분류된다. 교과에 따라 중단원이 생략되는 경우도 있다. 단원명은

---

* 이 내용은 김민환(2004). 실제적 교육방법론에 실린 내용을 일부 수정하여 작성한 것임.

교과서에 제시되어 있다. 따라서 교과서 내용을 가르칠 때에는 그 단원명을 그대로 사용한다. 그러나 독자적으로 프로그램을 구성할 때에는 중요한 개념이나 원리, 혹은 중심 내용을 나타내는 용어로 정하는 것이 바람직하다.

2) 단원의 개관(introduction)

여기서는 크게 두 가지를 언급한다. 먼저, 단원 내용의 전반적인 줄거리를 제시한다. 그리고 이 내용이 어느 점에서 가르칠만한 가치가 있는지를 언급한다. 종래에는 '단원 설정의 이유'란 용어를 쓰면서 내용의 줄거리를 생략하고 단원 설정의 필요성이나 이유 및 의의를 중심으로 기술하였다. 내용의 가치나 필요성을 사회적 차원, 학생 차원, 그리고 교과의 체계에 비추어 서술하는 것이 바람직하다. 단원 내용이 사회적으로 어느 점에서 가치가 있으며 필요한가, 학생의 발달 수준과 흥미에 어떻게 부합되고 가치로운가, 그리고 교과나 교육과정의 체계와 어떠한 관련을 맺고 있으며, 어떠한 위치에 있는지 등을 진술한다.

그런데, 우리나라처럼 국가수준의 교육과정 체제에서는 단원 설정의 이유가 이미 교육과정 개발 단계에서 제시되고 있다. 때문에 교사들이 왜 이 단원을 설정하였는지, 그리고 그것이 어떠한 의의를 지니고 있는지 등에 관하여 다시 언급할 필요는 없을 것이다. 그보다는 오히려 이 단원의 전반적인 줄거리와 함께 단원 내용이 학생들에게 어떠한 의미가 있으며, 배울만한 가치가 무엇인가를 명확하게 제시하는 것이 더 타당할 것이다.

3) 단원의 목표(general objectives)

단원의 목표는 한 단원을 통하여 달성해야 할 학생 행동의 변화를 진술한 것이다. 이는 '교사용 지도서'에 명확하게 제시되어 있다. 그렇지만 실제 수업에서는 그것을 교사가 교육 환경에 따라 적절히 조정할 수 있는 것이다. 단원의 목표는 단위 시간별 수업목표보다 포괄적이기는 하나 이 목표의 진술 역시 가급적 행동적 용어로 진술할 필요가 있다. 목표 진술은 교육목표의 영역에 따라 인지적 영역(지식), 정의적 영역(태도), 운동·기능적 영역(기능)으로 나누어 진술하는 것이 바람직하다.

4) 단원 내용의 구조(structure of unit's content)

단원 내용의 구조는 단원 내용의 전체 구조를 일목요연하게 나타내는 것이다. 전체 내용의 구조는 물론 각 하위 내용들 간의 관계를 파악하는 데 도움을 줄 수 있도록 구조화 한다. 때로는 이를 '학습 계열'로 표현하기도 한다. 최근에 들어 각급 학교에서는 이 부분을 생략하기도 한다.

5) 단원의 수업(지도)계획(body of unit plan)

단원의 수업계획은 단원 전체에 대한 수업계획을 차시별로 주요 내용과 방법, 학습 자료 및 유의점 등을 중심으로 수립한 것이다. 여기서는 단원 전체 수업계획의 개요만을 한 눈에 알아 볼 수 있도록 구조화하여 제시한다. 본시 학습 부분이 무엇인가를 명확하게 표시하는 것이 바람직하다.

6) 수업(지도)상의 유의점(instructional advertence)

단원을 수업할 때 유의할 점이나 강조할 사항 등을 진술하는 것이다. 이것도 각급 학교 교육과정이나 교사용 지도서에 제시되어 있다. 그렇지만, 여기에 제시된 수업상의 유의점들은 다소 포괄적일 뿐만 아니라 각급 학교 실정이나 학생들의 특성을 제대로 감안한 것이 아니다. 교사는 단원의 내용을 충분히 파악한 후 나름대로 수업상의 유의점을 학습환경에 알맞게 조정할 수 있어야 할 것이다.

7) 단원의 평가계획(evaluation)

단원을 수업하고 난 후의 평가계획을 진술한다. 본시학습의 평가 계획은 구체적 평가 문항으로 나타나지만 여기서는 반드시 그럴 필요가 없다. 단원의 성격에 따른 단원 평가의 관점이나 방향 및 평가결과 활용 계획 등을 제시한다.

8) 단원 수업(지도)에 따른 참고문헌 및 자료(bibliography)

여기서는 단원 수업에 따른 주요 참고문헌이나 정보 및 자료 등을 제시한다. 단원 학습에 필요한 책자나 도서관 등은 물론 인터넷 사이트 등을 자세하게 제시한다. 각급 학교 수업에서는 교사들이 이를 종종 간과하는 경우가 있는데, 수업 계획서 말미에 제시하는 것이 필요하다. 현장 교사들은 이 부분을 본시 학습 계획안에 포함시키거나 생략하기도 한다.

2. 본시 교수·학습 계획

　　단원의 수업계획이 수립되면 이에 따른 본시 교수·학습 계획을 수립하여야 한다. 이 계획은 본시 학습목표의 설정, 본시 교수·학습 전개계획, 그리고 본시 학습 평가 계획 순으로 작성한다. 본시 학습목표는 단원의 목표를 달성하기 위한 구체적인 목표들이다. 이들은 학습 시간별로 다르게 설정되는데, 한 시간 수업에는 대략 1~2개 정도가 적절하다. 학습목표가 너무 많으면 수업의 초점이 흐려질 가능성이 많을 뿐만 아니라, 어느 하나도 제대로 달성할 수 없는 경우가 생긴다. 본시 학습목표를 명확하고 구체적으로 진술하며, 가급적 능력을 나타내는 어휘와 행동적 용어로 진술하는 것이 바람직하다.

　　본시 교수·학습 전개 계획은 수업 시간에 교사와 학생이 학습내용을 중심으로 상호작용하는 과정을 계획하는 것이다. 이 부분이 교수·학습 과정안의 핵심이다. 수업 단계에 따라 교사와 학생이 어떤 학습내용을 중심으로 어떠한 활동을 할 것인가를 명백하게 진술한다. 또한 각 단계별 수업활동에 필요한 학습 자료와 유의점 등이 무엇인가를 진술한다.

　　본시 학습 평가계획은 학습목표의 달성 여부와 그 정도를 파악하기 위한 것으로 주로 형성평가 성격을 띠며 교사가 제작한 평가 도구를 활용한다. 평가계획을 정착 단계에 포함시키거나 혹은 별도 항목으로 설정하기도 한다.

　　이상에서 살펴 본 교수·학습 과정안의 체제를 요약하면 다음 〈표 4-1〉과 같다. 그러나 이 양식에는 필수 요건만을 포함시킨 것이기 때문에 작성자는 교과내용 등을 감안하여 자유롭게 변형시킬 수 있다. 또한 본시 교수·학습 계획에서 수업단계는 반드시 도입, 전개, 정착이라는 용어를 고집할 필요는 없다. 각 수업모형의 특성에 따라 이들 용어 대신 수업 안내, 동기유발, 문제인식, 개념 발견, 개념 적용, 토론, 탐구활동, 정리 및 평가 등의 용어를 사용하는 것도 무방하다.

〈표 4-1〉 교수·학습 과정안 양식의 예

Ⅰ. 단원명

  1. 대단원:

  2. 소단원:

Ⅱ. 단원의 개관

Ⅲ. 단원의 목표

  1. 인지적 목표(혹은 지식면)

  2. 정의적 목표(혹은 태도면)

  3. 운동·기능적 목표(혹은 기능면)

Ⅳ. 단원 내용의 구조

Ⅴ. 단원의 수업 계획   (총   시간)

차시	주제(단원명)	주요 수업 내용	수업 자료	수업방법	수업상 유의점	비고
1	현대사회의 특징	정보화, 도시화, 세계화	세계화 영상	강의법, 토의법, 문답법	사회특징에 따른 긍정·부정 측면 고려	
2	여러 가지 사회문제	청소년 및 환경 문제와 그 대책	청소년, 환경관련 신문기사	소집단 탐구법, 토의법	사회 문제를 보는 학생 시각 확대	본시
⋮						
⋮						

Ⅵ. 수업상의 유의점

Ⅶ. 단원의 평가계획

Ⅷ. 단원 수업에 따른 참고문헌 및 자료

IX. 본시 교수 · 학습 계획

대단원*		소단원		차시	
교수(학습) 주제		일시 및 장소		대상	
교수(학습) 목표	1. 2.				

교수학습 자료 및 준비물	교 사			학 생	

교수·학습 (수업)단계	학습 내용	교수 · 학습 활동		교수학습 자료 및 지도상 유의점	시간
		교사 활동	학생활동		
도입 단계					( )분
전개 단계					( )분 ( )분 ( )분
정리 단계					( )분
평가계획**	평가 준거	· · ·	평가 방법		( )분
	평가 문항***				

 * 위 표에서 대단원, 소단원, 차시는 세안일 경우에는 이미 앞에서 제시되기 때문에 굳이 여기에 포함시킬 필요가 없다. 단, 약안일 경우에는 포함시키는 것이 바람직하다.
 ** 수업의 끝부분에서 학생들의 학습목표 달성 여부를 알아보기 위하여 형성평가를 실시한다. 지필고사나 혹은 구두 평가(oral test) 등의 방식으로 평가 문항을 작성한다. 이때 평가 결과에 따라 학생들에 대한 피드백과 교정 및 보충학습, 과제 부과 등에 관한 계획도 함께 세워 놓는 것이 바람직하다.
 *** 평가 문항이 많을 경우에는 별도로 작성하여 첨부하는 것이 바람직하다.

참고문헌

김민환(2004). 실제적 교육방법론. 서울: 양서원.

김호권(1982). 학교 학습의 탐구. 서울 : 교육과학사.

이홍우(1975). "교과 교육의 원리". 정원식 외. 교과교육 원리. 서울 : 능력개발사.

이홍우(1977). 교육과정탐구. 서울 : 박영사.

정원식 외(1975). 현대교육심리학. 서울 : 교육출판사.

한국교육개발원(1975). 새교육 체제 개발을 위한 3차 소규모 시범결과 보고서.

Bank, A., Henerson, M.E., & Eu, L.(1981). *A practical guide to program planning: A teaching models approach,* New York: Teachers College, Columbia University. 박성익 · 권낙원 편역(1989). 수업모형의 적용기술. 서울: 성원사.

Bruner, J, S.(1960). *The process of education.* Harvard University Press. 이홍우 역(1973), 브루너 교육의 과정. 서울 : 배영사.

Bruner, J, S.(1966). *Toward a theory of instruction.* Harvard University Press. In Callahan, J. F. & Clark, L. H.(1977). Teaching in the secondary school, New York : Macmillan.

Cole, P. G. & Chan, L. K. S. (1987). *Teaching principles and practice.* New York: Prentice Hall.

Corey, S. M.(1971). *The nature of instruction,* Englewood Cliffs, New Jersey : Prentice-Hall.

Davis, I. k.(1981). *Instructional technique.* New York : McGraw-Hill.

Dick, W. & Carey, L.(1996). *The Systematic design of instruction*(4th ed.). New York : Harper Collins.

Dick, W. (1987). A history of instructional design and its impact on educational psychology. In J. A. Glover and R. R. Rooning(eds.), *Historical foundations of educational psychology.* New York: Penum. 183-193.

Dearden, R. F.(1967). Instruction and learning by discovery, In R. S. Peters (ed.) *The concept of education,* London : Routledge & Kegan Paul.

Eggen, P & Kauchak, D. (1988). *Learning and Teaching.* MA: Allyn and Bacon.

Eisner, E.W.(1964) Instruction, teaching, and learning: An attempt at differentiation. *Elementary School Journal.* 65.

Gagné, R. M. & Briggs, L. J. (1979). *Principles of instructional design*(2nd ed.). New York : Holt, Rinehart and Winston.

Gagné, R. M. & Briggs, L. J., & Wager, W. W.(1992). *Principles of instructional design*(4th ed.). Englewood Cliffs, N. J.: Prentice Hall.

Gagné, R. (1985). *The conditions of learning and theory of instruction*(4th ed.). New York : Holt, Rinehart, & Winston.

Glaser, R.(1962). Psychology and instructional technology, In R. Glaser. (ed.). *Training research and education,* Pittsburgh : University of Pittsburgh Press.

Green, T. F.(1964). A typology of the teaching concept. *Studies in Philosophy and Education, 3,* winter 1964~1965, p. 286

Green, T. F.(1971). *The activities of teaching.* New York : McGraw-Hill.

Grote, M. D.(1971). Teaching and the sex act. *Educational Theory 21*: 187-192. Spring.

Gunter, M. A., Estes, T. H., & Mintz, S. L.(2007). *Instruction: A models approach.* (5th ed.). Boston, MA: Allyn & Bacon. 권낙원 역(2010). 수업모형. 서울: 아카데미프레스.

Hilgard, E. R. & Bower, G. H.(1966). *Theories of learning.* (3rd ed.). New York: Appleton Century Crofts.

Hosford, P. L.(1973). *An instructional theory: A beginning.* New York: Prentice Hall.

Hyman, R, T.(1974). *Ways of teaching.* New York: J. B. Lippin Cott.

Macdonald, J. B.(1965). Educational models of for instruction. In Macdonald, J. B. & Leeper, R. (eds.). *Theories of instruction.* Washington, D.C. ASCD.

Mayer, R.(1982). Learning, In H. Mitzel(ed.). *Encyclopedia of educational research* (pp. 1040~1058). New York : Free.

Munn, N. L.(1946). Learning in child, In L. Karmichale, *Manual of child psychology.* New York: Wiley.

Peters, R. S.(1965). Education as initiation, In R. D. Archambault(ed.). *Philosophical analysis and education,* New York: Humanity Press.

Reigeluth, C. M. (1999). What is instructional-design theory and how is it changing? In C. M. Reigeluth(ed.). *Instructional design theories and models II : New paradigm of instructional theory.* Mahwah, New Jersey: Lawrence Erlbaum Associations, Inc.

Smith, P. L., & Ragan, T. L.(1999). Instructional design(2nd ed). New York: Macmillan.

Soltis, J. F.(1978). *An introduction to the analysis of educational concepts* (2nd ed.). Massachusetts : Addison-Wesley.

Taba, H.(1962). *Curriculum development.* New York : Harcourt. Brace and World.

Tyler, R. W.(1949). *Basic principles of curriculum and instruction.* Chicago : University of Chicago Press. 이해명 역(1987). 교육과정과 수업지도의 기본 원리. 서울 : 교육과학사.

Joyce, B. & Weil, M. (1980). *Models of Teaching*(2nd ed.). New Jersey: Prentice-Hall. 김재복 외 역(1987). 수업모형, 서울 : 형설출판사.

Joyce, B., & Weil, M. (1986). *Models of Teaching*(3rd ed.). New Jersey: Prentice-Hall.

Joyce, B., Weil, M., & Calhoun, E. (2004). *Models of Teaching*(7th ed.). Boston: Allyn & Bacon. 박인우 외 역(2005). 교수모형. 서울: 아카데미프레스.

Wilson, B. G. (1997). Reflection on constructivism and instructional design. In C. R. Dills, and A. J. Romiszowski(eds.). *Instructional development paradigms.* Englewood Cliffs, New Jersey: Educational Technology Publications.

제 2 부

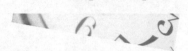

수업모형의 활용 실제

개념학습(개념형성, 개념획득) 모형

1. 개념학습 모형의 등장 배경 및 의미

　　개념학습 모형은 인지심리학을 바탕으로 한 대표적인 수업모형이다. 그 이유는 개념학습이 사물을 구체적으로 이해하고자할 때 다른 수업모형에 비해 훨씬 더 많은 분량을 이해할 수 있도록 도와줄 뿐만 아니라 추상적 사고를 가능케 하기 때문이다. 이를 바탕으로 학습자들은 암기와 이해라는 낮은 차원의 사고로부터 가설설정, 분류, 비판적 사고, 창조적 사고, 의사 결정 등 높은 차원의 사고를 발달시킬 수 있다.

　　인지심리학은 행동주의 심리학이 지배적이었던 상황에서 블랙박스로 취급하여 다루고 있지 않던 인간의 고차적인 내적 심리과정에 관심을 가졌다(차조일, 1999). 이러한 인지심리학의 주된 접근 방식은 인간의 마음을 컴퓨터의 연산 작용에 유추하여 이해하려는 정보처리 모형에 기초하고 있다. 정보처리 모형에서는 계산과 표상이 핵심적 위치를 차지한다. 계산은 외부의 자극이 학습자에 의해 내부에서 상징적으로 처리되는 것을 말하고, 표상은 외적 자극에 대한 계산의 결과가 마음에 저장된 것이다. 개념이 중요한 것은 표상의 기본 단위가 바로 개념이기 때문이다.

　　인지심리학에서는 개념을 '외재하는 범주의 심적 표상'이라고 정의한다. 외부 범주에 대한 자극들을 내적 정보처리과정을 통해 마음에 저장하는데 이렇게 저장된 범주에 대한 심적 표상이 개념이다. 개념학습을 하기 위해서는 개념의 여러 가지 성격을 이해하는 것이 필요하다.

개념학습 모형은 전통적으로 속성모형이 주류를 이루었으나 1970년대 이후 이의 대안으로 나온 원형모형이 큰 관심을 얻었다. 그러면서 원형모형이 상대적으로 우위를 점했으나 80년대에 들어와서 원형모형의 이론적 한계가 밝혀지면서 개념학습에 대한 다양한 이론이 등장하였다. 최근에 가장 큰 관심을 끌고 등장한 것은 상황모형이다.

가. 개념이란 무엇인가?

① 개념은 '관찰한 것을 어떤 기준에 따라 비슷한 것끼리 분류하고 거기에 이름을 붙인 추상적인 용어'로 정의한 것이다. 개념에는 일정한 말이나 기호가 주어진다.

② 개념학습은 다양한 사례와 자료를 활용하여 그 사례의 속성과 의미를 분석하는 활동을 통하여 개념의 의미를 명확하게 형성, 획득하도록 하는 학습 방법이다.

③ 개념의 추상성과 원형(prototype) : 개념은 추상적인 것이지 구체적으로 존재하는 사물을 가리키는 것이 아니다. 개념을 가지고 세상 만물을 분류할 때 기준이 되는 대표적인 개념을 원형이라고 한다.

④ 개념은 내포와 외연, 구체적 개념과 추상적 개념으로 구성된다.

  • 내포 : 특정 개념과 다른 개념을 구분할 수 있게 해주는 요소를 '속성', 혹은 '징표'라고 하는데, 이러한 개념의 속성(징표)를 내포(內包)라고 한다.

  • 외연 : 개념이 가리키는 대상 전체를 의미한다. 즉, 개념을 적용할 수 있는 대상의 전체 범위를 뜻한다.(예; 황인종, 백인종, 흑인종 등 '사람'이란 개념을 적용할 수 있는 전체 범위가 사람이라는 개념의 '외연'이 됨)

  • 구체적 개념 : 구체적인 대상과 직접 연결되어 있는 것(삼각형, 개, 가족 등)

  • 추상적 개념 : 실제의 대상이 없이 존재하는 것(증명, 구조, 국가, 주권 등)

⑤ 추상적인 용어인 개념을 학습하기 위한 교수 방법으로, 주로 개념의 속성을 검토하거나 예와 비예(非例)를 비교하면서 개념이 가지는 속성을 확인하고 분석하는 과정을 통해 개념을 학습한다.

⑥ 오개념과 상투개념 : 오개념은 개념의 속성을 잘못 이해한 경우이고, 상투개념은 비결정적 속성을 결정적 속성으로 잘못 생각하고 개념을 구성한 경우이다.

나. 개념학습의 목표와 정의

개념학습의 목표는 올바른 개념의 형성이나 획득이다. 개념학습에는 다음과 같은 모형들이 있다.

1) 속성모형(attribute model)

이 모형은 동일 범주의 모든 사례들에 공통된 속성이 존재한다고 전제하고 있으며, 개념이 속성들의 묶음으로 이루어진다고 가정하고 있다. 개념을 가르칠 때 예나 상황보다는 개념이 가지고 있는 속성을 중심으로 가르친다. 속성모형은 전통적인 개념학습 방법으로 고전모형이라고 불리기도 한다.

2) 원형모형(protype model)

원형모형은 속성모형의 대안으로 등장했다. 개념은 대상의 속성에 의해 표현되는 것이 아니라 가장 대표적인 예에 의해서 표현된다고 주장한다. 고전모형은 개념의 속성을 제시함으로써 개념을 이해하지만 원형모형은 개념의 대표적인 예를 추상적으로 구성해서 제시한다는 점에서 다르다. 예컨대 고양이의 추상적인 원형을 가지고 있다가 실제 개와 고양이를 구별하는 것 등이 그 예이다.

3) 상황모형(social context model)

상황모형은 어떤 문화적, 사회적 환경에서 아동이 직접 겪은 경험, 기대, 행동 등을 중심으로 개념을 가르치려는 수업이다. 특히 사회과학적 개념들은 진공상태에서 이해되는 것이 아니며, 실제로 각 사회의 문화에 따라 인지적 활동이 다르게 나타난다는 것은 검증된 사실이다. 따라서 맥락 속에서 개념을 이해하는 것이 필요하다. 이 모형은 역할놀이, 모의수업 등에서 흔히 사용된다.

2. 개념학습 모형의 장·단점 및 지도원리

가. 속성모형

속성모형은 논리적이고 간단하며, 인간의 인지적 활동 과정에 충실한 장점을 가지고 있다. 그러나 어렵고 복잡한 개념을 이해하는 데에 어려움을 겪는다. 그것은 추상적 수준의 속성의 나열이나 복잡한 개념을 간단하게 속성으로 설명하기가 어렵기 때문이다.

나. 원형모형

원형모형은 속성(고전)모형으로 학생들이 이해하기 어려운 개념을 교수할 수 있는 장점이 있다. 또 특징이 모호하여 개념의 이해가 불분명하고 대표성이 희박한 경우의 개념을 적절한 예를 공급함으로써 개념을 이해할 수 있게 하는 장점이 있다.

그러나 하나의 범주에 속하는 예들이 왜 집단성을 갖는지 설명할 방법이 없고, 추상화나 일반화하기가 어려운 단점이 있다. 추상적 개념이나 동위개념의 학습에 적합한 모형이다.

다. 상황모형

상황모형은 아동의 생활 속에서나 가상현실 속에서 사용되는 개념을 직접 또는 간접으로 경험하는 것이기 때문에 재미있는 수업을 할 수 있고, 파지 효과도 크다. 그러나 교사가 그러한 상황을 연출하고 유지하는 데 기술적 어려움과 시간과 노력이 많이 드는 단점이 있다. 이 모형은 역할놀이, 모의수업 등과 연결하여 수업을 할 경우 더욱 효과를 발휘할 수 있다.

라. 지도 원리 및 유의점

① 학생의 개념 학습 기능의 발달을 돕기 위해서 교사는 학생의 개념 획득 과정을 충분히 이해해야 하며, 상위의 개념이나 추상적 개념보다는 하위 개념이나 구체적이고 기본적인 개념을 분명하고 체계적으로 제시해야 한다.

② 개념 형성을 위해 추상적 개념이 아닌 경우 학생들로 하여금 직접 개념과 관련된 구체물을 가능하면 직접 만져보게 하는 것이 필요하다. 또한 추상적 개념인 경우에는 스스로 개념을 구성할 수 있는 팁을 제공해 주어야 한다. 평면과 곡면은 직접 손으로 만져 보아서 차이점을 느껴 보아야 하며 a, m, dl도 직접 경험으로 개념이 형성되지 않으면 의미 있는 학습이 되지 못한다.

③ 유사한 사례와 유사하지 않은 것을 대비하거나 이미 배운 개념과 그들 사이에 서로 다른 점과 같은 점을 분명히 하고, 이해를 확실히 함과 동시에 여러 개념의 상호관계를 분명히 하고 통합적으로 이해하게 한다.

④ 예를 먼저 제시하고 아동들이 개념의 규칙을 스스로 찾아 낼 수 있도록 한다.

⑤ 개념을 분석하여 다양한 예를 준비해서 개념의 추상화나 일반화를 하기 좋게 한다. 이를 테면 뺄셈을 거스름돈의 장면만으로 이해시키려고 하는 것은 무리이다.

⑥ 개념의 뜻이 중요하므로 기호화와 언어화에 치중하지 않는다.

⑦ 기존에 학습한 개념을 대비해서 구별하고 상호관계를 분명히 하고 통합적으로 이해하게 한다.

3. 개념학습의 절차

단계		주요 활동	과정 설명
학습 문제 확인		문제 제기	학습할 개념이 사용되는 문제 상황 제시하기
		선수 개념 확인	학습할 개념과 관련된 선수 개념 확인하기
개념의 추구	속성, 원형, 상황 제시	속성, 원형, 상황 제시	각 개념과 관련된 속성, 원형, 상황 제시하기
		개념 정의	학생 스스로 개념 정의하기
	속성 및 사례 검토	일상생활 속에서 개념과 관련된 추가 사례 검토	개념이 사용되는 사례나 포섭하고 있는 상황에 대한 브레인스토밍하기, 각각의 사례와 개념 간의 관련성 검토하기
		개념의 속성 분류	수집된 사례를 적합한 사례와 부적합한 사례로 구분하기, 일반적 속성과 결정적 속성 찾기
개념 분석 (개념화)		관련 개념 검색	유사한 개념 찾고 관련성 여부 논의하기
		개념 간의 위계 구조 파악	학습하고 있는 개념보다 일반적인 개념과 구체적인 개념을 찾아 위계 관계 파악하기
적용 및 정리		개념 통해 관련 사례 설명	개념이 개인적, 사회적으로 어떤 의미가 있는지 토론하기
		모호한 사례 제시	학습한 개념을 통해 설명하기, 모호한 사례를 소개하여 확산적 사고 유도하기

4. 개념학습 모형 적용을 위한 시나리오

단 원	5. 사각형과 도형 만들기		학습 요점 (판서)
차 시	5~6/10 교과서 수학 68 ~71		■ 약속하기
수업모형	개념학습 모형		- 선분으로만 둘러싸인 도형을 다각형이라고 한다.
교실형태	ㄷ자 형태로 배치		다각형은 변의 수에 따라 삼각형, 사각형, 오각형, 육각형 등으로 부른다.
수 업 목 표	① 다각형과 정다각형을 이해하고, 식별할 수 있다. ② 사각형의 대각선을 이해하고, 그 성질을 이해한다.		- 변의 길이가 모두 같고 각의 크기가 모두 같은 다각형은 정다각형이라고 한다. - 정다각형은 변의 수에 따라 정삼각형, 정사각형, 정오각형, 정육각형 등으로 부른다.
학 습 자 료	교사 : 음악 CD, 한글자막, 도형카드, PPT 자료, 성냥개비 학생 : 털실		- 다각형에서 선분 ㄱㄷ과 같이 이웃하지 않은 두 꼭지점을 이은 선분을 대각선이라고 한다.

도 입 (10')

교수 · 학습 활동
교사(T) - 학생(S)

❖ **동기유발 및 전시 학습 확인단계**

T : ○○반 여러분 안녕 하세요?

S : 선생님 안녕하세요.

T : 오늘도 즐거운 수학시간이 돌아왔습니다. 오늘은 어떤 것을 배울까? 기대되지요?

S : 네, 선생님

T : 우리 친구들 지난시간에 무엇에 대해 배웠지요?

S : 사다리꼴, 평행사변형, 마름모, 직사각형, 정사각형에 대해서 배웠어요. 여러 가지 사각형에 대해 배웠어요.

T : 역시 우리 반은 최고예요. 어찌나 복습을 잘하는지요. 모두들 잘 하고 있지요?

S : 네, 선생님

T : 그럼 우리 지난 시간에 배웠던 노래 생각나나요?

S : 네, 어렴풋이 기억이 나요. 선생님.

T : 어떤 노래를 불렀었죠?

S : '아기염소'를 가사만 바꿔서 불렀어요.

T : 네, 맞아요. 우리가 음악시간에 배웠던 '아기염소'노래를 가사만 적절히 바꾸어서 불렀었지요. 그럼 여러분! 그렇게 바꿔서 부르니까 느낌이 어땠나요?

S : 신났어요. 아는 노래에 사각형의 이름을 붙여서 부르니까 기억에 오래 남았어요. 참 재밌었어요.

T : 아! 여러분은 재밌었고 또 기억에도 남았구나!

　　그럼 우리 한번 힘차게 불러보고 오늘 수업 시작하도록 할까요?

S : 네 선생님.

'아기염소' 부르기(1절)- 4학년 음악 play한 후 - 한글 자막띄우기

파란 하늘 파란하늘 꿈이 / 드리운 푸른 언덕에

사각형 가족이 정답게 놀아요 / 해처럼 밝은 얼굴로

사다리꼴 평행사변형 마름모 직사각형 그리고 정사각형

모두모두 사각형, 모두모두 사각형, 사각형 한 가족

우리 모두 사각형들처럼 / 친하게 지내봅시다.

언제나 신나는 / 언제나 신나는 / 즐거운 4학년 ○반

문제 파악 단계

교수 · 학습 활동
교사(T) - 학생(S)

T : 역시, 우리 4학년 ○반은 복습도 잘해, 노래도 잘 불러, 최고의 반인 것 같아요. 그렇지요? 여러분!

S : 네, 선생님.

T : 여러분! 이 노래에 나온 도형이름은 무엇이었죠?

S : 사다리꼴, 평행사변형, 마름모, 직사각형, 정사각형이 나와요.

T : 네, 맞아요. 이 노래에서 나왔듯이 또 우리가 전 시간에 배웠던 것과 같이 사각형에는 사다리꼴, 평행사변형, 마름모, 정사각형이 있어요. 그럼 우리 친구들 지난시간에 배운 사각형 모양이 각각 생각이 나는지요?

S : 네. 당연하지요. 선생님.

T : 그러면 우리 친구들이 칠판에 붙어있는 도형카드를 각 사각형의 이름 아래에 붙여 보도록 해요. 최고로 멋진 4학년 ○반 중에서도 '내가 최고야'라고 생각하는 친구가 나와서 붙여볼까?

S : (학생은 나와서 도형그림을 분류할 수 있다.)

T : 우리 친구가 아주 잘 분류해 주었어요. 모두 박수를 쳐 줍시다.

S : 모두 박수를 친다.

T : 여러분! 이번 시간에 무엇을 배울 것 같은가요?

　　(학습목표를 미리 제시하지 않고 배워가면서 말하도록 한다.

▶ 여러 활동을 하면서 다각형과 대각선 알기인 학습목표를 자연스럽게 접할 수 있도록 유도
한다.)
S : (대답한다.)

전 개 (25′)

교수 · 학습 활동
교사(T) - 학생(S)

❖ **개념의 추구(유별·추상)**

T : 여러분! 털실을 다 가지고 왔지요? 이 털실로 무엇을 하려고 할까요?

S : (대답한다.)

T : (학생을 지목해 주며) 우리 ○○이가 털실끝부분을 잡고 반대편에 있는 우리 ○○이가 한
번 잡아봅시다.

S : (선생님의 설명을 따라 움직인다.)

T : 여러분! 무엇이 만들어졌지요?

S : 선이 만들어졌어요. 직선이 만들어졌어요.

T : 네 맞아요. 여러분 말대로 이 털실이 ○○이와 ○○이 사이를 연결해 주어서 가장 짧은
거리로 곧은 선을 나타내는 개념인 직선이 나타났어요.
(직선의 개념 · 정의를 판서한다.)

T : 그러면 우리 복습할 겸 1학기 때 배웠던 각을 한번 만들어볼까요? (각, 예각, 둔각, 직각)

S : (전체 활동-학생들끼리 털실을 가지고 이동하며 각을 만들어 볼 수 있도록 한다.)

T : (이 때 교사는 학생들이 각각의 각들을 만들 때 왜 그렇게 생각하는지 발문한다.)
이제는 우리 삼각형을 한번 만들어 볼까요?
자기가 잘 생겼다고 생각하는 사람 3명만 앞으로 나와 볼까요?
(이 때 반 전체 학생들에게 골고루 참여기회를 제공해야 한다.)
(앞에 나온 학생들을 보며) 삼각형을 한 번 만들어보세요.

S : (털실을 가지고 삼각형을 만든다.)

T : (학생들이 만든 모양을 보며)왜 이 모양이 삼각형인가요?

S : (대답한다.)

T : (사각형, 오각형 등등 각각의 다양한 모양을 만들어보고 왜 그렇게 생각하는지 발문하도록
한다. 이와 같은 활동을 통해 학생들이 변의 수에 따라 이름이 달라진다는 것을 자연스럽
게 알 수 있도록 유도한다.)
여러분! 그러면 지금 여러분이 털실로 만든 도형(도형의 이름을 가리키며)들의 공통점은
무엇일까요?
(학생들이 다각형이란 말이 나올 수 있도록 유도한다.)

S : (대답한다.)

개념화(일반화)

교수 · 학습 활동
교사(T) - 학생(S)

T : (PPT자료를 보며 다각형의 뜻(개념·정의)을 알 수 있도록 한다.)
T : 여러분! 그러면 다각형 중에서 흠잡을 데 없이 잘 생긴 다각형을 무엇이라고 하는지 아는
    사람은 한번 말해볼까요?
S : (대답한다.)정다각형이라고 해요.
T : 네, 정다각형이라고 한답니다.(이 때 선생님은 한문인 바를 정(正)자를 설명한다.)
    (미리 여러 도형을 그려 놓은 칠판을 보면서) 여러분이 한번 도형카드 이름을 붙여보도록
    해요.
S : (나와서 활동한다.)
T : 여러분 이중에 '정(正)'자가 붙는 잘 생긴 도형을 찾아볼까요?
S : (학생들이 도형 이름에 '정(正)'자를 붙여 읽어 본다. -정삼각형, 정사각형 등등)
T : 이처럼 이번 시간에 여러분이 배우려고 했던 것이 바로 이 다각형과 정다각형입니다.
    (성냥을 나누어주며)그러면 정다각형을 한 개씩 만들어 봅시다.
S : (개념을 생각하며 다양한 모양의 정다각형을 만들어 본다.)
T : 그럼 바로 이어서 다른 학습 목표가 하나 더 있는데 배워가며 알아보도록 해요.
    (학습목표는 도입, 전개, 정리 중에 적당한 때에 제시해도 무관하다.)
S : 네, 선생님.
T : 여러분이 정다각형·다각형 개념을 공부하는데 참 잘 해주었어요.
    그럼 정다각형까지 알았으니까 노래를 한 번 더 불러보고 다른 공부를 해보도록 해요.
    노래는 똑같고 가사만 또 바꿨어요. 자막을 잘 보고 흥겹게 노래 불러 보도록 해요.
    알겠지요?
S : 네, 선생님!

'아기염소' 부르기(1절)- 4학년 음악 play한 후 - 한글 자막띄우기

까만 하늘 까만 하늘 꿈이
드리운 밤하늘 속에
반짝이는 별들이 소곤소곤 말해요 정답게 속삭 이네요
그 속에는 여러 도형 살고 있어요 우리 모두 찾아봐요
삼각형 사각형 오각형 육각형 친구가 많아요
반짝반짝 고운 꿈을 갖고
정답게 속삭이네요
우리도 별처럼 우리도 별처럼 정답게 공부해봐요

T : 이 노래에서 까만 하늘에 무엇이 있다고 그러나요?

S : 반짝이는 별들이 있어요.

T : 그럼 별들은 까만 하늘 말고 별은 어디에도 있을까요?

S : (다양하게 대답한다.)

T : 별은 바로 우리 똑똑한 ○반에도 있지요! 여러분 모두 모두가 반짝반짝 아름답게 빛나는 별이에요. 그리고 선생님도 별로 인정해 줄 거죠?

S : 네, 선생님!

T : 그럼 우리 예쁜 4명의 별들이 한번 나와 볼까요?

S : (학생들이 앞으로 나온다.)

T : 4명의 반짝반짝 별들이 나왔는데 4명이 나오면 무슨 도형을 만들 것 같은가요?

S : 사각형이요.

T : 네, 맞아요. 한번 만들어 보세요.
(학생들이 만든 모습을 본 후) 이 사각형 안에는 가위표가 숨어 있는데 누가 나와서 털실을 가지고 찾아 볼 사람?

S : (털실을 가지고 가위표를 만든다.)

T : 여러분! ○○친구가 가위표를 만들었는데 이 가위표를 무엇이라고 말하지요?

S : (대답한다.)대각선이라고 합니다.

T : 그럼 대각선이 무슨 뜻일까요?

S : (대답한다.)

T : (PPT자료를 보며 대각선의 뜻(개념·정의)을 알 수 있도록 한다.)
그러면 한 명만 더 나와 보세요. (나온 학생을 보며) 다 함께 오각형을 만들어 봅시다. (만든 모습을 보며) 이 오각형에는 어떤 비밀이 숨어 있을까 누가 나와서 찾아보도록 할까요?

S : (털실이 주어지면 별을 만든다.)

T : (오각형에는 별이란 대각선이 살고 있음을 자연스럽게 연결시킨다.) 아름다운 별 모양이 되었어요. 그렇지요?

S : 네, 선생님.

정리

교수 · 학습 활동
교사(T) - 학생(S)

❖ **적용·발전**

T : (칠판에 있는 도형이름을 가리키며)자, 그러면 여러분! 오늘 배운 공부를 다시 한 번 짚어
보도록 합시다.
그리고 짝꿍과 함께 이번 시간에 배운 것들을 성냥개비로 한번 만들어볼까요?

S : 네, 선생님.(다양하게 만들어 본다.)

T : 우리 친구들! 오늘 수학시간도 열심히 잘 참여해 주었어요.
마지막으로 우리 이번 시간에 공부한 느낌을 색 찰흙으로 표현해 볼까요?

S : (제한된 짧은 시간을 주면서 학생들이 수학시간에 배운 내용에 대해 순간의 느낌을 다양하
고 재미있게 표현할 수 있도록 한다.)

T : (독특한 표현을 한 친구의 색 찰흙을 실물 화상기를 통해 전체 학생에게 보여주고 그렇게
만든 이유를 간단하게 들어본다.)
자, 다음 시간에는 여러분이 배운 도형으로 여러 모양을 만들어 보겠습니다. 색종이랑 가
위, 자를 준비해 오세요. 오늘 수업은 이것으로 마치겠습니다. 모두들 수고하셨습니다..

S : 선생님 감사합니다.(박수를 치며 끝낸다.)

5. 개념학습 모형을 적용한 교수 · 학습 과정안

과목	수학(초등학교 4학년)	학습 요점 (판서)	
단원	3. 수직과 평행	○ 수선 알아보기 - 직각인 물건 찾아보기 ○ 수직과 수선 - 두 직선이 만나서 이루는 각이 직각일 때 두 직선은 서로 수직이라고 합니다. 두 직선이 서로 수직일 때, 한 직선은 다른 직선에 대한 수선이라고 합니다.		
차시 주제	수선을 알 수 있어요(1/8)			
수업 목표	수직의 뜻을 이해한다. 수선의 뜻을 이해한다.			

단계	교수 · 학습 활동 (T : 교사활동, S : 학생 활동)	자료 및 유의점
문제 파악	【단원도입】놀이 기구 살펴보기 ○ 놀이터 놀이 기구 살펴보기 T : 놀이 기구 중에서 가로와 세로선이 90°로 만나는 것이 있나요? S : 철봉, 구름사다리, 늑목 등이 있습니다. T : 또 어떤 것들이 있나요? S : 그네, 정글짐의 가로선과 세로선이 90°로 만납니다. 【학습 문제】 ❖ 수직의 뜻을 이해합니다. ❖ 수선의 뜻을 이해합니다.	■ PPT자료, 놀이 기구 사진
개념의 추구 (개념의 사례 제시) (속성 및 사례 검토)	【학습활동 1】직각인 물건 찾아보기 ○ 두 직선이 만나는 것 찾기 T : 교실에서 두 직선이 만나는 것은 어떤 것들이 있는지 알아보세요. S : 칠판, 창문, 태극기, 책상, 사물함, 액자 등이 있습니다. T : 이 중에서 두 직선이 직각으로 만나는 것을 찾아보려고 합니다. 무엇을 직각이라고 하나요? S : 두 직선이 만나는 각이 90°일 때 직각이라고 합니다. T : 두 직선이 만나는 것들 중에서 직각으로 만나는 것은 어떤 것들이 있나요? 5가지 이상 찾아보세요. S : 칠판, 창문, 태극기, 모니터, 거울 등입니다. T : 칠판도 두 직선이 직각으로 만나나요? 칠판에서 직각으로 만나는 두 선분을 말해보세요. S : 칠판의 가로 윗변과 만나는 세로인 두 직선입니다. 또 칠판의 가로인 아랫변과 만나는 세로로 된 두 직선입니다. T : 칠판에는 두 선분이 직각으로 만나는 곳이 몇 군데 있다고 생각하나요? S : 윗변과 만나는 세로 직선 두 군데, 아랫변과 만나는 세로 직선 두 군데, 합해서 네 군데입니다.	■ 교실 물건 ※ 주변의 사례가 운데 직각인 물건을 찾아서 관찰해 봄으로써 공통된 특성을 유추하여 점차 일반적 개념 (수직과 수선)을 귀납적으로 추론해 낼 수 있도록 한다.

개념화 (속성 파악하기) (약속하기)	**【학습활동 2】직각 구분하기** ㅇ 각의 크기 재기 T : 두 직선이 만나서 생긴 각의 크기를 재어보고 직각인 것과 아닌 것을 구분해보세요. S : (각의 크기를 재어본다.) T : 두 직선이 만나서 직각이 되는 곳은 어느 것인가요? S : 직선 가와 다, 직선 나와 다입니다. T : 두 직선이 만나서 직각이 되는 곳은 몇 개인가요? S : 직선 가와 다에서 4개, 직선 나와 다에서 4개, 합해서 8개입니다. T : 네, 두 직선이 만나서 한 곳에서 직각이 되면 나머지 세 각도 직각이 됩니다. 그래서 직선 가와 다가 만나서 4개가 직각입니다. T : 이와 같이 두 직선이 만나서 이루는 각이 직각일 때 두 직선은 서로 '수직'이라고 합니다. 두 직선이 서로 수직일 때, 한 직선은 다른 직선에 대한 '수선'이라고 합니다. ㅇ 확인하기 T : 다음 바둑판 그림을 보고 수직과 수선을 넣어 문장을 만들어 보세요. S : 바둑판의 가로선과 세로선은 서로 수직입니다. 가로선은 세로선에 대한 수선입니다.	■ 각도기 ※각의 크기를 재어 직각과 직각이 아닌 두 가지로 구분하도록 한다. ※'약속하기'를 통해서 수직과 수선의 개념을 명확히 정리한다.
적용 및 발전	**【학습활동 3】직각 구분하기** ㅇ 확인 학습 T : 다음 그림에서 두 직선이 만나 수직인 것을 고르세요. T : 다음 그림에서 수직인 관계를 찾아보세요. 	■수학 익힘책
정리 및 평가	**【정리학습】배운 내용 정리하기** ㅇ 수선 알아보기 T : 직각인 물건 찾아보기 S : 칠판, 바둑판, 창문, 책상, 액자, 시계 등	

| | T : 수직과 수선의 개념 정리하기
S : (알게 된 내용 공책에 정리하기)
- 두 직선이 만나서 이루는 각이 직각일 때 두 직선은 서로 수직이라고 합니다. 두 직선이 서로 수직일 때, 한 직선은 다른 직선에 대해 수선이라고 합니다.

○ 과제 및 차시 예고
- 수학 익힘책 틀린 것 다시 풀어보기
- 수선 그리기 준비해오기 | |
| 형성 평가 | 〔상〕 수선의 개념을 이해하고, 수학 익힘책 4~5 문제를 해결하였다.
〔중〕 수선의 개념을 이해하고, 수학 익힘책 2~3 문제를 해결하였다.
〔하〕 수선의 개념을 이해하고, 수학 익힘책 0~1 문제를 해결하였다. | |

참고문헌

권낙원 역(2010), 수업모형, 서울: 아카데미프레스.
교육과학기술부(2006), 초등학교 사회 교사용 지도서(4-1), p 31-32쪽.
민경아 · 서강일(2011), 멀티클래스 수업안 4학년 10월호, (주)한국교육출판, p 160-161.
정문성 외(2002), 수업모형의 이론과 실제, 서울 : 학문출판(주).
조규락 · 박은실 공역(2009), 문제해결학습, 서울 : 학지사.
차조일(1999). 사회과 개념수업모형의 이론적 문제점과 해결방안. 시민교육연구, 29. 227-250.

탐구학습 모형

1. 탐구학습 모형의 등장 배경 및 의미

가. 탐구학습 모형의 등장 배경

탐구학습(탐구수업)은 학습자의 일상생활과 직접 관련이 없는 학습 내용을 기계적으로 암기하고 연습하는 전통적인 수용학습에 대한 비판에서 시작되었다. 이러한 학습 방법의 기원은 Socrates의 대화법, Rousseau의 아동중심 교육사상에까지 거슬러 올라간다.

탐구학습의 아이디어를 반성적 사고를 강조한 Dewey의 사상과 Bruner의 발견학습, Massialas의 사회탐구모형, Schwab의 과학탐구모형 등에서 찾아볼 수 있다. Dewey에 따르면 발견 또는 탐구란 어떤 신념, 혹은 상정되어 있는 어떤 지식 형태를 이 신념 혹은 지식 형태를 뒷받침하고 있는 여러 근거에 비추어 적극적이며 끈기 있고 세심하게 고찰하는 것, 또는 이 신념 혹은 지식 형태가 지향하는 여러 결론에 대하여 고찰하는 것이라고 말하고 있다. 이 과정에서 발견학습과 탐구학습은 명확히 구분되는 개념이 아니다. 이 두 개념은 학습자 스스로 문제를 인식하고 해결해 나가는 과정을 중시한다는 점에서 동일한 개념으로 간주 할 수 있다. 또한 탐구(inquiry)나 발견(discovery)은 지식 자체가 아니라 지식을 얻는 과정, 방법 혹은 활동으로 표현되며, 문제해결, 반성적 사고를 포함하고 있기 때문이다.

나. 탐구학습 모형의 개발 배경

탐구학습 모형에서는 인간에 대해 정보가 처리되고, 의사결정이 이루어지고, 지적 역량이 표현되고 향상되는 것으로 본다. 따라서 학습자 스스로 탐구하는 역량을 기르는 것에 초점을 맞추므로 그 탐구 과정 자체에 의미를 둔다고 할 수 있다. 이에 반해 기존의 주입식 교육은 지식의 핵심을 가르쳐 실제 생활에 적용할 수 있다는 명분을 가지고 있으나 불완전한 지식을 무조건 받아들이게 함으로써 학습자 스스로 자신에게 필요한 지식을 구성해 낼 줄 아는 능력을 기르지 못하는 한계가 있다. 이런 한계를 극복하고자 탐구학습이 제시되었다. 다시 말해 기존의 이론 가운데 모순이 있다면 기존의 이론을 반성하여 현실 상황에 적합한 체계를 학습자 스스로 정립 할 수 있도록 능력을 기르는 것이다. 많은 정보와 지식을 일방적으로 주입하는 교육 보다는 학습자 스스로 지식을 탐구해 낼 줄 아는 능력의 배양이 중요하다. 즉 탐구학습은 지식 그 자체를 가르치고 배우는 것보다 지식을 발견해 내는 과정을 학습자가 직접 체험하는 것에 근본적인 목적이 있다고 할 수 있다. 학습자 스스로가 탐구할 수 있도록 하기 위하여 교사는 학생들이 탐구영역 내에 있는 개념적 혹은 방법론적인 문제를 확인하도록 돕고, 그 문제를 해결하는 방법을 설계하며, 학생들이 실제적인 탐구 문제에 몰입할 수 있도록 도와야 한다.

또한 현대 사회는 개인이나 집단 사이에 발생하는 다양한 사회 문제와 갈등을 합리적으로 해결할 수 있는 시민의 자질을 필요로 한다. 사회문제와 갈등을 해결하기 위해서는 복잡하고 다양한 사회문제와 관련된 지식들과 그 문제에 대해 과학적으로 탐구하는 방법을 습득할 필요가 있다. 따라서 사회문제에 대한 지식들과 탐구방법을 습득하는 것은 문제를 해결하기 위해 필요한 사실, 개념, 일반화, 이론 등을 획득하는 사회탐구의 과정이다. 사회탐구는 사회현상이나 사회문제에 대해서 과학적으로 조사하는 과정이고, 학생들이 문제와 관련된 지식들을 습득하고 보다 과학적으로 문제를 이해할 수 있도록 도와줌으로써 문제를 합리적으로 해결하는데 기여할 수 있다.

다. 탐구 및 탐구학습의 의미

1) 탐구(inquiry)

① 탐구학습에 대해 경험 과정을 통하여 의미를 찾아내기 위해 자기 스스로 문제를 해결해 나가는 학습 전략이다.

② 탐구가 일반적인 의미로는 '더듬어 연구함'을 뜻하지만, 교육계에서는 이보다 더 좁은 의미로 '지식의 정립을 위한 지적 노력과 그것에 수반되는 활동'으로 정의되기도 한다(강호감외, 2008).

③ 탐구는 찾는 과정, 또는 이보다 더 구체적인 의미로, 지식의 이해의 추구로
정의될 수 있다. 탐구를 이와 같은 의미로 정의할 때, 그것은 자연에 객관적으
로 존재하는 사실에 관한 정보를 수집하기 위한 사실적·경험적 탐구, 사고의
명료화와 개념의 명확한 조작을 위한 형식적·논리적 탐구, 가치의 추구나
평가 그리고 실천적 규범과 그 원리를 정립하기 위한 규범적·평가적 탐구
등으로 구분될 수 있다(강호감 외, 2008).

2) 탐구학습 모형

탐구학습 모형은 과학의 본성 중에서 반증주의(falsificationism)에 바탕을 두고 있
다. 발견학습 수업모형에서는 먼저 자료가 제시되는 데 비하여, 탐구학습 모형 활동
에서는 문제를 인식하고 가설을 형성하는 일이 먼저 온다. 반증주의에 의하면 학생이
현상에 대해 의문을 가지고 이를 해결하기 위해 가설을 설정하고 자료를 모으고 분석
함으로써 가설을 검증하고 결론을 유도하는 것이라 할 수 있다. 이러한 과정은 고차
원적 사고 능력을 요구하기 때문에 형식적 조작 단계의 학생에게 적합하다(교육과정
해설서, 2010).

2. 탐구학습 모형 관련 이론

가. Dewey의 탐구 이론

1) 개요

Dewey의 수업이론은 문제해결법(problem solving method)으로 잘 알려져 있다.
문제해결법이란 '학생들이 생활의 장에서 당면하는 여러 가지 문제들을 해결하는 과
정에서 지식, 기능, 태도, 기술 등을 종합적으로 획득하게 되는 학습 방법'을 말한다.
문제해결법은 Dewey의 반성적 사고 단계에 기초를 두고 있다. Dewey는 '사고방법'
을 보다 과학적으로 체계화하여 사고나 사색이라는 정적 표현을 '탐구'라고 하는 동적
표현으로 바꾸었다.

2) Dewey의 반성적 사고의 단계

① 암시(문제인식) - 문제에 부딪혔을 때 즉각적으로 생각하게 되는 '해야 할
일' 또는 '잠정적인 답'의 암시이며 다소 가설적인 성격을 가진 것으로 문제해

결을 위한 출발점이다.

② 지성화(잠정적 가설의 형성) - '곤란'을 '해결해야할 문제'로 전환하는 활동으로 막연한 사태의 성격을 명료화하는 일

③ 가설(현 사태의 조사) - 지성화의 과정을 통하여 나온 잠정적인 문제의 답

④ 추리(가설의 정련) - 가설을 설정한 다음 그것을 검증하기에 앞서 검증 결과를 예견하는 일이다.

⑤ 검증(가설의 검증) - 증거에 의해서 설정된 가설의 확실을 밝히는 활동으로 실제 실행이나 관찰 또는 가설이 요구하는 조건을 갖춘 실험에서만 가능하다.

3) Dewey의 탐구이론의 특징

Dewey는 탐구의 궁극적인 목적을 진리에 도달하는 것으로 보았으며, 탐구가 비록 문제해결의 과정이지만 그 해답은 해결로써 끝나는 것이 아니고, 다시 다음 단계 탐구과정의 수단이 된다고 보았다. Dewey가 주장한 사고 방법은 '문제제기-가설형성-가설검증-결론'의 과정으로 일반화되었다.

나. Bruner의 발견학습

1) 개요

Bruner는 개념획득 과정이란 '눈앞의 우리가 획득하고자 하는 개념의 예시와 비예시를 구별하는 속성을 발견하는 과정'이라고 했다. 그는 개념획득의 과정은 '문제인식-가설설정-가설검증-결론짓기'의 4단계로 설명하고 있다.

2) Bruner 발견학습의 기본 가정

Bruner는 「교육의 과정(The process of Education)」에서 종래의 기계적 통념을 부정하고 '어떤 발달단계에 있는 아동에게도 효과적으로 가르칠 수 있다'는 가설을 제시하였다. 지식의 구조 중심교육이 지향하는 교육목표는 명백히 체계화된 탐구방법과 증거방식을 가진 교과를 가르침으로써 지적 및 도덕적 판단에 의해 올바른 근거를 제시하는 능력과 태도를 기르는데 있다. 따라서 교육목표 역시 어떤 사실을 발견하기까지의 사고과정과 탐구기능을 중요시하였다.

다. Massialas의 탐구식 수업절차

1) 탐구학습의 개요

Massialas의 탐구교수이론은 사회탐구내용이 집중되었지만 1960년대 미국에서 개발된 가장 큰 영향력을 미친 교수이론 중의 하나이다. 그의 교수모형은 실제 학교에서 사회과 수업을 통하여 효과가 입증되었고, 현재에도 미국 초·중등학교에서 광범위하게 사용되고 있다. Massialas는 탐구를 위한 구체적인 교수과정을 '안내-가설-정의-탐색-증거제시-일반화'의 6단계로 나누었다.

2) Massialas의 사회탐구 모형의 6단계 활동

① 안내- 학생과 교사는 모두 현안 문제에 대해 인식한다.
② 가설- 일반적인 용어로 요소와 관계를 재기술하고 특수 용어는 피한다.
③ 정의 -가설의 용어를 명료하게 규정하고 의미를 부여하는 단계
④ 탐색- 가설을 입증하기 위해 증거를 찾는 과정
⑤ 증거제시- 가설을 지지하고 증명하기 위해 경험적 자료를 참작해 보는 과정
⑥ 일반화- 모든 증거에 입각한 문제의 가장 조리 있는 해결

3. 탐구학습의 목적 및 특징

가. 탐구학습의 목적

① 학생들이 지식의 획득과정에 주체적으로 참가함으로써 학생들로 하여금 자연이나 사회를 조사하는데 필요한 탐구능력을 몸에 배게 한다.
② 인식의 기초가 되는 개념의 형성을 강조한다.
③ 새로운 것을 발견·탐구하려는 적극적인 태도를 함양한다.

나. 탐구학습의 특징

탐구학습 모형의 일반적 특징은 다음과 같다.

① 이 모형은 과학의 본질적인 과정인 가설 검증 절차를 체득하고 그 과정에서 탐구 능력을 길러주는 모형이다. 즉, 과학자가 연구하는 방법을 학생들이 경험

함으로써 과학적인 탐구 및 사고방법을 익힐 뿐 아니라 과학 지식을 얻는 방법까지 배우게 된다.

② 이 모형은 자료 수집 이전에 가설 설정이 이루어져야 하므로 가설을 세울 수 있는 상당한 기존 지식이 필요하다. 또한 가설의 근거가 직접 수집된 데이터에 의한 것이 아니므로 여러 개의 가설이 가능하고 잘못된 가설을 세울 가능성도 상당히 높다고 할 수 있다. 하지만 틀린 가설 역시 문제해결의 열쇠를 제공할 수 있기 때문에 옳은 가설 못지않게 중요하다.

③ 이 모형에서는 실험 설계가 중요하다. 발견학습에서의 실험은 자료 수집이 목적이지만 탐구학습에서의 문제해결은 실험 결과에 의해 좌우되므로 실험 설계가 제대로 되어있지 않으면 결론 자체가 무의미해질 수 있다.

④ 변인을 찾아내고 변인 통제를 정확히 해야 한다. 실험에서 고려해야 할 변인으로는 독립 변인, 종속 변인, 통제 변인을 들 수 있다. 독립 변인이란 관심을 가지고 있는 실험에 직접적으로 영향을 미치는 변인, 즉 원인에 해당된다. 종속 변인은 독립 변화의 영향을 받아 변화하는 요인, 즉 결과에 해당한다. 통제 변인은 독립 변인 이외에 실험 결과에 영향을 미칠 수 있는 다른 변인, 즉 합리적인 실험 결과를 얻기 위해 일정하게 유지해야만 하는 변인을 의미한다.

4. 탐구학습의 장점과 단점

가. 탐구학습의 장점

① 합리적·비판적 사고를 할 수 있는 기회를 더 많이 가지게 한다.

② 탐구의 판단을 유보해서 대안들 간의 균형을 찾는 능력을 길러주고 공동체에 대한 강조를 통하여 협력의 정신과 다른 사람과 같이 일할 수 있는 능력을 길러줄 수 있다.

③ 다양한 연령대의 학생들에게 적용할 수 있다.

④ 적절한 교수 자료를 가지고 모형을 계속 사용해 1년 또는 그 이상에 걸쳐서 수행되어 온 전체 교육과정에 이용할 수 있다.

⑤ 학생들 스스로 자신들의 학습방향을 찾고, 학습성과에 대해 보다 책임을 느끼며, 사회적 의사소통 능력이 향상된다.

⑥ 학생들이 학습에 능동적으로 참여하게 되므로 열린 마음가짐과 긍정적인 자아

개념을 형성할 수 있다.

⑦ 기억과 회상에만 의존하는 것을 피하고 평생학습하는 방법과 태도를 익히게 한다.

⑧ 학생들은 자기능력으로 문제를 해결할 수 있음을 믿게 되고 또 이를 성취할 수 있음을 깨닫게 해준다.

⑨ 창의성과 더불어 계획하고 조직하며 판단하는 것과 같은 상위수준의 지적 능력을 계발할 수 있다.

⑩ 학습내용을 확실하게 이해하는데 효과적으로 이용될 수 있다.

나. 탐구학습의 단점

① 학습자의 협력적이고 열정적 자세가 필요하다.

② 지식에 대한 일반적인 이해와 탐구자들의 공동체의 기본규칙에 대한 숙지가 사전에 있어야만 탐구학습이 가능하다.

③ 처음 과학적 탐구학습을 시행 할 때는 잠정적 지식에 대해 미숙하게 대처 할 가능성이 있다.

④ 탐구학습을 지도하는데 시간이 많이 소요된다.

⑤ 단순한 개념을 많이 전달하는 데는 비효율적이다.

⑥ 교사에게 많은 부담을 준다(자료준비, 학습지도, 평가 등).

⑦ 타당도와 신뢰도가 높은 탐구능력 평가방법의 개발이 어렵다.

5. 탐구학습 적용시 유의점

① 학습자 스스로 자신에게 필요한 지식을 탐구하는 것이기 때문에 학습자의 적극적이고 자발적인 노력이 있어야 가능하다.

② 탐구학습은 주어진 주체에 대한 자료수집 및 분석을 통하여 일정한 특성을 찾아내는 것이므로 사고의 논리성이 매우 중요하다.

③ 탐구학습은 탐구거리와 증거자료가 중요한 부분을 차지한다.

④ 탐구학습은 교사의 일방적 수업을 지양하고 학습자의 자발적 학습을 강조하기 때문에 학습자가 일정한 지식을 습득하는 과정을 중요시한다.

⑤ 일정한 자료로부터 가설을 정하고 그것을 확인 및 검증하는 탐구 과정을 중요하

게 여긴다.

⑥ 교사는 탐구과정을 강조하고 학생들이 탐구 과정을 성찰하도록 이끌면서 탐구심을 북돋아 주어야 한다.

⑦ 교사는 학생이 스스로 탐구할 기회를 제공하고 탐구의 과정을 가르쳐야 한다.

⑧ 학생들은 문제해결의 과정을 배우고 친구들과 정보를 공유하고 모둠에서 협동해야 하며 다양한 관점과 의견에 대해 관용적인 태도를 취해야 한다.

⑨ 학생들은 관련 증거를 충분히 검토하기 전에는 판단을 유보하고 대안을 평가하기 위해 추론해야 한다.

6. 탐구학습의 절차

가. 탐구학습 모형의 일반적 절차

단계	교수·학습 활동
문제의 발견 및 인식	■ **학생들이 관찰 및 자료 탐색을 통하여 탐구할 문제를 파악하는 단계이다.** 경우에 따라 교사가 적절한 수준의 질문이나 안내를 함으로써 학생들의 문제 발견이나 인식을 도와줄 수도 있다. 교사가 질문을 통하여 학생들의 문제 발견을 도와줄 때, 학생들이 활동의 초점을 알고 가설 형성의 관점을 알 수 있도록 질문을 던져야 한다.
가설 설정	■ **제기된 문제에 대한 잠정적인 해답, 즉 가설을 설정하는 단계이다.** 학생들은 이 때 기존의 지식을 동원하게 되며, 문제해결 방안으로 제시된 가설은 필요한 자료를 수집하는 방향을 제시할 수 있을 때 좋은 가설이라 할 수 있다. 그러므로 교사는 학생들이 세운 가설을 검토하여 자료 수집이 가능한 형태로 다듬어 주는 것이 좋다. 또한 가설은 반증이 가능한 것이어야 한다. 즉, 실험이나 자료 수집을 통하여 옳고 그름을 판단할 수 있는 내용과 형태를 지닌 것이어야 한다. 위와 같은 가설 설정 능력은 상당히 어려운 능력이라 할 수 있으므로 교사는 질문과 토의를 통하여 학생들을 잘 이끌어주도록 한다.
자료 수집을 위한 실험 설계	■ **가설을 검증하기 위하여 제일 먼저 고려해야 할 사항은 다양한 변인의 확인이다.** 독립 변인과 종속 변인이 무엇인지 알아내고 종속 변인에 영향을 줄 수 있는 다른 변인에는 어떤 변인이 있는지 확인하고 그 변인을 통제하는 방법을 고안한다. 또한 종속 변인을 측정하기 위한 계획도 수립해야 한다.
자료 수집 및 처리	■ **윗 단계에서 확인한 변인을 통제하면서 실험을 하여 자료를 수집하는 단계이다.** 이 단계에서는 실험을 주도적으로 수행하는 능력과 실험에 필요한 기능과 기술을 익히고 발휘하도록 지도해야 한다. 여기에서는 관찰, 분류, 측정과 같은 기본적 탐구 기능이 익숙해지도록 지도하는 것도 중요하다.

	■ 자료 수집 단계에서 얻어진 내용들을 해석하여 문제에 대한 잠정적인 해답 즉 가설이
자료 해석 및 가설 검증	성립되는지의 여부를 판가름하는 단계이다. 자료의 해석 능력은 학생들이 이미 알고 있는 지식에 영향을 받을 수 있으며, 논리적 사고력을 최대한 발휘하여 주어진 범위 내에서 타당하고 의미 있는 해석이 이루어지도록 지도해야 한다. 또한 자료 해석 과정에서는 독특한 기호, 표, 그래프 등을 활용하여 다른 사람과의 의사소통을 분명히 할 수도 있다. 일반적으로 실험 결과와 가설이 잘 부합되면 가설을 수용하며, 그렇지 않는 경우에는 가설을 버리거나 수정하여 다시 새로운 탐구에 돌입하도록 한다.
잠정적인 결론 및 일반화	■ 가설 검증 수업의 종결 단계이다. 검증된 가설들을 바탕으로 특정 탐구 문제에 대한 잠정적인 결론을 내리거나 제한된 범위 안에서 일반화를 시도해보는 단계라 할 수 있다. 또한 어떤 문제에 대한 대답을 종결하기 전에 그 결론을 새로운 상황과 연계시켜 생각해야 한다.

나. 과학과 탐구학습 모형의 일반적 절차

단계	교수·학습 활동	특징
탐색 및 문제 파악	■ 문제 상황 제시하기 ■ 문제 상황 속에서 탐구할 문제 파악, 목표 정의하기	탐구는 어떤 것에 대하여 알고자 하는 욕구에서 출발한다. 어떤 것이란 질문에 대한 해답일 수도 있고 문제의 해결일 수도 있으며 호기심을 충족시키거나 불완전한 결론을 종결시키기 위하여 필요한 정보일 수도 있다. 탐구과정의 제1차적인 단계는 목표를 처리하기 쉬운 의미로 정의하고 한계를 설정하여 명확히 하는 일이다. 무엇을 탐구하려는 것인지 정확한 개념을 가지지 못하면 성공적인 탐구를 수행할 수 없다.
가설 설정	■ 문제에 대한 가설 설정하기	가설은 의문에 대한 잠정적인 해답이다. 대안이 될 만한 해결책을 설정하는 것을 의미한다. 이는 목표 설정 문제와도 긴밀히 연관되는데 통상 목표가 명확히 된 상태라면 가설도 이미 어느 정도는 설정된 경우가 많기 때문이다. 가설을 세우거나 결론을 추정하는 일은 탐구자의 기존 지식과 많은 연관 관계를 가진다. 또한 이는 앞으로 계속적으로 이어질 탐구의 성격을 결정하는 요인이 되기도 한다.
실험 설계	■ 실험 설계	세운 가설을 검증하기 위하여 어떤 변인이 있고 그 변인을 어떻게 통제할 것이며, 실험 과정은 어떠해야 할 것인지 계획을 세우는 단계이다. 일단 가설이 형성되면 적절한 정보나 증거들이 가설을 얼마나 잘 뒷받침해 주는가를 살펴보기 위하여 검증되어야 한다.

실험 수행	■ 실험하기 및 자료의 수집, 자료 평가, 자료 분석하기	확인한 변인을 통제하면서 실험을 하여 자료를 수집하는 단계이다. 이 단계에서는 실험을 주도적으로 수행하여 나가는 능력과 실험에 필요한 기능과 기술을 익히고 발휘할 수 있어야 한다.
가설 검증	■ 가설의 타당성 살피기	결론은 가설을 검증하여 내린 결정 사항이다. 이 단계에서 탐구자는 증거를 중심으로 가설의 타당성을 살피게 된다. 만약 증거가 처음의 가설을 뒷받침한다면 그것의 재 진술이 곧바로 결론이 된다. 그러나 가설이 부분적으로만 옳다고 판단되었다면 이 때의 결론이란 가설을 수정하여 새로운 상황에 통합시키는 일을 의미하게 된다. 한편 증거가 가설과 상치된다면 이는 자신이 세운 가설이 옳지 않다는 것을 의미하므로 새로운 가설을 세우고 이를 추가된 증거들에 비추어 다시 검증해야 한다. 가설을 세우고 결론을 내리는 일은 탐구학습에 있어서 가장 중요한 단계이다. 하나의 주제를 가지고 탐구하여 얻어낸 결론이 새로운 상황의 자료에도 적용되며 설명이 가능한 것인지 여부는 중요하다. 그것이 가능하다면 탐구 과정이 성공하였음을 의미하는 것이기 때문이다. 때로는 새로운 자료에 적용시켜 본 결과 결론이 수정될 수도 있다. 그런 일이 벌어진다면 그 과정은 새로운 문제로 돌아가서 앞의 과정을 반복해야 한다. 완성된 개념이란 통상적으로 이러한 과정을 통해서 생겨나는 것이다. 이러한 적용의 과정을 통해서 결론이 일반화될 수 있다면 탐구학습의 목표는 달성된 것이다.
적용	■ 새로운 상황자료에의 적용여부 확인	위에서 알게 된 법칙이나 지식을 실제 상황에 적용하고 설명하며 응용하는 단계이다. 이러한 활동을 통하여 새로운 과학 탐구 문제를 발견할 수 있으며, 앞에서 얻은 과학 지식이나 법칙에서 오류가 발견될 때에는 가설 설정단계로 되돌아가 다시 탐구 과정을 밟는다.

다. 사회과 탐구학습 모형의 일반적 절차

탐구 요소	관련 행동
1. 문제 제기	■ 한두 개의 상식이나 선행지식과 모순된 사건을 확인한다. ■ 문제를 선택한다. ■ 연구가 가능한 용어로 문제를 진술한다.
2. 주요 용어의 정의	■ 탐구문제와 관련된 주요 용어들을 명확하게 정의한다.

3. 가설 설정	■ 가설의 기반이 된 문제의 요소를 확인한다. ■ 문제의 요소에 관한 가설을 생성한다. ■ 가설을 명료화 한다.
4. 관련된 자료의 수집	■ 가설을 검증할 계획을 세운다. ■ 일반적으로 '사실적인 자료'를 수집한다. ■ 자료를 수집하기 위해 사용하는 방법들을 가르친다. (설문조사법, 면접법, 관찰법, 사례연구법, 실험법, 문헌조사법등)
5. 자료의 분석·종합·평가	■ 자료는 가설과 관련하여 분석, 평가, 종합된다. ■ 부적합한 자료를 빼고, 적합한 자료를 선택한다. ■ 비판적으로 평가한다. (학자들은 그 가설을 입증하기 위해 어떤 증거를 제시하였는가? 그 자료는 가설을 증명하기에 적합한가? 정보는 중요한 가? 그 자료는 다른 사실들 또는 지식들과 어떻게 연관되는가?)
6. 가설의 검증	■ 분석한 자료를 바탕으로 가설을 검증한다.
7. 결론 도출	■ 검증한 가설을 가지고 결론을 도출한다. ■ 이론을 지지하거나 기각하는 증거가 잠정적임을 인식한다.
8. 새로운 문제의 탐구	■ 발견된 것을 개인 및 세계와 연관시킨다. ■ 다른 연구의 결과와 해석을 정리한다. ■ 획득된 지식을 다른 상황에 응용한다. ■ 새로운 문제를 인식한다. ■ 이론, 구인, 모형을 이용하여 새로운 지식과 관련시킨다. ■ 이론은 검증이 안 될 수 있음을 인식한다.

7. 탐구학습 모형 적용을 위한 시나리오

가. 선정 단원 개관
▶ 선정 대단원 : 7. 전자석 (6학년 2학기)
▶ 선정 소단원 : 전자석의 세기에 영향을 주는 요인 알아보기(6차시)

나. 수업목표
▶ 전자석의 세기에 영향을 주는 요인들을 이해하고, 전자석의 세기를 변화시킬
수 있다.

다. 학습활동 과정

1 단계 : 탐색 및 문제 파악

교수 · 학습 활동	■ 자 료
교사(T) - 학생(S)	▶ 유의점

❖ <동기유발>

T : 전자석의 세기가 다른 경우가 있었는지 경험을 이야기 해 보세요

S : 어느 전자석은 센데, 어느 것은 약했습니다.

T : 왜 전자석의 세기가 달랐던 것 같나요?

S_1 : 전선을 촘촘하게 감았습니다.

S_2 : 전지를 많이 연결했습니다.

T : 전선을 감아서 전지에 연결하였더니 전자석이 되었지요? 그럼 전자석이 되도록 하는데 필요한 것이 무엇이었나요?

S_s : 전선, 전선을 감는 것, 쇠못, 전지입니다.

T : 전자석을 세게 하려면 어떻게 해야 할까요?

S_1 : 에나멜선을 많이 감습니다.

S_2 : 큰 쇠못을 이용합니다.

S_3 : 전지를 많이 연결합니다.

❖ <공부할 문제 확인>

T : 오늘 우리가 무엇을 배울 것 같나요?

T : 〈'공부할 문제'를 제시하며〉

T : 오늘 우리가 배울 내용을 큰소리로 읽어볼까요?

S : 전자석의 세기에 영향을 주는 요인들을 알고, 전자석의 세기를 변화시킬 수 있다.

❖ <학습안내>

T : 그래서 이번 시간에는 먼저, 전자석의 세기에 영향을 주는 요인들을 가정해 보고 실험을 해서 정말 전자석의 세기에 영향을 주는 요인들을 찾아보고, 전자석의 세기를 변화시켜 볼거에요. 마지막으로 실험관찰을 정리하며 우리가 배운 내용을 정리할 거예요.

2 단계 : 가설 설정

교수 · 학습 활동	■ 자 료
교사(T) - 학생(S)	▶ 유의점

T : 여러분 각자 전자석에 세기에 관련된 가설을 한번 세워보도록 하세요.
S₁ : 에나멜선이 굵을수록 전자석이 세어집니다.
S₂ : 에나멜선을 많이 감을수록 전자석은 세어집니다.
S₃ : 에나멜선에 전류가 많이 흐를수록 전자석은 세어집니다.

3 단계 : 실험 설계

교수 · 학습 활동	■ 자 료
교사(T) - 학생(S)	▶ 유의점

T : (에나멜의 감은 수를 다르다고 가설을 세운 경우) 감은 횟수를 어느 정도 하면 좋을까요?
S : 에나멜선 감은 수를 50번, 100번, 150번 정도로 변화시킵니다.
T : 그럼 에나멜선 감은 수 외에 다른 것은 어떻게 해야 할까요?
S : 다른 조건은 바꾸지 않습니다.
T : 전류의 세기의 차이는 어떻게 하면 좋을까요?
S : 전지를 1개, 2개, 3개 직렬 연결해 봅니다.
T : 이번에도 다른 조건들은 어떻게 해야 하나요?
S : 다른 조건은 바꾸지 않습니다.
T : 다른 변인들도 있지만 가장 손쉽고 변화의 큰 차이를 경험할 수 있는 것은 감은 수와
  전지의 수입니다.

4 단계 : 실험 수행

교수 · 학습 활동	■ 자 료
교사(T) - 학생(S)	▶ 유의점

T : 모둠별로 정한 변인을 달리하면서 실험 도구를 제작하여 봅시다.
  이때 동일하게 해야 할 변인을 어떻게 통제 할지 정해 보세요.
S : 〈모둠별 실험을 시작한다.〉
T : 〈교사는 순시하며 실험을 조장하고, 안전사고를 방지한다.〉
S : (전자석의 센 정도를 비교할 수 있는 방법을 정한다.)
S₁ : 쇠붙이를 끌어당기는 정도는 '일정한 크기와 무게를 가진 것들이 얼마나 많이 붙는가'로

세기를 비교, 측정할 수 있을 거야. 예를 들어 클립, 스테이플러 철침, 사무용 핀, 쇳가루 등을 이용해 볼 수 있을 것 같아.

S₂: 자석과 밀고 당기는 정도로도 비교할 수 있어, 나침반을 이용하여 나침반 바늘이 돌아가는 정도를 비교해 보자.

S₃: 전지의 수에 따른 세기를 비교할 때는 감은 수를 같게 하여 실험하고, 감은 수에 따른 세기를 비교할 때는 전지의 수를 같게 하고 실험하자.

5 단계 : 가설 검증

교수 · 학습 활동	■ 자 료
교사(T) - 학생(S)	▶ 유의점

T : 실험결과와 자신의 가설을 비교하여 자신의 처음 생각한 가설과 맞았는지 틀렸는지 확인해 보세요.
S₁: 전지의 수가 증감하면 세기가 증가한다는 가설이 맞았습니다.
S₂: 감은 수가 증가하면 세기가 증가한다는 저의 모둠의 생각도 맞았습니다.

6 단계 : 적용 및 새로운 문제 발견

교수 · 학습 활동	■ 자 료
교사(T) - 학생(S)	▶ 유의점

❖ <학습내용 정리 / 차시예고>
T : 〈플래쉬 자료를 보여주며〉 오늘 배운 내용을 선생님이 퀴즈로 만들어 봤어요.
　　오늘 배운 내용을 점검해 봅시다.
S : 〈5개 질문에 따라 답한다.〉
T : 잘했어요. 모둠별로 센 전자석을 만들 수 있는 다른 방법이 있는지 한번 이야기 해봅시다.
S : 〈여러 가지 대답을 한다. 〉
T : 다음 시간에는 센 전자석 만들기를 하여 봅시다.

8. 탐구학습 모형을 적용한 교수 · 학습 과정안

가. 탐구학습 모형을 적용한 과학과 교수·학습 과정안

단원	7. 전자석			수업모형		탐구학습	
학습목표	전자석의 세기에 영향을 주는 요인들을 설명할 수 있다.			차시	6/9	장소	교실
학습자료	전자석을 만들 수 있는 재료 및 도구 (쇠못, 에나멜선 3m정도, 기타 공구), DM1.5V 전지3개, 전지끼우개 세 개, 연결선 한 쌍, 클립 10개 정도, 나침반 한개			투입시기	도 입	전 개	정 리
					○	○	○

단계	학습흐름	교수·학습 활동		시량	자료(▶) 및 유의점(•)
		교사	학생		
		❖ **지난 시간에 배운 내용 회상하기** • 전자석의 특징에 대하여 이야기하기		5′	•
		❖ **학습목표 제시** ┌─────── 학습목표 ───────┐ 1. 전자석의 세기에 영향을 주는 요인들을 설명할 수 있다. 2. 전지의 수를 변화시켜 전자석의 세기를 변화시킬 수 있다. 3. 에나멜선의 감은 횟수를 다르게 하여 전자석의 세기를 변화시킬 수 있다. └─────────────────────┘			
탐색 및 문제 파악		❖ **탐색 및 문제파악** • 전자석의 세기가 다른 경우가 있었는지 경험을 이야기하고 그 까닭을 생각해보기 • 전자석이 되도록 하는데 필요한 것은 무엇인가? • 전자석을 세게 하려면 어떻게 해야 할까?	❖ **탐색 및 문제파악** - 어느 것은 센데, 어느 것은 약했다. - 전선을 촘촘하게 감았다. - 전지를 많이 연결했다. 등 - 전선, 쇠못, 전지 등 - 에나멜선을 많이 감는다. - 큰 쇠못을 사용한다. - 전지를 많이 연결한다. 등	5′	• 학생들이 세운 가설 중에 잘못된 것을 수정하지 않는다. •활동의 초점: 다른 변인들도 있지만 가장 손쉽고 변화의
가설 설정		❖ **가설 설정** • 학생들이 각각 전자석의 세기와 관련된 가설을 세우도록 한다.	❖ **가설 설정** - 에나멜선이 굵을수록 전자석을 세진다.	5′	

			- 에나멜선을 많이 감을수록 전자석은 세진다. - 에나멜선에 전류가 많이 흐를수록 전자석은 세진다. 등	큰 차이를 경험할 수 있는 것은 감은 횟수와 전지의 수이다.
실험 설계		❖ **실험 설계** • 에나멜선의 감은 수를 다르게 한다. 　· 감은 횟수가 많아지면 전자석의 세기가 어떻게 달라질까? • 전류의 세기를 다르게 한다. 　· 전지를 여러 개 연결하면 전자석의 세기가 어떻게 달라질까?	❖ **실험 설계** - 에나멜선의 감은 수를 50번, 100번, 150번 정도로 변화시킨다. - 다른 조건은 동일하게 한다. - 전지를 1개, 2개, 3개 직렬 연결해 본다. - 다른 조건은 동일하게 한다.	10′
가설 검증		❖ **가설 검증** • 실험결과와 자신의 가설을 비교하여 자신이 처음 생각한 가설과 맞았는지 틀렸는지 확인한다.	❖ **가설 검증** - 전지의 수가 증가하면 세기도 증가한다. - 감은 수가 증가하면 세기도 증가한다.	5′
적용		❖ **적용 및 새로운 발견** • 모둠별로 센 전자석을 만들려면 어떻게 해야 할지 토의하도록 한다.	❖ **적용 및 새로운 발견** - 모둠별로 토의한다.	5′
정리 하기		❖ **정리하기** • 이번 시간을 통해 알게 된 점, 느낀 점, 인상 깊었던 점 등을 발표하게 한다.	❖ **정리하기** - 전자석 세기가 달라지는 원리를 알았다. - 재미있었다. - 일상생활에 전자석이 활용되는 예를 알고 싶어졌다. 등	5′
차시 예고		❖ **차시 예고** • 다음 시간에는 센 전자석 만들기를 하겠습니다.		

나. 탐구학습 모형을 적용한 사회과 교수·학습 과정안

단원	5학년 2학기1-(3)-③ 공주와 부여
학습 목표	공주와 부여가 도읍지가 된 내력을 알아보고, 백제의 건국과 발전 모습을 간단한 표로 정리할 수 있다.

단계	학습 내용	교수 · 학습 활동
문제 파악	동기유발	• 전시학습 상기하기 - 고구려 문화의 특색 이야기하기
	학습문제 파악하기	교사는 다양한 자료제시와 질문을 통해 문제를 명확히 파악하도록 함
정의	정의하기	• 학습 문제 확인하기 **백제의 도읍지에 대해 살펴보자.** • 교과서를 읽고 백제가 도읍지를 두 번이나 옮긴 까닭을 간추려 보기 • 예전의 도읍지는 어떤 의미가 있으며, 어떤 곳에 정하였는지 설명해 보기
가설	탐구하기	• 공주와 부여의 자연 환경을 살펴보고, 백제의 발전과의 관계 예상하기
탐색		본시 학습에 맞는 가설을 세우고 탐색하기 • 도읍지의 내력과 수도로서의 조건을 살펴 표로 정리하는 방법 공동 협의하기
증거 제시	일반화하기	• 도읍지의 내력을 바탕으로 백제의 건국과 발전을 표로 정리하고 발표하기 • 예상이 맞았는지 검토하기 - 백제의 도읍지들은 건국과 발전 과정에 따라 변화함
결론 및 일반화		• 검토한 것을 토대로 정리하기 • 과제 제시 및 차시 예고하기 현실에 적용하여 비슷한 문제에 대해 예견해 봅니다.

참고문헌

강호감 외(2008). 창의적 문제해결력 신장을 위한 초등과학 학습자료 개발. 한국생물교육학회, 36(4), 490-499.

구자경(2010). 지도서 각론. 교과교육론. 서울: 희소.

김민환(2013). 학교중심의 실제적 교육방법론. 서울: 양서원.

대전광역시교육청(2010). 행복한 수업의 달인.

배재민(2010). 지도서 각론2. 서울: 태금.

Bruner, J. S.(1960). The process of education, NY : Random House.

Dewey. J.(1900). Psychology and social practice. The Psychological Review.7.

집단탐구(GI: group Investigation) 수업모형

1. 집단탐구 수업모형의 등장 배경 및 의미

가. 집단탐구 수업모형의 등장 배경

집단탐구 수업모형은 20세기 초의 철학, 윤리학, 심리학 연구결과에 기원을 두고 있다. 특히 교육의 실용주의적 측면과 과학적 접근을 강조한 John Dewey의 교육철학을 근거로 하고 있다. Dewey는 「민주주의와 교육」에서 민주시민으로서의 자질을 갖춘 사람을 육성하기 위해서는 학교가 하나의 작은 민주사회로 조직되어야 한다고 주장하였다. 그는 학습자들이 민주적으로 조직된 학교에서의 경험을 바탕으로 사회에서 발생하는 복잡한 문제들을 해결하는 능력과 타인을 배려하고 다른 사람의 의견을 존중하는 공동체 의식을 배양할 수 있다고 한다(1916).

또한 Dewey에 의하면 의미 있는 학습은 학생으로 하여금 새로운 지식이 생성되는 방법을 경험하도록 해주는 과학적 탐구의 단계를 거치면서 이루어진다고 하였다. 그의 견해에 따르면 학생들은 특정한 주제에 대한 탐구 활동을 통하여 과학적 탐구의 정신과 방법을 획득할 수 있을 것이며, 궁극적으로는 학습하는 방법을 배울 수 있다고 보았다.

Thelen에 따르면 탐구 과정에는 혼란, 자기이해, 방법, 반성과 같은 네 가지 요소가 포함된다. 첫 번째 요소인 탐구는 먼저 인지적 혼란을 유발시키는 문제 상황에 직면한 학습자가 그것의 개인적 의미를 밝혀 보려는 욕구에서 시작된다. 두 번째 요소인 자기 이해는 주어진 문제를 스스로 진단하는 과정에서 이루어진다. 이 과정에서 학습자는 자신의 당혹스러움을 해결하기 위해 여러 가지 해결책을 탐색하는 탐구자가 된다. 세 번째 요소인 방법은 학습자가 문제해결을 위해 자료수집, 아이디어 결합, 가설 설정 및 검증 등 매우 실제적이고 구체적인 활동을 직접 경험하는 것을 의미한다. 마지막으로 학습자는 지금까지의 탐구 과정에서 밝혀진 결과들을 종합하고 평가하는 반성이라는 검증 과정을 갖는다.

Thelen은 이러한 탐구 과정이 집단적으로 이루어질 것을 강조하였다. 즉 어떤 집단이 혼란스러운 문제에 직면하게 되면 구성원들은 다양한 반응을 하고 구성원들 간의 견해차를 해소하기 위한 타협을 하기 시작한다. 구성원들 간의 상호작용을 통해 획득한 새로운 정보는 자기 이해와 호기심을 자극하는 기능을 함으로써 경험의 폭을 확장시켜 준다.

집단탐구 모형의 토대가 된 Dewey와 Thelen의 견해는 결국 '탐구 공동체'로서의 학교를 지향하는 것으로 볼 수 있다. 여기에서 탐구란 '지식의 구조를 이루는 기본개념과 그 관계를 이해하고, 미지의 세계를 탐구하며, 문제를 해결하기 위한 과학적이며 논리적인 사고과정 또는 방법'이라고 정의 할 수 있다. 또한 공동체는 집단에서 타인과의 만남을 통해 경험의 폭을 확장하고 감정 이입이나 배려, 상호존중과 협동심과 같은 공동체 의식을 갖게 해준다. 결국 탐구 공동체가 추구하는 학교란 학생들이 과학적인 탐구 방법을 통하여 고차적인 인지능력을 향상시킬 뿐만 아니라 민주시민에게 필요한 공동체 의식을 갖도록 하는데 의미를 두고 있다.

나. 집단탐구 수업모형의 개념적 의미와 기본 가정

GI모형(집단탐구 모형)은 학습자들이 학습 주제를 바탕으로 자신들이 주제를 선정하여 각 모둠별로 탐구를 진행하는 수업이다. 탐구를 진행하면서 동료 학습자들끼리 의견을 교환하는 시간을 갖게 되고 그를 바탕으로 모둠의 탐구 결과를 다른 모둠에 전달함으로써 수업이 진행된다. 각 모둠에서 선정한 주제를 바탕으로 아이들이 자신이 선택한 흥미로운 주제를 가지고 역할을 분담한다. 학습자가 스스로 학습한 내용을 바탕으로 각 모둠 구성원 간에 의견을 교환하면서 각기 다른 시각을 공유한다. 이 과정에서 다른 사람의 의견과 자신의 의견을 비교하고 다른 구성원에게 자신의 탐구 내용을 자신의 목소리로 설명하는 데에 자신만의 내면화 방법을 전달할 수 있고 공유하게 된다.

탐구에는 과학적 방법을 적용하는 것 외에 감정적 면을 가지고 있다. 학습 상황에는 학습자의 감정이 항상 포함되어 있다. 개인은 교실 환경에서 모둠 속의 하나의 개인으로 살아남고 그 조직 안에서 자기가 설 땅을 발견하려는 매우 심각한 심리적 욕구에 의해 움직인다. 여러 사람의 반응의 차이를 조정하려는 욕구가 새로운 도전을 야기한다. 이는 하나의 지각인 동시에 호기심을 자극하는 역할도 하며 학생의 경험을 확대시키는 계기가 된다. 학생은 다른 사람의 견해들과 대조시켜가면서 자기가 누구인가를 발견하게 될 것이다.

집단탐구 모형은 집단의 규모를 이용하여 탐구해 나가는 수업모형이다. 즉 연구주제를 중심으로 집단을 구성하고, 각 집단별로 학습 계획을 수립하며, 이를 실천에 옮겨 나가는 방식으로서 최종 보고서를 작성하고 발표하는 모형이다. 이 모형의 기본 가정은 다음과 같다.

① 학생들이 학문적 사실이나 법칙을 보다 잘 이해하려면 사물과 법칙을 발견하는 활동 과정에 직접 참여해야 한다.

② 학생들이 흥미 있는 문제를 선택하여 해결하는 방안을 찾아보도록 할 때 지적 탐구의 호기심이 유발된다.

③ 집단 문제해결 학습 활동에 참여하여 토의할 때 학생들의 아이디어를 명료화하는데 도움이 된다.

④ 집단 문제해결 학습 과정에 참여하면 타인과 작업을 하는데 필요한 사회적 기능을 학습하게 된다.

⑤ 학생들은 체계적인 탐구과정을 학습할 수 있으며 또한 해야만 한다.

2. 집단탐구 수업모형의 특징

Sharan & Sharan(1980)이 제시한 집단탐구 모형의 네 가지 특징은 다음과 같다.

① 탐구 : 개인은 스스로 탐구의 주도자로서 주제 선정에서부터, 질문, 자료탐색, 정보 교환 등을 하면서 지식을 구성한다. 이를 통해 성립된 긍정적 자아개념은 사회적 활동을 하는데 기본 소양이 된다.

② 상호작용 : 탐구 공동체는 토론, 아이디어 공유, 발표에 이르기까지 협동적 상호작용을 하며, 지식을 더욱 정교화하고, 타인의 의견 존중 및 배려하는 학습태도를 갖게 된다.

③ 해석 : 자신의 지식을 정교화 함과 동시에 자신이 탐구하지 못한 부분을 탐구한

여러 명의 구성원이 지식을 해석하는 과정에서 사회적 지식이 형성되며, 지식이 조직화·정교화 된다.

④ 내재적 동기 : 학습 주제 선정의 주도권을 학생이 가지므로 흥미나 만족감을 위해 선택한 과제의 수행은 과정과 결과 면에서 매우 효율적이다(전성연 외, 2007:125-126).

3. 집단탐구 수업모형의 장점과 단점

가. 집단탐구 수업모형의 장점

① 이 학습 모형 적용 시 개방적이며, 효율적 의사소통이 가능하며, 집단 성취감을 갖게 된다.

② 학생들은 집단탐구를 통하여 정보를 요약하는 능력, 해석하는 능력, 결론을 유도하는 능력, 결론에 대한 근거를 제시할 수 있는 능력을 기를 수 있다.

③ 협의하고 탐구하는 자세와 구성원 간에 협력하는 태도를 길러 준다.

④ 발표력이 신장되고 자신감을 길러 준다.

⑤ 자기 생각을 정리하고 주장을 펼 수 있으며, 학생 상호간의 의견교환이 이루어짐으로써 상대방을 보다 잘 이해할 수 있게 한다.

⑥ 학생들은 체계적이고 협동적인 탐구를 수행할 수 있는 방법을 배우며, 민주시민의 자질을 함양 시키는 데 도움이 된다.

⑦ 사회교과나 국어교과의 과제에 적용될 수 있으며 현재 일반적으로 현장에서 적용되는 조사 보고 학습·과제해결학습·사회과 탐구학습 등과 비슷하기 때문에 교사나 학생이 별 어려움 없이 사용할 수 있다.

⑧ 학생이 학습 활동에 대한 강한 통제력을 행사할 수 있다.

⑨ 학습 자료를 함께 이해하고 아이디어를 확산하고 수정한다. 학생들은 서로 돕고 아이디어와 정보를 공유하고 공동 목표를 달성하기 위해 함께 일한다.

⑩ 집단탐구는 학생들에게 다음과 같은 다양한 학습기회를 제공한다.

- 학생들이 관심을 가지고 있는 것에 관한 탐구 질문을 할 수 있는 기회
- 넓고 다양한 정보원에서 대답을 찾을 수 있는 기회
- 학생들 탐구의 내용과 과정을 함께 계획하는 기회

- 학생의 개인적 경험과 지식의 관점에서 대답할 수 있는 기회
- 정보와 아이디어의 항시적 교환에 있어 동료와 상호작용하는 기회

나. 집단탐구 수업모형의 단점

① 정보수집에 필요한 자원 및 각종 자료를 구하는데 어려움이 있을 수 있다.
② 탐구활동이 전개되는 과정에서 학습 분위기가 산만해지기 쉽다.
③ 발표력이 미흡한 학생은 내용 전달이 효과적으로 이루어지지 못하는 경우가 있다.
④ 하위 주제를 배정할 때 학습자들의 역할과 기능이 세심하게 고려되지 않으면 협동학습 활동으로는 실패하기 쉽다.

4. 집단탐구 수업모형의 기대 효과

① 학생들에게 각자의 관점을 분명하게 나타낼 수 있는 능력을 길러준다.
- 여러 학생들이 제시하는 다양한 견해를 들은 후에, 자신의 의견을 선택, 발표할 수 있다.
- 동료들의 질문에 대하여 긍정적인 감정을 갖고 답변해 줄 수 있다.
② 탐구활동에 밑거름이 되는 탐구 문제를 찾아내고, 그 문제에 대한 해답을 구하는 능력을 길러준다.
- 특정한 상황이나 사태 제시 시, 흥미 있거나 호기심 있는 상황 또는 사태를 발견할 수 있다.
- 문제가 주어지면, 교사에게 스스로 발견한 답을 기꺼이 제시할 수 있다.
③ 학생들은 적극적으로 그리고 효율적으로 탐구집단에 참여할 수 있다.
- 탐구 집단과 첫 회합을 갖고 나면, 그 집단의 탐구 목적이 무엇인가를 확인할 수 있다.
- 타협의 과정을 거쳐 얻어진 결론에 대해, 자신의 의견과 상치되어도 받아들일 줄 안다.
④ 학생들 스스로 탐구 계획을 수립할 수 있다.
- 일반적인 질문이 주어졌을 때, 필요한 정보를 획득할 수 있는 하위 주제를 제안할 수 있다.

- 포괄적 질문, 주제가 주어졌을 때, 탐구과제와 깊은 관련이 있는 주제를 선정할 수 있다.
- 탐구주제가 주어지면, 주제와 관련된 기초정보를 얻어낼 수 있는 자료나 자원을 선택할 수 있다.

⑤ 학생들은 탐구계획에 따라서 탐구활동을 수행할 수 있다.
- 탐구과제가 주어지면, 처음부터 단계적으로 수행해 나갈 수 있다.
- 탐구활동을 마칠 때까지 과제의 해결에 집착, 필요한 자료를 수집할 수 있다.
- 다양한 자료수집 방법 중, 탐구활동의 목적에 가장 적절한 방법을 선택하여 적용할 수 있다.
- 동료들과 공동으로 수행해야 될 과제를 마칠 수 있는 경우는 협동적으로 작업을 할 수 있다.

⑥ 학생들은 탐구결과를 서면이나 구두 및 도식화로 제시할 수 있다.
- 수집된 정보를 요약하고 결론을 도출해 낼 수 있다.
- 탐구문제에 대한 해답, 정보수집 방법, 결론 및 일반화의 내용을 기술하고 발표할 수 있다.

⑦ 학생들은 참여했던 탐구과정에 대하여 평가할 수 있다.
- 자신의 탐구활동에 대한 평가결과를 발표할 수 있다.
- 자신의 탐구활동 뿐만 아니라 타인의 탐구활동에 대한 건설적인 비평을 할 수 있다.
- 탐구활동을 마치고 나면, 탐구절차의 강점과 약점에 대하여 분석할 수 있다.

5. 집단탐구 수업모형에서 교사의 역할

집단탐구 수업모형에서 교사의 역할은 일종의 중재자라는 생각으로 관찰과 기록을 주의 깊게 하며, 탐구활동의 극대화를 위해 과정상의 위험부담을 제거하도록 각별한 노력이 필요하다.

① 상황의 제시와 탐구 문제의 설정 단계
- 학생들의 흥미를 유발시킬 수 있는 한두 개의 질문만을 제시해야 하고 교사가 너무 많은 질문을 던지지 않도록 주의한다.

- 학생의 능력과 흥미 수준을 고려하여 탐구 과제를 제시한다.
- 학생들이 탐구하려는 질문에 대해서 비판적으로 사고할 수 있도록 도와준다.

② 탐구 계획의 수립 단계
- 학생들과 탐구활동을 시작하기 전에 교사는 학생들이 스스로 판단이나 결정을 내릴 수 있도록 용기를 북돋아 주어야 한다.
- 교사는 학생들에게 어떤 제안이나 아이디어를 창안해 낼 수 있도록 시간적 여유와 기회를 주어야 한다.
- 탐구주제는 전시에 미리 제시하여 학생 스스로 관련 자료를 준비할 수 있도록 하되 교사도 충분히 자료를 확보할 수 있어야 한다.

③ 탐구 활동의 전개 단계
- 학생들이 필요로 하는 기능을 개발할 수 있도록 도와준다.
- 학생들이 특별한 자료와 기구를 필요로 하는 경우에 그것을 어디에서 어떻게 얻을 수 있는지를 알려준다.
- 능률적으로 과제를 수행하기 위해서 시간을 조직하고 할당하며 운영하는 방법을 학생들에게 알려준다.
- 상대방의 감정을 상하게 하지 않으면서 자신의 의견을 표현하는 방법이나 남의 의견을 경청하는 방법을 알려준다.

④ 탐구 결과의 정리 및 발표 단계
- 탐구 활동을 마치고 나면 학생들은 동료나 교사, 부모 등에게 그들의 탐구결과를 발표하게 한다.
- 탐구 결과를 발표시킴으로써 집단적 또는 개별적으로 성취한 것에 대한 효능감을 갖게 한다.

⑤ 탐구 활동에 대한 평가 단계
- 탐구 활동의 전체 과정 및 절차에 대해서 비판적인 토의를 유도한다.
- 집단탐구 수업 활동에 대한 종합적인 평가를 수행하도록 한다.

⑥ 기타

- 집단 탐구학습이 제대로 이루어지기 위해서는 가능한 많은 자료를 동원하고 학생의 흥미를 자극할 수 있는 도입 활동이 필요하다(예; 학급 친구들의 가정생활 모습을 담은 비디오테이프, 사진 등을 활용하여 친숙함과 학습 흥미를 이끌어냄).
- 팀 발표에 대한 평가 기준을 제시해 주고 발표 후에는 발표에 대한 토론이 이루어지도록 함으로써 학습 주제와 밀착되는 밀도 있는 수업이 이루어지도록 한다.
- 학생들의 실생활과 밀착되어 있는 가족에 대한 학습에 있어서는 먼저 결손 가정이나 가정생활에 문제가 있는 학생에 대한 관심과 배려가 필요하다.

6. 집단탐구 수업모형의 일반적 절차(수업 단계)

가. Thelen의 모형

(1) 상황 제시와 탐구 문제 설정	- 주제 선정 후 주제에 대하여 원하는 것 질문 - 질문 목록 작성 - 학생들의 질문에 대해 질문
(2) 탐구의 계획 수립	- 탐구 집단 조직에 관한 계획 - 탐구할 질문에 대한 하위의 토의 주제를 나열하기 - 정보 수집에 필요한 자원 및 자료의 출처를 계획하기 - 탐구 결과를 발표하는 방법의 결정 · 개인이 책임질 과제의 배당
(3) 탐구 활동의 전개	- 각 집단의 의사 결정 및 성공적 수행 여부 파악 - 각자 집단 구성원으로서 맡은 바 기능 수행 파악 - 학생들의 동기화 여부 및 참여도 파악 - 집단 구성원 간 탐구 추진 진행 파악
(4) 탐구 결과의 정리 및 발표	- 발표를 통한 요약, 해석, 결론 유도 기능 육성 - 결론에 대한 근거를 제시할 수 있는 기능 육성 - 탐구 결과 중심으로 창의성 육성
(5) 탐구 활동에 대한 평가	- 각기 다른 지각과 반응을 교환 - 집단 내에서 의사결정에 참여 - 다양한(개인적, 집단적) 과제 수행 책임

나. Slavin(1995)과 Kagan(1994)의 절차

① 학생들은 보통 교사가 결정하는 교재 내용에서 하위 주제를 정한다. 집단구성은 성적이나 성격 등을 반영한다.

② 학생들과 교사는 개인 혹은 한 팀의 학생이 책임질 하위 주제를 포함해서 학습목표와 과제에 대한 계획을 세운다.

③ 학생들은 자기들이 맡은 하위 주제에 관한 학습을 위해 매우 광범한 기능이나 활동들을 활용하면서 교실 안팎에 있는 자원들을 활용한다. 교사는 학생들의 진전 과정을 주의 깊게 모니터하고 필요할 때는 암시나 도움을 제공한다.

④ 학생들은 그들이 수집한 정보를 분석하고 평가하며 흥미로운 보고서가 되도록, 혹은 학급에 제시하기 위해서 그것을 종합한다.

⑤ 각 팀은 학급 전체에 보고서를 제출한다.

⑥ 평가는 개인 및 집단 평정이 함께 포함되는데, 이때 고차적 학습에 대한 평정이 강조된다. 교사와 학생들은 각 집단이 전체학습에 공헌한 기여도를 평가한다.

이를 구체적으로 살펴보면 다음과 같다.

주제 선정 및 탐구 모둠 조직	교사가 탐구 주제를 제시하면 학생은 그 주제와 관련된 보다 구체적인 질문을 제기하며, 이러한 질문을 통해 소주제가 결정되고 소주제를 중심으로 탐구 모둠을 조직한다.
탐구 계획 수립	집단 구성원들은 개인별로 탐구 주제에 대한 하위 주제, 연구 내용, 방법 등을 결정한다. 또한 누가 그 역할을 맡을 것인지 정한다.
탐구 활동	학생들은 아이디어를 교환하고 토론하며, 생각을 명료화하고 종합한다. 또한 각자 정보를 수집하고 자료를 분석, 평가하여 과제에 대한 결론을 도출하게 된다.
보고서 준비	발표에 필요한 보고서를 준비하고, 발표 형식을 결정하게 되는데, 보고서는 조사 내용 요약, 인터뷰, 신문의 형식을 활용할 수 있다.
보고서 발표	평가기준에 따라 발표의 명확성과 내용 등을 평가하게 된다. 다른 집단의 보고서를 잘 듣고 질문과 보충을 자유롭게 하게 되며, 이러한 과정에서 동료 학습이 일어나게 된다.

평가	학생들의 보고서 내용 중 응용, 종합, 추론과 같은 고차원적 학습능력을 평가한다. 교사와 학생은 상호 평가를 할 수 있다.

단계	교수 · 학습 활동
(1) 주제 선정 및 소집단 조직	이 단계에서 교사는 폭넓은 주제를 제시하게 되고 학급 구성원에게 문제를 제시하고, 학생들은 연구하고 싶은 다양한 하위주제를 선택한 후, 각자 조사하고 싶은 문제에 대해서 **버즈식 토의**(모든 사람이 발언할 기회를 얻어 토의함. 한 사람이 종합, 요약함)를 하면서 조사하고 싶은 것에 대한 자신의 생각을 표현한다. 기록자는 학생들의 의견들을 모두 적고 전체 학급에 발표한다. 이러한 학급토의 결과 조사하고 싶은 하위주제의 목록이 학급 구성원들과 공유될 수 있다. 각각의 학생이 의견을 적은 것을 처음에는 2명씩 공유하다가 점차 4명, 8명으로 확대시킨다. 그 과정에서 조원들은 그들의 의견을 비교하고 반복된 것은 제거하여 단일 목록으로 편집한다. 이 과정의 결과 마지막 의견이 모든 구성원의 관심과 흥미를 대표한다. 다음 단계는 학급에 쓸모 있는 **의견을 제시**하는 일이다. 이것은 교사나 학생들이 모든 의견을 칠판이나 벽신문을 이용하여 제시함으로써 가능하다. 이로써 학생들은 모든 학급 구성원의 의견을 알 수 있게 되고 그 의견들을 몇 개의 범주로 분류하는 것도 가능하다. 이것은 위의 세 가지 방법 중에서 한 가지를 택하여 실행할 수 있다. 그러나 교사가 학생들에게 조사의 한계 범위를 결정하기 위해 교사의 생각을 강요하거나 학생들의 생각을 거절하지 않는 것이 중요하다. 이 단계에서 마지막 순서는 **하위주제를 전체학급에 제시**하는 일이다. 소집단 편성은 학생들의 흥미에 기초하여 결정된다. 즉, **학생들은 자신이 선택한 하위주제를 조사하기 위해 소집단에 참여**하게 되는 것이다. 교사는 집단의 학생 수를 제한할 필요가 있다. 만약 특정한 하위주제가 매우 일반적이라면 두 개의 조사 집단으로 나누어야 한다.
(2) 소집단 별 탐구 계획 수립 및 역할 분담	학생들은 집단에 가입한 후, 그들이 선택한 하위 주제에 관심을 갖는다. 이 단계에서 구성원들은 조사해야 할 하위주제의 관점을 결정한다. 결과적으로 각 소집단은 연구문제를 세우고 연구방법을 결정하며 조사를 실행하는데 필요한 자료를 선정해야 한다. 소집단들은 이 계획단계에서 연구주제, 구성원의 이름, 조사하려는 내용, 자료, 역할분담 등과 같은 항목이 포함된 연습지를 작성하는 것이 좋다. 교사는 집단들의 한 집단인 증거를 제시하기 위하여 각 소집단의 연습지를 복사하여 알릴 수 있다. **각 학생들은 소집단의 조사에 기여**하며 각 **소집단은 학급 전체 탐구에 기여**하게 된다.
(3) 탐구 활동	이 단계에서 각 소집단은 그들이 세운 계획을 실행한다. 이것은 6단계 중 **가장 시간적으로 오래 소요되는 단계**이다. 비록 학생들은 시간적으로 제한을 받을 수 있는지 모르지만, 조사기간이 얼마나 걸릴지 예견하는 것은 쉬운 일이 아니다. 교사는 학생들이 연구 과제를 무사히 끝마칠 수 있도록 부단한 노력을 해야 한다. 이 단계에서 학생들은 개인 혹은 짝끼리 정보를 수집 · 분석 · 평가하고 결론을 유도하며 소집단 탐구문제의 분석에 그들의 새로운 지식을 적용해 본다. 학생들이 과제를 완성하게 되면 소집단은 다시 모여서 구성원끼리 지식을 공유하는 과정을 거친다. 구성원들은 탐구과정 중에 연구 내용을 토론하고

	서로 돕게 된다. 소집단은 구성원의 한 사람이 결론을 기록할 수 있도록 선택할 수 있고, 각 구성원은 연구과정에서 발견한 것을 요약해서 제시한다. 이 요약된 설명은 하나의 문제해결과정이 된다.
(4) 소집단별 토의 및 발표 준비	이 단계는 자료수집 및 명료화 단계로부터 집단의 연구결과를 학급에 발표하는 단계까지의 이행단계이다. 이것은 근본적으로 조직화 단계이지만, 1단계와 같이 지적인 활동-팀 연구과제의 주된 아이디어 추출, 부분을 전체로 통합, 교훈적이고 호소력 있는 **발표 계획**을 수반한다. 보고서 발표를 위한 학급 단위의 준비에는 무엇이 있는가? 조사단계가 마무리 될 때쯤 교사는 각 팀에게 운영위원회의 대표자가 될 사람을 선임하라고 요청한다. 이 위원회는 각 그룹의 발표 계획을 듣게 되고 발표할 때 팀별 필요한 자료나 요청사항을 듣고 발표시간을 조정할 것이다. 교사는 충고자, 조력자의 역할을 계속할 것이다.
(5) 최종 보고서 발표	소집단별로 학급에 최종보고서를 발표하기로 되어 있다. 이 단계에서 그들은 학급 구성원을 소집하고 전체로써 조직을 재구성한다. 발표를 하는 학생들은 평소에 익숙하지 못한 역할을 해야만 한다. 게다가 그들은 과제가 요구하는 것을 충족시켜야 할 뿐 아니라 발표를 계획하고 실행하는 등의 조직적인 문제점들과도 맞서야만 한다. 다음의 지침들은 발표하는데 도움을 줄 수 있을 것이다. • 가능한 학급 구성원에게 발표할 때는 분명하고 간결하게 말하라. • 개념 설명은 칠판을 이용하라. • 시청각 기자재를 활용하라. • 학급 구성원들과 공식적이고 적당한 논쟁을 하라. • 과제의 일부분을 드라마화 하거나 모의실험으로 준비하라. • 학급 구성원들이 흥미를 느낄만한 퀴즈 프로그램을 준비하라. • 활기 띤 발표가 되기 위해서는 사진, 그림 등을 제시하라. 학급 구성원 모두는 과제 혹은 질문에 대한 답을 준비함으로써, 발표의 많은 부분에 참가하게 된다. 즉, 발표하는 것은 단순히 발표 안을 읽는 것이 아니다.
(6) 토의 반성 및 활동 평가	집단조사는 교사들에게 학생들의 학업 성취도 평가에 있어서 혁신적인 평가를 행하도록 요구하고 있다. 종래의 전통적인 교수 환경에서는 학생들 모두가 똑같은 학습 자료를 공부하고, 획일적인 개념을 습득하도록 되어 있었다. 집단조사는 일부 교사들의 걱정-모든 학생들이 참여하여 최선을 다하기는 어렵고 획일적인 평가체제 없이는 학생들을 확인하기 어렵다. 집단조사에 있어서 교사들은 **학생들의 연구주제에 대한 수준 높은 생각을 평가**해야만 한다. 예를 들면, 그들이 주제의 여러 측면에 대해서 **조사한 방법**, 그들의 지식을 새로운 **문제의 해결에 적용한 방법, 여러 자료들로부터 결론에 도달하는 방법** 등이다. 이러한 종류의 평가는 학생들을 누가 관찰 기록함으로써 평가가 제대로 이루어 질 수 있다. 집단조사에서 학생들은 종전의 일제식 학습에서 보다 동료와 교사에게 지속적인 평가를 계속 받는다. 종전의 교육에서는 학생들의 최종평가가 있기까지는 학생들에 대한 정보를 알 수 없었지만, 집단조사는 학생들의 활동을 **수시로 누가 평가**함으로써 어느 때나 그들에 대한 정보를 구하기가 용이하다.

다. 집단탐구 수업모형의 학습과정 및 교사의 역할

단계	학습과정	교사의 역할
1단계: 주제 선정 및 소집단 구성	• 주제 탐구 • 개인적 지식을 문제에 연결 • 질문 생성 • 질문 분류 • 하위 주제 결정 • 하위 주제 선택	• 설명적 토론 • 자료 제공 • 문제에 대한 관심 촉진 • 집단구성
2단계: 탐구 계획 수립 및 역할 분담	• 협동 계획 • 질문 생성 • 집단 구성원간의 사고 명료화 • 탐구 내용 예상 • 관련 자료 선택 • 탐구 내용 결정 및 역할 분담	• 각 집단이 현실적인 계획을 수립하도록 도움 • 협동적 준거를 유지하도록 도움 • 집단이 적절한 자원에 배치되도록 도움

3단계:
탐구 활동
	• 다양한 자원으로부터 정보파악
	• 관련 자료의 비교, 평가
	• 지식의 정교화, 정보의 일반화
	• 질문에 대한 대답 형성
		• 학습 기술 도움 제공
		• 자료 탐구 도움
		• 자료원 간의 새로운 연결을 찾을 수 있
		  도록 도움
		• 협동적 상호작용의 기준을 유지하도록
		  도움

4단계: 토의 및 발표 준비	• 탐구 결과에서 주제 파악 • 탐구 결과의 설명. 비교, 평가 • 탐구 결과와 일반적 탐구문제 연결 • 발표 방법 결정	• 집단의 계획 조정 • 운영위원회 소집 • 자료 획득 지원 • 모든 구성원의 참여 유도
5단계: 최종 보고서 발표	• 지식의 유의미한 활용 설명 • 발표의 명료성, 매력성, 관련성 평가 • 하위 주제 간의 새로운 연결 형성	• 집단 발표 조정 • 발표에 대한 코멘트 규칙 만들기 • 코멘트에 따른 토론 유도 • 종합 토론 • 하위 주제 간의 연결 강조

6단계:
평가
	• 탐구 결과의 주제 평가
	• 사실적 지식 평가
	• 소집단의 발표물 통합
	• 탐구자 및 집단 구성원으로서의 수행
	  반성
		• 주제 이해 평가
		• 새로운 사실에 대한 지식평가
		• 탐구 결과 평가
		• 탐구 과정과 내용에 대한 반성의 기회
		  제공

7. 집단탐구 수업모형 적용을 위한 시나리오

가. 학습주제: 고장에 대한 애착심

나. 학습목표: 우리가 살고 있는 고장의 문제점을 열거할 수 있다.

　　　　　　고장의 문제점을 해결하기 위한 방안을 찾을 수 있다.

다. 수업모형: 집단탐구 수업모형

라. 학습활동 과정

1 단계 : 상황의 제시 및 탐구문제 제시

교수 · 학습 활동	■ 자 료
교사(T) - 학생(S)	▶ 유의점

❖ <학습목표 확인>

T : 오늘은 우리 삶의 터전인 고장을 왜 사랑해야 하는지, 그리고 우리 고장에서 일어나고 있는 여러 가지 문제를 고장 사람들이 어떻게 해결해야 하는지를 같이 생각해 보고 토의해 보도록 하겠습니다. 고장이란 무엇인가에 대하여 알아봅시다.

S : 고장은 여러 사람들이 모여 사는 우리들의 삶의 터전을 말합니다.

T : 우리는 우리들의 삶의 터전인 우리 고장을 보다 살기 좋은 고장으로 만들기 위해서 모두가 고장을 아끼고 사랑하는 마음을 가져야 하겠습니다. 이렇게 고장을 사랑하는 마음을 무엇이라고 하나요?

S : 애향심이라고 합니다.

T : 우리들이 고장에 대한 애착심을 가지기 위해서는 고장에서 일어나는 여러 가지 문제들을 내일, 우리 집 일로 생각하고 그 문제들을 해결하기 위해 노력해야 하겠습니다. 그리고 우리 고장에 대해서 관심을 가지고 우리 고장에 대해서 잘 알아야 하겠습니다. 그러면 각각 우리들이 살고 있는 고장에 대해서 알고 있는 것을 발표해 보도록 합시다.

S_1: 고장의 위치, 면적, 인구 소개

S_2: 고장의 특산물, 관광명소, 지리 소개

S_3: 고장의 자랑거리 소개

T : 그러면 우리 고장의 문제는 어떤 것이 있을까를 이번 시간에 함께 공부하기로 합시다. 교과서 125쪽에는 영식이가 사는 마을의 이야기입니다. 영식이네 마을의 문제는 무엇이었나요?

S : 영식이네 마을은 농촌 마을로 해마다 홍수의 위험이 뒤따르고 있는 마을입니다.

T : 영식이네 마을 사람들이 어떻게 이 홍수의 피해를 막아내려고 하였습니까?

S : 제각기 자기네 논둑을 높이 쌓아서 홍수의 피해를 막으려고 하였습니다.

T : 인호 할아버지가 마을 사람들을 모은 까닭은 무엇인가? 그리고 인호네 마을 사람들이 어려

운 문제를 어떻게 해결해 나가고 있는가를 확인해 봅시다.

S : 마을 사람들이 제각기 자기네 논둑을 높이기 위해 애쓰는 모습을 보고 마을 회의를 열려고 주민들을 불러 모았습니다.

S : 제각기 자기네 논둑을 높이는 것은 문제를 근본적으로 해결하는 일이 될 수 없다고 생각했기 때문입니다.

T : 영식이 아버지의 의견과 혜경이 아버지의 의견은 각각 어떻습니까?

S : 각각 영식이 아버지와 혜경이 아버지가 주장한 의견을 발표함

T : 자 그러면 오늘 우리들은 이 문제를 가지고 토의를 하여 봅시다. 첫 번째 토의문제는 논둑을 높이는 일과 강둑을 높이는 일은 어느 것이 홍수를 막는 보다 좋은 해결 방법이라고 하겠습니까? 그리고 그것은 왜 그런가를 설명해야만 하겠지요. 두 번째 토의문제는 개인의 문제와 공동의 문제 중 어느 것이 더 우선해야 할까 하는 문제입니다.

2 단계 : 탐구 계획 수립

교수 · 학습 활동	■ 자 료
교사(T) - 학생(S)	▶ 유의점

❖ <탐구계획 세우기>

T : 그러면 각자 토의문제를 확인하고 자기는 어느 의견을 지지하는가 자기 입장을 정하도록 합시다. 그리고 6명 단위로 토의 분단을 만듭시다.

T : 토의 분단을 만들었다면 사회자와 기록자, 발표자를 분단별로 한 사람씩 정하여 보세요. 그런 다음 각 분단별로 탐구 문제를 확인하고 자료를 수집하여 봅시다.

3 단계 : 탐구 활동의 전개

교수 · 학습 활동	■ 자 료
교사(T) - 학생(S)	▶ 유의점

❖ <탐구활동 전개하기>

T : 그러면 각 분단별로 토의 문제를 해결하여 봅시다.

S : 토의 분단별로 두 가지 토의 문제에 대하여 토의한다.

4 단계 : 탐구 결과 정리 및 발표

교수 · 학습 활동	■ 자 료
교사(T) - 학생(S)	▶ 유의점

❖ **<탐구 결과 정리하고 발표하기>**

T : 영식이 아버지의 의견대로 제각기 자기네 논둑을 높이면 홍수의 피해를 막을 수 없을까? 또 제각기 논둑을 높이기로 하였다면 어떤 결과가 예상될 수 있을까?

S : 홍수를 막을 수 있습니다.

S : 홍수를 막기가 어렵습니다. 그것은 여러 집 중에서 어떤 집은 논둑을 높이 튼튼하게 잘 높였다고 하지만 어떤 집은 그러지 못했기 때문에 그런 집의 논에 수해를 입게 되면 결국 그 이웃에 있는 다른 여러 논에도 물이 넘치게 되어 결국 그 일대의 모든 논이 수해를 입게 되기 때문입니다.

T : 그렇다면 논둑을 높이는 경우와 강둑을 높이는 경우 어느 쪽이 더 힘이 들까요?

S : 강둑을 높이는 일은 대단히 어려운 일입니다.

S : 그래도 강둑을 높여야만 앞으로도 계속 홍수의 피해를 막을 수 가 있습니다.

S : 그렇기 때문에 마을 사람들이 서로 힘을 합하여 협동하는 일이 필요합니다.

T : 마을 사람들이 제각기 자기들 개인의 일만을 중요하게 생각하고 마을의 공동 문제에는 협조를 하지 않는다면 어떻게 되겠는가?

S : 개인의 일도 중요합니다.

S : 개인의 일도 중요하지만 공동의 일을 먼저 하는 마음이 있어야 합니다. 그것은 개인 보다는 함께 사는 고장의 일이 잘 돼야 하기 때문입니다.

S : 고장의 문제가 해결돼야 개인의 문제도 해결될 수가 있습니다.

S : 그렇다고 개인의 문제가 언제든지 공동의 문제보다 뒤이어야 하는 것은 아닙니다.

T : 그렇다면 우리들이 살고 있는 마을이나 아파트에서 이와 비슷한 문제는 어떤 것이 있을까요?

S : 주차문제, 쓰레기 문제, 환경오염 문제 등 실제 문제를 발표함

5 단계 : 탐구 활동 전반에 관한 평가

교수 · 학습 활동	■ 자 료
교사(T) - 학생(S)	▶ 유의점

❖ **<탐구내용 요약하기>**

T : 지금까지 여러 사람이 발표한 내용을 종합하여 정리해 봅시다. (토의 문제별 요약정리)
   - 토의 활동 평가

T : 토의 활동에 모든 사람이 참여하였는가? 또 토의한 내용을 토의 분단별로 잘 정리하여

발표하였는가?

S : 토의 과정과 발표 과정에서의 이야기를 함

❖ <실천 활동 결정하기>

T : 우리 고장의 문제에 대해서 여러분들은 마을 사람들이 어떻게 이를 해결해야 할 것인가를
    얘기해 봅시다.

S : 먼저 마을 사람들이 모여 회의를 열어 여러 사람의 의견을 모아야 합니다.

S : 힘이 들더라도 마을 사람들이 협동을 해서 우리 마을과 고장을 살기 좋은 고장으로 발전시
    켜 나가야 하겠습니다.

8. 집단탐구 수업모형을 적용한 교수 · 학습 과정안

학년 학기	4학년 2학기	장소	교실		
단 원	II-1 가정생활의 변화		차시	4~5/13(80분)	
본시 주제	(2) 서로 돕는 우리가족		교과서	58~60	
사전 과제	• 가족사진, 가족 카드 준비하기 • 옛날과 오늘날의 가족 구성원의 역할 비교, 조사해 오기				
학습 목표	가족 구성원들이 하는 일이 가정마다 다른 것을 설명할 수 있다.				
수업 전략	협동 학습 모형	집단탐구 모형		학습 내용 조직	주제 학습
	협동 학습 기법	돌아가며 말하기, 모둠 토론, 인터뷰, 번호 순으로		학습 집단 조직	동질적 소집단 (흥미, 관심)
	학습 자료 안내	sunbi00.hihome.com/dodeok			

단계	학습 과정	교수 · 학습 활동	자료(△) 및 유의점(⚠)

문제 인식 (5분)	동기 유발	▢자기 집 자랑거리에 대하여 이야기하기
		〈돌아가며 말하기〉
		◦각자 자기 집 자랑거리 이야기해 보기
		◦부모님들이 생각하는 자랑거리 들어보기
		◦사진을 보며 학급 친구들의 가족들은 어떤 일을 하는
		  지 이야기해 보기
			△ 비디오 자료
			  (우리 집 자랑)
			
			△ 사진
			△ 실물화상기

문제 탐색 (5분)	학습 문제 파악	□학습 문제 제시하기 **가족 구성원들이 하는 일을 조사하여, 발표해 보자.** □학습 계획 세우기	△ 프로젝션TV △ 파워포인트 △ 조별 학습 계획서 ♤ 모둠별로 학습 계획 서를 작성하며 학습할 내용을 인지한다.

	학습
	활동
	준비
	(소집단
	학습
	준비)
		○학습 장면 1 : 가족 구성원들이 하는 일 알아보기
		○학습 장면 2 : 가정생활 모습을 발표하기
		
		〈학습 장면 1〉
		□가까운 친척들이 사는 모습 발표하기
		○카드나 사진 보며 친척의 가족 구성원이 하는 일을
		  글로 적어본다.
		○가족 구성원별로 발표하며 표에 붙인다.
		  〈돌아가며 말하기〉
			△ 친척 계보도, 가족사
			진, 4절 도화지, (분단 수
			만큼) 사인펜, 색연필
			♤ 각자의 경험을 바탕
			으로 이야기한다.

문제
탐구
(20분)
	소집단
	내
	협동학습
		○발표할 사람을 정하여 발표한다.
		  (동일한 내용은 발표하지 않는다.)
		○발표 내용을 보고 가족 구성원들이 하는 일은 가정
		  마다 어떠한지 느낌을 말해 본다.〈모둠 토론〉
		
		〈학습 장면 2〉
		□옛날과 오늘날의 다양한 가정생활 모습을 조사하여 보
		고서 작성하기〈모둠 토론〉
		○옛날의 가정생활 모습 조사하기
		  ○오늘날의 가정생활 모습 조사하기
		  • 도시의 가정
		  • 농촌의 가정
		  • 부모가 함께 일하는 가정
		  • 어머니가 직업을 가진 가정
			△ 사진, 설명 자료, 팀
			별 보고서
			♤ 팀별 과제를 사전에
			부여하여 사전 조사가
			이루어지도록 한다.
			♤ 결손 가정 학생에 유
			의한다.

	보고서 작성	○조사한 내용으로 모둠별 보고서 작성하기 • 역할 분담하여 보고서 작성하기	

문제
탐구
(20분)
	소집단
	학습
	발표
		〈학습 장면 3〉
		□가족 구성원들의 가정 생활모습을 다양한 방법으로 표
		현하기〈모둠 발표〉
		  • 여러 가지 활동 중 한 가지를 조별로 선택하기
		  • 조별 토의를 통해 활동 방법과 순서 정하기
		  • 학습 내용 보고 준비하기
		□가족 구성원들의 역할을 조사, 비교하여 다양한 방법으
		로 보고하기
		  • 가족 구성원이 하는 일을 적은 표를 보고 역할놀이를
		    구성하여 실연하기
			△ 역할극 대본,
			녹음기, 사진, 백과사전
			
			♤ 예습을 통해 대본을
			준비하도록 하고 실제가
			정 모습을 관찰하여 상
			황설정이 쉽게 도와준
			다.

적용 발전	보충 심화	• 그림이나 만화로 나타내기 • 노래 만들어 불러 보기 등 □학습 결과물 전시 및 발표하기 □심화 · 보충 학습〈인터뷰〉 ○심화 학습 : 미래의 가족 구성원이 되어 보기 • 자신이 미래의 부모가 되었을 때 어떤 일을 하고 있을 지 상상하여 나타내기 ○보충 학습 : 우리 가족 구성원이 하는 일 알아보기 • 가족카드 살펴보며 가족이 하는 일을 표에 기록해 보기	△ 가족 구성원들이 하 는 일 표 ♤ 개개인의 가정의 소 중함을 깨닫게 한다. ♤ 지속적인 실천과 반 성이 이루어지도록 한다 : 자기 평가 △ 예습 안내장 △ 파워포인트
정리 (10분)	정리 평가	□학습 내용 정리 〈번호 순으로〉 ○학습 내용 확인하기 • 가족 구성원들이 하는 일은 가정마다 어떠한지 말해 보기 • 가정생활 모습을 보고 느낀 점 말하기 ○ 학습 활동 반성하기	
	차시 예고 및 과제 제시	• 가족 구성원으로서 역할을 생각해 보고 실천하려는 태도 지니기 □차시 안내 및 과제 제시 ○행복한 가정을 위하여 노력하고 있는 사례를 조사 해 오기(사진, 신문 기사, 화보, 이야기, 수기 등)	
평　　가		■소집단 구성원들이 협동 과정에 흥미와 관심을 갖고 적극적으로 역할을 수행 하는가? ■가족 구성원들의 하는 일이 가정마다 다름을 예를 들어 설명하는가?	

9. 기타(수업에서 활용할 수 있는 구조)

○ 인터뷰 : 학습 내용과 관련된 개인적인 경험을 서로 나누고 공유하는데 유용한 기법이다. 본시에는 각자 미래의 자신의 모습을 서로 인터뷰한다.

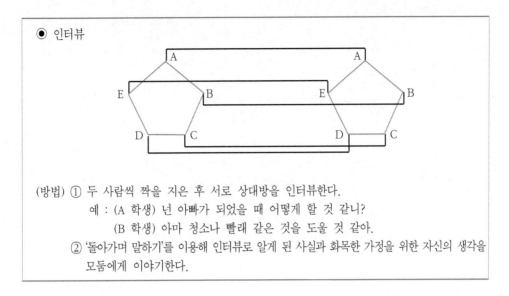

(방법) ① 두 사람씩 짝을 지은 후 서로 상대방을 인터뷰한다.
　　　　　 예 : (A 학생) 넌 아빠가 되었을 때 어떻게 할 것 같니?
　　　　　　　 (B 학생) 아마 청소나 빨래 같은 것을 도울 것 같아.
　　　 ② '돌아가며 말하기'를 이용해 인터뷰로 알게 된 사실과 화목한 가정을 위한 자신의 생각을 모둠에게 이야기한다.

○ 모둠 주도적인 번호 순으로 : 팀의 상호의존성과 상호작용을 활발하게 하고자 하는 기법이다. 본시에는 가정의 화목을 위하여 어떻게 해야 할지를 함께 생각하게 한 후 한 번호를 지명하여 발표하도록 한다.

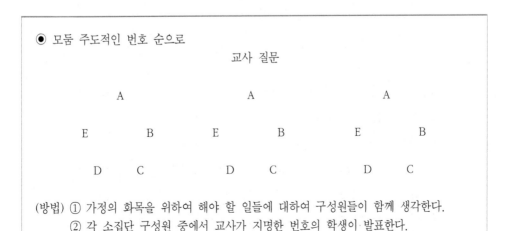

(방법) ① 가정의 화목을 위하여 해야 할 일들에 대하여 구성원들이 함께 생각한다.
　　　 ② 각 소집단 구성원 중에서 교사가 지명한 번호의 학생이 발표한다.

○ 돌아가며 말하기 : 소집단 토론에서의 불평등한 참여를 방지하고 소집단 내에서의 협동 의지를 강화하기 위한 기법이다. 본 학습에서는 모둠원들이 돌아가며 가족 구성원들이 하는 일을 써서 발표하는 활동을 한다.

⦿ 돌아가며 말하기(round robin)

(방법) ① 각자 가져온 친척 카드나 사진을 보며 소집단별 학습지에 가족 구성원의 하는 일을 돌아가며 적는다.
② 가족 구성원별로 하는 일을 돌아가며 발표하면서 표에 붙인다.
③ 소집단별로 가족 구성원의 하는 일 표를 완성한다.

○ 기타(사회과 수업에 유용한 기법)

그대로 멈춰(mix-freez-group)

■ 핵심 : 학생들은 미아가 되지 않기 위해 열심히 지시에 따라 모둠을 형성한다.
■ 적용 사례 : 사회과 4학년 2학기 II-2 여가 생활의 변화
■ 준비 : 문제 카드
■ 활동 순서
　① 교사는 학생들과 함께 조상들의 여가 생활을 분류할 기준을 정하여 준비한다.
　② 학생들은 교실을 돌아다니면서 서로 섞인다.
　③ 교사가 얼음이라고 외치면 학생들은 언다.
　④ 교사는 조상들의 여가 생활에 대한 질문을 한다. (예 : 연날리기는 주로 언제 하던 여가 생활인가요? 1번 봄, 2번 여름, 3번 가을, 4번 겨울)
　⑤ 학생들은 답에 따라 모둠을 짓고 앉는다.
　⑥ 모둠에 속해지지 않은 학생은 미아보호소에 간다.
■ 유의점 : 동적인 구조로써 소란해질 수 있으므로 대책을 마련한다.

4단계 인터뷰(변형 적용)

- 핵심 : 새로운 짝과 역할 바꾸어 가면서 문제를 내고 답하는 활동을 반복하면서 자신의 학습 내용과 관련이 있는 친구와 짝을 이룬다.
- 적용 사례 : 사회과 4학년 2학기 I-1 도읍지 여행
- 준비 : 조사 학습한 내용을 적은 카드
- 활동 순서
  ① 짝에게 카드에 적힌 것에 관련된 질문을 한다. (예 : 나는 고려에 관한 카드를 가지고 있어. 고려의 수도는 어딘지 아니?)
  ② 상대방이 대답하면 칭찬 또는 코치를 해준다.
  ③ 역할을 바꾼다. 전에 대답한 사람이 묻고 칭찬 또는 코치해준다.
  ④ 짝끼리 서로 카드를 바꾼다.
  ⑤ 전의 짝은 서로 헤어지고 단계 1-4를 4번 정도 반복한다.
  ⑥ 교사가 얼음이라고 외치면 학생들은 카드를 가리고 자기 카드의 짝이 무엇일지 생각한다.
  ⑦ 교실 가운데로 가서 카드 짝을 만나 교실 가장자리로 간다.
- 유의점 : 대개 남자와 여자가 서로 짝이 되는 것을 꺼릴 수 있으므로 적절한 대책을 수립한다.

인터뷰

- 핵심 : 섞이고 짝 나누기의 변형 구조이다. 학급을 돌아다니며 둘 씩 짝을 이루어 서로 인터뷰하고 들은 내용을 잘 적는다.
- 적용 사례 : 사회과 4학년 1학기 III-3 우리 시·도의 미래
- 준비 : 질문할 내용을 적은 카드
- 활동 순서
  ① 짝에게 카드에 적힌 것에 관련된 질문을 한다.
     (예 : 너는 미래에 우리가 어떤 곳에서 살게 될 것이라고 생각하니?)
  ② 상대방이 대답하면 인사를 하거나 칭찬 또는 코치를 해준다.
  ③ 학급을 돌아다니며 될 수 있으면 많은 친구들과 인터뷰한다.
- 유의점 : 공부 시간에 하다보면 질서가 없을 수 있으므로 대책을 마련하거나

쉬는 시간이나 점심시간 등을 이용하여 자율적으로 활동하도록 하는 방법도 생각해 본다.

파트너

- 핵심 : 텔레폰을 보완해서 만든 구조이다. 같은 모둠 내에서 두 명씩 짝을 지어 학습한 후 다른 파트너에게 설명해 준다.
- 적용 사례 : 사회과 4학년 2학기 Ⅰ-2 세계적인 우리 문화재
- 준비 : 학습지(두 종류)
- 활동 순서
  ① 모둠 내에서 2명씩 파트너를 정한다.
  ② 학습 내용을 두 부분으로 나누어서 각각의 파트너가 한 부분씩 충분히 학습한다.
  ③ 파트너끼리 맡은 학습 내용을 충분히 협조해서 학습한다.
  ④ 서로 가르쳐주기 : 한쪽 파트너는 모둠 내 다른 파트너에게 각각 자신이 이해한 학습내용을 번갈아서 설명하고 가르쳐 준다.
  ⑤ 개별 평가: 서로 이해한 내용을 평가한다.
- 유의점 : ②에서 같은 학습 내용을 가진 파트너들끼리 교실 양편으로 나뉘어서 함께 도우며 학습하게 한 후 교사의 신호에 따라 자신의 소집단으로 돌아가게 하는 방법도 효과적이다.

부채 모양 뽑기

- 핵심 : 학생들은 문제가 적힌 카드를 뽑고 답한다. 이미 학습한 내용을 복습하며 다지기에 적합한 구조이다.
- 적용 사례 : 사회과 4학년 1학기 Ⅰ-1 지도를 알아보자
- 준비 : 모둠별 문제 카드 (지도에 이용되는 여러 가지 기호)
- 활동 순서
  ① 1번 학생이 문제카드를 부채(Fan)모양으로 펴들고서 말한다. "아무거나 한 장 뽑으세요."

② 2번 학생은 카드를 뽑고, 문제를 모둠원들에게 보여준 후 손가락으로 다섯을 센다.

③ 3번 학생이 제시된 문제에 따라 기호의 뜻을 말하거나 해당 기호를 학습지에 그린다.

④ 4번 학생이 답에 대해 점검한다.

• 옳은 답이었으면 칭찬해 주고 틀렸으면 보충해 준다.

⑤ 역할을 바꾸어 1.2.3.4단계를 반복한다.

■ 유의점 : 질문 카드를 매번 교사가 만드는 것은 무리이므로 학생들이 빈 종이에 직접 문제를 만들도록 한다. 계속해서 사용할 영구 보존 자료를 만들 때는 컴퓨터로 카드를 만들고 코팅해서 사용하도록 한다.

참고문헌

강정수(2006). 경기도 초등사회과 교육연구회-인터넷주소
　　　　http://cafe.naver.com/chodungsahoi.cafe?iframe_url=/ArticleRead.nhn%3Farticleid=
　　　　20
권낙원(1996). 토의수업의 이론과 실제. 현대교육출판
권낙원, 김동엽(2006). 교수-학습 이론의 이해. 서울 : 문음사
김민환(2013). 학교중심 실제적 교육방법론. 서울 : 양서원
미구엘 케이건·로리 케이건·스펜서 케이건(2007). 협동학습-모둠세우기. 디모데
밴스톤 쇼(2007). 공동체를 세우는 협동학습. 디모데
스펜서 케이건(1999). 협동학습. 디모데
전성연 외(2010). 협동학습 모형 탐색. 서울 : 학지사
정문성(2002). 협동학습의 이해와 실천. 서울: 교육과학사
Slavin, R. (1995). Cooperative learning and intergroup relations. In J.Banks(Ed.),
　　　　Handbook of research on muticultural education. NY: Macmillan.

C·h·a·p·t·e·r 04

가설 검증 수업모형

1. 가설 검증 수업모형의 등장 배경 및 의미

가. 등장 배경

1950년대 말 이후 J.S. Bruner 등을 중심으로 한 학문중심 교육사조의 영향을 받아 지식의 구조화와 과학적 탐구 방법이 강조되면서 다양한 탐구수업이 학교 현장에 적용되기 시작하였다. 특히 초등학교 저학년에서는 관찰, 분류 과정과 조작활동을 중시하는 경험학습 모형이, 고학년에서는 학생 스스로 개념을 형성하고 일반화할 수 있는 능력을 키워주는 발견학습 모형이 개발되었다. 이와는 달리 학생들이 직접 가설을 세우고, 실험을 계획하며, 실시하고, 이를 통하여 자신들이 세운 가설을 검증하는 가설 검증 수업모형이 Eggen과 Kauchak 등을 중심으로 개발되기 시작하였다.

가설 검증 수업모형은 과학자들의 실제 연구 과정을 모형화한 것으로서 학생들이 과학을 하는 것(doing science)을 실천하도록 안내하는 수업모형이라고 볼 수 있다. 따라서 이 모형을 적용한 수업에서는 과학하는 일의 본질을 체득할 수 있고, 이를 위해서 학생들은 반드시 실험 과정에 직접 참여해야 한다. 가설검증 수업은 수업과정에서 학생들이 직접 가설을 세우고, 실험을 계획하며, 실천 활동 등을 체험하는 가장 효과적인 수업모형이라고 할 수 있다.

나. 가설 검증 수업모형의 의미

'탐구'는 여러 가지 의미로 사용된다. 넓은 의미로는 자연이나 현상을 탐구하는 모든 방법을 '탐구'라고 부른다. 여기에는 귀납적인 방법이나 가설 검증적인 방법,

그 밖의 여러 가지 조사 방법이 모두 포함된다. 따라서 과학 교과에서는 경험 학습이나 발견 학습 및 가설 검증적 학습 모두 탐구학습의 범주에 들어갈 수 있다. 반면, 좁은 의미로는 대표적인 탐구 방법으로 일컬어지는 가설 검증적인 방법을 지칭한다.

과학자들은 관찰한 사실을 자신이 가지고 있는 기존지식으로 이해하고, 해석하며, 설명하고자 한다. 그러나 이러한 일이 항상 원활하게 진행되는 것은 아니다. 자신의 지식으로는 설명이 부족하거나 적절치 않은 현상이 발견되거나 예상될 때에는 새로운 설명체계를 가정해야 한다. 이러한 설명은 기존지식을 수정하거나 보다 분화시키는 등, 세련된 지식을 필요로 하게 된다. 이 과정에서 과학자들은 모순된 현실을 설명하고 해결할 수 있는 가설을 설정하게 되는데, 결국 가설은 검증되어야 할 잠정적 해결책이 되는 것이다.

가설 검증 수업모형은 과학의 반증주의에 바탕을 두고 있다. 자연에 대하여 의문을 가지고 이를 해결하기 위하여 가설을 설정하고, 자료를 모으고 분석함으로써 가설을 검증하고 결론을 유도하는 것이 곧 '과학을 하는 것'이라고 할 수 있다.

2. 가설 검증 수업모형의 특징

가설검증 수업모형의 특징을 보면 다음과 같다.

① 이 모형은 과학의 전체적인 본성을 학습 과정을 통하여 체득하는 수업모형이다. 학습자들은 과학자들이 연구하는 것과 같은 과정을 거침으로써 과학의 과정과 그 결과물인 세련된 지식을 배울 수 있게 한다.

② 이 모형에서는 문제 발견을 통하여 그 문제의 잠정적 해결인 가설을 세우는 일부터 시작된다. 따라서 학생들은 가설을 설정할 만한 기본적인 지식을 가지고 있어야 한다. 학생들은 자신의 지식에 기초한 가설을 세우는 훈련을 해야 하며, 이러한 훈련을 통하여 잘못 설정된 가설에 대해서는 그 부당성을 검토함으로써 문제 인식을 분명히 할 수 있고, 가설의 올바른 특성을 탐구할 수 있다.

② 이 학습모형의 과정은 가설의 검증 과정이므로 다른 모형에서의 실험에 비하여 보다 논리적이고 세밀해야 한다. 왜냐하면 실험 설계의 과정이 변인 통제와 관련되어 있기 때문에 신중을 기하지 않으면 검증을 위한 적절한 자료를 수집할 수 없고, 잘못된 결론을 내릴 가능성이 있기 때문이다.

④ 변인 통제는 정확할수록 좋다. 실험에서의 변인들은 일반적으로 독립 변인, 종속 변인, 통제 변인으로 구별된다. 여기서 변인을 통제한다는 것은 주로 통제 변인을 실험과 관련지어 일정하게 유지해야 한다는 것을 의미한다. 그러나 실험 결과에 영향을 미치는 원인으로서의 독립 변인과 실험의 결과로 나오는 자료로서의 종속 변인이 분명하게 드러나도록 실험을 수행하는 것도 넓은 의미에서 변인 통제 활동에 속한다.

3. 가설 검증 수업모형의 장점과 단점

가. 장점

자연 현상에 관한 일반화된 결과를 얻기 위해 일반적으로 탐구학습을 하는데, 이 학습의 기초 능력을 배양하기 위한 모형이 가설검증 수업모형이라고 할 수 있다. 가설검증 수업은 인지적 조작 능력을 길러 가설-연역적 사고와 반성적 사고를 할 수 있는 학습이다. 이 수업에서는 학생들이 내용만 습득하는 것이 아니라 자신의 지식을 찾아내는 방법도 배우게 된다. 즉 '과학적으로 문제를 해결하는 방법을 가르치는' 수업과정으로 다음과 같은 장점을 가진다.

① 학생 탐구 능력의 기초를 키울 수 있다.
② 학습을 성공적으로 끝마침에 따라 지적 쾌감을 맛보게 되어 외적 동기유발보다 오히려 내적 동기유발을 더 크게 할 수 있다.
③ 스스로 발견하는 기회를 가질 수 있어 발견하는 방법 그 자체를 배우게 되고, 학문적인 재능을 자유롭게 활용하여 다른 여러 가지 재능을 개발할 수 있다.
④ 구체적인 활동을 통하여 알게 된 사실이므로 파지력이 강하다.
⑤ 학생들은 그들이 중심이 되는 학습을 통해 사실이나 원리를 배우게 될 뿐만 아니라 스스로 방향을 결정하고 책임감 있고 사회적으로 원만한 대화를 나눌 수 있는 방법을 배우게 된다.
⑥ 학생이 학습에 직접 참여함으로써 개인의 잠재력을 과시할 수 있고, 자신에 대한 통찰력도 얻게 되기 때문에 아동에게 자신감을 준다.
⑦ 학생은 탐구에 필요한 재능을 성공적으로 습득하여 다른 사람의 도움 없이 스스로 문제를 해결할 수 있으므로 학생의 기대수준을 높여 준다.

⑧ 학생으로 하여금 어떤 지식정보를 지적으로 동화하고 적용할 수 있는 시간적 여유를 준다.

⑨ 학생들이 실험 과정을 통해 규칙성을 찾아냄으로써 보다 능동적인 행동을 취하게 되며, 내용만 습득하는 것이 아니라, 자신의 지식을 찾아내는 방법을 배우게 된다. 즉 학습을 하면서 과학의 탐구능력이 길러지게 된다.

나. 단점

가설 검증 수업은 과학에 적용되는 수업모형 중 상위 수준의 수업모형이다. 따라서 학생들의 과학적 기능과 태도를 기르는 데 적합한 수업모형이라고 할 수 있다. 그러나 이를 적용하는 과정에서 다음과 같은 단점들이 발생할 가능성도 있다.

① 탐구 기능 지도를 하는데 시간이 많이 소요된다. 학습방법이 잘 훈련된 아동들이 아니면 더욱 그렇다. 따라서 실험준비는 물론 실험을 실시하고, 그 결과를 정리하는데 철저한 학습 방법의 지도가 필요하며, 교재를 사전에 연구하여 학습 활동에서 필요 없이 시간이 낭비되지 않도록 해야 한다.

② 단순한 개념을 많이 전달하는 데는 비효율적이다. 따라서 단순한 개념에 대해서 많은 학습을 하는 내용이나 일반적인 사실을 학습할 때는 발견학습 또는 경험학습 등을 도입하는 것이 좋을 수도 있다.

③ 교사에게 많은 부담을 준다. 가설 검증 수업을 적용하기 위해서는 학습자료의 준비, 사전실험, 실제적인 학습지도, 평가 등에서 부담을 느끼게 된다.

④ 타당도와 신뢰도 높은 탐구 능력을 평가할 수 있는 방법을 개발하는 것이 어렵다.

⑤ 사실 등을 기억하는 수업 중심의 과목일 경우에는 적용하기 어렵다.

⑥ 과밀학급에서는 효과적인 적용이 어렵다.

⑦ 실험실, 실험 기구, 실험 실습비 등이 충분히 마련되지 않은 환경에서는 적용에 한계가 있다.

4. 가설 검증 수업모형 적용시 유의점

① 가설 검증 수업에서 반드시 알아두어야 할 요인은 변인통제이다. 실험에 영향을 미치는 독립변인, 실험 결과인 종속변인, 그리고 실험에서 합리적인 결과를 얻

기 위해서 독립변인 외의 다른 실험 조건을 일정하게 유지하는 통제요인 등을 알아야 한다.

② 가설검증 수업은 아동이 수업에 참여하여 과학적 활동의 본질을 파헤치는 것이 중요한 부분이기는 하지만, 이외에도 경험수업이나 발견수업에서 강조하는 면과 실험의 본질에 관한 이해도 중요하다. 즉 일련의 실험활동을 통해 특성이나 규칙을 찾는데 능동적으로 참여함은 물론 과학적 지식을 얻는 방법까지도 배우도록 하여야 한다.

③ 1차시 분량으로 완결되기 어려운 경우가 종종 있다. 교과내용에 따라서 2차시 이상으로 연장하여 실시할 수 있으므로 교사는 전체적인 교육과정을 분석하고 사전에 수업계획을 세울 필요가 있다.

④ 가설 검증 수업은 형식적 조작단계의 논리적 사고가 요구되므로, 실제 수업에서 교사의 구체적인 안내가 필요할 경우가 많다. 따라서 처음에 의도하였던 수업 목표를 실제로 달성하기 어렵고 모습만 가설 검증 수업의 형태를 취할 가능성이 있으므로 초등학교 수업에서는 가설 검증 수업의 비중을 크게 잡지 않는 것이 좋다.

5. 가설 검증 수업모형의 일반적 절차(수업 단계)

가. 탐색 및 문제파악 단계

주어진 자료를 탐색하여 문제를 파악하는 단계이다. 자연현상이나 어떤 물체에 대한 의문점을 해결하려면 문제를 정확하게 파악하는 것이 매우 중요하다. 이러한 문제 파악은 주어진 자료의 탐색으로부터 발생하는 것으로 현재 학생들이 주어진 자료에 관련된 지식을 어느 정도 가지고 있느냐에 따라 문제 수준과 방향이 결정된다. 따라서 문제 파악을 위한 자료는 학생들이 자연스럽게 문제를 파악할 수 있도록 학생들의 사전개념과 사전학습 내용에 대한 정확한 파악을 전제로 준비되어야 한다. 문제 파악을 위한 자료제시가 쉽지 않은 학습과제의 경우에는 교사가 문제를 직접 제기하거나 질문을 통해 문제를 인식할 수 있도록 세심한 안내가 필요하다.

나. 가설 설정 단계

제기된 문제에 대한 잠정적 해답인 가설을 설정하는 단계이다. 가설 설정은 문제를 해결하는 방안이 현실적으로 암시될 수 있는 해결 가능한 것이어야 한다. 현실적으로 해결 가능하다는 말은 현재 학생들이 보유한 지식수준에 맞아야함은 물론, 해결과정에서 결정적 근거로 활용될 자료의 수집과정이나 그 신뢰성이 교과 수준에서 보장되는 내용이어야 한다는 의미이다.

가설 설정은 창의적인 인지과정의 결과로서 상당부분 추리에 의하여 이루어지지만, 실제 이를 검증할 수 있는 현실성이 보장되어야 한다는 제한이 있다. 따라서 가설은 학생 개인의 차원보다는 조별로 토의 과정을 거쳐 형성해 보는 것이 타당한 가설을 찾는 데에 도움이 될 수 있다.

다. 실험 설계 단계

실험 설계 단계에서는 설정된 가설을 검증할 수 있는 구체적인 실험과정을 결정해야 한다. 이 실험과정은 검증과정에 관여하는 다양한 변인들을 확인하고, 통제할 변인과 종속된 변인을 구별하며, 통제변인의 통제방법도 고려해야 한다. 또한 실험기구의 적절성과 실험의 구체적인 절차의 논리성을 충분히 토의하여 결정하여야 한다. 이러한 실험과정이 교사나 어떤 우수한 학생이 제시한 방법으로 논의 없이 진행된다면 모양만 실험이고 인지적으로는 비 탐구적인 요리책 활동이 될 위험이 있으므로 학생들은 실험 설계 과정에 적극적으로 참여하고 자신의 생각을 자율적인 토의를 통해 제시해야 한다.

실험은 탐구자들의 생각을 객관화시키는 결정적인 활동으로서 이의 성패는 검증 결과를 좌우한다. 따라서 교사는 실험과정이 탐구적으로 이루어지도록 학생들의 창의적 실험 고안과 그들의 능력이 충분히 발휘될 수 있도록 안내해야 한다.

라. 실험 수행 단계

이 단계에서는 위에서 구안한 실험절차에 따라 실제적인 활동이 이루어지는 단계이다. 가설 검증에서는 변인통제를 어느 수준에서 어떻게 실시하느냐가 매우 중요한데, 그 이유는 실험결과 도출된 자료들의 질은 가설 검증의 성패로 직결되기 때문이다. 특히, 실험단계에서는 구체적인 실험활동들이 왜 그리고 어떻게 이루어져야하느냐에 대한 실험자들의 인식이 동반되어야 하며, 단순히 기능으로서의 실험이 되어서는 소기의 목표를 달성할 수 없다.

마. 가설 검증 단계

이 단계에서는 실험단계에서 얻은 자료를 해석하여 문제해결을 위해 세운 가설이 성립할 수 있는가를 결정해야 한다. 여기서는 자료의 해석 능력이 필요하며 학생의 창의성과 논리성 및 비판적 사고 등이 복합적으로 활용된다.

자료 해석에서 탐구자는 나름대로의 기호나 논리적 체계를 사용하게 된다. 그래프를 이용하여 자료의 특성을 규명한다든지, 실험에서 얻은 자료의 특성을 수식화하는 등 자료에 조작적인 방법을 가하여 그 가치를 논리적으로 표현해줄 수 있어야 한다. 이 때, 과학에서 수학 활용이나 과학적 모델의 창의적인 활용 등이 탐구 능력으로서 발휘될 수 있도록 안내해야 한다. 결국, 자료해석을 통하여 나타난 실험결과가 가설에 맞으면 가설은 수용되지만, 맞지 않을 경우는 가설을 수정하거나 새로운 가설을 설정하여 실험설계 단계에서부터 다시 검증해야 한다.

바. 적용 및 새로운 문제발견 단계

이 단계에서는 위에서 검증된 가설을 실제로 새로운 상황에 적용하고 설명해 보면서 응용하는 단계이다. 이러한 활동을 통해 검증된 지식의 유용성을 확인하고, 그 지식을 토대로 새로운 문제점을 발견할 수 있는 기회를 제공할 수 있다. 이러한 문제점은 다시 새로운 가설을 설정할 수 있는 조건을 제공하기 때문에 새로운 검증을 시도할 수 있어서 위에서 실시한 검증과정을 반복할 수 있게 만든다.

6. 가설 검증 수업모형의 절차 적용(예시)

가. 학습 주제: 물의 증발 조건
나. 학습 목표:
① 온도 및 바람과 물의 증발과의 관계를 알아보기 위한 실험을 바르게 수행할 수 있다.
② 물이 빨리 증발하는 조건을 설명할 수 있다.

다. 학습자료: 알코올램프 1개, 간유리관 4개, 시험관 집게 1개, 부채 1개, 솜

단계	특징	교수 학습 활동
탐색 및 문제파악	① 자유로운 탐색을 통해 문제를 파악하는 단계 ② 문제를 발견하기 어려운 경우에는 시범 활동을 통해 문제를 제기할 수 있다.	① 우리 주위에서 물이 증발하는 예 발표 ② 물이 어떨 때 빨리 증발하는지 경험을 바탕으로 이야기해 보게 한다. ③ 물의 증발에 영향을 주는 것은 무엇인지 이야기해 보게 한다.
가설 설정 단계	① 토의를 통해 문제에 대한 잠정적인 해답을 만드는 단계로 검증 가능한 일반적 진술로 제시하도록 한다. ② 엄밀한 의미에서 가설은 현상에 대한 인과론적 또는 모형적 설명을 의미하나 초등학교 수준에서는 현상에 대한 서술적인 진술(일종의 예상)도 포함할 수 있다. ③ 교사는 학생들의 가설과 관련된 배경 가정들을 명확하게 인식한다.	① 기온이 어떠할 때 물이 빨리 증발하는지 이야기 해 보게 한다. - 기온이 높을수록 물이 빨리 증발할 것이다. ② 바람이 부는 날과 불지 않는 나리 중 어떨 때 물이 빨리 증발할까요? - 바람이 부는 날 빨리 증발할 것이다. - 바람이 불지 않는 날 빨리 증발 할 수도 있다. ※가설은 맞는 가설, 틀린 가설이 없고, 좋은 가설과 좋지 못한 가설이 있다. (다양한 가설이 나오도록 유도한다.)
실험 설계	① 가설을 검증하기 위하여 변인을 확인하고 통제하는 방법과 실험에 사용될 기구를 정하고 계획을 세우는 단계이다. ② 교사는 학생이 공정한 검증을 할 수 있도록 유도한다.	① 기온과 물의 증발 관계를 알아보기 위한 실험 방법 토의(교사 발문을 통한 변인 통제) - 변화시켜야 할 조건은 무엇인가? - 조사해야 할 조건은 무엇인가? - 어떤 순서로 실험을 해야 할까? ② 바람과 물의 증발 관계도 위의 관점으로 설정
실험	① 변인을 통제하여 실제로 실험하고 관찰, 분류, 측정 등을 통하여 실험자료를 수집하는 단계이다.	① 실험 설계에 따라 실험한다.
가설 검증	① 실험에서 얻은 자료를 표나 그래프로 정리하고 해석하여 가설을 수용하거나 수정 또는 기각하는 단계이다. ② 제시한 증거가 타당하고 신뢰성이 있지 평가한다.	① 실험 결과를 발표하게 하고 결과를 해석하게 한다. - 가열할 때 물이 빨리 증발한다. - 부채로 바람을 일으킬 때 물이 빨리 증발한다.

	③ 증거에 문제가 발견되면 관련된 앞의 단계로 되돌아간다.	② 결과 해석을 바탕으로 가설 수용 및 가설 수정 ③ 결과 정리- 기온이 높고 바람이 불때 물이 빨리 증발한다.
적용 및 새로운 문제 발견	① 앞에서 얻은 지식을 바탕으로 새로운 상황을 예상하거나 실제 상황에 적용하고 응용하는 단계이다. ② 이 과정에서 새로운 문제를 발견하게 되면 다시 앞의 단계로 돌아간다.	① '빨래를 빨리 말리려면 어떻게 하면 좋을까?'에 대해 이야기 ② '빨래는 어떤 날에 빨리 마를까?'에 대해 이야기

7. 가설 검증 수업모형 적용을 위한 시나리오

가. 대상 학년과 과목: 5학년 과학

나. 단원: 5학년 2학기 5. 용액의 반응

다. 수업 목표 : 대리석으로 만든 건물이 훼손되는 이유를 설명할 수 있다.

라. 학습활동 과정

1단계: 문제 파악

교수 · 학습 활동	■ 자 료
교사(T) - 학생(S)	▶ 유의점

❖ 전시학습 상기

T : 우리 친구들 지난시간에 배운 것 기억하나요? 무엇을 배웠는지 한번 이야기 해볼까요?

S : 산성과 염기성 용액에 금속을 넣었을 때 반응을 살펴보았어요.

T : 맞아요. 묽은 염산과 묽은 수산화나트륨 용액에 철과 마그네슘을 넣고 반응을 살펴보았지요. 산성용액인 묽은 염산에 금속을 넣었을 때는 어떠한 변화가 있었나요?

S : 기포와 열이 발생하였고, 용액에 녹았습니다.

T : 그렇다면 염기성용액인 묽은 수산화나트륨 용액에 금속을 넣었을 때에는 어떠한 변화가 있었나요?

S : 변화가 없었습니다.

T : 네. 맞아요. 아주 잘 기억하고 있네요.

❖ 손상된 문화재 살펴보기

T : 오늘은 수업을 시작하기 전에 사진 한 장을 보여 줄 거예요. 우리 문화재인 원각사지 10층 석탑의 사진입니다. 이 사진을 보면서 특이한 점이 무엇인지 찾아보세요.
S : 유리로 씌어 놓았습니다.
T : 왜 유리로 씌어 놓았을까요?
S₁ : 사람들이 함부로 만지지 못하게 하기 위해서입니다.
S₂ : 문화재를 보호하기 위해서입니다.
T : 또 다른 사진은 문화재와 같이 대리석으로 만들어진 건물이에요. 건물의 상태가 어떤 가요?
S : 많이 훼손되어 있습니다.

❖ 학습목표 확인하기
T : 그렇다면 오늘은 무엇을 배우면 좋을까요?
S₁ : 대리석으로 만들어진 건물, 탑이 훼손되는 이유를 알아보면 좋겠습니다.
S₂ : 대리석으로 만들어진 건물의 훼손을 예방하는 방법에 대해 알아보면 좋겠습니다.
T : 네 좋아요. 우리가 오늘 배울 내용은 대리석으로 만든 문화재나 건물이 훼손되는 까닭은 무엇일까? 입니다. 이 내용을 배우기 위해서 첫 번째로, 실험을 통해 답을 찾아보고, 문화 재가 손상되는 까닭을 정리해 보도록 하겠습니다.

2단계: 가설 설정

교수·학습 활동	■ 자 료
교사(T) - 학생(S)	▶ 유의점

❖ 가설 설정하기
T : 오늘 배울 내용은 대리석으로 만든 문화재나 건물이 왜 훼손될까? 입니다. 그 이유를 찾아 보는 것이 여러분이 오늘 한 시간 동안 해야 할 일입니다.
T : 여러분의 실험 테이블 위에는 이 문제의 답을 풀 수 있는 자료들이 있습니다. 어떠한 실험 도구가 있나요?
S : 묽은 염산, 묽은 수산화나트륨, 대리석 조각, 스포이드, 페트리접시, 비커가 있습니다.
T : 이것을 바탕으로 오늘 우리가 풀어야 할 문제에 대한 예상 답안을 모둠별로 적어 봅시다.
S₁ : 대리석으로 만든 문화재나 건물이 훼손되는 이유는 산성 용액 때문일 것 같습니다. 그 이 유는 지난 시간에 배운 것처럼 금속은 산성에 반응하기 때문입니다.
S₂ : 대리석으로 만든 문화재나 건물이 훼손되는 이유는 염기성 용액 때문일 것 같습니다.
S₃ : 산성, 염기성 용액 둘 다 일 것 같습니다.
T : 네. 여러분이 예상 답안(가설)을 잘 설정해 주었네요.

3단계: 실험 설계

교수 · 학습 활동	■ 자 료
교사(T) - 학생(S)	▶ 유의점

❖ **실험 계획 수립**

T : 여러분이 각 모둠별로 가설을 설정했습니다. 그 가설을 확인해 보려면 실험을 해 보아야겠지요? 어떻게 실험을 설계하면 될까요?

S : 대리석 조각은 페트리 접시에 각각 놓습니다.

T : 한 곳에 놓으면 안 될까요?

S : 네 그렇게 되면 산성 용액과 염기성 용액이 서로 섞여서 실험 결과를 제대로 확인할 수 없습니다.

T : 각각 놓은 후에는 어떻게 하면 될까요?

S : 스포이드를 사용하여 산성 용액과 염기성 용액을 떨어뜨린 후, 그 반응을 살펴봅니다.

T : 네. 반응을 살펴보면서 그 결과를 실험관찰에 기록하면 되겠지요.

❖ **주의 사항 확인하기**

T : 실험할 때 주의사항은 잘 알고 있죠?

S_1 : 네. 액체를 함부로 냄새 맡지 않습니다.

S_2 : 용액이 피부에 닿지 않게 조심해야 하고, 피부에 묻었을 경우, 물로 씻습니다.

T : 네. 잘 알고 있네요. 오늘은 실험 기구가 많고 용액이 위험한 만큼 장난치지 않고 실험을 하도록 하면 좋겠습니다. 그럼 모둠 별로 실험을 시작하도록 하세요.

4단계: 실험

교수 · 학습 활동	■ 자 료
교사(T) - 학생(S)	▶ 유의점

❖ **실험 및 결과 기록**

S_1 : 페트리 접시에 대리석을 놓아야겠지? 그냥 손으로 집으면 되나?

S_2 : 핀셋 있잖아. 그걸로 옮겨

S_1 : 다했다. 이젠 용액을 떨어뜨리면 되겠구나.

S_3 : 그건 내가 할게. 산성용액이 묽은 염산이고 염기성 용액이 묽은 수산화나트륨이지? 왼쪽 페트리 접시에 묽은 염산 떨어뜨릴게.

S_4 : 와! 기포가 나온다. 대리석에 산성용액을 떨어뜨리니까 기포가 생기는구나.

S_2 : 염기성 용액도 떨어뜨려봐.

S_1 : 염기성 용액은 변화가 없네. 우리가 처음에 세웠던 예상 답안이 맞았네. 대리석이 훼손되는 것은 산성 용액 때문이었어. 실험관찰에 기록하자!

5단계: 가설 검증

교수 · 학습 활동	■ 자 료
교사(T) - 학생(S)	▶ 유의점

❖ **가설 확인 및 발표하기**

T : 모두 실험을 마쳤나요?

S : 네.

T : 여러분이 예상했던 답과 일치하게 나왔나요? 발표 해 봅시다.

S₁: 저희는 대리석이 훼손되는 이유는 산성 용액 때문일 것이라고 예상하였습니다. 실험을 해 보니 산성 용액인 묽은 염산을 대리석에 떨어뜨렸을 때 기포가 생기고, 나중에는 대리석 조각의 변형이 생겼습니다.

S₂: 저희는 대리석이 훼손되는 이유가 산성, 염기성 모두의 영향이 있을 것이라 생각하였는데 실험 결과, 대리석 조각에 염기성 용액이 닿았을 때 아무 변화가 없는 것으로 보아 염기성 용액은 대리석에 영향을 미치지 않는다고 생각하였습니다.

T : 여러분이 실험을 잘 했네요. 결국 모든 모둠에서 발표한 대로, 대리석 조각이 훼손되는데 영향을 주는 것은 산성 용액이라고 볼 수 있네요. 우리가 알고 있는 산성 용액은 무엇이 있죠?

S : 묽은 염산, 묽은 황산 등이 있습니다.

6단계: 적용 및 새로운 문제 발견

교수 · 학습 활동	■ 자 료
교사(T) - 학생(S)	▶ 유의점

❖ **대리석으로 만든 문화재가 손상되는 이유 알기**

T : 여러분이 지금까지 가설을 설정하고 그에 맞게 실험을 했는데요. 우리가 처음에 했던 질문 대리석으로 만든 건물, 문화재가 훼손되는 이유는 무엇일까요?

S : 산성 용액 때문입니다.

T : 네. 산의 성질을 가진 용액 때문인데요. 선생님이 동기유발 때 보여준 대리석 건물은 왜 훼손되었을까요?

S : 산성비 때문인 것 같습니다. 뉴스에서 요즘 내리는 비는 산성비라는 것을 본 적이 있습니다.

T : 그럴 수 있겠군요. 그렇다면 앞으로 대리석으로 만든 문화재가 훼손되지 않기 위해서는 어떻게 하면 될까요?

S₁: 산성비로부터 보호하기 위해 유리를 씌워 놓는 방법이 있습니다.

S₂: 산성비가 내리지 않도록 해야 합니다.

S₃: 산성비가 내리지 않기 위해서 환경을 보호하는 어린이가 되어야 합니다.

❖ **차시예고**

T : 대리석으로 만든 문화재와 건물이 훼손되는 이유가 산성비 때문일 거라고 했죠? 다음 시간
에는 산성비에 대해서 자세히 알아볼 거예요. 다음 시간에 공부하면, 산성비가 내리지 않
기 위해 우리가 할 수 있는 일들도 알게 될 거예요.

8. 가설 검증 수업모형을 적용한 교수 · 학습 과정안

단원	5-2-5. 용액의 반응	차시	2/5	교 과 서	43~44
				실험관찰	35

본시 주제	대리석으로 만든 문화재나 건물이 손상되는 까닭

학습 목표	• 산성 용액과 염기성 용액에 대리석 조각을 넣었을 때의 변화를 설명할 수 있다. • 대리석으로 만든 문화재가 손상되는 이유를 산의 성질과 관련지어 설명할 수 있다.

학습 자료	• 묽은 염산, 묽은 황산, 묽은 수산화나트륨 용액, 스포이트 2개, 대리석 조각, 페트리 접시 2개, 핀셋, 비이커

학습 과정	학습 요소	교수 · 학습 활동	시간	(자) 자료 (유) 유의점
탐색 및 문제 파악	동기 유발	■ 손상된 문화재 살펴보기 ○ 우리나라 문화재의 사진입니다. 어떤 점이 달라졌나요? - 한 쪽은 탑이 그냥 있는데 한 쪽은 유리로 씌워졌습니다. ○ 왜 유리로 씌워놓았을까요? - 탑을 보호하기 위해서입니다. ○ 이 문화재와 같이 대리석으로 된 건물의 모습입니다. 건물의 상태가 어떠한가요? - 벽면이 손상되어 있습니다. - 무늬가 뚜렷하지 않습니다. ○ 이 시간에 어떤 공부를 해 보면 좋을까요? - 문화재나 건물이 왜 손상되었는지 알아보면 좋겠습니다.	5′	(자)원각사지 10층 석탑 사 진
	학습 문제 확인	■ 학습 문제 알아보기 대리석으로 만든 문화재나 건물이 손상되는 까닭은 무엇일까? ○ 학습 문제를 쓰는 동안 지난 시간 공부한 내용을 생각하며 어떤 방법으로 알아볼지 생각해 봅시다.		

가설 설정	학습 순서 알기	■ 학습 순서 안내 ① 활동 1 : 실험하기(대리석 + 산성, 염기성 용액) ② 활동 2 : 문화재가 손상된 까닭 알기		(자)묽은 염산,묽은 황산,묽은 수산화나트륨,대리석 조각,스포이트,페트리 접시,핀셋,비이커 (유
	가설 설정	■ 가설 설정하기 ○ 모둠별로 준비되어 있는 자료를 보며 대리석 문화재를 손상시키는 물질이 무엇인지 예상하여 봅시다. - 금속 조각처럼 대리석 조각과 반응하는 것은 산성용액일 것 같습니다. - 염기성 용액이 대리석 조각과 반응하여 녹을 것 같습니다.	3′	
실험 설계	실험 계획 수립	■ 가설에 따른 실험 계획 세우기 ○ 가설을 확인하기 위해 어떤 순서로 실험을 할 것인지 모둠별로 토의한 후 발표해 봅시다. - 페트리 접시에 대리석 조각을 각각 놓습니다. - 대리석 조각에 산성과 염기성 용액을 떨어뜨립니다. - 어떤 변화가 있는지 관찰하고 기록합니다. ○ 실험을 할 때 주의할 점은 무엇일까요?	7′	(유)실험이 안전하게 진행되도록 주의점을 충분히 인지시킨다.
	주의 사항 알기	- 용액 냄새를 함부로 맡지 않습니다. - 용액이 피부나 옷에 묻지 않도록 주의합니다. - 용액이 피부에 묻었을 경우 신속히 물로 씻어 냅니다. - 실험도구를 올바르게 사용합니다. - 장난치지 않습니다.		
실험	실험 및 결과 기록	■ 실험하기 ○ 실험 순서에 따라 모둠별로 실험한 후 그 결과를 기록해 봅시다. - (모둠별로 실험하고 실험 결과 기록하기)	10′	(유)안전한 실험이 될 수 있도록 관심 있게 살펴본다.
가설 검증	실험 결과 발표	○ 실험 결과를 발표해 봅시다. - 저희 모둠에서는 예상과 같이 산성인 묽은 염산을 떨어뜨린 대리석 조각에서 기포가 발생하였으며, 묽은 수산화나트륨을 떨어뜨린 대리석 조각은 아무런 변화가 없었습니다. - 저는 염기성 용액이 대리석과 반응할 거라고 예상했는데 묽은 수산화나트륨에서는 아무런 변화도 나타나지 않고, 산성인 묽은 황산과 반응해서 기포가 발생하였습니다.	7′	(유)실험결과를 말할 때는 예상과 견주어 가면서 발표하도록 한다.
	알게 된 점	■ 실험을 통해 알게 된 점 ○ 실험을 통해 알게 된 점은 무엇인가요? - 산성 용액과 대리석 조각이 반응할 때 기포가 발생한다는		

		걸 알았습니다. - 대리석에 염기성 용액을 떨어뜨리면 아무런 변화가 일어나지 않는 다는 걸 알게 되었습니다.		
적용 및 새로운 문제 발견	적용	■ 오래된 문화재나 건물들의 손상 원인 알기 ○ 오늘 실험한 내용과 관련하여 대리석으로 만든 문화재가 손상되고 있는 까닭은 무엇일지 생각해서 발표해 봅시다. - 내리는 산성비가 대리석으로 된 문화재나 건물을 녹였기 때문입니다. - 산의 성질을 지닌 빗물이 대리석을 녹이기 때문입니다. ○ 문화재 보호를 위해 우리가 할 수 있는 일은 무엇이 있을까요? - 문화재나 건물 밖을 유리 등의 시설물로 감쌉니다. - 산성비가 내리지 않도록 환경을 보호해야 합니다. - 대중교통 수단을 이용하며 가까운 거리는 걸어 다닙니다.		(유)실험 결과와 관련지어 생각해 보게 한다.
	정리	■ 학습 내용 정리 ○ 오늘 공부를 통해 알게 된 사실은 무엇입니까? - 대리석 조각은 산성용액과 반응하여 기포가 발생한다는 걸 알게 되었습니다. - 대리석 조각은 염기성 용액과는 반응하지 않는다는 걸 알게 되었습니다. - 오래된 문화재나 건물이 손상되는 것은 산성비 때문이라는 것을 알게 되었습니다. ○ 더 알고 싶은 점이나 궁금한 점 있습니까?	8′	
	차시 예고	■ 차시예고 ○ 다음 시간에는 대리석으로 만든 문화재나 건물을 손상시키는 원인인 산성비에 대해 더 자세히 알아보도록 하겠습니다.		

참고문헌

교육부(2010). 초등학교 교육과정 해설(Ⅰ). 대한교과서주식회사.

김민환(2013). 학교중심 실제적 교육방법론. 서울: 양서원.

정미영(2002). 가설검증 수업의 재구성 모형이 초등학교 과학학습에 미치는 효과. 한국교원대학교 석사학위논문.

Bruner, J. S. (1960). *The process of education.* NY: Random House.

Dewey, J. (1900). Psychology and social practice, *The Psychological Review(7).*

Massialas, B, G., & Cox, C. B. (1996). *Inquiry in the Social studies.* NY: McGrow-Hill Book.

문제해결학습 모형

1. 문제해결학습의 등장 배경 및 의미

우리가 만든 법이나 규칙, 관습은 우리의 주변에서 흔히 접하는 문제를 해결하려는 노력의 산물이라 할 수 있다. 법, 규칙, 관습이 고정되어 있지 않고 새롭게 제정되거나 수정되는 이유는 지속적으로 새로운 문제가 발생하고 그 문제에 대한 해결 방안이 등장하기 때문일 것이다. 인류의 역사는 어쩌면 문제와 문제해결의 계속되는 순환의 과정, 즉 문제해결의 역사라고 이름을 붙일 수 있을지 모른다. 그렇다면 문제로 가득 차 있는 우리 삶과 역사에서 사람들이 갖추어야 할 능력으로서 문제해결 능력은 매우 중요한 위치를 차지한다. 왜냐하면 문제를 해결하는 것이 곧 삶을 살아가는 기본 능력이 되기 때문이다.

이제 문제해결 능력을 향상시키는 것이 교육에서 가장 중요한 학습의 결과이자 목적으로 인정받는 것은 자연스러운 일이다. 많은 교육학자가 문제해결 능력을 교육 현장에서 학생들이 익혀야 할 학습 결과라는 데 동의한다. Nickerson(1985)에 의하면 우리 사회는 자신의 힘으로 문제를 해결할 수 있는 시민이 필요하다고 주장하고 있으며, Gagné(1980)는 우수한 문제해결자를 길러내는 일이 교육의 중요한 목표 중의 하나라고 역설하고 있다. 또한 '발견학습'(Bruner, 1961) 역시 부분적으로는 문제해결 기술을 향상시키려는 목적을 갖고 있음을 주장하는 학자도 있다(Sweller, 1988).

Jonhson(1972)과 Mayer(1992)는 한발 더 나아가 '사고(thinking)'를 문제해결과 거의 동일시하기도 한다. 이들은 문제를 해결하는 행동의 결과 또는 해결안을 도출하려는 문제해결 지향적 활동에서 사고가 발생한다고 주장한다. 즉, 문제를 해결할 때 사고가 일어난다는 것이다. 결국 문제해결의 습득은 사고 기술로 이어진다는 의미를 내포하고 있는 셈이다. 이러한 이유 때문에 문제해결의 기술을 습득하도록 도와주는 것을 목적으로 하는 문제해결 활동이 학교의 교육과정에 지속적으로 포함되어 왔으며 교실 수업에서 점점 더 중요한 학습활동이 되어 왔다(조규락, 2002). 학생들에게 우수한 문제해결 기술을 습득시켜, 학교를 졸업하기 이전이나 졸업 후 업무의 현장 또는 일상생활에서 직면하는 문제를 효과적으로 해결하기를 기대하는 것이다.

문제해결 교육의 중요성은 응용 가능한 진정한 지식은 문제를 해결하는 경험에서 비롯되는 데 있다. 즉, 문제를 해결하는 과정에서 기초적인 수학적 지식이나 기능을 보다 확실히 이해할 수 있을 뿐만 아니라, 의사 결정, 비판적 사고, 창의적 사고 등과 같은 고등 정신 기능을 신장할 수 있다. 지식의 단순 암기와 단순 적용, 알고리즘의 반복 연습에서 탈피하여 사고를 통한 학습을 하는 활동을 경험할 수 있는 것이다. 또한 내용의 전달과 같은 의미 없는 응용문제의 학습을 타개하고, 응용 가능한 사고의 학습을 할 수 있게 하여 학습 또는 교육의 필요성과 유용성을 알게 하여 학습에 대한 흥미와 관심, 적극적인 태도를 길러주자는 뜻도 함께 내포하고 있다.

가. 문제와 문제해결의 다양한 의미

문제라는 용어는 매우 다양한 맥락 속에서 사용되고 있으며, 그 맥락이 다양한 만큼 함축된 의미 역시 다양하다. 즉, 문제라는 용어가 사용되는 맥락에 따라 그 의미가 다르게 해석되고 있다.

문제해결 역시 사용되는 문제의 맥락과 의미에 따라서 다르게 해석된다. 문제가 '시험문제'를 의미한다면 문제해결이란 정답이 되었든 오답이 되었든 그 시험문제를 푸는 것이며, 문제가 '잘못된 것'을 의미한다면 문제해결이란 그 잘못된 것을 고쳐야 한다는 뜻이고, 문제가 '걱정거리'를 의미한다면 문제해결이란 그 걱정거리를 해소하는 것이 된다. 또한 문제가 의미하는 바가 '논쟁거리'나 '성가신 것'이라면 문제해결은 그것을 회피하거나 받아들이는 것이 된다. 하지만 어떤 경우는 '문제'의 의미가 문제해결과 관련이 없는 경우도 존재한다. 즉, 해결을 요하는 것이 아닌 뜻으로 '문제'라는 용어를 사용할 수 있는 것이다. 문제의 의미가 '중요한 것'이나 '관련된 사건'인 경우 그 문제의 의미가 직접적으로 해결을 요구하는 것은 아니다.

이와 마찬가지로 문제해결에서도 그 '문제해결'이라는 용어가 어떤 상황에서 어떻게 사용되느냐에 따라 다양한 의미가 존재할 수 있다는 것은 이들 용어를 공통되며 일관적으로 정의하는 것이 얼마나 어려운지를 보여주고 있다.

나. 문제해결 연구의 어려움

심리학이나 교육학 연구, 특히 학위논문이나 저널에 기고되는 연구를 살펴보면, '문제해결'이라고 하는 용어가 각 연구의 변인이나 환경에 맞추어 기술되어 있거나 조작적으로 정의되어 있는 것을 발견할 수 있다. 그런 기술(記述)이나 정의는 연구마다 뉘앙스를 서로 달리해 사용되고 있다.

문제해결에 대한 기존의 많은 연구들은 용어 사용의 엄밀한 사용 혹은 세심한 사용의 측면에서 부족하였다는 점을 인정하지 않을 수 없다. '문제'나 '문제해결'에 대한 일치된 의미가 없는 상태에서 동일하거나 유사한 현상에 대한 연구자들 사이의 정확하고 명확한 의사소통이 이루어지기는 어렵다. Jonassen에 따르면, 문제는 구조성, 복잡성, 역동성, 분야의 특수성이라는 문제 자체가 갖고 있는 특성을 소유하고 있으며, 문제의 유형도 매우 다양하다고 제시하고 있다.

1) 문제는 무엇이며, 얼마나 다양한가?

문제란 정확히 무엇인가? 문제의 개념에는 적어도 두 가지 속성이 있다. 하나는 문제란 어떤 맥락 안에 있는 미지의 실재라는 점이다. 다른 하나는 그 미지의 실재를 발견하거나 해결하는 것이 사회적, 문화적 혹은 지적으로 가치가 있어야 한다는 점이다. 이밖에도 문제에는 다양하고 많은 속성이 존재한다. 문제는 해결에 필요한 지식, 문제를 나타내는 형식, 그리고 해결에 필요한 과정에서 다양하게 존재한다. 초등학교의 간단한 덧셈 문제나 중동지역에서 접할 수 있는 복잡한 사회·문화·정치적 문제까지 문제 의 내용도 상당히 다양하다. 그러나 일반적으로 지적인 측면에서의 문제는 적어도 구조성, 복잡성, 역동성, 그리고 영역 특수성이나 추상성의 네 가지 특성으로 구분하여 다루어질 수 있다.

가) 구조성

'문제'는 그것이 얼마나 잘 구조화되어 있는지의 관점에서 논의될 수 있다. Jonassen은 구조적 문제로부터 비구조적 문제(ill-structured problems)에 이르는 연속선상에 존재하는 문제를 기술하였다. 학생들이 학교나 훈련 센터에서 해결하는 가장 평범한 문제는 잘 구조화된 문제이다. 교과서의 단원의 끝에 있거나 시험 문제로 접하는 일화형 문제처럼, 잘 구조화된 문제는 제한된 영역 내에서 공부하게 되는 한정된 수의 개념과 규칙, 원리의 적용을 요구한다. 이러한 문제는 잘 정의된 최초의 상태, 목표 상태 혹은 해결안 그리고 제한된 논리적 연산자를 갖고 있다. 또한 잘 구조화된 문제는 문제의 모든 요소를 학습자에게 제공하며, 알기 쉽고 이해 가능한 해결안을 가지고 있다.

반면에 연속선상의 반대편에 위치한 비구조적 문제는 일상과 직장 업무에서 자주 만나는 문제다. 이러한 짓궂은 문제는 반드시 공부해야 할 내용 영역에 속할 필요가 없다. 비구조적 문제는 잘 알려져 있지 않은 측면을 포함하고 있어서 해결안이나 해결방법이 여러 개이거나 혹은 아예 해결안이 없는 경우도 있다. 때때로 비구조 문제의 해결안을 평가하려면 여러 가지 기준이 필요한데, 그 기준 자체를 어떻게 해야 할지 모르는 경우도 있다. 비구조적 문제를 해결하기 위하여 학습자는 판단을 하고, 그 문제와 관련해서 개인적 견해나 믿음을 표현하는 것이 필요하다.

나) 복잡성

'문제'는 복잡성의 측면에서도 다양하다. 문제는 복잡하고 다양한 요인에 의하여 결정되어진다는 것이다. 그 요인으로는 첫째, 문제에 수반되는 이슈나 기능 혹은 변수의 수, 둘째, 그러한 변수 간의 연결성의 정도, 셋째, 속성간의 기능적 관계 유형, 넷째, 시간이 흘러도 변하지 않는 속성들 간의 안정성 등이 있다. 교과서 문제처럼 간단한 문제는 비교적 적은 변수로 구성되는 반면, 비구조적 문제는 예상할 수 없는 다양한 방식으로 상호작용하는 많은 복잡한 요인과 변수를 갖고 있다.

다) 역동성

문제가 복잡할수록 더 역동적인 경향이 있다. 즉, 시간이 흘러가면서 과제의 환경과 요인이 변하게 되는 것이다. 문제의 조건이 바뀌면, 해결자는 새 해결안을 찾는 과정에서 지속적으로 해당 문제를 이해할 수 있도록 적응해 가야 한다. 오래된 해결안은 더 이상 적합하지 않기 때문이다.

라) 영역 특수성 또는 추상성

문제해결 활동은 상황 맥락적이어서 문제 맥락의 본질이나 특정 영역의 지식에 의존한다. 어느 한 영역의 문제를 해결하는 데 요구되는 인지적 조작은 그러한 종류의 문제를 해결한 결과라기보다는 문제해결 과정에서 형성되는 실용적 추론을 통하여 학습되는 것이다. 상이한 영역이나 맥락 속에 있는 개개인은 각각의 상이한 영역에 맥락화 되어 있으며, 그 영역이나 맥락에 특수하게 적용되는 논리 형태를 이용하여 비구조 문제의 해결을 위한 추론 기술을 획득하는 것이다.

2) 문제해결이란 무엇이며 얼마나 다양한가?

만일 문제가 해결할 가치가 있는 미지의 것이라면, 문제해결은 그 미지의 것을 찾도록 방향 설정이 된 '인지 조작의 목표 지향적인 연속 활동'이다. 이러한 인지 조작은 다음의 두 가지 중요한 속성을 갖고 있다.

첫째, 문제해결은 문제와 문제 맥락에 관한 정신적 표상(정신 표상)을 요구한다는 점이다. 이와 관련하여 문제 해결자는 문제해결을 위하여 우선 문제에 관한 정신 표상 또는 정신 모형을 구성한다. 정신 표상이나 정신 모형의 의미에 대하여 합의된 것은 거의 없지만, 내적 정신모형은 구조적 지식, 절차적 지식, 성찰적 지식, 시스템의 이미지와 은유, 실행 혹은 전략적 지식으로 이루어진 다양한 양식의 표상으로 정의된 다. 따라서 정신모형은 문제의 구조에 대한 지식, 시험과 다른 문제해결 활동을 수행하는 방법에 대한 지식, 문제와 그 구성요소의 환경, 그리고 언제 어떻게 절차를 사용하는가에 대한 지식으로 이루어진다. 문제해결 경험이 있는 문제해결자의 정신 표상(정신 모형)은 상이한 종류의 지식을 통합하는데 결정적인 도움을 제공한다.

둘째, 문제해결에 성공하기 위해서는 학습자가 적극적으로 자신의 모형을 조작하고 검증해야 한다는 점이다. 특히 문제를 해결할 때, 우리가 알고 있는 지식과 이를 실천할 수 있는 실천 행동과는 상호 밀접한 관련이 있다. 일반적으로 문제해결을 위한 다양한 방법을 알고 있다고 하더라도 이는 우리의 마음속에서 존재하는 것이며, 단지 알고 있는 것만으로는 문제해결이 이루어지지 않는다. 아는 것을 밖으로 표출하는 것, 실행할 때만이 진정한 문제해결이라는 것이다.

또한, Jonassen은 문제해결을 용이하게 하기 위하여 다양한 문제의 유형을 분류하고 정리하기 위한 문제 유형을 퍼즐 문제, 알고리즘 문제, 일화형 문제, 규칙-사용문제, 의사결정문제, 결함해결 문제, 진단해결문제, 전략적 수행문제, 시스템 분석 문제, 설계문제, 딜레마 문제로 구분하였다. 이들 중 일부 문제를 부연하면 다음과 같다.

가) 일화형 문제(문장제)

기초 수학의 간단한 문제부터 공과대학 역학 강좌의 복잡한 문제까지 가장 폭넓게 사용되고 연구되어진 문제 유형은 일화형 문제(문장제)이다. 일화형 문제의 해결에 요구되는 사항은 다음과 같다.

① 학습자는 문제 진술을 분석해야 한다. 즉 문제의 설명을 읽고 자세히 분해해야 한다.

② 학습자는 다음의 단계를 거쳐 문제 유형을 분류해야 한다.
  • 문제의 표현적 내용을 과거에 해결한 문제나 문제 분류에 대한 소개와 비교하기
  • 문제에 기술된 관련성을 문제모형 혹은 이전에 해결한 문제와 비교하기

③ 학습자는 다음의 단계를 거쳐 해결해야 할 문제의 정신표상을 개발해야 한다.
  • 표면적인 내용에서 문제 실체를 확인하기
  • 문제의 구조적 모형에 문제 실체를 대입하여 넣기
  • 문제해결에 요구되는 공식이나 처리 조작에 접근하기

④ 학습자는 각 값을 공식에 대입해야 한다.

⑤ 해결안의 크기와 적절한 단위를 측정해야 한다.

⑥ 공식을 풀어야 한다.

⑦ 크기와 단위 면에서 추정치의 값을 조정해야 한다.

⑧ 문제 내용과 문제 실체의 구조를 기억하며, 문제 유형에 따라 정리・보관해야 한다.

나) 결함해결 문제

결함해결 문제를 해결하는 데 요구되는 인지과정은 다음과 같다.

① 학습자는 결함 상태와 관련 증상을 식별할 수 있어야 한다.

② 학습자는 다음의 단계를 거쳐 문제의 정신모형을 개발해야 한다.
  • 목표 상태를 기술하기, 결함있는 하위 시스템을 식별하기

③ 학습자는 다음의 단계를 거쳐 문제를 진단해야 한다.
  • 결함 있는 하위 시스템을 조사하기, 이전에 해결했던 문제를 기억하기
  • 이전에 해결했던 문제가 없을 경우 가장 가능성이 희박한 가설을 제외하기
  • 문제에 대한 초기 가설과 가정을 생성하기
  • 영역 지식을 토대로 가설을 검증하기
  • 검증 결과를 해석하기
  • 가설의 타당성을 확인하거나 기각하기, 만일 기각하게 된다면 새로운 가설을 설정하기

④ 학습자는 불량부품이나 하위 시스템을 교체하여 해결안을 이행해야 한다. 목표 상태에 도달하였는지 판단하기 위하여 해결안을 검증해야 한다.
⑤ 학습자는 데이터베이스에 결과를 기록해야 한다.

다) 사례, 시스템 및 정책분석 문제

사례, 시스템 및 정책분석 문제는 복잡하며 비구조적인 경향이 있다. 사례분석 문제는 보통 복잡하며 간학문적 성격을 갖고 있다. 단일 시각에서 그 문제를 조사해서는 합리적인 해결안의 마련이 불가능하다. 또한 사례분석 문제에서 목표는 문제 진술에 모호하게 정의되어 있다. 따라서 중요한 것은 실질적인 문제가 무엇인지를 이해하는 것이다.

3) 폴리아의 문제해결 교육론

폴리아(1962)는 수학교육을 수학적 사고, 수학을 하는 정신적 활동의 교육으로 보고, '완성된 수학'은 연역적 과학이며, '발생과정의 수학'은 실험적이고 귀납적 과학으로 생각하였다. 이에 폴리아는 귀납과 유추에 의한 추측을 통한 발견적 사고와 문제해결 교육의 중요성을 다음과 같이 강조하였다.

> "수학적 정리를 증명하기에 앞서 먼저 추측을 해야 한다.
> 세세한 부분을 수행하기 전에 증명에 대한 아이디어를 추측해야 한다.
> 관찰한 것을 결합시키고 유추를 해야 한다. 몇 번이고 시도해 보아야
> 한다. 수학자의 창조적 연구 결과는 연역적 추론, 곧 증명이다.
> 그러나 그 증명은 개연적 추론과 추측에 의해 발견된다."

이를 위해서 문제해결 교육에서 교사 자신의 방법적 지식(발견, 발명의 방법, 문제해결전략) 체득의 중요성과 적절한 문제의 제시와 적절한 조력을 하는 산파법의 중요성을 강조하였다.

2. 문제해결학습의 장점과 단점

가. 장점

① 메타인지 능력이 향상된다.

제시된 과제에 대해서 학생들은 직접 관련 자료를 찾고, 과제 수행을 위한 계획을 세우며, 그 계획을 실행해 보고, 실행 결과를 반성한다. 그 과정에서 학생들은 지속적으로 자신이 하는 인지 활동의 타당성을 검토하고 수정하게 되며, 그 결과로 메타인지 능력을 향상시킬 수 있다.

② 자기 주도 학습 능력을 신장시킬 수 있다.

학생들은 자신의 학습에 대한 주인 의식을 갖고, 자신이 목적하는 바를 성취하고자 학습 과정에서 많은 결정들을 하며, 그 결정에 따른 활동을 한다. 학습의 과정에서 느낀 만족감이나 성취감은 학습에 대한 내적 동기를 유발시키고, 후속 학습에 대한 의욕을 고취시키며, 궁극적으로는 자신의 필요와 관심에 따라서 학습을 주도할 수 있는 능력을 향상시킬 수 있다.

③ 상호 협동 능력이 신장된다.

학생들은 다른 학생들과 같이 과제를 수행하며, 자신의 주장을 논리적으로 발표하고, 타인의 의견을 경청하며 의견이 다른 경우에 서로 협상하는 가운데 목적한 과제를 완료할 수 있다. 이러한 경험은 학습과 관련된 기능과 지식뿐만 아니라 타인과 상호 협동하는 능력을 향상시킬 수 있다.

④ 정보 처리와 과학 기술 활용 관련 기본 소양 능력을 신장시킬 수 있다.

여러 매체들을 활용하여 학생들은 설문조사, 면담, 실험, 창작 등 다양한 방법으로 정보를 탐색하고 활용하며 그림, 문자, 음향 등 여러 가지 형태로 정보를 표현 또는 개발한다. 이와 같은 활동들을 통하여 학생들은 정보 처리와 과학 기술 활용에 대한 기본 소양을 갖출 수 있다.

나. 단점

① 학생들이 잘못된 결정, 혹은 비교육적인 판단을 내릴 수 있다.

문제해결 학습에서 학습을 진행하는 과정에서 학생들이 주도적으로 논의하고 판단하여 결정을 내려야 한다. 이 과정에서 때때로 목적 달성에 너무 집착하여 교육적인 의도와 상관없는 결정을 내릴 수 있다.

② 학생들이 흥미를 잃어버릴 수 있다.

때로 학생들은 자신이 원하는 특별한 과제를 선택하지만 시간이 지날수록 초기에 가졌던 흥미를 유지하지 못하고 잃어버리는 경우가 있다. 학생들이 흥미를 잃어버리기 시작할 때 교사는 학생들이 끈기를 가지고 더 지속할 수 있도록 유도해야 한다. 혹은 학생들이 그 과제를 포기하지 않도록 함께 논의하고 계획을 변경하도록 해야 한다.

③ 반복적인 활동을 지속하게 된다.

과제를 수행하는 과정에서 같은 작업을 반복하게 되는 경우가 발생할 수 있다. 같은 자료를 계속 탐색하게 되거나 같은 정보를 처리하게 되거나, 어느 단계에서 더 이상 진보되지 않는 것이 그 경우에 해당한다. 계속되는 반복에서 오는 지루함을 없애고 교육적인 의도가 지속될 수 있도록 교사가 이를 중재할 필요가 있다.

④ 외부의 지원이 과제 수행에 부정적인 영향을 미칠 수 있다.

과제의 성격에 따라, 때때로 학교 내의 다른 교사 혹은 행정가, 학교 밖의 전문가와의 상호작용이 요구되는데 이러한 외부 지원이 적절하게 이루어지지 않는 경우가 있다. 이러한 경우에 대비할 수 있는 적절한 대책이 세워져야 한다.

⑤ 방관자적 학습 태도를 형성한다.

문제해결 학습은 학생들의 협력활동을 기반으로 이루어지므로 집단의 구성원들이 서로 개별적인 능력을 최대한 발휘하여 최상의 협력 상황을 구성하여야 한다. 그런데 때로 어떤 학생들은 다른 학생들의 능력에 편승하여 방관자적 태도를 취하여 다른 학생들과의 관계가 부정적으로 발전되기도 한다. 이 때 교사는 학생들의 진행 과정을 면밀히 관찰하여 낙오되는 학생들을 적극적으로 참여할 수 있도록 유도하고 지원해야 한다.

3. 문제해결학습의 특징 및 일반적 절차

가. 문제해결학습의 특징과 주요 원리

문제해결학습에서 중요한 것은 단순한 답이 아니라 답을 이끌어 내는 사고 과정으로 문제 상황에 따라 사고 과정은 아주 다양하게 나타난다. 문제해결 과정은 문제의 이해, 해결 계획 수립, 계획 실행, 반성의 4단계로 진행되고 초인지(주의, 지각, 기억, 수정, 추론) 및 초인지 외적 기능(확신체계, 조절, 통제, 경영)이 문제해결자의 결단의 과정에 중요한 영향을 미친다고 한다. 여기에는 교사의 고도의 질문 기술이 요구된다.

문제해결 학습에서 교사는 학생이 자발적으로 문제를 해결하는 의욕을 갖도록 고취해 주며, 문제가 쉽게 풀리지 않는다고 포기하지 말고 끝까지 버티는 인내심을 길러 주어야 한다. 또 교사와 학생이 함께 토론하면서 문제해결 단계 및 전략을 익히고 나서 학생을 소집단으로 나누어 각 집단별로 문제를 해결해 보도록 한다. 즉 교사와 함께 문제를 해결하는 훈련을 쌓은 다음에는 학생들을 몇 명씩 소집단으로 나누어 앞서 학습한 문제해결 단계 및 전략으로 학생 스스로 문제를 해결해 보도록 한다. 이 때 교사는 각 소집단을 순회하며 필요한 도움을 준다. 각 소집단별로 해결이 되면 발표를 시키고 정리 요약한다. 여기서 유의할 점은 각 집단의 구성원 모두가 적극적으로 수업 활동에 참여하도록 세심한 지도가 있어야 한다는 점이다.

소집단 학습이 성공적으로 이루어진 후, 유사한 문제를 만들어 풀도록 하고 정답을 확인한다. 그리고 각자 유사한 문제를 만들어 풀어 보도록 한다. 이 때 학습 부진 학생은 소집단 구성원들과 함께 만들어 풀게 한다.

문제해결력 신장을 위한 주요 수업원리를 정리하면 다음과 같다.

① 성공적인 문제해결 경험을 제공해 줄 수 있는 쉽고 친숙한 문제에서부터 시작해야 한다.
② 학생들이 문제해결에 호의적인 반응을 보일 수 있는 재미있는 문제를 제공해야 한다. 또한, 다양한 문제해결 전략을 사용하여 문제를 해결할 수 있도록 문제를 제시하여야 한다.
③ 학생 자신이 문제를 만들어 친구들에게 풀어보게 하는 활동을 강조한다.
④ 학생들이 직접 문제를 푸는 활동이 되어야 한다. 발문을 하거나 학생들이 질문을 한 경우에도 직접 답이나 결정적인 힌트를 제시해서는 안 된다.

⑤ 학생들로 하여금 문제를 잘 읽고 문제에 제시되어 있는 조건을 모두 고려하도록 하며 필요 없는 조건은 없는지, 필요한 정보가 빠져 있지나 않는지 등을 살펴보도록 해야 한다.

⑥ 현재의 문제해결 방법이 문제에 부딪쳤을 때, 대안적인 방법을 찾는 활동을 강조해야 한다.

⑦ 문제해결 수업의 초점은 지식과 기능을 종합하는 과정 자체에 한정시켜야 한다. 이를 위해서는 문제해결 시간에 새로운 수학 지식을 학습하는 것은 피해야 하며 복잡한 계산은 계산기를 이용하도록 한다.

⑧ 문제를 풀고 답을 확인한 후에는 문제의 조건을 변화시켜 새로운 문제를 만들어 보는 활동을 시키거나 다른 방법으로 문제를 풀어 보게 하는 습관을 기르도록 한다.

⑨ 자신의 문제해결 과정을 요약하여 기술하거나 말로 설명하도록 한다.

⑩ 친구들과 문제를 푸는 가운데 자신의 아이디어를 설득력 있게 설명하고, 다른 사람의 아이디어를 경청하고 절충하는 능력을 길러주어야 한다. 이를 위해서는 개인별로 문제를 풀게 하는 활동뿐만 아니라 소집단별로 문제를 푸는 활동을 강조한다.

⑪ 문제해결에 대한 바른 신념을 길러 주어야 한다. 예를 들어 수학과의 경우, 수학 문제는 몇 분의 노력으로 풀지 못하면 해결할 수 없다는 신념을 불식시킬 수 있는 탐구 문제를 도입해야 한다. 많은 문제는 다양한 풀이 방법이 존재하거나 답이 여러 개 존재할 수도 있다는 믿음을 길러주어야 한다.

⑫ 학생 중심의 문제해결 수업이 되도록, 가능한 한 교사 중심의 설명식 수업을 지양하고, 그 대신 다양한 학습 방법(개별 탐구, 소집단 활동, 친구끼리 가르쳐 주기, 토론 등)을 활용한다.

⑬ 학습 부진아에게는 그들의 능력에 맞는 교재를 개발하여 현행 학습과 연계 지도하고, 학습 우수아에게는 좀 더 높은 수준의 교재를 제시하여 그들의 수학적 능력을 신장시키도록 한다.

나. 문제해결학습의 일반적 절차

단계	활동	효과적인 사고를 위한 질문(발문, questions)과 권고(suggestions)
1단계	문제의 이해	• 미지수인 것은 무엇인가, 자료는 무엇인가, 조건은 무엇인가? • 조건은 만족될 수 있는가, 조건은 미지의 것을 결정하기에 충분한가? 또는 불충분한가, 또는 과다한가, 또는 모순되는가? • 그림을 그려 보아라, 적절한 기호를 붙여라 • 조건을 여러 부분으로 분해하여라.
2단계	문제해결 계획의 수립	• 자료와 미지인 것 사이의 관계를 찾아보아라. 즉각적으로 그러한 관계를 발견할 수 없다면 보조 문제를 고려하여라. 궁극적으로 풀이에 대한 계획을 작성하여라.
3단계	계획의 실행	• 계획을 실행하고 매 단계를 점검하여라. 각 단계가 올바른지 명확히 알 수 있는가, 그것이 옳다는 것을 증명할 수 있는가?
4단계	문제해결에 대한 반성	• 얻어진 풀이를 점검하여라. 결과를 점검할 수 있는가, 논증 과정을 점검할 수 있는가? 결과를 다른 방법으로 이끌어 낼 수 있는가, 그것을 한눈에 알 수 있는가?

4. 문제해결 사고전략과 실제

가. 문제해결학습의 사고 전략

문제해결의 사고전략이란 문제해결에 도움이 되는 일반적인 절차나 해법의 단서가 되는 생각, 발견의 실마리를 얻도록 하는 방책 등을 뜻한다. 문제해결에 필요한 지식과 개념을 알고 있다고 하더라도, 그것을 받아들여 문제의 조건과 연결 짓고 문제해결의 단서를 찾아내도록 하는 것이 사고 전략이다. 전략은 인간이 자신의 학습이나 사고의 과정을 통제하는 능력으로서, 문제를 성공적으로 해결하는데 있어서 가장 중요하게 작용하는 요소이다. 폴리아가 제시한 문제해결에 유용한 사고 전략은 다음과 같다.

① 예상과 확인: 문제의 답을 미리 예상해 보고 그 답이 문제의 조건에 맞는지 확인해 보는 과정을 반복하여 문제를 해결해 나가는 전략
　　〈순서〉 문제에서 구하고자 하는 답 예상
　　　　→ 예상의 결과가 문제의 조건에 맞는지 확인

→ 조건에 맞지 않으면 새로운 예상을 함

→ 옳은 답이 나올 때까지 이 과정을 계속함

② 표 만들기: 문제를 쉽게 이해할 수 있기 때문에 대개의 경우 해결 방법을 모색하기 위한 보조전략으로 사용함

③ 그림 그리기: 문제를 전체적으로 이해하기 쉬움. 그림을 그릴 때에는 문제에 주어진 것과 구해야 할 것이 모두 나타나도록 해야 그 관계를 파악하는데 도움이 됨. 주로 문제의 외적 표상을 위하여 사용됨

④ 식 세우기: 수학 문제를 풀기 위하여 가장 보편적으로 사용되는 전략

⑤ 규칙성 찾기: 문제에 주어진 조건이나 관계에서 분석하여 어떤 규칙성을 찾아내고 이 규칙성을 확대하여 적용해 감으로써 문제를 해결하는 전략

⑥ 거꾸로 풀기 : 문제의 목표나 증명해야 할 사실로부터 시작하여 무엇을 말할 수 있는가를 생각해나가는 방법

⑦ 단순화하기 : 변수의 개수를 줄이거나 주어진 문제보다 좀 더 익숙하고 단순한 문제 상황으로 바꾸어 해결하고, 이를 본 문제에 적용하는 방법 (규칙성 찾기와 관련되는 경우가 많음)

⑧ 특수화하기 : 문제에서 구하려는 것이 무엇인가를 파악하고 구하려는 대상에 포함되는 특수한 대상을 선택하여 이에 대한 고찰을 통해 문제를 해결하는 방법

⑨ 유추하기: 보다 단순한 유사한 문제의 풀이 방법이나 그 결과를 이용하여 원래의 문제를 해결하는데 도움을 받을 수 있음

⑩ 목록 만들기 : 문제에서 주어진 것에 의하여 일어날 경우가 많은 경우에 일어날 수 있는 모든 경우를 빠짐없이 중복되지 않게 헤아리거나 찾을 때 주로 사용되는 전략

⑪ 간접 증명법

- 귀류법 : 결론을 부정하였을 때 부정된 결론으로부터 가정과 모순이 되는 사실을 유도함으로 써 결론이 참이어야 함을 보이는 방법

- 분할법 : 가능한 경우를 여러 개로 나누어 그 일부가 모순이 됨을 보임으로써 그 외의 것이 참임을 보이는 방법

- 동일법 : 어떤 조건을 만족하는 대상이 두 개 있다고 가정하고 그로부터 그 두 대상이 같게 됨을 보이는 방법

나. 문제해결학습의 실제

폴리아는 문제해결 전략을 어떻게 사용하였는지 다음의 예를 통하여 알아보자.

> [문제] 닭과 돼지를 키우는 어느 농부가 아들과 딸에게 각각 그 수를 세어 오라
> 고 했다. 아버지를 놀려 주려고, 아들은 닭과 돼지의 머리만 세어 70마리
> 라고 말했고, 딸은 닭과 돼지의 다리만 세어 200개라고 말했다. 닭과 돼
> 지는 각각 몇 마리인가?

[해결방법 1]

닭과 돼지의 수를 각각 x, y라고 하면 다음과 같이 두 개의 방정식을 만들 수 있다. $\{x + y = 70, \ 2x + 4y = 200\}$, 이 연립방정식을 풀면 $x = 40$, $y = 30$이다. 따라서 닭은 40마리, 돼지는 30마리이다.

[해결방법 2]

닭의 수를 x라고 하면 돼지의 수는 $70 - x$이다. 따라서 다음과 같은 방정식을 만들 수 있다. $\{2x + 4(70 - x) = 200\}$, 이 방정식을 풀면 $x = 40$이다. 따라서 닭은 40마리, 돼지는 $70 - 40 = 30$마리이다.

[해결방법 3]

70마리가 모두 닭이라고 가정한다. 이때 다리는 2×70=140개, 그런데 문제에서는 다리가 200개라고 했으므로 60개가 부족하다. 여기서 닭을 한 마리씩 돼지로 바꾸면 다리가 2개씩 늘어난다. 결국 닭이 40마리가 되고 돼지가 30마리가 될 때 다리의 수가 200이다. 따라서 닭이 40마리, 돼지가 30마리이다.

[해결방법 4]

닭과 돼지 70마리의 다리가 200개이므로, 비율로 계산하면 닭과 돼지 7마리의 다리가 20개라는 것을 알 수 있다. 닭과 돼지 7마리의 다리가 20개가 되려면 닭이 4마리여야하고, 돼지가 3마리여야 한다. 따라서 이것을 다시 10배하면, 다리가 200개가 되기 위해서는 닭이 30마리, 돼지가 40마리이다.

[해결방법 5]

표 그리기 전략 (해결방법 3을 머리로 풀지 않고 그려보기)

닭	돼지	다리
70	0	$2×70+4×0=140$
69	1	$2×69+4×1=142$
68	2	$2×68+4×2=144$
…	…	…
31	39	$2×31+4×39=198$
30	40	$2×30+4×40=200$

[해결방법 6]

닭과 돼지를 합해 모두 70마리라고 했으므로, 먼저 닭이 10마리, 돼지가 60마리라고 예상하면 다리의 수는 $2×10+4×60=260$이다.

두 번째로 닭이 20마리, 돼지가 40마리라고 예상하면 다리의 수 $2×20+4×50=240$이다. 세 번째로…. 다섯 번째로 닭이 40마리, 돼지가 30마리라고 예상하면 다리의 수는 0이다. 따라서 닭이 40마리, 돼지가 30마리이다.

[해결방법 7]

돼지에게 뒷다리로만 서 있고, 앞다리는 들고 있으라고 한다. 그러면 닭과 돼지 모두 두 다리로 서 있으므로 사용하는 다리는 140개이다. 나머지 60개의 다리는 모두 돼지가 들고 있는 앞다리이다. 돼지의 앞다리는 2개이므로 돼지는 30마리라는 것을 알 수 있다. 따라서 닭이 40마리, 돼지가 30마리이다.

폴리아가 제시하는 문제해결의 4단계 중 반성 단계를 대수 학습에 효과적으로 적용하면 형식화된 대수적 표현의 의미를 관계적으로 이해할 수 있게 하는 훌륭한 학습의 장을 제공할 수 있다.

고등학교 〈수학 10-가〉에서 지도되는 부등식의 증명 내용 중에 산술평균과 기하평균의 대소 관계의 예를 들어보자. 교과서에 제시된 문제와 그에 대한 대수적 풀이는 아래와 같다.

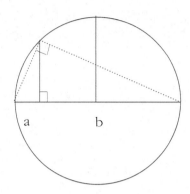

예제1 $a \geq 0$, $b \geq 0$ 일 때, 부등식 $\dfrac{a+b}{2} \geq \sqrt{ab}$ 를 증명하여라. 또 등호가 성립하는 것은 어떤 경우인지 말하여라.

증명: $\dfrac{a+b}{2} - ab = \dfrac{a - 2\sqrt{ab} + b}{2}$

$\qquad\qquad = \dfrac{(\sqrt{a})^2 - 2\sqrt{a}\sqrt{b} + (\sqrt{b})^2}{2}$

$\qquad\qquad = \dfrac{(\sqrt{a} - \sqrt{b})^2}{2}$

$a \geq 0$, $b \geq 0$ 에서 $\sqrt{a} - \sqrt{b}$ 는 실수이므로

$\qquad (\sqrt{a} - \sqrt{b})^2 \geq 0$

따라서 $\dfrac{a+b}{2} - \sqrt{ab} \geq 0$

$\qquad \therefore \dfrac{a+b}{2} \geq \sqrt{ab}$

여기서, 등호가 성립하는 것은 $\sqrt{a} - \sqrt{b} = 0$일 때, 즉 $a = b$인 경우이다.

〈고등학교 수학10-가〉 대수적 증명 (우정호 외, 2001: 141)

아래와 같은 대수적 증명을 학습한 후에 수학 교사는 문제해결의 반성 단계에서 주로 사용될 수 있는

'결과를 다른 방법으로 이끌어낼 수 있는가?'
'결과를 한눈에 알 수 있는가?'

라는 질문을 던질 수 있다. 그리고 교사는 적절한 안내에 의해 산술평균과 기하평균의 대소관계, 즉 $\sqrt{ab} \leq \dfrac{(a+b)}{2}$ 의 결과를 아래와 같은 시각화에 의해 이해시키는 활동을 전개해 볼 수 있다. 칠판에 그림을 그려서 설명할 수도 있고 GSP와 같은 공학적 도구를 활용하여 컴퓨터 화면상에서 역동적인 시각화를 꾀할 수도 있다.

학교 수학에서 다루는 대수적 증명을 위와 같이 시각화하여 기하적으로 이해하는 것은 문제해결의 반성 단계에서의 행할 수 있는 적절한 시도이며, 우리나라 수학과 교육과정에서 강조하는 '수학적 연결성'을 구현할 수 있는 훌륭한 지도 사례이기도 하다.

다. 문제해결학습에서의 소집단 운영 방법

① 문제상황에 따라 문제해결 단계별로 학생 개개인이 학습결과를 토대로 구성원 상호간에 묻고 가르쳐 주면서 학습자 자신만으로는 해결할 수 없는 문제를 해결하기 위하여 소집단을 편성하여 운영할 수도 있다.

② 소집단은 학급 학생들의 학력 수준에 따라 4명(상 1명, 중 2명, 하 1명)의 이질 집단으로 편성한다.

③ 좌석은 평소의 배치대로 하되 소집단 학습이 시작되면 앞 줄 2명이 뒤로 돌아앉는다. 수업교사의 지도에 따라 토의를 시작하며 조장(상 수준)은 토의 진행만 하고 학력 수준이 중에 속하는 두 명 중 한 명이 토의를 주도한다. 그리고 토의된 내용을 정리하여 발표한다.

④ 소집단은 문제해결학습의 모든 단계에서 어려움이 생겼을 때 토의를 한다.

⑤ 소집단의 효율적 운영을 위한 소집단의 조장의 역할과 학습을 돕는 교사의 활동은 다음 표와 같다.

단계	소집단내 조장의 활동	학습을 돕는 교사의 역할
문제의 이해	• 소집단내의 구성원들이 문제를 바르게 인식하고 있는가 확인한다. • 주어진 조건, 구하고자 하는 것 등을 조사하도록 한다. • 문제의 내용을 파악한 후 구체적으로 나타내 보도록 한다.(표, 그림 그리기) • 구성원 스스로 어려움을 극복할 수 있도록 도와준다.	• 전시학습 내용의 확인 등으로 출발점에서 수준을 일치 시킨다. • 문제를 제시한다. • 순회하면서 문제 상황을 바르게 인식하고 있는가를 확인하고 조언해 준다. • 관련된 내용을 찾도록 한다. • 어려움을 겪는 내용이 발견 시 소집단 활동으로 해결하도록 지도한다.
문제해결 계획의 수립	• 구성원들의 의견을 고루 듣고 가장 좋다고 생각되는 방법을 선택한다.	• 학생들 사이를 순회하면서 문제 푸는 과정을 살펴보고 적절한 발문과 힌트를 제공한다.
계획의 실행	• 계획에 따라 순서대로 잘 풀고 있는가 살펴보고, 잘못 푼 학생들에게는 그 원인을 찾도록 하며 도움을 준다.	• 개인별로 문제를 잘 풀고 있는가 여부를 확인하고 잘못 푼 학생들에게는 그 원인을 찾도록 하고, 찾는데 도움을 준다. • 2~3개 조의 실행 결과를 발표하도록 하고 비교한다.
문제해결에 대한 반성	• 풀이 과정을 확인하고 도와주며, 더 좋은 풀이 방법의 여부를 구성원들과 생각해 본다. • 유사 문제를 만들어 풀어 보도록 도움을 준다.	• 해답을 검토하는 과정을 살펴보고 도움을 준다. • 유사 문제를 만드는 것을 확인하고 잘된 문제를 소개하여 풀어보도록 한다.

5. 문제해결학습 모형 적용을 위한 시나리오

가. 제재명 : 5학년 가 1. 배수와 약수 (2차시/9차시)

나. 수업 내용 : 약수를 알아봅시다.(교과서 8~9쪽)

다. 수업 자료 : 동화 '왕따 없는 소풍날' 그림(자료1)과 구체물인 귤(자료2)을 이용

마. 수업 목표 : 약수의 뜻을 이해하고 자연수의 약수를 구할 수 있다.

바. 문제 상황(생활에서 알아보기) : 귤 6개를 각 접시에 똑같이 나누어 담는 방법을 알아보기 위해 즐거운 현장학습 날을 가정하고 왕따 없는 현장학습을 위해 버스에 탈 때, 놀이 기구를 탈 때에 한명도 빠짐없이 짝을 지을 수 있도록 여러 가지 문제를 해결해 보자.

사. 학습활동과정

1단계: 문제의 이해

교수 · 학습 활동	■ 자 료
교사(T) - 학생(S)	▶ 유의점
T : 다음 그림은 어떤 그림인가요? 누가 한번 이야기해 볼까요? S : 여자아이가 귤 6개를 각 접시에 나누어 담고 있어요. T : 그렇군요, 이 문제에서 구하고자 하는 것은 무엇인가요? S : 귤 6개를 각 접시에 똑같이 나누어 담는 방법을 구하려고 합니다. T : 여기서는 똑같이 나누어 담는 다는 말이 중요한 것 같군요. 그러면 문제해결을 위한 풀이 계획을 세워 봅시다.	

2단계: 문제해결계획의 수립

교수 · 학습 활동	■ 자 료
교사(T) - 학생(S)	▶ 유의점
T : 귤 6개를 똑같이 나누어 담는 방법을 알아봅시다. 한 접시에 귤을 한개 씩 나누어 담는 경우를 생각해 봐요. 그렇게 담는 일이 가능합니까? (♠자료2) S : 네, 가능합니다. T : 그렇다면 이 경우 접시는 몇 개가 필요합니까? S : 접시 6개가 필요합니다. T : 다른 예로 6명이 소풍을 간다고 생각해 봅시다. 6명을 1명씩 차례로 줄을 세워 6개의 간식	

바구니를 하나씩 나누어 경우를 생각해 볼까요? 바구니를 1개씩 나누어 주는 것이 가능한
가요?(♠자료1)

S : 네 가능해요.

T : 이번에는 한 접시에 귤을 2개 씩 나누어 담는 경우를 생각해 봐요. 그렇게 담는 일이 가능
합니까? (♠자료2)

S : 네, 가능합니다.

T : 그렇다면 이 경우 접시는 몇 개가 필요합니까?

S : 접시 3개가 필요합니다.

T : 다른 예로 6명이 소풍을 가서 2명씩 짝을 짓게 하여 자리에 앉히는 경우를 생각해 봅시다.
한명도 빠짐없이 짝을 지어 앉을 수 있나요? (♠자료1)

S : 네, 한 명도 빠짐없이 짝을 지어 앉을 수 있습니다.

T : 같은 방법으로 한 접시에 귤을 3개 씩 나누어 담는 경우를 생각해 봐요. 그렇게 담는 일이
가능합니까? (♠자료2)

S : 네, 가능합니다.

T : 그렇다면 이 경우 접시는 몇 개가 필요합니까?

S : 접시 2개가 필요합니다.

T : 6명이 소풍을 가서 2팀으로 나누어 줄다리기를 하려고 합니다. 이 경우 몇 명씩 짝을 지을
수 있을까요? (♠자료1)

S : 3명씩 짝을 지을 수 있습니다.

T : 그렇게 하면 한 명도 빠짐없이 모두 경기에 참여할 수 있겠군요.

S : 네, 왕따 없이 모두 참여할 수 있습니다.

T : 이번에는 한 접시에 귤을 4개 씩 나누어 담는 경우를 생각해 봐요. 그렇게 담는 일이 가능
합니까? 또 가능하다면 접시는 몇 개가 필요합니까? (♠자료2)

S : 글쎄요, 나누어 담을 수 없을 것 같습니다.

T : 왜 그렇게 생각했습니까?

S : 접시에 4개를 담는 다고해도 2개가 남기 때문입니다.

T : 그렇다면 이번에는 6명이 소풍을 가서 4명씩 앉을 수 있는 놀이기구를 타기로 했습니다.
한 명도 빠짐없이 모두 놀이기루를 탈 수 있습니까? (♠자료1)

S : 탈 수 없습니다. 4명은 탈 수 있지만 2명이 남기 때문입니다.

T : 마지막으로 한 접시에 귤을 6개 씩 나누어 담는 경우를 생각해 봐요. 그렇게 담는 일이
가능합니까? (♠자료2)

S : 네, 가능합니다.

T : 그렇다면 이 경우 접시는 몇 개가 필요합니까?

S : 접시 1개가 필요합니다.

T : 역시 6명이 소풍을 가서 다 같이 6인용 에드벌룬 놀이기루를 탄다고 생각해 봅시다. 6명이
모두 타는 것이 가능합니까? (♠자료1)

S : 네 가능합니다.

T : 그렇다면 지금까지 이야기한 내용을 식으로 만들어 봅시다.

> 3단계: 계획의 실행

교수 · 학습 활동	■ 자 료
교사(T) - 학생(S)	▶ 유의점

T : 귤 6개를 각 접시에 똑같이 나누어 담는 방법은 여러 가지가 있었지요?

S : 네

T : 귤 6개를 똑같이 나누어 담을 수 있는 개수는 귤의 개수 6을 나누어 떨어지게 하는 수라고 생각 합니까?

S : 네, 그렇게 생각합니다.

T : 그렇다면 6은 어떤 수로 나누면 나누어 떨어지는지 알아봅시다. 먼저 6은 1로 나누어 떨어진다고 생각합니까?

S : 네, 나누어 떨어집니다.

T : 식을 세워서 알아볼까요? $6 \div \square = 6$ 이라고 할 때 어떤 수 $\square$는 얼마입니까?

S : 1입니다.

T : 6은 1로 나누어 떨어진다고 할 수 있습니까?

S : 네, 할 수 있습니다.

T : $6 \div \square = 3$ 이라고 할 때 어떤 수 $\square$는 얼마입니까?

S : 2입니다.

T : 그렇다면 6은 2로 나누어 떨어진다고 할 수 있습니까?

S : 네, 할 수 있습니다.

T : $6 \div \square = 2$ 라고 할 때 어떤 수 $\square$는 얼마입니까?

S : 3입니다.

T : 그렇다면 6은 3으로 나누어 떨어진다고 할 수 있습니까?

S : 네, 할 수 있습니다.

T : $6 \div \square = 1...2$ 라고 할 때 어떤 수 $\square$는 얼마입니까?

S : 4입니다.

T : 그렇다면 6은 4로 나누어 떨어진다고 할 수 있습니까?

S : 나누어떨어진다고 할 수 없습니다.

T : 왜 그렇게 생각했습니까?

S : 나머지 2가 남기 때문입니다.

T : $6 \div \square = 1...1$ 이라고 할 때 어떤 수 $\square$는 얼마입니까?

S : 5입니다.

T : 그렇다면 6은 5로 나누어 떨어진다고 할 수 있습니까?

S : 나누어 떨어진다고 할 수 없습니다.

T : 왜 그렇게 생각했습니까?

S : 나머지 1이 남기 때문입니다.

T : 마지막으로 $6 \div \square = 1$ 이라고 할 때 어떤 수 $\square$는 얼마입니까?

S : 6입니다.

T : 그렇다면 6은 6으로 나누어 떨어진다고 할 수 있습니까?

S : 네, 할 수 있습니다.

T : 이렇게 6은 1, 2, 3, 6으로 나누면 나누어 떨어집니다. 이 때 1, 2, 3, 6을 6의 약수라고 합니다. 약수의 의미를 알 수 있겠지요?

S : 네!!!

T : 그럼 익히기 문제를 통해서 약수의 의미를 좀 더 공부해 봅시다. 익히기 3문제를 해결해봅시다. 10의 약수를 구해봅시다. 어떻게 구하면 좋을까요?

S : 10으로 나누어 떨어지는 수를 구합니다.

S : 10으로 나누었을 때 나머지가 없는 수를 구합니다.

T : 10의 약수를 구해서 써 봅시다. 얼마나 나옵니까?

S : 1, 2, 5, 10입니다.

T : 왜 그렇게 생각했습니까?

S : 1, 2, 5, 10은 10으로 나누면 나누어 떨어지기 때문입니다.

T : 같은 방법으로 18의 약수, 48의 약수도 구해봅시다. 얼마가 나옵니까?

S : 18의 약수는 1, 2, 3, 6, 9, 18입니다.

S : 48의 약수는 1, 2, 3, 4, 6, 8, 12, 16, 24, 48입니다.

T : 모두 잘 구했어요. 한 명도 빠짐없이 똑같이 나눌 수 있는 수만 약수가 된다는 것을 꼭 명심하세요. 왕따 없는 행복한 학교를 위해서랍니다.

4단계: 문제해결에 대한 반성

교수 · 학습 활동	■ 자 료
교사(T) - 학생(S)	▶ 유의점

T : 여러분이 풀이한 방법이 맞았는지 다시 한 번 검토해 봅시다. 모두 맞게 잘 풀었나요?

S : 네

T : 익히기에서 내가 풀이한 방법을 친구들에게 설명해볼 사람 있습니까?

S : 네, 제가 하겠습니다.

T : 그래요. 나와서 친구들에게 설명해봅시다. 다른 친구들은 발표하는 친구의 설명을 잘 듣고 나의 풀이 과정과 어떻게 다른지 비교해 보도록 하세요.

S : 저는 18의 약수를 구하는 방법을 설명하겠습니다. 먼저 18을 1, 2, 3 …로 나누어 떨어지게 하는 수를 구합니다. 그러면 18 ÷ 1 = 18, 18 ÷ 2 = 9, 18 ÷ 3 = 6, 18 ÷ 6 = 3, 18 ÷ 9 = 2, 18 ÷ 18 = 1 과 같이 나옵니다. 따라서 18의 약수는 1, 2, 3, 6, 9, 18입니다.

T : 아주 잘 풀었어요. 다른 친구들도 자신의 풀이 방법과 비교해 보았나요? 친구가 잘 풀이했습니까?

S : 네 잘했어요.

T : 자, 우리는 이번시간 수업을 통해서 약수의 의미를 알고 자연수의 약수를 구하는 방법을

공부했어요. 즐거운 소풍날 한 명도 빠짐없이 즐겁게 노는 것과 같이 나머지가 없이 똑같이 나누어 떨어지게 하는 수를 약수라고 하는 것 다시 한 번 생각하면서 오늘 수업을 여기서 마치도록 하겠어요. 집에서 수학 익힘책 7~9쪽까지 해결해 오도록 합니다. 다음 시간에는 배수와 약수의 관계를 알아보도록 하겠습니다. 모두 수고했어요.

6. 문제해결학습 모형을 적용한 교수·학습 과정안

단 원	V. 이차곡선 2. 타원	수업 모형		문제해결학습 모형	
학 습 주 제	타원의 정의를 이용한 타원 그리기 및 실생활 활용하기	차시	2/4	장소	교실
학 습 목 표	• 다양한 방법으로 타원을 그릴 수 있다. • 타원의 성질을 이용하여 실생활 문제를 해결할 수 있다.				
학 습 자 료	우드락, 하드보드. 실, 압핀, 유성매직, A4용지, 활동지, 칼, 자	투입 시기	도입 ○	전개 ○	정리 ○

단 계	학습 흐름	교수·학습 활동 교사	교수·학습 활동 학생	시량	자료(▶) 및 유의점(•)
문제 확인 하기	전체 학습	❖ **긍정적인 수업분위기 만들기** • 오늘 일어난 행복했던 이야기하기		8′	
		▶반갑습니다. 여러분! 오늘 아침에 눈을 뜨고 지금 앉아 있는 이 순간까지 자신이 행복했거나 즐거웠던 일이 있으면 소개해 주세요. 누가 한 번 소개해 볼래요? 손을 들어 주세요. ▶여러분들의 이야기를 재미있게 잘 들었습니다. 그런 행복한 기분이 오늘 수학수업 시간에도 계속 유지되기를 바라며 여러분들에게 동영상 한편을 소개하겠습니다.	▷손을 든 학생은 발표한다.		• 학생들의 이야기를 듣고 긍정적인 분위기로 수업이 시작될 수 있도록 한다.
		❖ **동기유발** • 동영상을 통해 의뢰받은 문제 소개하기			
		▶자 다같이 동영상을 함께 보고 선생님에게 의뢰한 분의 어려움을 어떻게 하면 해결 할 수 있을지 고민해 봅시다.	▷동영상을 감상하면서 해결해야 할 문제가 무엇인지 찾는다.		

문제 확인 하기		**동영상 속의 문제** 개집의 입구를 폭이 16m, 높이가 20cm인 반타원 모양으로 하려한다. 널빤지에 반타원을 어떻게 그려야 할까요?		

문제 확인 하기	▶어때요? 여러분! 의뢰받은 문제를 해결할 수 있겠습니까? 우리가 풀어야 할 문제가 무엇인가요? 반타원 모양으로 개 집 입구를 만들어야 되는데 정확한 크기를 맞추기 위해서는 어떤 방법으로 타원을 그리면 될지 이번 시간에 해결해 봅시다. ▶여기서 잠깐 지난 시간에 배운 타원의 정의를 이용한 타원 방정식을 확인하고 넘어가겠습니다. 누가 타원의 방정식을 한번 발표해 볼까요? ▶발표를 정확하게 잘 했습니다. 그럼 지금부터는 선생님의 안내에 따라 다양한 방법으로 타원을 그려보고 가장 쉬운 방법으로 의뢰인의 어려움을 해결해 보도록 합시다. 본시 수업에 들어가기 전에 먼저 이번 시간의 학습목표를 확인해 보고 본격적인 수업을 시작하겠습니다.	▷개집의 입구를 반타원 모양으로 만들 수 있도록 타원을 그릴 수 있는 방법을 찾아야 됩니다. ▷좌표평면 위에서 두 점 $F(c,0)$, $F'(-c,0)$을 초점으로 하고, 그 두 초점으로부터 거리의 합이 $2a(a>c>0)$인 타원의 방정식은 $\frac{x^2}{a^2} + \frac{y^2}{b^2} = 1 (b^2 = a^2 - $입니다.

학습목표

1. 다양한 방법으로 타원을 그릴 수 있다.
2. 타원의 성질을 이용하여 실생활 문제를 해결할 수 있다.

전체 학습	❖ **학습 활동 안내** 활동 1 〈다양한 방법을 이용한 타원 그리기〉 ⇩ 활동 2 〈타원의 방정식 구하기〉 ⇩ 활동 3 〈타원을 활용하여 실생활 문제해결하기〉	2′	•학습활동 안내 •자세한 안내로 원활한 학습활동이 이루어지도록 한다.

		▶지금부터 여러분들과 함께 이 시간을 어떻게 꾸려갈 것인지 학습순서와 학습 방법을 안내하겠습니다. 먼저 실, 동심원, 사다리를 이용한 타원 그리기 실험을 하게 됩니다. 다음으로 타원 그리기 활동을 통해 만들어진 타원의 방정식을 구해 보겠습니다. 마지막으로 의뢰인의 문제를 해결해 보도록 하겠습니다. 어때요? 여러분! 멋지게 문제를 해결할 수 있겠습니까? 선생님도 여러분들을 계속 돕겠습니다. 재미있는 수업이 되도록 같이 노력해 봅시다. 그럼 출발!	▷교사의 수업 안내를 청취한다.	
문제 해결 방법 찾기	조별 학습 개별 학습	**활동 1** 〈다양한 방법을 이용한 타원 그리기〉 ❖ **실을 이용한 타원 그리기** ▶여러분! 지금부터 타원의 정의에 따라 실을 이용하여 타원을 그려 보겠습니다. 먼저 타원의 정의가 무엇일까요? 누가 발표 한번 해 봅시다. ▶타원의 정의를 정확하게 알고 있네요. 잘 발표했습니다. 그럼 타원의 정의에 따라 실을 이용하여 타원을 그려 보겠습니다. 선생님이 여러분들에게 제공한 학습지를 참고하여 조별로 타원을 그려 보기 바랍니다. 타원 그리기를 마치면 여러분들이 조별로 그린 타원의 방정식을 구할 예정임을 염두에 두고 타원을 그리기 바랍니다. (조별활동) 실, 압핀2개, 종이, 펜을 이용하여 타원의 정의에 맞도록 타원 그리는 방법 찾아내기 (실험순서) 가. 압핀 2개로 실을 고정 시킨다. 나. 펜에 실을 걸어 실이 팽팽하게 되도록 한다. 다. 실을 팽팽하게 유지한 채 한 바퀴 돌리면서 타원을 그린다. ▶타원 작도가 완료된 조는 조장이 자기	▷타원은 평면 위의 두 정점으로부터 거리의 합이 일정한 점들의 집합입니다. ▷조별로 준비된 수업자료를 이용하여 타원을 그린다. ▷다른 조의 타원과 비교하	5′	•실, 우드락, 압핀, 매직, A4용지, 하드보드 •다양한 종류의 타원이 나올 수 있도록 조별로 지도한다. •조별로 완성한 타원의 방정식을 구하는 활동을 할 것이라는 안내를 미리 한다.

조의 작품을 앞으로 가지고 나와 전시합니다. ▶여러분이 작도한 타원을 잘 감상하였습니다. 여기서 한 가지 질문을 할게요. 여러분들이 잡은 평면 위의 두 초점을 일치시킬 때 이 곡선은 어떤 모양이 될까요? 예~ 맞습니다. 원입니다. 즉, 장축과 단축의 길이가 같은 타원이 원이네요. 따라서 원은 타원의 특별한 경우라고 볼 수 있겠네요.	여 초점의 위치와 실의 길이에 따라 다양한 타원이 존재함을 깨닫는다. ▷원입니다.

❖ 동심원을 이용한 타원 그리기　5′

▶다음으로는 동심원을 이용하여 타원을 그려 볼까요? 타원의 정의를 잘 생각하면서 여러분에게 제공한 학습지에 타원을 그려 보기 바랍니다.	▷학습지에 동심원을 이용하여 개별적으로 타원을 작도한다.	• 학생들이 타원의 정의를 이용하여 타원을 그릴 수 있도록 시간을 충분히 준다. • 동심원이 그려진 A4 용지, 색연필

동심원을 이용하여 타원의 정의에 맞도록 타원 그리기
(실험순서)
　가. 간격이 일정한 두 쌍의 동심원을 그린다.
　나. 동심원 사이의 거리를 1이라고 한다면 두 점 사이의 거리의
　　　합이 일정한 점들을 찾아 표시한다.
　다. 표시한 점들을 곡선으로 연결하여 타원을 완성한다.

▶동심원을 이용하니 정말 타원이 만들어지나요? 실험결과에 대해 한마디 해보세요. ▶의뢰인의 문제해결을 위해 좋은 경험을 하게 되어 선생님도 의미있는 수업이어서 좋습니다. 다음으로는 사다리를 이용한 방법으로 타원을 그려 보겠습니다.	▷동심원을 이용하여 타원의 정의를 만족하는 점들을 찾아 이으면 타원이 간단하게 만들어지는 것이 신기합니다.

❖ 사다리를 이용한 타원 그리기

▶학습지에 안내되어 있는 것처럼 벽에 길이가 일정한 사다리가 기대어져 있습니다. 사다리가 미끄러질 때, 점P가 그리는 자취는 어떤 곡선일까요? 선생님이 만들어 온 모형을 보고 어떤 곡선이 나올지 생각해 보세요.	▷타원일 것 같습니다.	5′

| | | 여러분이 타원으로 추측이 된다고 하는데 어떤 이유로 타원이 되는지 고민을 한번 해보세요.
학습지의 물음에 답을 해나가면서 그 이유를 살펴보겠습니다.
▶학습지 활동을 통하여 사다리를 이용하여 그린 도형이 타원임을 확인하였습니다. 이런 아이디어로 타원을 그린 분은 다름 아닌 아르키메데스였다고 전해집니다. 여러분들은 종이를 이용하여 작도를 한번 해보세요.
▶조별활동을 도우며 순회한다.
▶타원을 참 잘 그렸네요. 이러한 오늘 우리가 실험한 3가지 이외에도 다양한 타원 그리기가 있습니다. 여러분들도 타원의 정의를 이용하여 멋진 자기만의 타원 그리는 방법을 생각해 보는 것도 좋겠지요. 혹시 좋은 방법이 있으면 선생님에게 꼭 알려주세요.
이것으로 타원 그리기를 마치고 우리가 그린 타원의 방정식을 구하러 출발하겠습니다. | ▷학습지의 활동을 통해 사다리가 움직여 그리는 점P의 자취가 타원임을 확인한다.

▷종이를 이용하여 타원을 그린다.

▷네 | |
| 전체
학습 | 활동 2
〈타원의 방정식 구하기〉
❖ **타원 방정식 구하기**

▶지금까지 우리는 타원의 정의를 이용하여 타원그리기 실험을 하였습니다. 그럼 우리가 그린 타원의 방정식을 구해봐야겠지요?
이 과정은 우리가 만든 타원이라는 창조물에 이름을 붙여주는 의미있는 작업입니다. 자! 이제 의미있는 일을 위해 출발해 봅시다.
▶여러분이 그린 타원의 방정식을 구하다가 어려움이 있는 사람은 손을 드세요. 선생님이 바로 달려가서 도와주겠습니다. 특히 타원의 방정식을 구할 때 의 | ▷네.

▷조별 및 개별적으로 그린 타원의 방정식을 구한다. | 8′ | • 학생들이 적극적으로 참여할 수 있도록 분위기를 조성한다.

•각 조별로 |

		뢰인의 문제를 해결하기 위한 타원 그리기를 어떻게 하면 될지 실마리를 잡도록 하세요. ▶조별로 순회하면서 도움을 준다. ▶선생님이 둘러보니 정말 방정식을 잘 구하네요. 어느 조에서 자기 조의 타원의 방정식을 발표해 볼래요? ▶여러분들의 발표 잘 들었습니다.	▷네. ▷손을 든 조 또는 지명받은 조는 타원의 방정식을 발표한다.	만든 타원의 방정식을 구하면서 의뢰받은 문제의 해결실마리를 잡도록 지도한다.
문제 해결 하기	전체 학습	**활동 3** 〈타원을 활용하여 실생활 문제해결하기〉 ▶그럼 이제 의뢰인의 문제를 해결해 봅시다. 의뢰인의 문제가 "개집의 입구를 폭이 16cm, 높이가 20cm인 반타원 모양으로 하려한다. 널빤지에 반타원을 어떻게 그려야 할까?"였지요. 여러분들이 문제해결을 해보세요. 복잡한 식의 계산이 있어 계산기가 필요한 조는 책상 위에 있으니 이용하세요. ▶문제를 해결한 조는 손을 들어 보세요. ▶모든 조가 해결을 다 했네요. 그럼 3조에서 문제해결 방법을 발표 해보세요. ▶우리가 배운 타원을 이용하여 문제를 해결하게 되어 기쁩니다. 그럼 이렇게 문제해결을 하는 동안 알게 된 사실을 일반화해 보도록 합시다.	▷조별로 문제를 해결한다. ▷저희 조는 초점의 길이를 구하기가 번거로워서 장축과 단축의 길이만 알면 그릴 수 있는 아르키메데스의 방법을 이용하여 타원을 그렸습니다. ▷그린 타원을 보면서 설명한다.	10′ ▶인물 마이크 ▶모형인형(개, 돼지, 할머니)
일 반 화 하 기		▶타원을 그리기 위해서는 어떤 조건이 필요하며 조건을 이용하여 어떤 방법으로 그리면 되는지 정리해 보도록 하겠습니다. 누가 정리해 볼래요? ○○이가 실을 이용하여 그릴 경우에 대해 발표해 보세요.	▷실을 이용하여 그릴 경우 : 장축의 길이에 맞춰 실의 길이를 결정하고, 초점 사이의 길이를 구하여 압핀을 꽂아 타원을 그리면 우리가 원하는 크기의 타원을 만들 수 있습니다.	4′

		▶설명을 참 잘 했습니다. 그럼 아르키메데스 방법으로 타원을 그리는 방법은 누가 설명해 볼래요? △△이가 한번 해 보세요. ▶○○이와 △△이 모두 설명을 정말 잘 했습니다.	▷장축의 길이로부터 a의 값을, 단축의 길이로부터 b의 값을 구하여 종이로 만든 막대에 그 길이를 표시하여 제가 지금 보여드리는 것처럼 타원을 그리면 됩니다.		
정리	전체 학습	**✧ 정리하기** ▶이번 시간을 통하여 여러분이 그린 타원을 의뢰인에게 제공하면 무척 기뻐할 것 같습니다. 선생님도 똑똑한 제자를 두었다고 칭찬 받을 것 같아 기분이 무척 좋습니다. 타원이라는 아름다운 곡선을 다양한 방법으로 그리는 과정이 참으로 의미 있었던 것 같았습니다. 실험과정에 느낀 느낌을 간단하게 누가 발표해 볼래요? ▶실생활에 사용되어서 기특하기도 하지만 실생활에 사용되지 않더라도 수학이 여러분들을 매우 논리적으로 만들어 주기에 참 고마운 교과가 아닌가 싶습니다. 그렇죠? 문제를 해결할 수 있어 선생님도 참으로 기쁩니다. 문제를 잘 푼 축하의 의미에서 여러분에게 칭찬의 박수를 보냅니다.	▷지난 시간에 타원의 방정식을 배울 때는 이걸 배워서 어디에 써먹나 싶었는데 이렇게 실생활에 사용할 수 있다는 것을 알게 되어 수학이 기특합니다. ▷박수!!	3′	• 학습내용을 정리하고 느낀점을 발표할 수 있도록 허용적인 분위기를 조성한다.
		✧ 차시예고 • 속삭이는 회랑의 비밀 밝혀내기			
		▶다음시간에는 타원의 성질을 이용하여 세운 건축물이 지닌 특성에 대해 학습해 보도록 하겠습니다.			

※ 이 과정안은 학교 현장에서 흔히 볼 수 있는 일반적인 형태로 구성되어 있지만 오히려 시나리오에 가까운 모습을 띠고 있다. 그럼에도 이 과정안을 제시한 이유는 독자에게 수업과정안과 시나리오의 차이점을 인식하게 하기 위함이다.

참고문헌

권낙원 역(2010). **수업모형**, 서울 : 아카데미프레스.

김남희 외(2009). 수학교육과정과 교재연구, 서울 : 경문사.

김민환(2013). **학교중심 실제적 교육방법론**. 서울: 양서원.

박교식(2003). **문제해결력 키우기**, MathLove.

우정호(2000). **수학학습-지도 원리와 방법**, 서울대학교 출판부.

정은실(1995). **Polya의 수학적 발견술 연구**, 서울대학교 박사 학위 논문.

조규락 · 박은실 공역(2009), **문제해결학습**, 서울 : 학지사.

Dewey, J. (1916). *Introduction to Essays in Experimental Logic*. InMW 10. 320-365.

Gagné, R., & Briggs, I. (1979). *Principles of instructional Design*. NY: Holt. Rinehart & Winston.

Jonassen, D. H. (1996). *Computers in the classroom. Englewood Cliffs,* NJ: Prentice Hall

Jonhson, D. (1992). (1992). *Learning together and alone(3rd ed.)*. Upper Saddle River. NJ: Prentice Hall.

Mayer, R. E. (1992). *Educational Psychology: A Cognitive approach*. Boston: Little, Brown

Nickerson, R. S.(1985). *The Teaching of thinking*. Eribaum Associates.

Polya, G. (1962). *Mathematical Discovery*. NY: John wiley & Sons, Inc.

Thelen, H. (1960). *Education and Human Quest*. NY: Harper & Row.

귀납적 사고 수업모형

1. 귀납적 사고 수업모형의 등장배경 및 의미

가. 귀납적 사고 수업모형의 등장 배경

귀납적 사고 수업모형은 교사가 일련의 자료나 문제 상황을 제시하고 학생들이 스스로 자료를 수집하고 검증하는 절차를 거쳐 결론을 추론하는 수업방법이라고 할 수 있다. 이 모형은 많은 양의 정보를 학습하고 처리하는 데 사용될 수 있으며, 특정 지식의 전달보다는 사고 능력을 개발하는 데 초점이 맞춰져 있다.

사고가 학습될 수 있는가에 대해서는 찬·반 양론이 있다. Hilda Taba는 사고는 배울 수 있고, 사고는 개인과 자료 간의 능동적 관계를 이루며, 사고의 과정은 순서적 계열에 의해 발생한다는 가정 하에, 학생들의 귀납적 사고 과정을 개발시켜주기 위해 귀납적 사고 모형을 개발하였다. 그녀는 귀납적 사고 과정은 세 가지 과제, 즉 개념 형성, 자료의 해석, 원리의 적용으로 구성된다고 보고, 각 과정을 유도하기 위한 세 가지 교수 전략을 개발하였다. 여기서 Taba의 개념 형성은 기본적으로 브루너의 설명과 동일하다. 그러나 그녀는 사고력은 개념 형성에만 그치는 것이 아니라 자료에 내재하는 관련점을 서로 연결시키고, 이러한 관계로부터 일반화를 유도하며, 알려진 사실로부터 가설을 설정하고, 새로운 현상을 예측하고, 설명하기 위하여 추론하고 일반화시키는 행위라고 보았다.

Hilda Taba의 귀납적 사고 모형은 사회과를 위해 개발된 것이다. 이 모형을 약간 수정하여 다른 교과에 사용할 수 있으나, 이와는 별도로 교과마다 나름대로 귀납적 사고 모형을 개발하기도 하였다.

나. 귀납적 사고의 의미

'연역이 일반적 진리로부터 개별적인 진리를 추론'하는 것인데 비해 '개별적 진리로부터 일반적 진리를 추론하는 것을 귀납'으로 규정하듯(윤기옥 외, 2002), 귀납이란 개개의 사례를 관찰함으로써 이러한 사례들이 포함하는 일반 명제를 확립시키기 위한 추리의 한 형태이다. 그러나 이와 같이 전제와 결론의 특수(particular)와 일반(general)에 의해 연역과 귀납을 구별하는데 대하여 Copi는 다음과 같이 비판을 가하고 있다(Copi, 1972).

연역 추리에 있어서도 전칭 명제들로 구성된 전제들로부터 전칭 명제의 결론 즉, 일반적 진리를 추론하는 경우도 있고, 또 특칭 명제들로 이루어진 전제들로부터 특칭의 결론을 추론하는 경우도 있으며, 한편 귀납추리에서는 전칭 명제들로 이루어진 전제들로부터 전칭 명제의 결론을 이끌어내는 경우도 있고, 또 특칭 명제를 결론으로 가지는 경우도 있다. 따라서 일반적 진리로부터 특수한 진리를 이끌어내는 것을 연역, 특수한 사실들로부터 일반적 진리를 결론으로써 얻는 추리를 귀납이라 하는 것은 옳지 못하다. 연역과 귀납의 차이는, 연역은 전제들과 결론의 관계가 필연적이고 귀납은 개연적이라는데 있다.

어떤 논증에서 전제의 진리성이 결론의 진리성을 보증하면 연역적으로 타당한 논증이라고 한다. 어떤 논증이 연역적으로 타당하지는 않지만 그럼에도 불구하고 전제가 결론에 대해 훌륭한 증거를 제공하면 그 논증은 귀납적으로 강한 논증이라고 한다. 논증이 얼마나 강한 논증인가는 전제가 결론을 얼마나 강하게 입증하는가에 달려 있다(김선호, 1990). 일반적으로 귀납 혹은 귀납적 논리는 이러한 개연성을 포함하면서 어떤 개인이 여러 선택된 사상(events), 과정, 대상들을 관찰하거나 감지(sense)하는 제한된 경험을 통해서 특수한 형태의 개념이나 관련성을 추구하는 사고과정으로 본다(Orlich et al, 이희도, 한상철 외 1996: 242 재인용). 귀납은 손안에 있는 정보와 경험을 가지고서 최적합한 대답을 추구하기 위해 체계화하면서 진리를 추정하는 한 과정이다(우정규, 1992).

따라서 수업에서의 귀납적 사고모형이란 교사가 일련의 자료나 문제 상황을 제시하고 학생들은 스스로 자료를 수집하고 검증하는 절차를 거쳐 어떤 결론, 일반화,

혹은 관련성을 추론하는 교수·학습모형 이라고 할 수 있다. 이는 학생들에게 구체적인 것을 관찰하도록 허용하고 이러한 구체적인 것들의 전체집단에 관한 일반화에 도달하게 하는 과정인 것이다 .

2. 귀납적 사고 수업모형의 장·단점

귀납적 사고모형은 개념 형성뿐 아니라 자료에 내재하는 관련점을 서로 연결시키고 이러한 관계로부터 일반화를 유도할 수 있는 사고력의 형성이라는 관점에서 중시된다. 또한 알려진 사실로부터 가설을 설정하고 새로운 현상을 예측하고 설명하기 위하여 추론하고 일반화하는 학생들의 귀납적 사고 과정의 계발이라는 점에서도 강조된다. 귀납적 사고모형은 많은 양의 정보를 학습하고 처리하는 데 사용될 수 있으며, 특정한 지식의 전달보다는 사고 능력을 개발하는 데 초점이 맞춰져 있다. 즉 이 모형에서는 학생들에게 생각하는 방법을 가르친다는 점에서 큰 의미가 있는 것이다.

Eggen & Kauchak(2006)는 귀납적 모형은 특히 두 개의 중요 목적을 성취하기 위해 고안되었다고 한다. 첫째, 귀납적 모형은 학생이 특별한 주제에 대해 깊고 완벽하게 이해할 수 있게 돕는다. 교사는 학생들에게 주제를 설명하는 정보를 제시하고 학생들이 정보간의 관계를 찾을 수 있도록 안내하기 때문에 학습하는 주제에 대해 깊이 있고 철저한 이해를 얻는데 도움을 주는 강력한 전략이다. 둘째, 귀납적 모형은 학생이 이해를 구성하는 과정에서 능동적인 역할을 하도록 만든다. 귀납적 모형은 이미 조직화 되어있는 지식을 교사들이 전달해주기보다는 공부할 주제에 대해 학생 스스로의 이해를 발달시키도록 하는 관점인 구성주의 인지학습이론에 바탕을 두고 있다. 따라서 학생들 스스로의 세계관을 구조화 한다는 점에서 학생의 참여와 동기를 촉진하는데 효과적이다. 귀납적 사고 모형의 효과를 그림으로 제시하면 다음 [그림 17-1]과 같다.

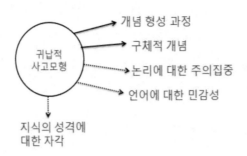

[그림 17-1] 귀납적 사고 수업모형의 효과

출처: 윤기옥, 정문성, 최영환, 강문봉, 노석구 공저(2002). 수업모형의 이론과 실제. 학문출판사. p.143

위와 같은 귀납적 사고 수업모형의 장점과 단점을여 제시하면 다음과 같다(우정호, 2000).

가. 장점

① 탐구와 발견을 위한 유용하고 자연스러운 학습지도 방법이다(우정호, 2000).
② 미지의 개념 형성이 구체적으로 일어난다.
③ 논리에 대한 주의 집중력을 키워준다.
④ 언어에 대한 민감도를 높여준다.

나. 단점

① 학생들이 귀납에 의한 오류(선입견이나 부주의 등으로 관찰해야 할 사례를 간과하는 데서 오는 오류, 착각인 편견 등으로 인하여 왜곡된 관찰을 하는 데에서 오는 오류, 조급하게 일반화하는 데에서 오는 오류, 검증 없이 사실의 단순한 열거만으로 일반화하려는 오류, 외형상의 유사점만으로 유추하는 데에서 생기는 오류, 원인 오인이나 인과의 상호작용 간과나 인과 전도나 조건의 혼동 등 인과관계 추정의 오류)에 빠져 교사가 의도한 수업이 되지 않을 수 있다(우정호, 2000).
② 귀납적 추론과정만 있고 연역적인 과정을 밟지 않으면 (추론된 사실을 새로운 사례에 검사해 보는 것으로 그칠 경우) 교수학적인 문제가 제기된다(우정호, 2000).

3. 귀납적 사고 수업모형 적용시 유의점

　이 모형은 특정 개념의 이해나 그 개념의 형성 목적으로 사용되기도 하지만, 귀납적으로 사고하는 그 자체를 지도하는데 사용되기도 한다. 어느 쪽에 초점이 있느냐에 따라 지도상의 강조점이 달라질 수 있다. 또, 자료를 수집하고 분류하고 일반화 하는데는 교사의 발문이 매우 중요하다. 상황에 따른 적절한 발문을 해야 한다. 그리고 이 수업모형은 원래 사회과에 적용되기 위한 모형이기 때문에 다른 교과에 적용하는데 있어서는 다소 변형이 필요하다.

　귀납적 사고 모형 적용의 적절성을 판단하는 준거로는 다음과 같은 것을 고려할 수 있다.

① 자료 수집을 위해 효율적인 수업 전개를 하는가?
② 집단화하고 명명하는 데 대해 합리적인 준거를 요구하는가?
③ 자료에 근거하여 추론하게 하는가?
④ 주어진 것을 넘어서서 추론할 때 항상 옳은 것은 아니라는 사실을 인식하게 하는가?
⑤ 가설을 설정하고 논리적 추론에 의해 가설을 입증하게 하는가?
⑥ 자료를 수집하고, 추론하며, 가설을 설정하도록 적절한 발문을 하는가?

4. 귀납적 사고 수업모형의 적용 절차

　Hilda Taba에 의해 개발된 이 모형은 개념의 형성과 자료의 해석, 원리의 적용이라는 크게 세 단계를 거치게 된다. 이 모형은 본래 사회 교과를 위해 개발 되었으나, 다른 교과에도 이를 변형하여 적용할 수 있다.

〈표 17-1〉 귀납적 사고 수업모형의 절차

단계	표면적 활동	내면적인 지적 조작	유도 질문
개념 형성	1. 목록과 열거	변별(분리된 아이템 확인)	너는 무엇을 보았니? 들었니? 주목했니?
	2. 집단화	공통 성질을 확인하기, 추상화하기	어떤 것을 함께 묶을 수 있니?

			어떤 준거에서?
	3.명명, 범주화	아이템의 상,하위 위계 순서를 결정하기	이 집단을 무엇이라고 부르겠니? 무엇이 무엇에 속할까?
자료의 해석	1.결정적 관계를 확인	변별(분리된 아이템 확인)	너는 무엇을 주목했니? 보았니? 알았니?
	2.관계를 탐색하기	범주를 서로 관련짓기 인과관계를 결정하기	왜 이것이 일어났을까?
	3.추론하기	주어진 것을 넘어서기 결과를 찾기 외삽하기	이것은 무엇을 의미하니? 그로 인해 어떤 심상이 떠오르니? 어떤 결론을 내리겠느냐?
원리의 적용	1.결과의 예측, 익숙하지 않은 현상을 설명, 가설설정	문제나 상황의 본질을 분석하기 관련된 지식을 상기하기	만약 ~ 하면 무슨 일이 일어날까?
	2.예측과 가설을 설명하고 지지하기	예측이나 가설에 이르는 인과적 고리를 결정하기	이런 일이 왜 이러난다고 생각하는가?
	3.예측을 입증	논리적 원리나 사실을 이용하여 필요충분조건을 결정하기	왜 이것이 일반적으로 참이 될까?

5. 귀납적 사고 수업모형 적용을 위한 단계별 예시 내용

가. 개념 형성

1) 교수 전략

표면적 활동	내면적인 지적 조작	유도 질문
1. 목록과 열거	변별(분리된 아이템 확인)	너는 무엇을 보았니?, 들었니?, 주목했니?
2. 집단화	공통 성질을 확인하기, 추상화하기	어떤 것을 함께 묶을 수 있니?, 어떤 준거에서?
3. 명명, 범주화	아이템의 상·하위 위계 순서를 결정하기	이 집단을 무엇이라고 부르겠니?, 무엇이 무엇에 속할까?

2) 수업 시나리오

교사는 '산과 들에 사는 동물과 식물을 열거하고 동물과 식물의 특징을 말할 수 있다.'를 수업 목표로 정하고 귀납적 사고 모형을 적용하기로 하였다(윤기옥 외 2002).

1단계: 목록화 및 열거

교사는 현장체험학습을 갔던 공원에서 볼 수 있었던 것을 생각나는 대로 발표하게 하였다. 가능하면 식물과 동물 이름이 많이 나오게 유도하고, 발표되는 것을 칠판에 기록하였다.

여러분은 지난번에 체험학습으로 공원에 갔었지요? 가면서 산이나 들에서 어떤 것들을 보았는지 말해볼까요? 학생들이 발표한 것 중에는 비둘기, 민들레, 개미, 지렁이, 진달래, 철쭉, 다람쥐, 나비, 참새, 보리, 소나무 등이 있다.

2단계: 집단화

발표한 내용을 두 가지로 나누어 보게 하였다.
나누게 된 기준을 발표하게 하였다.

여러분들이 발표한 것들이 칠판에 많이 적혀있군요. 지금부터 칠판에 적힌 것들의 특징을 잘 생각해보면서 두 가지로 나누어보세요. 학생들은 친구들과 협력하면서 칠판에 적힌 것들을 두 가지로 나누어 기록하였다.

기록이 끝나면 두 가지로 나눈 기준이 무엇인지 발표하게 하였다. 발표된 내용에는 녹색의 잎이 있는 것과 없는 것, 꽃이 피거나 열매가 있는 것, 알이나 새끼를 낳는 것 등의 기준이 있었다.

3단계: 명명, 범주화

각 집단에 대해 이름을 붙이고 그런 집단에 속하는 다른 대상을 찾아보게 하였다.
각각의 특징을 발표하게 하였다.

분류된 각각의 집단에 대해 적절한 이름을 붙이게 하였다. 이름이 적절치 않거나 이름을 붙이지 못하면 교사가 적절한 이름을 붙여주기도 하였다. 녹색 잎이 있거나 열매가 있는 것을 식물이라고 하고 새끼나 알을 낳는 것을 동물이라고 한 다음, 식물과 동물에 어떤 것이 있는지 발표하게 하였다. 또, 식물과 동물에는 어떤 특징이 있는지를 발표하게 하였다. 돌아다닐 수 없고 돌아다닐 수 있다, 소리를 낼 수 없고 소리를 낼 수 있다 등의 답변이 나왔다.

4단계: 정리

> 교사는 동물과 식물의 특징을 정리하여 준다.
> 동물과 식물 개념을 형성하게 된 귀납적 사고 과정을 의식시킨다.

자료의 목록을 만들고 분류하여 집단화하며, 집단에 이름을 붙여 동물과 식물 개념을 형성하게 된 과정을 의식시키고, 동물과 식물의 특징을 정리하여 준다.

나. 자료의 해석

1) 교수 전략

표면적 활동	내면적인 지적 조작	유도 질문
1. 결정적 관계를 확인	변별(분리된 아이템 확인)	너는 무엇을 주목했니?, 보았니?, 알았니?
2. 관계를 탐색하기	범주를 서로 관련짓기 인과 관계를 결정하기	왜 이것이 일어났을까?
3. 추론하기	주어진 것을 넘어서기 결과(implication)를 찾기, 외삽하기	이것은 무엇을 의미하니? 그로 인해 어떤 심상이 떠오르니? 어떤 결론을 내릴 수 있겠니?

윤기옥 외 2002. 수업모형의 이론과 실제. 서울 학문출판.

2) 수업 시나리오

교사는 수학 교과에서의 추론 능력을 길러주기 위하여 뺄셈 관련 문제와 관련지어 귀납적 사고 모형을 적용하기로 하였다. 교사는 다음과 같은 뺄셈 문제를 학생들에게 제시하고 이를 해결하게 한다.

$$52 \qquad 86 \qquad 73$$
$$-25 \qquad -68 \qquad -37$$

1단계: 결정적 관계를 확인

교사는 학생들이 문제를 해결하고 난 다음 무엇을 알게 되었는지, 무엇을 주목하였는지 확인한다. 학생들은 답이 모두 9의 배수가 된다거나 아니면 답의 각

자리 수의 합을 구하면 9가 된다는 것을 주목하게 된다.

2단계: 관계를 탐색하기

교사는 왜 그런 일이 생겼는지를 묻는다. 어떤 뺄셈 문제에서도 이런 일이 일어나는지, 아니면 다른 이유가 있는지를 질문하고, 학생들은 주어진 뺄셈 문제가 특별한 종류임을 인식하게 된다. 즉, 두 자리 수에서 각 자리 수를 바꾸어 빼는 문제라는 것을 알게 된다.

3단계: 추론하기

그리하여 '두 자리 수에서 자리 수를 바꾸어 빼면 그 차의 자리 수의 합은 9가 된다.'는 일반화된 생각, 즉 추론을 하게 된다. 이 추론이 맞는지를 다른 문제를 만들어 확인해 볼 수 있다.

다. 원리의 적용

1) 교수 전략

표면적 활동	내면적인 지적 조작	유도 질문
1. 결과의 예측, 익숙하지 않은 현상을 설명, 가설 설정	문제나 상황의 본질을 분석하기 관련된 지식을 상기하기	만약 ~하면 무슨 일이 일어날까?
2. 예측과 가설을 설명(하거나) 지지하기	범주를 서로 관련짓기 인과 관계를 결정하기	이런 일이 왜 일어난다고 생각하는가?
3. 예측을 입증	주어진 것을 넘어서기 결과(implication)를 찾기, 외삽하기	왜 이것이 일반적으로(또는 개연적으로) 참이 될까?

2) 수업 시나리오

학생들은 지역 간의 상호의존과 상호교류의 개념을 학습하고 난 후, 다음의 질문을 받는다. '만약 기상재해(폭우)로 도로나 철도가 끊기게 되었다면, 이 지역에서는 무슨 일이 일어나게 될까?' 학생들은 '서로 교류하는 물건의 값이 오를 것이다 또는 그것을 대체할만한 물건을 찾게 될 것이다' 등의 예측을 하게 될 것이다. 그리고 실제로 그러한 현상이 나타났는지 예측을 입증하는 사례를 찾아보면서 사회 현상의 원리를 탐구하게 된다.

6. 귀납적 사고 수업모형의 다양한 형태

상이한 교과 영역에 따른 귀납적 사고 수업모형 적용을 위하여 다음과 같은 다양한 형태의 귀납적 사고 수업모형이 개발되어 왔다.

〈표 17-2〉 귀납적 사고 수업모형의 유형

수업 과정 단계	한국교육 개발원	Polya	片桐重男	강문봉	정은실	Eggen & Kauchak	과학과 발견학습 모형	사회과 개념학습 모형
1단계	문제해결 동기유발	문제인식	문제파악	문제인식	문제파악	수업안내	탐색 및 문제파악	학습문제 확인
2단계	문제조건 및 정보파악	관찰 (추측하기)	자료정리	실험·관찰	자료수집	확산적 단계	자료 제시 및 관찰, 탐색	속성, 원형, 상황제시
3단계	규칙성 발견	가설 (일반화)	공통 규칙, 성질찾기	추측하기	추측하기	수렴적 단계	추가자료 제시 및 관찰탐색	속성 및 사례검토
4단계	규칙성 확인 및 검토	특수한 예로 가설검증 하기	다른 자료로 공통규칙, 성질확인 해보기	추측의 검사	특수한 경우의 확장을 통한 추측의 검사	정리	규칙성 발견 및 개념정리	개념분석
5단계	다른 해결 전략발견	계속 가설검증 하기	일반화 검증하기	새로운 추측 (추측반박, 추측정당화)	일반적인 사실로 받아들이기	적용단계	적용 및 응용	적용 및 정리

이런 연구에 기초하여 안승학(1999)은 귀납적 사고를 지도하기 위한 일반적 형태의 수업모형을 제안하였다.

지도단계	귀납 추론 주요 활동
문제인식	• 아동에게 문제 제시하기 • 아동의 문제해결 의욕 불러일으키기
자료수집 및 관찰	• 문제의 조건·정보 파악하기 • 실험을 통하여 문제의 조건에 맞는 자료 수집하기 • 수집된 자료를 관찰하기

추측하기	• 자료의 관찰을 통해 공통 규칙 · 성질 발견하기 • 추측한 공통 규칙 · 성질을 수학적(식 또는 간결한 용어 표현)으로 표현하기
추측검증	• 특수한 예로 추측을 확인 및 검토하기 • 추측의 반례를 찾았을 경우, 자료수집 및 관찰단계로 돌아가기 • 추측을 일반화로 확실히 받아들이기
정리 및 발전	• 일반화된 사실을 확대 적용해보기 • 새로운 추측을 해보기 • 다른 해결 전략 알아보기 • 추측을 연역적으로 증명하기

Eggen & Kauchak(2006)는 여러 교과에 적용될 수 있는 귀납적 수업모형을 다음과 같은 단계와 활동으로 제시한다. 여기서 여러 교과에서 다루는 개념적인 특성을 포함시킬 수 있는 포괄적인 용어를 사용하고 있음을 확인할 수 있다.

단계	활동	활동 사례 및 유도 질문
1.수업 안내	교사는 학생들에게 몇 개의 사례를 찾아보게 한 다음, 학생들의 과제는 사례에서 패턴과 차이점을 살펴보는 것이라고 말해줌으로써 수업을 시작한다.	수업 안내를 다음과 같이 간단한 문장으로 할 수도 있다. "오늘 여러분들에게 몇 개의 사례를 보여줄 것입니다. 여러분들이 주의 깊게 관찰하고 어떤 종류의 패턴이 존재하는지를 찾아보길 바랍니다."
2.확산적 단계	확산적 단계에서 학생들은 실제로 사례들로부터 의미를 구성하는 활동을 시작한다. 교사는 확산적인 질문들을 제시하면서 학생들이 대답할 수 있도록 수업을 진행한다. 확산적인 질문은 학생들이 간단히 기술하거나 비교, 대조하도록 요구하는 것으로, 받아들여질 수 있는 대답의 가능성은 다양하다. 확산적 단계는 학생들의 참여, 동기 그리고 성취감을 증가시키기 위해 고안되었다.	•교사는 하나의 사례를 제시하고 학생들에게 그것을 관찰하고 기술하도록 요구할 수 있다. •교사는 사례를 두 개 이상 제시할 수 있고, 학생들에게 사례들이 가진 공통점을 물어볼 수 있다.
3.수렴적 단계	교사는 학생들의 반응의 범위를 좁혀주면서, 구체적인 답에 수렴하도록 도와야 한다. 즉 일반화, 원리, 관습적 규칙의 관계를 확인하거나, 혹은 개념의 특징들을 확인하도록 도와야 한다.	•어떻게 이 선들을 위도선과 비교할 수 있을까요? •경도선과 위도선의 길이를 비교하면 어떻게 될까요?

	확산적 단계는 자연스럽게 수렴적 단계 속으로 흘러가기 때문에 그 두 단계 사이의 경계는 희미하다.	
4.정리	정리는 학생들이 개념의 특성을 확인하거나 원리, 일반화, 관습적 규칙을 설명할 수 있게 한다.	• 학생들이 경도선과 위도선의 특징들을 요약할 수 있다. • 샤를의 법칙을 진술할 수 있고 풍선들과 관련지을 수 있다. • 학생들이 단·복수의 소유격 명사에 구두점을 찍는 규칙을 진술 할 수 있다.
5.적용단계	개념의 정의를 진술하고 원리, 일반화, 관습적 규칙을 기술할 수 있는 이해의 차원을 교실 밖에서도 적용할 수 있게 하여 학생들에게 주제가 더욱 유의미해질 수 있도록 한다.	• 학생들에게 전 세계의 다른 위치에서 경도선과 위도선을 찾도록 한다. • 샤를의 법칙으로 문제를 해결하게 한다. • 학생들의 작문에서 단·복수의 소유격 명사들에 정확한 구두점을 찍도록 한다.

이은적(2010)은 미술과에서의 귀납적 사고 모형의 단계와 활동내용을 아래와 같이 제시하였다.

수업 단계	활동 내용	활동 내용에 대한 설명
1.문제 인식	• 학습 문제 인식하기 • 동기 유발하기	주어진 학습 자료를 통하여 학생들이 학습할 문제를 파악하도록 하고 다음 단계의 활동을 위한 동기유발을 한다. 학생들이 탐구해야 할 문제에 관심을 가지게 하려면, 학생들의 기존 사고 체제를 흔드는 것이 필요하다. 이 때 탐구의 발판 역할을 할 적절한 자료가 필요하다. 이는 우리의 일상생활과 관련된 문제로 접근할 수도, 혹은 미술 작품 등의 사진 자료를 제시할 수도 있다.
2.관계 탐색	• 자료에서 관계 탐색하기 • 특징에 따라 분류하고 느낌 이야기하기 • 분류 기준에 대해 토의하기	인식된 문제와 관련하여 제시된 자료에 대한 자유로운 탐색 활동을 하는 단계이다. 자료에서 색과 형의 특징에 따라 분류해보고 그 느낌을 찾는 탐색 활동이 그 예이다. 이 때 탐구 기능을 발달 시키는 기회를 제공해야 하며 가능한 한 다양하고 많은 관찰을 하도록 격려해야 한다. 그리고 학생들에게 학습하려는 주제에 대하여 현재 자신이 가지고 있는 생각을 명확하게 하도록 하며, 자신의 의미와 언어를 다른 학생과 대비시켜 더욱 명확하고 정교화 하도록 한다. 이 때 다른 학생의 관점이나 교사의 관점과 다를 경우 갈등이 일어날 수도 있다.

3.개념 발견	•분류 기준 설명하기 •개념 발견, 정리하기 •개념과 관계된 용어 익히기	탐색한 사실을 근거로 개념을 발견하는 단계이다. 관찰에서 얻은 자료를 수집해서 그들 사이의 관계나 이유를 설명하며, 그 규칙성을 연결한다. 필요하면 다른 예나 정의를 통하여 개념을 명확하게 설명하고 보충 자료를 제시한다. 이 단계에서 교사는 새로운 용어를 도입하여 학생이 추상적인 개념을 언어화하도록 돕는다. 개념은 언어를 통해서 형성될 수 있기 때문이다.
4.개념 적용	•발견한 개념 적용 시키기 •개념 형성에 대한 평가	학생들이 발견한 개념을 친숙하거나 생소한 상황에 다양하게 적용시키며 학습한 개념을 확장시키거나 응용하는 단계이다. 실생활에 관련짓는 기회를 갖거나, 자신의 표현 활동에도 적용시킬 수 있다. 교사는 가르친 정보를 학생이 얼마나 잘 이해했는지 알아볼 기회를 가진다.
5.정리 및 발전	•학습한 개념을 정리, 발전시키기 •자신의 삶과 연계하기	학생들의 생각이 처음 수업 시작할 때와 수업이 끝날 즈음에 어떻게 변해왔는가를 비교하며 반성하는 마지막 단계이다. 학습한 개념에 대한 학생들의 이해를 발달시키고, 의미 있는 방식으로 그들의 삶에 응용하도록 도와야 한다.

7. 귀납적 수업모형 적용을 위한 시나리오

■ 동기유발 : 십이각 기둥의 골격 생각해 보기

교사는 십이각 기둥 형태로 만들어진 스페인의 황금의 탑 사진 자료를 제시한다.

교사 : 자, 사진에 있는 것은 스페인의 황금의 탑입니다. 이 탑은 어떤 모양의 도형이 이용되었을까요?

학생 : 각이 12개니까 십이각형입니다.

교사 : 그렇다면 전체적인 탑 모양은 어떤가요?

학생 : 기둥모양이니까 십이각 기둥일 것 같아요.

교사 : 네. 잘 말해주었습니다. 그러면 황금의 탑을 작은 모형으로 만들기 위해서 필요한 골격을 한번 생각해 보도록 합시다.

황금의 탑을 만들기 위해서 필요한 십이각 기둥은 어떻게 만들 수 있을까요?

학생 : 십이각형 모양의 도형을 여러겹 쌓아서 올리면 돼요.

십이각 모양의 도형의 밑면 2개와 옆면 12개를 서로 연결하면 됩니다.

교사 : 네. 잘 말해주었어요. 그럼 각기둥은 무엇으로 이루어져 있다고 볼 수 있을까요?

학생 : 면과 면이 만나 이루어집니다.

　　　모서리와 꼭지점, 면으로 이루어져요.

교사 : 그렇죠. 잘 알고 있었네요. 그렇다면 오늘은 십이각 기둥의 구성요소에 대해 자세히 알아봅시다. 학습목표를 다 같이 읽어보도록 합시다.

〈학습문제〉
십이각 기둥의 구성 요소 수를 알아봅시다.

(학습활동 안내를 간단하게 해주고 다음 단계로 들어간다.)

■ 문제인식 : 각기둥의 구성요소 알아보기

교사 : 황금의 탑 모형을 만들기 위한 십이각 기둥의 모서리의 수는 몇 개가 될까요?

학생 : 십이각 기둥이니까 12개 같습니다.

　　　십이각 기둥의 밑면이 2개이고 옆면이 있으니까 12×2=24, 12×1=12로 풀어서 36개 입니다.

교사 : 구체적으로 잘 말해주었어요. 이번에는 십이각 기둥의 꼭지점의 수와 면의 수를 알아보겠습니다. 십이각 기둥의 꼭지점은 몇 개일까요?

학생 : 24개입니다.

교사 : 왜 24개라고 생각했나요?

학생 : 밑면이 2개이고 십이각형이니까 12×2=24개일 것 같습니다.

교사 : 네. 그렇게 생각했군요. 자, 그럼 면의 수는 몇 개일까요?

학생 : 옆면 12개, 밑면 2개니까 모두 14개입니다.

(학습자의 다양한 예상 답변을 통해 정확한 답을 찾을 있는 방법을 생각해 보게 한다.)

■ 자료 수집 : 단순한 각기둥의 구성요소 수 조사하기

삼각 기둥, 사각 기둥, 오각 기둥, 육각 기둥의 모서리의 수, 꼭지점의 수, 면의 수를 조사해 보는 활동을 해본다.

교사 : 지금까지 우리가 어떤 기둥에 대해 배웠는지 기억나나요? 누가 말해볼까요?

학생 : 삼각 기둥이랑 사각 기둥, 오각 기둥 그리고 육각 기둥을 배웠습니다.

교사 : 네. 잘 말해주었어요.

(생활 속에서 각기둥 모양이 활용되고 있는 사진과 함께 각기둥의 투영 그림 자료를 제시하여 학습자의 조사 활동을 용이하게 해준다.)

교사 : (교사는 학생들에게 여러 기둥의 모서리 수, 꼭지점 수, 면의 수를 알아보는 학습지를 나누어준다.) 자, 그럼 삼각기둥의 면의 수를 찾아보도록 합시다. 삼각기둥의 면의 수은 몇 개인가요?

학생 : 밑면 2개랑 옆면 3개입니다.

교사 : 네. 잘 말해주었어요. 그럼 모서리 수는 몇 개일까요?

학생 : 밑면 한 개에 모서리 수는 3개이고 옆면에도 모서리가 3개 있으니까 모두 9개입니다.

교사 : 잘 알고 있었네요. 그럼 학습지에 나와 있는 각각의 각기둥을 살펴보고 밑면의 변의 수, 면의 수, 모서리의 수, 꼭지점의 수를 적어보도록 합시다.

학생들은 삼각 기둥, 사각 기둥, 오각 기둥, 육각 기둥의 모서리의 수, 꼭지점의 수, 면의 수를 조사하여 학습지에 적어보는 활동을 해본다.

교사 : 학습지를 다 풀었나요? 자신이 조사한 자료를 모둠 친구들과 비교해 보고, 서로 다른 점이 있으면 왜 그렇게 되었는지 생각해 보도록 합시다.

친구들과 비교해 볼 시간을 주고 다른 점을 찾아보도록 한다.

■ 추측하기 : 조사한 자료의 공통점 찾고 비교하기

교사 : 친구들과 비교를 해 보았나요?

학생 : 네, 찾아보았습니다.

교사 : 그럼 화면의 PPT를 보고 사각 기둥부터 면의 수, 모서리의 수, 꼭지점의 수를 같이 알아보도록 합시다.

(PPT를 보면서 각기둥 면의 수, 모서리의 수, 꼭지점의 수를 알아본다.)

교사 : 자, 이제부터는 조사한 각기둥의 밑면의 변의 수, 면의 수, 모서리의 수, 꼭지
　　　점의 수에서 나타나는 공통점 찾아볼 예정입니다. 모둠별로 활동을 하면서
　　　공통된 요소가 무엇인지 그 기준을 토의해 보도록 합시다.

교사는 모둠별로 조사한 자료에 대한 토의활동 시간을 제공해 준다.

학생 : (모둠별로 토의 하여 공통 요소를 추출해 낸다.)
교사 : 토의가 다 된 모둠은 모둠 박수를 쳐 봅시다. 네. 다 되었군요.
　　　자, 조사한 자료에서 찾을 수 있는 규칙이 무엇인지 말해볼까요? 각각의 각
　　　기둥 밑면의 변의 수와 모서리의 수, 꼭짓점의 수, 면의 수와는 어떤 관계가
　　　있나요? 공통점을 찾을 수 있었나요?
학생 : 네. 밑면의 변의 수는 삼각기둥은 3개, 사각기둥은 4개, 오각기둥 5개, 육각기
　　　둥은 6개로 기둥의 이름과 개수가 같았습니다.
교사 : 꼭짓점의 수는 어떤 규칙이나 공통점이 있었나요?
학생 : 꼭짓점의 수는 밑면의 변의 수×2입니다.
교사 : 면의 수에도 규칙이 있었나요?
학생 : 네. 면의 수의 규칙은 밑면의 변의 수+2입니다.
교사 : 그럼 마지막으로 모서리 수의 규칙을 말해볼 모둠 있나요?
학생 : 네. 저희 모둠에서는 모서리의 수의 규칙을 밑변의 변의 수×3으로 생각했습
　　　니다.
교사 : 그럼 지금까지 각기둥의 자료에서 찾은 공통점을 식이나 간결한 말로 표현해
　　　볼까요?
학생 : 네. 꼭짓점의 수는 밑면의 변의 수×2, 면의 수는 밑면의 변의 수+2, 모서리의
　　　수는 밑변의 변의 수×3이라고 정리할 수 있을 것 같습니다.
교사 : 명확하게 잘 말해주었네요. 그럼 이번에는 여러분들 모둠에서 토의 한 내용
　　　을 발표해 봅시다. 어떻게 해서 규칙을 찾았는지 이야기 하면 됩니다.

각 모둠에서 토의 내용을 발표하고 다른 모둠의 토의 내용을 비교해 보면서 의문
나는 점에 대해 질문하며, 새롭게 알게 된 점을 정리한다.

■ 추측 검사 : 새로운 자료에 적용해 보기

교사 : 자, 이번에는 새롭게 알게 된 각기둥의 성질을 다른 곳에 적용해도 맞는지 알아보도록 하겠습니다. 팔각 기둥을 가지고 생각해 볼까요? 팔각 기둥의 모서리의 수는 몇 개인가요?

학생 : 24개입니다.

교사 : 모서리수의 규칙인 밑변의 변의 수×3=24가 맞게 적용되었나요?

학생 : 네. 맞습니다.

교사 : 그렇다면 팔각 기둥의 꼭짓점 수와 면의 수도 한 번 찾아보고 규칙에 대응해도 맞는지 확인해 볼까요?

학생 : 네. 꼭짓점 수는 밑변의 변의 수×2=16, 면의 수는 밑변의 변의 수+2=10으로 규칙에 대응해도 맞습니다.

(조사한 자료의 분석을 통해 얻은 사실이 정확한 것인지 검사하는 활동을 한다.)

■ 정리하기 : 정리 및 평가하기

앞서 찾은 규칙을 이용하여 십이각 기둥의 모서리의 수, 꼭짓점의 수, 면의 수를 찾아 학습문제를 해결해 본다.

교사 : 이번에는 처음에 우리가 살펴본 십이각 기둥의 모서리 수, 꼭짓점의 수, 면의 수를 찾아보도록 하겠습니다. 우리가 지금까지 살펴본 각기둥의 규칙을 이용하여 풀면 편리하겠지요? 십이각 기둥의 모서리 수는 얼마인가요?

학생 : 모서리의 수는 12×3 = 36개입니다.

교사 : 십이각 기둥의 꼭짓점의 수는 얼마인가요?

학생 : 12×2 = 24개입니다.

교사 : 십이각 기둥의 면의 수는 얼마인가요?

학생 : 12+2 = 14개입니다.

교사 : 네, 아주 잘 말해주었습니다. 자, 그럼 각기둥의 구성요소의 수를 찾는 방법에 대하여 정리해볼까요?

학생 : 각기둥의 모서리 수는 밑변의 변의 수×3, 꼭짓점의 수는 밑변의 변의 수×2, 면의 수는 밑변의 변의 수+2입니다.

교사 : 네. 아주 잘 말해주었어요. 우리가 오늘 공부한 것처럼 작은 구성요소로 하나의 일관된 규칙을 찾아내는 방법을 귀납적 방법이라고 해요. 귀납적 방법으로 공부하니까 좋은 점이 있었나요?

학생 : 일관된 규칙을 발견하는 과정을 겪으니 잊어버리지 않을 것 같아요.

규칙을 발견하는 과정을 혼자 하지 않고 친구들과 함께 이야기하니까 어렵지 않게 찾을 수 있었어요.

규칙을 외우는 것보다 스스로 규칙을 찾아내니까 더 재미있었어요.

교사 : 네. 그런 좋은 점이 있었군요. 그렇다면 귀납적 방법이 어려웠던 점도 있었나요?

학생 : 저희는 일관된 규칙을 찾는데 시간이 오래 걸려서 다 못 찾았어요.

규칙발견을 하는데 어떻게 접근해 가야할지 막막하기도 했어요. 다른 친구가 마침 규칙을 발견해서 비슷한 방법으로 찾았기 때문에 규칙을 다 찾을 수 있었어요.

교사 : 네. 그런 점들이 어려웠군요. 그래도 여러분들이 그러한 시행착오들을 겪면서 규칙을 잘 찾아주었어요. 잘 했습니다.

오늘의 과제는 이십각기둥의 꼭짓점 수, 모서리 수, 면의 수를 찾아보는 것입니다.

오늘 수업을 여기서 마치도록 하겠습니다. 수고하셨습니다.

8. 귀납적 수업모형을 적용한 교수·학습 과정안

교과	수학	단원	2. 각기둥과 각뿔	차시	9/9
본시주제	십이각 기둥의 구성요소 수를 알아보기				
학습목표	• 각기둥의 구성 요소 수 사이의 관계를 열거할 수 있다. • 여러 자료에서 규칙을 찾아 각기둥의 구성 요소 수 사이의 관계를 찾아보고, 규칙을 찾는 방법에 관하여 설명할 수 있다.				

단계	교수·학습 활동	시간 (분)	자료·유의점
동기유발	• 스페인의 황금의 탑 제시- 십이각 기둥 • 십이각 기둥을 만들어 보기 위해 필요한 골격을 생각해 보기	5′	*십이각 기둥의 골격을 생각하지 못할 경우, 다른 각기둥의 골격을 구체물로 제시하여 떠올리게 유도한다.
문제인식	• 각기둥의 구성요소를 떠올리기 • 십이각 기둥의 모서리의 수, 꼭짓점의 수, 면의 수를 예측해 보기	8′	*학생의 반응이 충분하지 않으면, 구체물 자료로 이전 학습 내용을 상기시켜 준다.
자료수집	• 단순한 각기둥의 모서리 수, 꼭짓점의 수, 면의 수를 조사해 보기	10′	*각기둥 투영그림
추측하기	• 각각의 각기둥 밑면에 있는 변의 수와 전체 모서리의 수, 꼭짓점의 수, 면의 수와의 관계를 생각해 보고 공통점 찾기	10′	*모둠별 토의활동에서 조사한 자료에 대한 공통점을 찾지 못할 경우, 교사의 발문을 통하여 공통점을 찾을 수 있도록 유도한다.
추측검사	• 각기둥 밑면에 있는 변의 수와 전체 모서리의 수, 꼭짓점의 수, 면의 수와의 관계를 생각해서 찾은 공통점을 새로운 각기둥으로 검사해 보기 • 십이각 기둥의 모서리의 수, 꼭짓점의 수, 면의 수를 찾아내기 □ 심화-보충 활동 • 각뿔의 밑면에 있는 변의 수와 전체 모서리의 수, 꼭짓점의 수, 면의 수와의 관계를 알아보기	4′	*자료 분석을 통해 찾아낸 사실을 다른 자료를 이용해 확인하는 과정의 중요성을 인식시킨다.
정리·평가	• 각기둥의 모서리의 수 = 밑면의 변의 수 × 3 • 각기둥의 꼭짓점 수 = 밑면의 변의 수 × 2 • 각기둥의 면의 수 = 밑면의 변의 수 + 2 • 주어진 조건을 단순화하여 문제해결에 활용하기 • 단순한 각기둥의 모서리의 수, 꼭짓점의 수, 면의 수를 조사하고 공통점 찾기	3′	

참고문헌

박현희(2011). 학습능력에 따른 귀납적 수업과 연역적 수업이 학업성취에 미치는 효과. 한국교
　　　원대학교. 석사학위논문

우정호(2000). 수학 학습지도 원리와 방법. 서울대학교 출판부.

윤기옥, 정문성, 최영환, 강문봉, 노석구(2002). 수업모형의 이론과 실제. 서울: 학문출판.

윤기옥 · 정문성 · 최영환 · 강문봉 · 노석구(2009). 수업모형. 서울 : 동문사.

이은적(2010). 귀납적 사고법 교수 · 학습 모형에 대한 이해와 적용. 미술교육연구논총 27.

임청환 · 권성기(2006). 교사를 위한 수업전략. 서울 : 시그마프레스.

B. 스킴스(1990). 김선호 역 귀납논리학 선택과 승률. 서울: 서광사.

Copi Irving M.(1972). *Introduction to Logic.* London: MacMillan.

Eggen. p. & Kauchak. D(2006). 임청환 권성기 역 교사를 위한 수업전략. 서울: 시그마프레스.

N. 레셔(1992). 우정규 역 귀납과학 방법론에 대한 정당화. 서울: 서광사.

Oliver, D. W., & Shaver, J. P. (1966). *Teaching Public Issues in the High School.*   UT:
　　　Utah State University Press.

설명식 수업모형

1. 설명식 수업모형의 등장 배경 및 의미

설명식 수업은 수업방법 중에서 가장 오랜 역사를 지니고 있으며, 그 활용 범위도 매우 넓다. 오늘날 많은 새로운 수업방법들이 제안되고 있음에도 불구하고 대부분의 수업사태에서 설명식 수업이 사용되고 있다. 이는 현실적 여건이나 습관 때문이라고 볼 수 있으나, 설명식 수업의 실제적 장점을 무시할 수 없기 때문이다. 이와 관련하여 Ausubel(1968)은 가장 효과적인 학습은 학습할 내용을 최종적인 형태로 학습자에게 제공할 때 이루어지며, 학습자의 인지구조와 학문의 구조에 입각해서 교사가 교과 내용을 세세하게 전달하고 이해시키는 설명식 수업이 효과적이라고 주장하였다. 또한, Gage & Berliner(1979)에 의하면 설명식 수업은 교과내용을 전체적으로 일목요연하게 개괄할 수 있고, 교과서에 없거나 자세하지 않은 내용을 교사가 보충해 줄 수 있으며, 교사가 다양한 자료나 방법을 이용하여 학생들이 교과 내용을 쉽게 이해할 수 있도록 설명이 가능하고, 교사와 학생간의 대면을 통하여 교과 내용에 다루어지지 않는 감정적 경험이 가능하며, 교사와 학생에게 익숙한 방법이기에 효과가 높다고 한다.

이러한 효과에도 불구하고 설명식 수업은 교사들에게 일반적으로 교사 중심 수업, 전통적인 비효율적 수업의 하나로 인식되고 있으며, 현장에서 사용되지 말아야 수업 방법으로 치부되기도 한다. 하지만 설명식 수업은 학생들에게 학습내용을 체계적으로 제시하며, 설명을 위주로 이해시키고, 주지시키는데 효과적이다. 다른 수업방법과 마찬가지로 특정 상황, 특정 대상, 특정 교과내용에 적합한 수업방법 중의 하나이다.

2. 설명식 수업모형의 특징

설명식 수업모형으로는 Ausubel의 설명식 수업모형, Glaser의 수업모형, Andrews의 수업모형, Jacobsen의 수업모형 등을 들 수 있다. 이들 각각의 수업모형의 특징은 〈표 14-1〉과 같다.

〈표 14-1〉 설명식 수업모형

학자 ＼ 단계	I	II	III	IV	V
Ausubel	계획	실천	평가		
Glaser	수업목표 제시	투입전 행동진단	적용 및 일반화	형성평가	
Andrews	개념 도입	구체적 자료로 활동	일반화		
Jacobsen	개념 정의	상위 개념과 관련짓기	긍정/부정적 예 제시	교사가 제시한 예를 분류하고 설명하기	다른 예 들어보기

〈표 14-1〉에 나타난 바와 같이 여러 학자들의 설명식 수업모형이 지니고 있는 공통점은 모두 연역적 방법, 연역적 논리에 따르고 있음을 알 수 있다. 연역적 방법이란 학습자가 학습할 내용을 교사가 먼저 제시하고 이를 적용하도록 하는 방법이다.

가. Ausubel의 설명식 수업모형(유의미 학습이론)

Ausubel은 미국의 심리학자로 교육에 관한 구체적인 학습이론을 제시하였으며, 특히 학습이 이루어지는 과정에 대해 관심을 가지고 연구하였다. 그는 '학습에 가장 큰 영향을 미치는 것은 이미 학습자가 알고 있는 것이다.'라고 하면서 학습자의 기존의 지식에 대해 가장 큰 의미를 부여하였다. 즉, 새로 학습할 내용이 학습자의 인지구조 속에 존재하고 있는 기존의 개념과 어떤 연관을 지음으로써, 학습에 의해 어떤 '의미'를 갖게 되는 것을 유의미 학습으로 정의한다.

이와 같이 Ausubel이 유의미 학습을 주장하게 된 것은 그 당시까지 교육의 주요 이슈로 되어있던 발견학습이나 문제해결 학습 등의 탐구학습 이론이 교육적으로 크게 성과를 거두지 못하고, 교실수업에서는 많은 문제점을 갖고 있다는 것이 지적되면서 이다. 그 당시의 탐구학습이론은 지나치게 실험활동을 강조하였는데, 실제로 학교에서의 수업은 설명식 수용학습의 형태로 이루어지고 있으므로 이와 같은 수용학습이 유의미 학습이 될 수 있도록 하는 것이 중요하다고 지적하면서 유의미 학습 이론을 주장하였다(Ausubel, 1979).

나. Glaser의 수업모형

Glaser의 초기 훈육모형은 미국에서 널리 호응을 얻어 활용되었고 1985년 이후의 모형은 학교교육의 개선에 관심 있는 교육계에 큰 영향을 미쳤는데, 그가 제안한 체제로 쉽게 전환될 수 있겠는가 하는 문제를 제기한다. 그 문제는 물론 Glaser 모형의 단점이 아니라 그 제안을 실행하고자 하는 학교와 교사의 노력으로 해결 될 수 있는 문제들인데 이런 문제들은 Glaser의 주장을 이해하고 그의 제안을 학교의 교수-학습 체제의 개선을 통해서 점진적으로 실현할 때에 성공을 거둘 수 있을 것이다.

다. Andrews의 수업모형

Andrews의 수업모형은 구체적인 자료를 사용하여 명확한 지시와 설명이 주가 되는 교사중심 수업이다.

1단계 - 개념의 도입(후속될 학습내용의 이해를 돕기 위한 명확하고 해설적인 일반 개념구조의 도입)
2단계 - 개념 설명을 위해 다양하고 풍부한 자료를 가지고 활동(개념 혹은 주제에 대한 새로운 정보나 내용이 투입되고 학습자들은 적용활동, 응용활동 등을 함)
3단계 - 일반화 단계(새로 습득한 정보의 확충과 일반화를 위한 보충과제의 제시)

라. Jacobsen의 수업모형

Jacobsen의 수업모형이 제시한 설명식 수업모형은 각 단계마다 핵심적인 활동주도자를 명시하고 있는 것이 특징이다.

1단계 - 교사 : 개념, 용어를 정의한 다음 명확히 알기
2단계 - 교사 : 상위개념을 찾아서 연관짓기
3단계 - 교사 : 긍정적이거나 부정적인 예들의 제시

4단계 - 학생 : 교사가 제시한 다양한 예들을 분류하고 설명하기

5단계 - 학생 : 그 이외의 또 다른 예 들어보기

3. 설명식 수업모형의 단계

위의 〈표 14-1〉에 제시된 설명식 수업모형 중 학생들의 개념 습득 뿐 아니라 인지 구조를 강화하는 데 효과적인 것으로 알려져 있는 Ausubel의 수업 단계를 참고로 하여 〈표 14-2〉와 같은 수업모형을 제시할 수 있다.

〈표 14-2〉 설명식 수업의 단계

단 계	학 습 과 정	학 습 활 동
제 1단계	문제 파악	• 학습모형의 제시 • 학습동기 유발 • 선수학습 요소의 확인 및 보충 지도
제 2단계	원리, 개념의 제시 및 설명	• 학습할 원리, 개념의 제시 • 원리, 개념의 설명
제 3단계	문제해결 및 원리, 개념의 확인	• 문제해결의 시연 • 원리의 재확인 지도
제 4단계	적용 및 일반화	• 예제의 적용 (학습한 원리, 개념의 적용 및 일반화)

또한 Ausubel은 다음과 같은 설명식 수업의 원리를 제시하였다.

① 점진적 분화의 원리 : 과제 제시의 방식이 연속적인 것으로 학문의 내용 중 가장 일반적이고 포괄적인 의미를 먼저 제시하고 점차 세분화되고 특수한 의미로 분화하도록 하는 것이다.

② 통합적 조정의 원리 : 새로운 개념이나 의미는 이미 학습한 내용과 일치되고 통합되어야 한다는 것이다. 교육과정의 계열은 계속되는 학습이 이전에 학습된 것과 관계지어 지도록 조직되어야 한다는 것이다.

③ 선행학습의 요약·정리의 원리 : 계열적으로 조직되어 있는 교과의 학습에서 선행단계의 학습내용을 요약·정리해주면 후속 학습은 촉진된다는 것이다.

④ 선행조직자의 원리 : 선행조직자는 새 학습과제를 도입할 때에 제시되며 높은 수준의 추상성, 일반성, 포괄성을 지니는 자료이다. 조직자를 구성하는 본질적인 내용은 가르치려는 과제를 설명하고, 통합하며, 다른 과제와 관련시키기 위해 적절하도록 만들어지는 것이기 때문에 인지구조의 안정성과 명료성을 증진시켜준다.

4. 설명식 수업모형의 장점과 단점

가. 장점

① 단시간에 다양한 지식과 내용을 학습할 수 있다.
② 교과내용의 보충 · 가감 · 삭제가 용이하다.
③ 학습자의 감정 자극과 동기화가 용이하다.
④ 수업자의 의사대로 학습환경 변경이 용이하다.
⑤ 수업시간, 학습량 등을 수업자의 의지대로 조절이 용이하다.
⑥ 다량의 지식을 체계적으로 전달 가능하다.
⑦ 학습내용의 전체적이고 종합적인 시각을 제시할 수 있다.
⑧ 수준 높은 지식을 용이하게 전달할 수 있다.
⑨ 다수의 학생을 짧은 시간에 지도할 수 있어 경제적이다.

나. 단점

① 교과서 읽기에 치우칠 우려가 크다.
② 학습자의 개성과 능력이 무시되기 쉽다.
③ 추상적인 개념 전달로 학습능력이 낮은 학습자는 요점 파악이 곤란하다.
④ 학습자의 동기가 지속되기 어렵다.
⑤ 학습자의 개별화 · 사회화가 어렵다.

5. 설명식 수업을 위한 수업 원리

가. 설명의 유형

① 귀납적 설명법 : 예제를 먼저 제시하고 그 예제를 해결하는 가운데서 원리나 법칙을 찾아내도록 하는 방법

예) 중력의 법칙을 설명하기 위해 사과가 떨어진다는 중력에 관련된 여러 가지 물리학적 실례를 든 다음에 중력의 원리를 설명하거나 찾아내도록 한다.

② 연역적 설명법 : 원리나 법칙에 관해서 먼저 충분한 설명을 거친 다음, 보다 올바른 이해를 위해서 그 원리나 법칙에 관한 실례를 드는 것

예) 중력의 법칙을 설명하고 난 다음 중력에 관한 예를 든다.

나. 효과적인 설명방법

① 정의 또는 일반적인 서술을 사용한다.

② 비교형식을 사용하여 설명한다.

③ 실례나 사실을 제시하든가 지적하면서 설명한다.

④ 증명을 사용해서 설명한다.

⑤ 통계를 사용하여 설명한다.

⑥ 시청각에 호소하여 설명한다.

⑦ 반복해서 설명한다.

다. 설명시 유의점

① 언어 중심적인 수업에 빠지지 않도록 해야 한다.

② 학습자의 수준에 맞지 않는 어려운 개념이나 용어를 나열하지 않는다.

③ 같은 말의 반복으로 학습자를 산만하게 하고 수업의 초점을 흐리게 하지 않는다.

④ 학습자의 성장·발달을 고려하여 교사는 용어 선택을 잘해야 하며, 친절하고 성의 있는 화법으로 강의한다.

⑤ 수분 이상 설명이 계속될 때는 그 내용을 요약하여 학습자의 이해를 명료하게 한다.

⑥ 언어는 직관적이면서 정확하고, 설명 태도는 명랑하여야 한다.

⑦ 대상이 쉽게 이해될 수 있는 정도의 내용과 용어를 사용해야 한다.

⑧ 설명과정에 도표, 도해 및 기타 시청각 교구를 병행해야 한다.

⑨ 수업과정을 동적으로 전개해야 하고, 흥미 있고 열성적인 대화조로 개인적인 친근감을 갖는다.

⑩ 학습자에 문제를 제시하는 것으로부터 수업을 시작하며, 학습자의 반응을 수시로 포착하면서 자연스럽게 설명한다.

⑪ 설명속도에 주의하고, 생각할 여유를 가지게 하며, 수시로 토의를 삽입하고, 유머를 표출한다. 학습자들의 청취태도를 파악하고 그에 따라 강의의 진도 및 정도를 조절해야 한다.

⑫ 사전에 내용을 충분히 숙지하고 그 과정을 계획하며 관념적 설명이 아니라 구체적 예를 미리 준비해야 한다.

⑬ 교사 자신의 음성, 음색, 음감을 조절하여 학습자로 하여금 권태를 느끼지 않도록 해야 하며, 수업 도중 학습자의 이해 정도와 흐름, 분위기 등 반응을 체크해 보면서 진행한다.

⑭ 학습의 반응을 살피면서 강의내용이나 형식을 자연스럽게 전환시켜야 한다.

⑮ 수업 끝 부분에서는 반드시 요약·설명해 주고 학습자로 하여금 질문할 수 있는 기회를 주도록 노력해야 한다.

라. 질문의 목적*

① 학생들이 알고 있는 지식과 알지 못한 지식의 파악
② 학습자의 사고력을 개발
③ 학습의 동기화
④ 수업내용을 숙달하고 연습의 기회 제공
⑤ 학습자들이 학습 자료를 조직하고 해석하는 것을 돕기 위함
⑥ 수업내용의 중요한 요점을 강조
⑦ 사건의 원인과 결과관계를 알게 하기 위함
⑧ 산만한 학습자들의 주의와 관심을 돌리기 위함
⑨ 수업내용의 원만한 이해를 돕기 위함
⑩ 학습내용을 복습하고 점검하기 위함
⑪ 학습자들과 함께 하는 공감대를 형성
⑫ 학습한 내용을 말하고 표현하는 연습
⑬ 진단과 평가

---

* 여기서는 교사가 학생의 질문을 유도하거나 확인을 위해 제기하는 모든 의문형의 언어 표현을 발문대신 '질문'으로 통일하였다.

마. 질문의 기법

① 학습자의 학습의욕을 불러일으키는 질문이 되어야 한다.

② 너무 추상적이거나 막연한 발문은 피하고 구체적인 질문을 해야 한다.

③ 묻는 질문에 대한 답이 바로 '예' 혹은 '아니요'로 나타나는 식의 단순한 기억이
나 재생적 발문은 피하고, 가능한 한 학습자의 사고를 자극하는 개방적 질문을
하는 것이 좋다.

④ 질문을 한 다음에는 생각할 시간을 주어야 한다.

6. 설명식 수업모형을 적용한 교수·학습 과정안(예시)

가. 교과 및 단원명 : 고등학교 1학년 과학 I 생물 - 호흡

나. 수업목표 : 호흡기관의 구조에 대한 특징을 열거할 수 있다.

〈표 14-3〉 설명식 수업 과정안(예시)

단계	학습 내용	교수·학습 활동		자료(△) 및 유의점(✿)
		교사 활동	학생 활동	
도입	선수학습 확인	• 사람의 호흡기관에 관한 질문	• 질문에 대답	전 시간의 복습이 아니 라 본시학습과 관련된 사전지식을 상기시킴
	학습목표 인식	• 사람의 호흡기관인 허파의 구조와 호 흡의 과장에 관한 목표 설명	• 교사의 말에 경청	
	학습동기 유발	• 학생으로 하여금 문제의식을 갖도록 하는 질문 유도	• 교사의 질문에 문 제의식을 갖음	
	선행조직 자 도입	• 산화라는 선생조직자를 이용하여 호 흡의 성질과 과정을 의미있게 설명하 고자 시도	• 교사의 말에 경청	
전개	내용제시	• 생명활동과 호흡에 관한 설명과 예시 • 호흡기관의 구조에 관한 설명과 예시 • 호흡운동에 관한 설명과 예시	• 노트필기 및 예시 에 대한 질문과 답	컴퓨터 및 사진 자료 활용
정리	요약 및 강화	• 호흡과 휘발유 연소과정 비교 설명 후 질문	• 질문에 대한 대답	질의응답식 진행

참고문헌

이희도(1977). 인지양식과 과제제시형의 교수효과. 경북대학교 박사학위논문.

Ausubel, D. P. (1968). *Educational psychology: A cognitive view.* NY: Hol, Rinehart & Stratton.

Gagné, R. M. & Briggs, L. J. (1979). *Principles of instructional design(3th ed.).* New York: Holt, Rinehart & Winston

Joyce, B. & Weil, M. (1986). *Models of teaching(4th ed.).* Massachusetts : Allyn and Bacon

토론학습 모형

1. 토론학습 모형의 등장 배경 및 의미

가. 토론학습 모형의 등장 배경

1960년대 미국 사회에서는 흑백갈등과 인종문제, 환경오염, 베트남전 반대, 워터게이트 등 사회문제와 쟁점들이 급격하게 증가되었다. 이러한 사회문제와 쟁점을 합리적으로 해결할 필요가 생기면서 그에 슬기롭게 대처하는 방법을 가르쳐야 한다는 주장이 제기되었다. 이러한 배경에서 올리버와 세이버는 1966년 공공의 논쟁문제에 대해 토론을 통해 합리적인 대안을 선택하고 그것을 정당화하는 능력을 가르치는 수업모형을 체계화시켰다. 그들은 논쟁문제를 해결하는 근거를 미국인의 신조와 헌법에 규정된 기본적 가치에서 찾았다. 이런 이유에서 올리버와 세이버가 개발한 논쟁문제 수업모형을 "도덕-법률모형" 또는 "법리모형"이라 부른다.

콜버그는 도덕성 발달이론을 제시하며 도덕교육의 방법으로 토론법을 적극 활용하고자 하였다. 그는 도덕적 딜레마를 제시한 뒤 이에 대한 토론을 통해서 토론 참가자들이 인지적 갈등을 일으키게 되면 도덕적 변화가 일어날 수 있다고 보았고, 학생들이 도덕적 문제에 관해 자신의 사고 단계보다 더 높은 단계의 사고를 접하게 되면 자신의 본래 입장이 과연 적절한지 검토해 보고 자신의 도덕적 추론을 재구성하기 시작한다고 보았다. 콜버그의 토론 수업은 다른 학습 형태와 달리 명확하게 구분되는 수업의 단계가 없다는 것이 특징이다. 콜버그는 이 수업을 성공적으로 이끄는 요체가 교사의 질문 제기에 달려있다고 보았다. 즉, 토론수업에서 교사의 주된 역할은 바로 학생들에게 적절한 질문을 제기하는데 있다고 하였다.

나. 토론학습 모형의 의미

토론이란 하나의 문제에 관련된 의견이나 제안에 대하여 찬반의 입장이 분명한 사람들이 나서서 그것에 대한 의사결정을 위해 함께 논의하는 방식이다. 원칙적으로 2인 이상이 서로 대립되는 쟁점을 제시하여 문제를 해결하는 과정이다. 토의가 참가자들의 협력적인 사고를 통해 문제해결을 지향하는 과정이라면, 토론은 참가자들의 대립적인 주장을 통해 결론에 도달하는 과정이라는 점이 다르다. 토론이 궁극적으로 의사결정 과정을 지향한다는 면에서는 넓은 의미에서 토의의 일종이라고 볼 수 있어서, 토의 과정에 토론 과정이 포함되는 경우도 있다.

토론학습은 특정 주제에 대해 찬성과 반대의 의견을 가진 학생들의 상반된 구두 발표를 바탕으로 해서 달성하고자 하는 학습 성과를 학생 스스로 발견하여 알게 하는 일종의 교수법이다. 토론 과정은 문제를 확인하고 쟁점을 부각시켜서 각 주장이 갖는 장단점을 확인하고, 합리적이고 실현 가능한 해결책을 찾기 위한 것이므로, 토론 학습에서 자신의 의견과 상반된 의견으로 토론에 임한다고 해도 학생들은 그 나름대로의 효과를 거둘 수 있다. 논쟁을 주제로 수업을 할 때는 말 그대로 논쟁으로 끝나버릴 가능성이 많다. 그러므로 논쟁 수업에서는 구체적 목표를 분명히 하는 것이 중요하다.

PRO-CON 모형은 많은 수의 학습자가 자신의 입장을 발표할 기회를 가지며, 이 과정을 통해 고등사고력의 경험을 가질 수 있다. 또한 모둠 내에서 찬반 토론은 극단적 입장을 취해 봄으로서, 관점 채택 능력을 극대화하여 다른 가치와 의견에 대해 포용적 태도를 기를 수 있다. 그리고 지적 호기심을 촉발하고, 사고의 폭을 넓혀 주며, 창의성과 직결되는 종합능력과 의사결정 능력 등을 길러 준다. 여러 가지 논쟁 문제를 다루더라도 공통적으로 달성하려는 표현능력, 다른 사람의 주장을 듣는 능력, 관점 채택 능력 등 주로 기능적 목표나 고급 사고력에 해당되는 목표들을 고려해야 한다. 물론 논쟁의 내용과 완전히 별도로 이러한 목표가 존재하지는 않으므로 논쟁 내용과 잘 결합시켜서 목표를 설정해야 한다.

2. 토론학습의 목적과 성격

최근들어 주입식·암기식으로 이뤄지는 우리 교육의 폐해를 극복하기 위한 방안으로 토론학습의 중요성이 새삼 강조되고 있다. 학교교육에서 토론은 필수적인 학습수단으로 인식되고 있다. 또한 토론은 인간의 만남을 현실화하는 방법이다. 교육활동이 인간관계와 공동체 형성에 그 본질을 둔다고 할 때, 대화를 통한 토론은 교육의 장을 마련해 주는 바탕이 된다.

토론은 목적이 뚜렷한 대화의 과정이다. 토론이 이루어지기 위해서는 목적 지향적이여야 하며, 그 목적은 성취될 수 있는 것이어야 한다. 또 토론의 주제가 논란거리여야 하며 토론에 참가하는 사람들이 이것에 대해 충분히 인식하고 있어야 한다. 이러한 토론은 기본적으로 다음과 같은 성격을 지닌다(변영계, 김영환 1995).

첫째, 토론은 상호작용의 형태를 지닌다. 토론은 단순한 암송이나 질의 응답과 달리 비형식적이고, 대화 지향적이라는 점에서 차이가 있다.

둘째, 토론에서 교사의 역할은 상황에 따라 다양하게 나타난다. 만약 상호작용이 학습자들 사이에만 이루어진다면 교사는 관찰자나 기록자로서의 역할을 하게 된다. 그러나 교사가 단순히 참가하기만을 원할 수도 있고, 토론의 촉진자 내지는 조정자가 될 수 있다.

셋째, 집단 크기와 구성원들의 특성에 따라 토론의 성격이 좌우된다. 일반적으로 전체학급이 토론에 참가할 수 있거나 몇 개의 집단으로 나눌 수도 있다. 어떤 경우에는 소집단으로 나누는 것이 참가자들에게 더 유익할 수도 있다. 또 집단 구성원을 동질적으로 할 것인지 이질적으로 할 것인지도 고려해야 한다.

넷째, 토론 집단의 물리적 조건들이 정비되어야 한다. 토론에서 참가자들이 원형으로 배치되는 것은 흔한 일이다. 때로는 토론 주제와 집단 구성원의 성격에 맞는 토론 방식을 선정하고 여기에 적절한 집단배치를 할 수 있어야 한다.

3. 효과적인 토론식 수업을 위한 교수자의 준비

효과적인 토론식 수업은 우연하게 이루어지는 것이 아니다. 이를 위해 치밀한 계획을 세우고 그 계획에 기초하여 전개하고 평가하는 등 일련의 단계를 거쳐야 한다. 토론이 시작되기 전에 수업자는 토론식 수업의 목적을 명확하게 설정하고 이에 맞는 주제와 방식을 선정한다. 이 때 학습자의 능력이나 수준, 관심정도, 교과내용의 맥락, 여러 가지 여건 등을 고려해야 한다. 특히 학습자들이 관심을 갖지 않거나 문제의식을 느끼지 못하는 주제인 경우에는 효과적인 토론을 기대할 수 없다. 토론식 수업에서는 원활한 대화를 위한 환경 조성도 염두에 두어야 한다.

토론이 본격적으로 진행되면 수업자는 목적지향적인 토론이 이루어질 수 있도록 유의해야 하며, 학습자의 참여를 자연스럽게 유도할 수 있어야 한다. 또한 토론이 원만하게 진행되도록 편안하고 개방적인 분위기를 조성하고 토론 진행을 방해하는 요인들을 적절히 다룰 수 있어야 한다.

효과적인 토론 지도자는 토론을 시작할 때 주제를 간결하고도 자연스럽게 제시한다. 참가자 전원에게 토론 내용과 목적을 분명히 이해시키며, 자극적이고 개방적인 질문이나 진술을 던질 수 있어야 한다. 질문에 있어서는 사실형의 질문은 피하여야 한다. 반면에 '어느 것' 또는 '왜' 형의 질의는 토론을 활기차게 북돋우며, 판단이 내포된 질문은 토론을 활발하게 한다.

4. 토론학습 모형의 장점과 단점

가. 토론학습 모형의 장점

① 학생들의 다양한 사고를 요구한다.

생각한다는 것은 학습 내용에 대해 나름의 의미를 구성하거나 보다 구체적으로 쟁점에 대한 여러 입장의 논리와 증거를 평가하는 것, 원리의 응용, 주어진 정보를 바탕으로 문제를 만드는 것 등 여러 가지를 포함한다. 토론에서 제기되는 질문은 이런 종류의 사고를 해야 대답할 수 있는 것들이다. 이 과정에서 질높고 폭넓은 사고 능력이 향상될 가능성이 높다.

② 학생들은 신념과 태도를 변화시킬 수 있다.

토론의 과정을 통하여 쟁점에 대한 이해가 깊어지면 자신의 이전 신념이나 상식과 배치되는 정보도 받아들이게 된다. 타인의 신념, 감정, 행위의 이해는 물론 자신과 타인의 태도를 평가하고 나아가 자신의 태도를 수정할 수 있게 된다. 즉, 자신과 타인의 태도를 비판적으로 분석하고 평가하는 능력이 길러질 가능성이 높아진다.

③ 학생의 수업참여도가 높아지며, 주제 영역에 대해서 더 알려는 동기가 생긴다. 학습은 결국 학생이 스스로 학습할 내용을 자신의 경험과 지식의 구조 내의 어디엔가에 배치함으로써 일어나는 것이므로 학습자의 경험 내용이나 인지구조를 모르는 교사가 학생의 참여 없이 그 일을 해내기는 어렵다. 토론은 학생을 자신의 경험이나 인지 구조와 일치하지 않는 자극에 노출시킴으로써 스스로 그 불일치를 해결하고픈 생각을 하게하고, 학습할 내용을 여러 측면에서 검토하고, 자신의 경험을 드러낼 기회를 제공한다.

④ 학생들은 중요한 의사소통 기술을 배우고, 집단 구성원 간의 응집력이 증진될 수 있다.
  토론은 상호 존중하는 환경에서 솔직한 의사소통을 할 것을 전제로 하므로 모두가 참여하고, 상대방의 발언을 경청한다. 논의 초점에서 벗어나지 않고, 논쟁에서의 승리보다 진실을 찾으려는 태도로 대화하는 것은 중요한 의사소통 기술이다. 토론 과정에서 동료를 다양한 정보와 자료의 원천으로 사용하게 되면 집단의 구성원에 대한 존경심이 생길 것이고, 그것은 집단의 협동에 기초가 된다. 따라서 토론은 학생의 고등 능력(예: 분석, 종합, 평가, 창의, 문제해결 능력 등)과 사회적인 기술을 기르는 목적에 적합한 수업모형이라고 할 수 있다.

⑤ 많은 수의 학습자가 자신의 입장을 발표할 기회를 가지며, 이 과정을 통해 비판적 사고력 등의 고등 능력을 체험할 수 있다.

⑥ 모둠 내에서 찬반 토론의 극단적 입장을 취해 봄으로서, 관점 채택 능력을 극대화하여 다른 가치와 의견에 대해 포용적 태도를 기를 수 있다.

⑦ 지적 호기심을 촉발하고, 사고의 폭을 넓혀 주며, 창의성과 직결되는 종합능력과 의사결정능력 등을 길러 준다.

⑧ 선입관과 편견은 집단구성원의 비판적 탐색에 의해 수정될 수 있다.
  토론식 수업에서는 학습자들이 집단 구성원으로부터 새로운 정보나 지식을 획득할 수 있는 기회가 많다. 따라서 학습자들이 기존에 갖고 있던 생각을 끊임없이 수정하는 비판적 자세를 견지할 수 있게 한다.

⑨ 자율성을 향상시킬 수 있다.

토론은 교사보다는 학습자의 비중이 높은 수업방식으로 학습자들의 능동적인 참여와 자발적인 역할이 요구된다. 즉, 학습자가 교사에게 의존하지 않게 됨으로써 학습자 중심의 자율적인 수업이 이루어지게 된다.

나. 토론학습 모형의 단점

① 토론학습은 학습자의 능동적 참여를 유도하기가 어렵다.

이는 우리나라의 현실로 보아서 가장 큰 단점일 수도 있다. 남의 앞에서 발표하기를 꺼리는 문화적 풍토와 강의식 수업에 익숙하여 예습을 하지 않고 편하게 학습하려는 학생들의 습관으로 인해 토론학습 그 자체에 학생들의 능동적 참여가 힘들다고 할 수 있다. 그렇다고 해서 교사의 계속적인 수업에의 개입은 오히려 토론학습의 본질을 흐리게 될 뿐이다. 따라서 학생의 능동적 참여를 어떻게 이끌어 내느냐가 토론 수업을 하기 전에 심사숙고할 사항이라고 본다.

② 토론학습은 강의식 수업에 비해 시간이 많이 들고 교사의 노력이 더욱 필요하다.

아무래도 토론식 수업은 학생중심의 수업이기 때문에 능동적인 토론학습의 기초가 바탕이 되어야만 주어진 차시 내에서 만족할 만한 성과를 낼 수 있는 수업이다. 하지만 토론학습에 대한 기본적인 지식을 하나하나 습득하기에는 이론적인 기초를 쌓는 데에 너무 많은 시간이 걸린다는 것이다. 또한 수업의 진행상 논쟁의 주제에 벗어나는 형태로 진행될 수 있기 때문에 교사는 더더욱 토론이 진행되는 그 모든 과정을 보다 주의집중하며 학생들을 지도할 수 있어야만 한다.

③ 토론학습은 다양하고 많은 양의 학습내용을 다루기에 부적절할 수 있다.

다른 수업모형에 비해서 토론학습의 유형은 주어진 주제에 관해서 학생들의 원활한 발표 형식으로 진행되는 특징을 지닌다. 따라서 많은 양의 주제를 가지고 수업에 임한다는 것은 무리일 수밖에 없다. 한정된 수업 주제에 관해서만 심층적으로 토론의 형식을 취하는 특성 때문에 다양하고 폭넓은 주제를 학습하기에는 다소 힘들다고 보여 진다. 또한 학습자들이 토론 주제에 대해 어느 정도 이야기할 수 있을 만큼의 수준에 도달해 있어야 하는데, 그렇지 못한 경우가 많다.

④ 사전준비와 체계적인 관리에도 불구하고 예측하지 못한 상황이 발생할 수 있다. 이는 토론의 목적에서 벗어나서 산만하고 빈약한 대화를 하거나 초점을 잃은 채 토론을 위한 토론으로 끝날 수 있음을 의미한다.

⑤ 토론의 허용적 특성이 학습자의 이탈을 자극할 수 있다.
토론식 수업에서 학습자 전원이 적극적으로 참여하고 주도적 역할을 수행하기보다는 몇몇에 의해 주도될 가능성이 있다. 나머지 학습자들은 토론과정에서 방관하거나 무관심한 상태로 빠질 위험이 있다.

5. 토론학습 모형 적용시 유의점

토론학습은 자기 스스로 사고하는 능력을 길러주며, 자기 의견을 발표하는 의사표현력이 길러진다. 그리고 타인의 의견을 존중하고 이를 관대하게 받아들이는 민주적 태도와 가치관 등을 육성할 수 있는 교육적 효과가 있다. 토론식 수업을 진행할 때에는 다음과 같은 점을 유의해야 한다(변영계, 1984).

① 토론할 주제를 충분히 파악시켜야 한다.
② 구체적인 문제나 이유를 말로 충분히 설명해 주거나, 토론을 위해 관련된 읽을 자료를 안내해 주어야 한다.
③ 각 개인이 토론 결과에 대하여 명료화 하거나 요약 하도록 한다.
④ 토론에서 교사는 안내만 해야지 강의나 구체적인 설명을 하려고 해서는 안 된다.
⑤ 부진아 집단에 계속적인 관심을 가져야 한다.

6. 토론학습의 지도원리

① 찬성과 반대의 의견이 나누어져 있는 주제를 가지고 수업에 활용한다.
② 여러 개의 선택 가능한 대안 중에서 어느 하나를 결정해야 하는 문제를 가지고 수업에 임한다.
③ 구성원 모두가 동의한 문제를 가지고서 교사와 학생의 원활한 상호작용을 바탕으로 진행한다.

④ 타당성 있는 근거를 제시한다.

⑤ 다른 사람이 제시한 자료를 확인하거나 검증하는 정보를 제시한다.

⑥ 자기에게 던져진 질문의 뜻을 명확하게 이해한다.

⑦ 사실과 의견을 구분한다.

⑧ 모든 논의를 비판적으로 분석한다.

⑨ 의미의 차이와 실질적인 내용의 차이를 구분한다.

⑩ 남의 의견에 경청하며, 잘못이 인정되면 의견을 바꾸는 데 인색하지 않는다.

⑪ 전체의 문제해결에 도움이 되는 경우를 제외하고 개인행동을 하지 않는다.

7. 토론학습의 절차(PRO-CON 모형)

단계	활동	찬반 논쟁 토론학습 활동 단계
1단계	정보 조직과 결론 도출	학생은 제한된 경험과 불완전한 정보에 기초해 잠정적 결론을 내린다.
2단계	자신의 입장 발표	학생은 자신의 주장과 이유를 발표하고 지지를 호소한다.
3단계	반대 관점을 경험	학생은 다른 관점을 가진 학생들의 주장을 경험하고 서로의 주장을 비판한다.
4단계	개념 갈등과 불확실성 경험	학생들은 개념적 갈등을 경험한다.
5단계	지적 호기심과 관점 채택	학생들은 보다 분명하고 자세한 정보를 얻으려는 욕구와 관점의 변경을 통해 보다 분명한 입장을 선택하려고 노력한다.
6단계	재개념화와 종합 및 통합	학생들은 더 수집된 정보와 재개념화로 자신의 입장을 종합하고 통합한다.

8. 토론학습 모형 적용을 위한 시나리오

가. 교과명 : 사회 4학년 2학기

나. 대단원 : 2. 가정생활과 여가 생활

다. 수업 목표 : 핵가족과 대가족의 장·단점을 이해하고 자신의 의견을 근거와 함께 말할 수 있다.

라. 문제 상황 : 핵가족은 부모님과 자녀만으로 이루어진 가족으로 행동이 비교적 자유롭고, 가족끼리 서로 협조하여 각각 맡은 일을 분담하며 살아간다. 대가족은 할아버지, 할머니, 부모님과 함께 이룬 가족으로 부모님께서 각각 직업을 가지고 있지만 할아버지, 할머니께서 보살펴주시고 집안일을 돌보아 주신다. 이러한 핵가족과 대가족의 장·단점을 알고서 결혼하여 부모님과 함께 살 것인가? 따로 살 것인가? 를 토론하여 각자가 처한 상황에서 서로에게 좋은 길이 어떤 것인지를 찬성과 반대의 모둠을 구성해서 각자의 주장에 따른 타당성 있는 근거를 제시하여 비판적 사고력 및 의사결정능력을 함양할 수 있도록 하는 것이 이 차시의 수업 관점이다.

마. 학습 활동 과정

1단계 : 정보 조직과 결론 도출

교수·학습 활동	■ 자 료
교사(T) - 학생(S)	▸ 유의점

T : (전시학습 상기) 지난 시간에 우리는 무엇을 배웠나요?

S : 핵가족과 대가족에 대해서 배웠습니다.

T : 핵가족과 대가족에 대해서 어떤 특징이 있었는지 ○○이가 한 번 말해 볼까요?

○○ : 네! 제가 말해 보겠습니다. 핵가족은 부모님과 자녀만으로 이루어진 가족으로 행동이 비교적 자유롭고, 가족끼리 서로 협조하여 각각 맡은 일을 분담하며 살아갑니다. 대가족은 할아버지, 할머니, 부모님과 함께 이룬 가족으로 부모님께서 각각 직업을 가지고 있으셔서 할아버지, 할머니께서 보살펴주시고 집안일을 돌보아 주십니다.

T : 맞아요. 우리 ○○이가 발표를 아주 잘했네요. 이처럼 지난 시간에 우리는 핵가족 및 대가족의 특징 그리고 장·단점에 대해서 각각 배웠어요. 그러면 □□이는 핵가족과 대가족 중에 어느 유형이 좋은가요? 일어서서 편하게 발표해 볼까요?

□□ : 네! 저는 대가족이 좋아요. 부모님은 바쁘셔서 매일 매일 저녁에 집에 오세요. 그런데 우리 할아버지와 할머니는 집에 계셔서 저랑 동생이랑 같이 잘 놀아 주세요. 그리고 한자도 틈틈이 가르쳐 주시고요. 맛난 것도 많이 사주시고요. 그래서 저는 대가족이 더 좋다고 봅니다.

T : 그렇군요. □□이는 대가족 형태가 좋다고 발표했는데 혹시 누가 핵가족이 더 좋다고 생각되는 사람 발표해 볼까요? 어! 저기 △△이가 손을 들었네요. 발표해 볼까요?

△△ : 네! 저는 핵가족이 더 좋다고 생각합니다. 할아버지와 할머니랑 같이 살면 눈치를 또 봐야 될 것 같아요. 매일 공부하라고 잔소리하는 엄마, 아빠 눈치를 보랴 할아버지, 할머니 눈치를 보랴 차라리 저는 핵가족이 더 좋다고 봅니다. 자유롭게 살고 싶거든요. 히히.

T : 네! 그렇군요. △△이는 보다 자유롭게 지내고 싶어서 핵가족이 좋다고 보는군요. 좋습니다.

T : (토론절차 확인) 그렇다면 이번 시간에는 지난 시간에 예고한 대로 토론수업을 하도록 하겠습니다. 우선 오늘 우리가 토론해야 할 주제가 무엇인지 함께 스크린에 있는 주제를 큰 목소리로 읽어 보도록 하겠습니다. 자! 시작!

❖ 토론 주제 : 부모님은 모시고 살아야 한다. ◀

T, S: [자신의 역할 확인하기 ; 사전에 입론(주장 펼치기)자, 반론자, 최종 변론자를 정하고 토론 준비표를 확인한다. 입론(주장 펼치기)자와 최종 변론자는 각 측에서 미리 정해서 준비하고 반론자는 그 외 아동들이 모두 준비를 하도록 한다. 책상배열은 'ㄷ'자로 마주 보도록 하고 각 측의 4명씩 작은 모둠을 만들 수 있도록 한다.]

T : (PPT자료를 이용해서 찬반 대립 토론 절차를 제시한다.)

1) 주장펼치기(입론): 찬성측, 반대측, 각각 2분
2) 1 차 반대 심문 : 반대측 → 찬성측
　　　　　　　　　　　　찬성측 → 반대측   각각 3 분
3) 모둠 협의 시간 : 3 분 (1, 2 차)
4) 2 차 반대 심문 : 반대측 → 찬성측
　　　　　　　　　　　　찬성측 → 반대측   각각 3 분
5) 최종 변론 : 반대측, 찬성측   각각 2분

2단계 : 자신의 입장 발표

교수 · 학습 활동	■ 자 료
교사(T) - 학생(S)	▶ 유의점

T : 지금부터 '부모님은 모시고 살아야 한다.'를 논제로 대립 토론을 시작하겠습니다. 먼저 찬성측의 입장을 들어보도록 하겠습니다. 시간은 2분입니다. 찬성측에 있는 S₁ 부터 시작해 보도록 하겠습니다. 시작해 주십시오.

❖ <찬성측> 주장 : "부모님은 모시고 살아야 한다."

S₁ : 부모님께서는 우리를 낳아 주시고 길러주셨으므로 모시고 살아야 함이 당연하다고 생각합니다.

S₂ : 부모님께서는 경제력이 없으셔서 자녀들이 모시고 살아야 하기 때문이라고 생각합니다.

S₃ : 부모님을 모시고 살아야 부모님께서 직장 때문에 바쁘실 때 할아버지, 할머니께서 가사일을 도와주실 수가 있습니다.

S₄ : 조부모님을 모시고 산다면 자녀들에게 예의도 가르치고 어른을 공경하는 마음을 기를 수 있습니다.

T : 네! 좋습니다. 그렇다면 이번에는 동일한 방법으로 반대의 주장을 들어 보도록 하겠습니다. 똑같이 시간은 2분이며, 반대측에 있는 ○○이부터 시작해 보도록 하겠습니다. 시작!

❖ <반대측> 주장 : "결혼하면 부모님과 따로 살아야 한다."

S5 : 따로 살아야 서로 자유롭게 생활할 수가 있습니다.

S6 : 같이 살면 할머니와 어머니께서 다투실 수 있습니다.

S7 : 같이 살면 생활비도 많이 들고 집의 규모도 커야 합니다. 돈이 많이 들어갈 것 같습니다.

S8 : 같이 살면 부모님이 직장에 가셨을 때 가사일을 많이 하셔서 조부모님께서 힘드실 것입니다.

3단계 : 반대 관점을 경험

교수 · 학습 활동	■ 자 료
교사(T) - 학생(S)	▶ 유의점

T : 다들 잘했습니다. 그러면 지금부터 반대 심문이 있겠습니다. 반대측에게 먼저 반대 심문의 기회를 드리겠습니다. 모두 다 잘하고 있으니 지금까지 했던 대로 자신있게 발표해 보도록 하세요. 시작하도록 하겠습니다.

❖ <반대측>

S5 : S₂의 의견에서 부모님께서 경제력이 없어서 같이 살아야 한다고 하였는데 경제력은 자녀

　　들이 생활비를 대어 드리면 된다고 생각합니다.

S_1(찬성) : 생활비를 대어 드리려면 같이 사는 것보다 돈이 더 들 수 있습니다.

S_6 : S_3의 의견에서 조부모님께서 가사일을 돕는다고 했는데 돕는 것이 아니라 오히려 가사
　　일을 전담하여 더욱 힘들게 할 수도 있습니다.

S_2(찬성) : 힘닿는 대로 돕는다면 조부모님께서도 더욱 삶의 보람을 느낄 수 있습니다.

T : 이번에는 찬성측의 반대 의견을 들어 보도록 하겠습니다. 시작해 볼까요?

❖ <찬성측>

S_1 : S_7의 의견에서 같이 살면 생활비가 많이 든다고 했는데 부모님께서는 우리를 키우실 때도
　　생활비가 많이 들었기 때문에 부모님 모시느라 돈이 많이 드는 것은 당연한 것입니다.

S_6(반대) : 그러나 자녀를 키우는 비용이 옛날 보다 많이 들고 집을 넓히는 데도 돈이 많이
　　드니까 따로 살면서 생활비를 드리는 것이 더 좋습니다.

S_2 : S_5의 의견에서 "따로 살아야 자유롭다."라고 했는데 부모님이 어떻게 살든지 간에 자녀
　　들만 자유로우면 됩니까? 그리고 정말 자유롭다고 생각하는 겁니까?

S_7(반대) : 서로 부자유스럽다면 부모는 귀찮은 존재가 될 수 있습니다. 그것보다는 따로 사는
　　것이 서로의 관계가 더 원만해질 수 있습니다.

4단계 : 개념 갈등과 불확실성 경험

교수 · 학습 활동	■ 자 료
교사(T) - 학생(S)	▶ 유의점

T : 더 좋은 반대심문을 위해 작전 타임을 드리겠습니다. 시간은 2 분입니다. 상대측에게 한
　　질문과 반박을 각 팀별로 정리하시기 바랍니다.(모둠의 발표가 끝나면 서로 발표한 것에
　　대해 토론을 벌인다. 이때 상대방의 주장에 대해 분석하고 비판한다. 또한 자신의 주장에
　　대한 상대의 비판을 반박 한다. 이 과정에서 모둠은 개념 갈등과 불확실성을 체험한다.)

T : 2차 반대 심문에서는 찬성측의 반대 심문부터 하겠습니다. 동일한 방식으로 진행하겠습니
　　다. 시작!

❖ <찬성측>

S_2 : S_8의 의견에서 조부모님께서 가사일을 도우시면 힘드시다고 했는데 조부모님의 역량에 맞
　　게 가사일을 돕는다면 더욱 행복한 가정이 될 것입니다.

S_8(반대) : 일을 맡는 것 때문에 감정이 상할 수도 있고 일을 못하시는 조부모님은 눈치를 볼
　　수도 있습니다.

S_1 : S_7의 반박 의견에서 생활비를 대어 드리려면 같이 사는 것보다 돈이 더 들 수 있다고 했는데,
　　늙으신 노부모님들이 과연 얼마나 많은 생활비가 필요로 할까요? 젊은 자식보다 더 필요로

할까요? 단순히 생활비 때문에 모시지 못한다는 이유는 타당성이 없다고 생각됩니다.

S_7(반대) : 늙으신 부모님들에게 단순히 생활비를 못 드려서 문제가 되는 것이 아니라, 각 가정마다 한 달에 벌어들이는 수입이 고정되어 있습니다. 많이 벌면 많이 드리면 되는 것이 당연하지만, 언제 어느 때에 직장을 그만 둘지도 모르는 현재와 같은 사회적 분위기에서 부모님과 같이 사는 건 경제력 그 이상의 부담으로 작용될 수가 있다는 말과 같습니다.

T : 이번에는 반대측의 반대 의견을 들어 보도록 하겠습니다. 시작해 볼까요?

❖ <반대측>

S_6 : S_4의 의견에서 조부모님을 모시고 살면 공경심이 많아지는 것은 고사하고 조부모님과 부모님 사이가 좋지 않아서 더욱 고민을 할 수도 있습니다.

S_4(찬성) : 그래도 버릇없이 행동할 때 늘 바로 잡아 주시는 분이 있으면 더 좋습니다. 조부모님과 부모님 사이가 다 나쁘다고 할 수는 없습니다.

S_7 : S_1의 의견에서 부모님이 낳아 주셨으므로 꼭 같이 살아야 한다고 하는데 그것보다는 서로 간에 더 행복하게 사는 것이 중요하다고 생각합니다.

S_1(찬성) : 부모님은 자녀와 같이 사는 것이 제일 행복합니다. 내가 낳은 자식이랑 같이 사는 게 그 어떤 것 보다 가장 큰 행복이지 않겠습니까?

5단계 : 지적 호기심과 관점 채택

교수·학습 활동	■ 자 료
교사(T) - 학생(S)	▶ 유의점

T : 최종 변론을 위한 시간을 찬성측, 반대측, 각각 2분 드리겠습니다. 반대측부터 시작하도록 하겠습니다. 그럼 시작!

(각 모둠은 상대방을 위하여 상대가 주장하지 못했던 가장 강력한 근거를 제시한다. 또한 다시 한 번 논제에 대해서 우리측 생각이 옳다는 것을 주장하게 된다. 지금까지 토론을 통해 분명하게 제시했듯이 한 번 더 그 이유를 몇 가지로 정리해서 주장을 하게 된다. 그리고 보다 분명하고 자세한 정보를 얻으려는 욕구를 통해 분명한 입장을 선택하려고 노력한다.)

❖ <반대측>

S_5 : 결혼하면 부모님과 같이 살아야 한다는 것에 반대를 합니다. 왜냐하면, 지금은 21C입니다. 옛날과는 달리 요즘은 하루하루가 매우 바쁜 시대입니다. 그러기 때문에 서로가 서로의 삶을 인정해야 합니다. 그리고 인터넷과 휴대폰이 잘 발달되어 있어서 화상통신 등을 이용하면 매일 매일 부모님과 인사를 하면서 안부를 물을 수도 있습니다.

S_6 : 요즘은 고령화 시대라고 말하고 있습니다. 그만큼 평균 수명이 연장되어 노인들이 우리 사회에 예전보다 훨씬 많이 증가되었습니다. 따라서 노인이라고 해서 당연히 자식들에게

기대는 것 보다는 그 연령대에 할 수 있는 일을 찾아서 열심히 삶의 보람을 다시금 찾는 것도 중요하다고 생각합니다. 인생은 60부터 라는 말이 있지 않습니까?

T : 좋습니다. 그러면 이번에는 찬성측의 최종 변론을 듣겠습니다. 시작하도록 할까요?

❖ <찬성측>

S₃ : 우리가 아무리 컸어도 부모님은 우리의 부모님이십니다. 어릴 적 우리를 유치원 및 초등학교 그리고 결혼까지도 책임져 주실 부모님이신데, 아무리 시대가 변했다고 해서 그걸 나몰라라 하는 것은 우리가 자식을 낳은 후 우리의 자식이 내가 했던 것과 동일하게 한다면 얼마나 속이 상했겠습니까? '고려장'이라는 옛날이야기가 주는 교훈을 모르십니까? 당연히 부모님을 모셔야 되는 것은 자식 된 큰 도리라고 생각합니다.

S₄ : 우리나라는 동방예의지국이라 했습니다. 서양에서의 자식과 부모 사이의 관계가 우리나라에서도 똑같이 따라하면 그건 더 큰 문제라고 생각합니다. 예부터 우리나라는 부모님 모시기를 효의 근본이라 생각했습니다. 이러한 우리 고유의 전통을 왜 자꾸 없애려 하는지 도무지 이해가 가질 않습니다. 따라서 늙고 힘이 없으신 부모님을 공경하며 모시게 되면 당연히 자식들이 그 모습을 보고 배우면서, 학교에서 가르치는 효가 무엇인지 생활에서 배우고 실천할 수 있다는 것 바로 그 자체가 산교육 아닐까요?

6단계 : 재개념화와 종합 및 통합

교수 · 학습 활동	■ 자 료
교사(T) - 학생(S)	▶ 유의점

T : 오늘 여러분들의 토론을 지켜보니 선생님은 너무나 뿌듯합니다. 토론에 대한 규칙과 절차 그리고 자신의 생각을 요목조목 정리해서 발표하는 모습이 너무나 대견스럽군요. 찬성과 반대 입장이 팽팽히 맞서고 있는 것을 여러분들도 다들 느끼고 있죠?

S : 네!(찬성과 반대측 학생들은 서로 잘했다고 시끌벅쩍 소란을 피운다.)

T : 자자! 좀 조용히 하고, 그러면 선생님이 전반적으로 오늘 토론에 대한 총평을 해주도록 하겠습니다. 주장 펼치기에서는 찬성측의 논리가 돋보였고 반대 심문에서는 근거를 들어가며 설득적으로 주장한 반대측이 우세하였습니다. 최종 변론에서는 주장 펼치기의 반론에 그친 것이 아닌 반대 심문에서 나온 논점을 정리해서 비유를 적절하게 인용하면서 다시 한 번 자신들의 주장을 강조한 찬성측이 우세하였다고 봅니다.

S : 그러면 오늘 누가 이겼나요?

T : 토론에서 이기고 지고 그 자체가 핵심이 된다고 보면 안됩니다. 상대방의 주장을 얼마나 잘 귀담아 듣는가? 그리고 자기가 펼칠 주장에 대해서 얼마나 일리 있게 발표하는가? 대략 이런 것들이 토론학습에서 중요한 요소가 된다고 할 수 있습니다. 전반적으로 오늘 토론에서는 찬성과 반대 두 모둠 전부 잘했지만 찬성측이 약간 더 우세하다고 생각이 듭니다.

오늘 승리팀은 찬성측입니다.

S(찬성측 학생들) : 얏호! 우리가 이겼다. 부라보!!!

S(반대측 학생들) : 에이! 다음엔 좀 더 잘해서 칭찬 받아야지! 그래도 오늘 재미있었어.

T : 오늘 토론에서는 찬성측이 승리를 하였습니다. 하지만 우리가 토론한 결과가 전부가 아니라는 것을 여러분은 잘 알 것입니다. 그죠?

S : 네!

T : 옛날에는 대가족형태로 살면서도 가족끼리 맡은 역할에 충실하고 서로 돕고 어른을 공경하고 아랫사람을 사랑하며 가훈을 지키며 살았지만, 요즈음은 가정생활이 많이 변하여 대가족으로 살지 못하고 핵가족으로 살면서 부부를 중심으로 맞벌이를 하며 자녀를 키우고, 가르치느라 몹시 분주한 삶을 살고 있습니다. 이러한 상황에서도 부모님을 공경하고 자식을 사랑하며 행복한 생활을 만들어 갈려면 어떻게 해야 하나 각자 처해진 환경에서 잘 생각하고 서로 조금씩 양보하고 염려하고 사랑으로 실천해 나가는 가정을 만들어 나갔으면 좋겠습니다.

오늘 토론은 참 좋았습니다. 무엇보다도 우리 반 구성원들 거의 모두가 참여해서 더욱 좋았고, 자신의 처한 곳에서 주장하고 이유와 근거를 잘 생각해서 발표를 했고, 어느 편에서 주장을 하든 모두 가정의 행복과 부모님과 자녀와의 좋은 관계를 연구해 보았다는 점에서 오늘 토론은 보람 있고 앞으로의 삶에 큰 도움을 줄 것이라고 생각합니다. 우리 모두에게 다 같이 박수 한 번 크게 치면서 서로 수고했다고 격려를 하면서 오늘 수업 마치도록 하겠습니다.

T, S : (학생들은 상호간에 웃으면서 서로 수고했다고 말하며 악수도 한다. 교사는 이러한 광경을 보면서 학생들이 차츰 사회과 수업에 관심과 흥미를 가지게 될 것이라고 여기면서 기분 좋게 책을 덮으며 다음 수업을 준비하러 교실 앞 교사 테이블로 향한다.)

9. 토론학습 모형 적용을 적용한 교수·학습 과정안

마당명	넷째마당 말과 실천	교과서	말듣쓰 114-117쪽
단원명	2. 곧은생각 좋은세상(6/9)	수업모형	토론학습
본시주제	토론을 해보고 주장하는 글쓰기		
수업목표	토론 주제를 정하고, 주장을 뒷받침할 수 있는 근거를 마련하여 글을 쓸 수 있다.		
집단구성	4인 1조 소집단 구성		

수업 과정		교수·학습 활동	시간 (분)	교수·학습 자료 및 유의점
도입	전시 학습 상기	◎ 전시학습상기 ° 지난 시간에는 무엇을 공부 했었나 이야기해 봅시다. • '초등학생의 컴퓨터게임은 통제되어야 하는가?'란 주제로 토론해 보았습니다.	5	▶자유스러운 분위기에서 자기 의견을 주장할 수 있 게 한다.
	목표 확인 선정	◎ 학습목표 선정하기 ° 이 시간에는 찬성편과 반대편으로 나누어 역할을 정하고, 적절한 근거를 들어가며 토론해 보고 그것을 바탕으로 주장하는 글을 써 보도록 하겠습니다. 토론주제는 말하기 듣기 쓰기 책에 있는 '강을 막아 저수지를 막아야 하는가?'입니다. 책에 있는 내용을 잘 살펴보고 자신의 입장을 정해 보세요. 그리고 자기주장을 뒷받침할 수 있는 근거도 생각해 보세요. 토론 주제를 정하고, 주장을 뒷받침할 수 있는 근거를 마련하여 주장하는 글을 써 봅시다.	5	
전개	학습 목표 확인	◎ 학습목표 확인하기 ° 학습문제를 읽어보고 무엇을 공부하는지 생각해 본다. ◎ 학습방법 및 과정 안내 ° 주장하는 글을 스기 위해서 다음과 같은 순서로 공부하겠습니다. - 생각꺼내기, 주장 정하기, 생각묶기, 초고쓰기, 다듬기 - 학습순서를 읽고 학습에 임할 준비를 한다.	5	▶학습순서를 숙지하고 학 습에 임한다
	생각 꺼내기	◎ 생각꺼내기 ° 강을 막아 저수지를 만들어야 한다든지, 아니면 강을 막으면 안 된다는 자기의 생각을 생각그물로 그려 보세요. - 학습지에 관련된 낱말을 생각그물로 그린다.		▶학습지

	주장 정하기	◎ 주장 정하기 ° 주제에 대하여 자기의 입장을 정하고 토론해 봅시다. 찬성팀, 반대팀에서 2명씩 나와 토론해 보세요. - 찬성팀 2명, 반대팀 2명씩 나오고 사회자도 1명 정해서 토론을 한다.		◎
	생각 묶기	◎ 생각묶기 ° 자신의 주장을 잘 정리해서 생각을 묶어보도록 하세요. ◎ 초고쓰기 ° 내가 쓰려고 하는 내용이 빠짐없이 들어갔는지, 주장의 근거나 이유는 타당한지, 문단은 잘 나뉘었는지를 생각하며 써 보세요. - 글의 목적에 맞게, 주장이 잘 나타나게, 근거나 이유가 타당하 게 글을 쓴다.	40	
	다듬기	◎ 다듬기 ° 쓴 글을 돌려 읽어보고 빠뜨린 것이나 추가해야 될 것은 없는 지 살펴보세요		
정착	평가	◎ 평가하기 ° 모둠별로 잘된 글 한편을 뽑고 발표자를 뽑아 발표한다. ◎ 학습활동정리 ° 활동한 내용을 정리한다.	25	

출처 : 이주철(2006). 논쟁토론학습을 적용한 주장하는 글쓰기 지도방안 연구. 한국교원대학교대학원

참고문헌

권낙원 역(2010). 수업모형, 서울 : 아카데미프레스.

김경순(2000). 쟁점중심 통합사회과 수업모형 탐색. 한국교원대학교 대학원 석사학위논문.

노경주(1987). 초등사회과에서 쟁점중심교육. 한국사회과교육학회, 31(1). 83-107.

박강용(2000). 쟁점중심 사회과에서 패널식 대의 토론 학습과 비판적 사고력의 발달. 한국교원
대학교 대학원 박사학위논문.

박현준(1996). 문제 교수·학습모형 설계와 그 효과에 대한 연구. 서울대학교 석사학위논문.

변영계(1984). 학습지도. 서울: 배영사.

변영계·김영환(1995). 교육방법과 교육공학. 서울: 학지사.

이주철(2006). 논쟁토론학습을 적용한 주장하는 글쓰기 지도방안 연구. 한국교원대학교 대학원
석사학위논문.

추광재(2009). 교사와 교육과정. 서울: 협신사.

Banks, J. A. (1990). *Teaching strategies for the social studies*, NY: Longman.

Barr, R., Barth, J., & Shemis, S. S. (1977). *Defining the social studies.* Ncss Bulletin, 51.

Johnson, D. W., & Johnson, R. T. (1979). Critical thinking through structured controversy. *Educational Leadership, 45(8).* 58-63.

Nelson, J., & Weltman, B. (1990). Ideologies incivic value. P*aper presented at the International Society for Political Psychology Annual Scientific Meeting.* Washington, D.C., May.

쟁점중심 수업모형

1. 쟁점중심 수업모형의 등장 배경 및 의미

가. 쟁점중심 수업모형의 등장 배경

1905년 당시 미국은 남북전쟁 후 공업화, 도시화가 급격히 진행되면서 도시로 인구가 몰려들고 이민자 수가 증가하면서 다양한 사회문제가 발생하게 되었다. 이러한 사회문제를 해결하기 위해서 이민자를 비롯한 모든 사회 구성원에게 새로운 가치관을 교육할 수 있는 강력하고도 다양한 정책이 절실히 요청되었다. 새로운 가치관을 사회에 실현하기 위해서는 민주주의의 사회가 요청되었고, 민주주의 사회에서는 유능한 민주시민을 육성하는 것이 급선무였다. 따라서 이러한 민주시민의 육성을 위해서 민주주의 교육을 담당할 수 있는 교과로서 사회과가 성립되면서 몇 가지 중요한 주제들이 시민 교육을 위한 내용으로 채택되게 되었다(전숙자, 2001). 당시 민주주의 사회의 건설이라는 사회적 요청은 학교교육의 내용과 방법에서도 새로운 혁신을 기대하게 되었는데, 이러한 생각은 학생들의 생활경험을 중시하는 아동중심의 새로운 교육과정의 탄생을 촉진하게 되었다. 이와 관련하여 Dewey는 종래의 역사, 지리와 같이 이미 조직되어 있는 지식을 가르치는 것보다 통합된 형태의 사회생활 그 자체를 교육과정화 해야 한다는 당위성을 높게 해 줌으로써 사회적 주제 및 문제의 중요성을 부각시키게 되었다(권오경, 1987).

또한 사회과 교육의 목표인 민주시민의 자질을 기르기 위해서는 사회현상을 올바르게 파악하는 것이 중요한데, 사회현상을 제대로 이해하기 위해서는 그 사회에서 일어나는 사회 문제를 파악하는 것이 기초가 되어야 한다고 생각했다.

이러한 관심은 계속 발전하여 세계 2차 대전 이후 미국 중서부의 사회학자들은 학교교육을 통해 사회개선에 적극 개입할 것을 주장하면서 사회학이 「지역사회공민과」(Community Civics), 「민주주의 제반문제」(Problems of Democracy)과목과 더불어 사회과 교육과정에 핵심적인 부분이 되어야 한다고 주장하였다. 이러한 영향은 신사회과 교육시대에 들어서면서 더욱 활발히 진행되어 1964-1971년 걸쳐 미국 사회학회는 「사회과의 탐구」(Inquiries in Sociology)라는 것을 고등학교 사회과 과목의 교재로 개발하게 되었다. 그 내용은 사회과정과 사회구조에 대한 관심과 사회학적 사고능력을 배양하는 데 그 목적을 두고 사회문제와 사회행위를 중점적으로 다루었다. 이것은 사회과 교육의 목적인 민주시민을 양성하기 위해서는 사회에서 일어나고 있는 주제나 문제를 올바로 파악할 수 있는 것이 얼마나 중요한 것인가를 시사해주고 있음을 알 수 있다(J.W.Barth and D.J. Linderman, 1972).

또한, S.H. Engle과 A.S. Ochoa는 민주시민을 지식과 정보에 정통해 있고, 그 지식을 개인과 국민 그리고 국가가 당면하고 있는 사회문제를 해결하는데 적절히 사용할 수 있는 사람이라고 주장하면서, 이러한 민주시민을 기르기 위해 교육내용으로 환경연구, 제도연구, 문화연구, 사회문제, 민주시민성의 특수문제들(의사결정을 내려야 하는 문제들), 시민훈련, 잠재적 교육과정(학교, 학급환경 등)을 제안하고 있다. 그리고 이 두 사람은 민주시민의 자질을 다양한 시사문제를 해결할 수 있는 문제해결력이라고 규정하고 있다.

그래서 '기초로의 회귀운동(back to basic movement)'과 시민교육이 다시 대두됨에 따라 학문중심 교육과정이 다소 약화되면서 시민교육의 목표를 수용하고 탐구과정, 의사결정, 가치에 대한 교육, 학생들과 관계있는 문제들이 강조되기 시작했다.(R.D. Barr, et. al, 1977). 이에 따라 사회과는 사회현상에 대한 지식을 바탕으로 사회현상을 이해, 분석하고 나아가 사회문제의 해결을 위한 가치판단과 반성적 탐구과정을 통한 의사결정 능력을 제고시킴으로서 올바른 시민적 자질을 육성하려는 교과로 성격이 변하였다.

한편 J. Banks는 합리적 의사결정이 사회과의 주요 목적이 되어야 한다고 제안하고 있다. 이들은 시민교육의 목적은 사회·정치적인 문맥 속에서 합리적인 의사결정을 내릴 수 있도록 하는 데 있다고 보는 것이다.

최근의 L. Dynneson과 E. Gross의 연구에서는 시민적 자질을 기르기 위해서는 종래의 정치교육 중심에서 벗어나 일상적인 생활세계 속에서 일어나는 상호작용에 관심을 가져야 함을 강조한다. 그러므로 사회 제 집단의 갈등을 해결하고 합의를 성립시키기 위해서는 사회과에서 현행 사회문제에 대한 숨김없는 고찰을 할 것과 학생들이 복잡한 사회문제를 해결하는 데 필요한 가치, 원리, 과정, 기능 등을 배울 것을 제안하고 있다(전숙자, 1994).

이와 같은 역사적 발전과정에서 탄생하게 된 교육과정이 쟁점중심 교육과정(issue centered curriculum)이고, 이를 가르치기에 고안된 교수·학습모형이 쟁점중심(논쟁중심) 수업모형이다.

나. 쟁점중심 수업모형의 의미

학생들은 매일같이 이해하기 어려운 혼란스런 상황 속에서 살아가고 있지만, 그들이 직면하고 있는 사회 문제와 관련하여 왜 그런 일이 일어나고 있는지, 왜 그런 일들이 끊임없이 반복되고 있는지 그리고 어떻게 해결해야 하는지를 알지 못한다. 그 이유는 사회적 쟁점을 학습하는 것에 대하여 회의적이고 소극적이며 실제 교육현장에서 원활하게 수행되고 있지 않기 때문이다. 쟁점이란 '사회 구성원들 간에 심각한 갈등을 야기 시키는 문제나 관심사'를 의미한다. 크게 논쟁문제(controversial issues)와 공적문제(public issues)로 나눌 수 있으며, 사회적으로 찬성과 반대 의견이 나누어져 있고, 그 결정이 개인에게 영향을 주는 것으로 그치지 않고 사회의 다수에 관련되어 있으며, 여러 개의 선택 가능한 대안 중에서 어느 하나를 결정해야 하는 문제(차경수; 1996)를 의미한다.

쟁점중심 수업이란 사회적 쟁점을 통해 합리적이고 민주적인 시민성 함양을 목적으로 하는 수업이다(Evans, 1989). 쟁점중심 교육이란 사회 구성원들 간에 심각한 갈등을 야기 시키는 문제나 관심사를 중심으로 이루어지는 교육을 의미한다.

이러한 쟁점중심 수업은 몇 가지 가정과 신념에 기초한다(Ochoa-becker, 1996). 첫째, 지식은 지고불변의 진리로서가 아니라 검증 가능하며 새로운 근거와 함께 항상 수정될 수 있는 잠정적 가설로서 받아들여져야 한다. 둘째, 교수·학습은 일방적인 전달이 아니라 교사와 학생 간의 활발한 상호작용적 활동으로 인식되어야 한다. 셋째, 학습은 수동적, 기계적인 과정으로서가 아니라 능동적이고 자기 주도적인 과정으로 이해해야 한다. 넷째, 사회는 고정적이고 균형과 합의를 이루고 있다라고 보기보다는 지속적으로 변화하며 갈등과 다양성에 기초하는 있는 것으로 이해해야 한다.

　이러한 쟁점중심 수업은 사회적 쟁점을 교육내용으로 구성하여 이에 대한 반성적 탐구가 이루어지도록 하는 수업형태이다. 따라서 수업의 핵심은 즉각적으로 이것이 옳다 저것이 옳다고 말할 수 없이 팽팽하게 갈등 관계에 있어 탐색을 유도하는 반성적 질문 즉 쟁점을 선정하는 것이다. 쟁점의 선정 기준은 ① 많은 자료를 이용할 수 있어야 하고, ② 다른 시대나 장소에서도 나타날 가능성을 가지고 있어야 하고, ③ 현재와 관련성이 있어야 하고, ④ 사회에서 중요한 의미를 갖고 있어야 하고, ⑤ 깊이 있게 연구 가능하여야 하고, ⑥ 다양한 사회 과학적 시각에서 연구할 수 있어야 하고, ⑦ 폭 넓은 근거에 따라 발문이 이루어질 수 있는 것이라야 한다(박강용, 2000).

　이렇게 쟁점 선정 기준에 의해 채택된 수업은 학생의 필요와 흥미를 고려한 학습으로 진행된다. 쟁점을 선정하면 수업을 진행해야하는 데 쟁점중심 수업에서는 학습자 중심, 과정 중심, 깊이 중심, 증거위주의 토론활동이 중심이 되어야한다(김경순, 2000). 즉, ① 쟁점중심의 수업에서는 교사가 아닌 학습자가 중심이 되어야한다. 왜냐하면 쟁점이 되는 질문에 답하는 주체자가 학생이기 때문이다. ② 쟁점중심 수업은 최종적인 결과, 즉 문제해결 그 자체보다는 거기에 이르는 절차의 내면화, 즉 과정을 강조한다. 왜냐하면 쟁점중심 수업의 목적이 학생들에게 잘 정리된 단편적인 지식을 숙달하도록 하는 데 있지 않고, 학생들이 자신들의 입장에서 적절한 증거를 채택하고 문제를 숙고하도록 하는데 있기 때문이다. ③ 반성적 탐구는 단순히 지식을 광범위하고 피상적이고 표면적으로 습득하는 학습보다는 문제를 깊이 있게 심층적으로 검토하는 것이 중요하다. 왜냐하면 표면적 학습은 학생들이 깊이 탐구할 수 있는 기회를 거의 주지 않아 학생들이 사건이나 이슈에 대해 풍부하고 복잡하며 미묘한 차이와 구조화된 이해를 하지 못하게 하기 때문이다. ④ 토론이 단순히 의견과 주장을 주고받는 수준이 되는 것을 막기 위해서는 증거위주로 진행되어야 한다. 증거위주로 이루어지는 토론은 문제에 대한 다양한 경험과 시각이 공개적으로 고려됨으로써 서로 영향을 미치게 하고 학생들의 입장을 명확하게 해준다.

　쟁점중심 수업은 토론학습 모형과 같은 절차를 사용하기도 한다. 왜냐하면 토론은 단순히 의견과 주장을 주고받는 의사소통 이상으로 학생들이 쟁점에 대한 다양한 경험과 시각을 공개적으로 알림으로써 서로에게 영향을 미치고 서로의 입장을 명확하게 해주기 때문이다. 그 이후 여러 학자들이 쟁점중심 수업의 효과를 입증하는 연구를 하여 이 수업이 학생들의 문제해결력, 비판적 사고력, 협동심, 사회성을 함양할 수 있음을 보여주었다(김정란, 2000).

2. 쟁점중심 수업모형의 필요성과 목적

가. 쟁점중심 수업모형의 필요성

첫째, 우리의 실제적인 삶을 교육내용으로 다룰 수 있기 때문이다. 사회과 수업이 삶의 모든 것을 다룰 수 없기 때문에 쟁점중심 수업을 통해서 사회 구성원들이 심각한 갈등에 직면해 있는 문제나 관심사만이라도 능동적으로 탐구할 수 있는 기회를 제공하자는 것이다(Nelson, 1996).

둘째, 가치론적인 측면에서 사회과 교육의 목적과 관련되기 때문이다. 사회과 교육의 목적은 시민의식의 함양인데 쟁점중심 수업은 반성적 탐구로서의 사회과 교육을 지향하며 궁극적으로 고등사고능력의 함양에 목적을 두고 있다(노경주, 2000). 고등사고능력은 의사결정력을 비롯한 사고교육에 대한 다양한 접근을 통합한 개념으로서 준거와 상호작용에 근거하여 온당한 판단을 돕는 역동적, 도전적 정신과정이라고 정의된다.

셋째, 학생들은 쟁점중심 수업을 통하여 사회적 지식을 획득할 수 있다. 학생들이 쟁점 문제에 대해 합리적인 결정으로 내리기 위해서는 사회적 지식을 도출하기 위해 사회과학자들이 사용하는 탐구방법을 습득해야 하였다. 이는 합리적인 의사결정 과정에 사회 지식이 필요하기 때문이다.

넷째, 쟁점중심 수업은 논쟁적인 문제를 합리적으로 해결할 수 있는 능력을 기르는 데 효과적이다. 민주주의 사회에서 바람직한 민주시민은 개인적인 문제에 대해 합리적인 해결능력을 지녀야 할 뿐만 아니라, 사회과 당면하고 있는 문제에 대해서도 적극적으로 해결하려는 태도를 가져야 한다.

이처럼 쟁점중심(논쟁중심) 수업모형은 교육 전반에서, 특히 사회과 교육에서 지향하는 바람직한 민주시민으로서 가져야 할 기본적인 자질을 길러주는 데 도움을 주는 교수·학습 방법이라고 할 수 있다.

나. 쟁점중심 수업모형의 목적

논쟁 문제를 수업시간에 다루어야 하는 이유로 존슨과 존슨(Johnson & Johnson, 1979)은 학습자들의 문제해결능력과 창의성, 타인의 관점 이해, 도덕적 합리화 등의 능력을 기르는 데 있어 논쟁 문제가 중요하기 때문이라고 하였다. 뱅크스(Banks, 1995)는 사회과의 궁극적인 목표를 그들이 속해 있는 지역 사회, 세계의 공동생활에 적극 참여하여 신중하게 결정할 수 있는 지식과 능력을 습득시키는데 있다고 하였다. 이를 통하여 알아본 결과 사회과 수업은 사회과의 궁극적인 목표인 바람직한 시민을 양성하기 위해서 합리적인 의사결정 능력을 강조해야 함을 알 수 있다.

3. 쟁점중심 수업모형의 특성

쟁점중심 수업은 의사결정 능력을 기르는데 효과적인 수업 방식이다. 기존의 설명식 수업이나 주입식 수업과는 달리 학생들이 자기 주도적으로 참여하는 참여식 수업이라고 할 수 있다. 이러한 쟁점중심 수업은 설명식 수업과 다른 몇 가지 특성을 가지고 있다(박형준, 2002).

첫째, 쟁점중심 수업에서는 활발하고 다양한 의사소통이 일어난다. 쟁점중심 수업은 교사와 학생 간, 학생과 학생간의 의사소통을 통한 토론을 바탕으로 하고 있다.

둘째, 쟁점중심 수업은 사회적 지식을 바탕으로 이루어진다. 사회적 지식은 학생들이 자기의 주장을 내세울 때 그 주장을 입증할 수 있는 근거가 된다. 학생들이 논쟁 문제 대하여 토론하고 대안들을 설정할 때에도 그 근간에는 논쟁 문제에 대한 적절한 사회적 지식이 수반되지 않는다면 토론은 이루어질 수 없다.

셋째, 쟁점중심 수업은 증거 위주의 주장이 이루어지며 절차적 규범이 준수되어야 한다. 학생들이 논쟁 문제를 주장할 때에는 증거에 입각하여 자신의 주장을 내세울 수 있어야 한다. 쟁점중심 수업에서 따라야 하는 절차적 규범은 논쟁에 있어 전체적인 사고의 흐름을 합리적이고 원활하게 이끌어 주는 규칙이라고 할 수 있다.

이처럼 쟁점중심 수업은 학생들의 실생활과 밀접히 관련된 문제 중 주요 쟁점을 대상으로 하는 수업이다. 설명식 수업이나 주입식 수업과는 달리 학생들이 자기 주도적으로 참여하는 참여식 수업이 이루어져야 한다. 이 수업모형은 학생들이 도전적인 과제를 다루어 가면서 선행지식을 이끌어 내고, 필요한 정보를 획득하며, 새로운 지식을 쌓아 가면서 미래 사회의 변화를 예측하고, 민주 시민으로서의 삶을 준비하기 위하여 필요한 능력을 기르는 데 도움을 줄 수 있다.

※ 쟁점의 영역

학 자	영 역
Hunt & Metcalf (1968)	권력과 법, 경제문제, 민족주의와 애국심, 사회계급, 종교와 도덕, 인종과 소수민족, 성과 결혼
Muessig (1975)	성차별, 죽음, 다수결, 다원주의 사회와 사회통합, 환경오염, 민족주의와 세계국가
NCSS (1983)	핵전쟁, 지구의 환경오염, 지구상의 빈부격차, 정치적 · 사회적 · 경제적 조직에 대한 대안, 인종차별, 유전공학
Banks (1990)	지구촌사회, 핵문제, 인종문제, 인권, 성차별, 신체장애자, 법질서
구정화 (1998)	빈부격차, 수입개방, 과소비, 환경오염, 입시문제, 통일문제, 지역갈등, 핵사용, 전쟁과 반전, 노사문제, 과외, 성차별, 피임과 낙태, 자살과 안락사, 유전공학, 교통문제

4. 쟁점중심 수업모형의 장점과 단점

가. 쟁점중심 수업모형의 장점

생활 주변에서 일어나는 찬반 대립적인 문제 상황을 중심으로 이루어지는 측면에서 학습자의 일상생활을 학습내용으로 삼을 수 있다. 도전적인 문제 상황을 통해 선행지식을 이끌어 내고 필요한 정보를 획득하며, 의견을 교환하는 과정 등을 통해 좀 더 나은 사고력을 가질 수 있는 환경을 제공한다는 점이다. Wright & Simon(1976)은 초등학교 6학년을 대상으로 쟁점중심 수업을 시도한 결과 사회적 쟁점에 대한 무관심이 감소하였고, 사회에 대한 참여의식이 증가하였으며, 탐구능력이 향상되었다고 보고하고 있다.

나. 쟁점중심 수업모형의 단점

차경수(2000)는 이 수업모형의 활용이 남에게 발표를 꺼리는 문화적 풍토, 토론을 훈련받지 못하고 강의법에 익숙하여 예습을 하지 않고 편하게 학습하려는 학생들의 습관, 내용 전달에 충실하려는 교사의 자세, 주제와 관련된 내용을 연계시켜 토론을 전개하는 능력 부족 등의 이유로 어렵다고 한다. 또한 쟁점의 특성상 그 분야에 대한 깊은 고찰이 있고 자기만의 가치관이 형성된 이후에야 가능한 부분이 많은데 그 단계까지 형성되지 않은 아이들에게는 논쟁 자체가 무의미 할 수도 있다고 한다. 이러한 이유로 쟁점에 대해 논리적으로 생각하고 의견을 제시하는데 어려움을 보일 가능성도 높다. 따라서 보통의 초등학교 학생에게는 쟁점중심 수업은 조금 어렵고 난해한 방법이 될 수 있다. 또한 교사들의 입장에서도 수업자료로서 교과서가 논쟁 중심으로 제시되지 않아서 교사가 재구성하여 사용해야 하는 어려움이 있기에 현재의 교과서 구조로는 쟁점중심 수업을 적극적으로 하기에는 다소 어려움이 따른다.

5. 쟁점중심 수업모형의 종류

〈표 8-1〉 쟁점중심 수업모형의 비교

구 분	단 계	특 징
Oliver와 Shaver의 법리모형	1단계 : 일반적 가치 찾기 2단계 : 일반적 차원화 3단계 : 가치갈등 확인 4단계 : 가치갈등 유형화 5단계 : 숙고중인 문제와 비슷한 가치갈등 상황 발견 또는 창조 6단계 : 가치 입장 결정 7단계 : 사실적 가치 검증 8단계 : 진술 타당성 검증	• 가치 갈등에 초점을 맞춤 • 쟁점문제를 개념 정의, 사실·가치문제로 구분함
Johnson & Johnson의 PRO-CON 모형	1단계 : 정보조직과 결론도출 2단계 : 자신의 입장 발표 3단계 : 반대 관점을 경험 4단계 : 개념갈등과 불확실성 경험 5단계 : 지적 호기심과 관점채택 6단계 : 재개념화와 종합 및 통합	• 정보의 습득, 인지적 추론 중시 • 협동하여 문제의 해결을 시도 (6단계)
Sweeney와 Parsons의 사회적 쟁점모형	1단계 : 선택과 제시 2단계 : 분석 3단계 : 명료화 4단계 : 분류와 비교 5단계 : 반성 6단계 : 평가	• 심사숙고 과정을 구조화
차경수 모형	1단계 : 문제제기	• Oliver와 Shaver의 법리모형

2단계 : 가치문제 확인 3단계 : 정의와 개념의 명확화 4단계 : 사실 확인과 경험적 증명 5단계 : 가치갈등의 해결 6단계 : 비교분석 7단계 : 대안 모색과 결과의 예측 8단계 : 선택 및 결론	과 Banks모형 절충 • 교수과정의 핵심적 부분 정리

6. 쟁점중심 수업모형의 적용 절차

가. 쟁점중심 수업모형의 일반적 절차

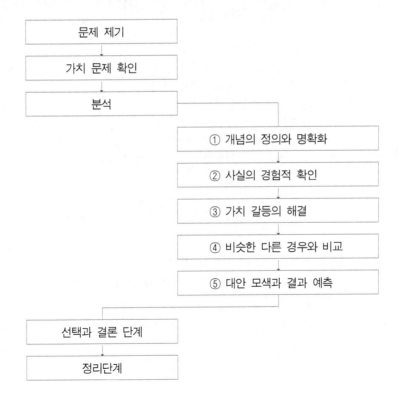

나. 쟁점중심 수업모형의 적용 사례

문제 상황 제시 및 문제 인식	- 인간복제 기술 허용 논란에 대한 보도 기사 읽기 - 생각해 볼 문제 확인하기 ┃ 인간복제 기술의 허용여부를 판단할 수 있다. - 관련 용어 정의하고 합의하기 - 동물복제와 인간복제의 차이점 알기	*용어사전 *사전 예고
관련 사실 수집 및 평가	- 판단 관점 확인하기(도덕-윤리적, 과학-기술적 관점) - 관련 사실자료 수집하기 - 사실들의 참, 거짓 평가하기 - 관점별, 입장별로 사실자료 분류하기 - 판단에 영향을 주는 중요도에 따라 순위 매기기 - 사실수집표 완성하기	*자료집 배부 *사실 수집표 *관련 참고사이트 안내 및 검색환경 제공
증거카드 작성 및 전체 토의	- 입장과 관점별로 증거카드 작성하기 - 전체토의를 통해 찬성-반대 입장별 증거카드 나누기 - 사실증거 및 원리의 적합성 판단하기 - 공통 항목별로 묶기 - 중요도에 따라 우선순위 정하기	*실물 화상기 *자석칠판 *토론과정은 개인의 가치판단을 도와주는 역할
잠정적 가치판단	- 인간복제 기술 허용에 대한 가치 판단 내려보기	
원리의 수용성 검사	- 자신이 죽어가는 상황에서 복제 여부 결정하기 - 모든 사람이 복제를 시도할 경우의 결과 예상해보기	*역할교환검사, 보편적 결과검사를 실시
최종적 가치판단	- 인간복제, 나는 이렇게 생각한다. →자신의 가치판단 결과를 기록하고 발표해보기	
선택활동	- 입장에 따라 선택활동 해보기 *인터넷 토론방에 투표하고 글 올리기 *옹고집 이야기 바꿔보기	*선택 활동지

7. 쟁점중심 수업모형 적용시 유의점

가. 쟁점중심 수업모형 적용 과정에서 나타나는 일반적인 유의점

① 다수결 원칙의 편의적 활용

모둠이 의사결정을 할 때 합리적인 판단이 아니라 편의적으로 소집단 의견을 종합하는 경향이 나타날 수 있다. 하나의 주장으로 모으는 과정에서 충분히 토론하지 않고, 고민 없이 바로 다수결로 결정하거나 무기력하게 기계적으로 결정하는 경우, 그리고 토론 없이 무조건 자신의 주장을 강권하는 경향도 있을 수 있다.

② 두 견해의 지속적 대립

학생들이 찬성과 반대의 입장에서 절대 양보를 하지 않고 의견의 평행선을 그어서 도저히 합의가 되지 않는 경향성을 보일 가능성이 있다. 이런 경우에는 절대적으로 하나의 모둠 의견을 모을 수가 없으며, 의견을 하나로 모아 모둠보고서를 작성할 때도 많은 다툼이 일어나고, 구성원 모두의 지지를 받는 모둠의 입장을 세우기가 힘들다.

③ 구성원 간 영향력의 불균형

논쟁 과정에서 모둠 구성원 간에 의사결정 과정에서 발휘할 수 있는 영향력에 있어서 차이가 나타날 수 있다. 일부 학생들의 의견은 지속적으로 관철되고 일부 학생들의 의견은 지속적으로 거부되는 현상이 발견될 수 있다.

④ 학습자료 수집 활동의 어려움

사전에 학습 자료를 제대로 해 오지 않음으로 해서 개별적 책임을 완수하지 못하면 논쟁을 할 때 자신의 의견을 제대로 피력할 수 없기 때문에 이는 쟁점중심 수업을 저해할 수 있다.

⑤ 단계별 사고 전환 과정의 필요성

학생들이 초기에 같은 의견을 가진 소집단을 구성하는 데 자신있게 의견을 피력할 수 있는 입장을 선택하려고 다툼을 보이기도 한다. 따라서 교사가 수업에서 다루게 될 논쟁 문제와 관련하여 학생들이 제기할 수 있는 다양한 입장과

신념에 기초하여 증거를 사용하는 방법 등의 다양한 합리적 의사결정 사례를
제공해주고 다양한 입장의 이해를 돕는 것이 필요하다.

⑥ 취약한 본질적 가치와 당위성에 따른 의사결정

학생들은 균형적으로 사고하다가도 최종 결정을 내릴 때는 자신의 사적 이익이
나 자기중심적인 배경에 입각하여 결론을 내리는 경우가 많다. 그 원인은 초등
학생들의 발달 단계상 사회적 현실에 대한 본질적 가치나 당위성에 대한 바람
직한 가치 판단을 할 수 있는 지적 발달 수준이 과도기적 단계에 머물러 있기
때문이다. 그러므로 쟁점중심 수업을 통하여 쟁점을 이해하고 해결하는 데 필
요한 지적 능력을 습득하여 과도기적 지적 발달 수준을 높여서 바람직한 가치
판단 능력을 길러주는 기회로 삼는 것이 좋을 것 같다.

⑦ 토론 맥락의 역학과 다수결 원리의 실천

의사결정 과정에서 만장일치나 다수결의 원칙에 따르지 않고 자신의 의견을
고집하는 경우 처음에는 설득 과정을 거치도록 한다. 결론이 나지 않는다면
다수결의 방법을 사용한다는 내용의 규칙 등을 정하여 토론을 시행하는 등의
절차상의 보완이 요구된다. 또한 찬성이나 반대를 사전에 정해 놓고 토론을
형식적으로 진행하는 경우가 많으므로 너무 어려운 수준의 쟁점 주제가 아닌
간학문적 통합을 통한 주제 선정이 필요하며 학생들의 사전 배경지식의 조사
또한 충분히 실시할 필요가 있을 것이다.

나. 쟁점중심 수업모형 적용 과정상의 유의점

① 단원명 및 본시학습 소단원명

수업 안에서 작성하고자 하는 단원명을 기록하되, 수업 안에서 다루고자 하는
학습내용의 범위는 내용에 따라 소단원별로 또는 주제나 문제별로 작성한다.

② 학습목표

단원별 학습목표를 참고하여 소단원별로 또는 주제나 문제별로 학습목표를 본
시 수업의 학습목표를 이용하여 제시한다.

③ 도달목표

본시 수업시간에 획득한 가장 핵심적이고 전이력이 큰 개념, 일반화(법칙), 지

적분석력을 도달 목표로 정한다. 준비 단계에서 계획한 단원별 도달목표의 내용 중 일반원리를 도달목표로 한다.

④ 수업의 구성

본시 학습시간의 학습목표에 도달하기 위하여 제시되는 문제사태 즉 학습과제를 쟁점중심 수업모형의 절차에 맞게 제시한다. 준비단계의 단원별, 문제별 학습과제의 내용을 참고로 하여 제시하되 과제 해결에 필요한 학습 자료를 학습과제별로 연계시킨다.

⑤ 수업의 전개

단원별, 주제별, 문제별 학습내용에 맞추어 논쟁적 수업 절차를 조장하여 전개하되, 일관성을 유지한다.

8. 쟁점중심 수업의 구성 방법

가. 쟁점중심 단원은 본질적 질문이라고 판단되는 하나의 핵심 질문과 필요한 소수의 하위 질문으로 구성되어야 한다.

나. 질문 선정은 분명한 준거에 기초해야 한다.

① 사회적으로 중요한 문제인가?

② 학생들에게 개인적으로 의미있는 문제인가?

③ 탐구를 요구하는 도전적 문제인가?

④ 실제 수업에서 다루어질 수 있는가? 등의 준거가 활용될 수 있다.

다. 질문은 학생들과의 토의를 거쳐 결정하는 것이 바람직하다.

라. 질문은 다양한 관점이 제시될 수 있는 형태에 보다 많은 관심을 두어야한다.

※ 쟁점중심 수업 구성 요소들의 특징

1) 수업내용

① 논쟁성 ② 중요성 ③ 적절성 ④ 유용성

2) 수업방법

① 학습자 중심 ② 과정중심 ③ 깊이 중심 ④ 증거위주의 토론활동 중심

9. 쟁점중심 수업모형 적용을 위한 시나리오

◎ 학습제제 : 소중한 생명
◎ 수행과제 : 인간복제 허용 여부에 대하여 윤리·도덕적 관점과 과학기·술적 관
　　　　　　점에서 토론하여 보자.

◆ 읽을거리를 제공한다.
- 인간복제에 관련한 신문기사로 "인간복제는 대단히 위험", "인간복제 시술 논란
불구 강행"이라는 제목으로 인간복제와 관련한 안전문제와 정부의 반대 입장 등을
포함한 내용이 실려 있다.

◆ 상황설명
- 여러분은 옛날이야기인 옹고집전을 알고 있을 것이다. 나쁜 마음씨를 가지고 있
던 옹고집이 벌을 받게 되어 옹고집과 똑같이 생긴 가짜 옹고집에게 쫓겨난 후 잘못
을 뉘우치고 착하게 살았다는 이야기인데 이것이 더 이상 옛날이야기가 아닐 수 있
다. 유전공학의 발달로 양, 소를 복제하는데 성공하였고, 인간의 배아를 통한 복제도
시도되고 있다. 인간복제는 우리에게 엄청난 편리함과 이익을 줄 수 있지만 잘못
이용하면 많은 혼란을 가져올 수 있다.
　현재 해외 여러 나라들이 인간복제를 법으로 금지하고 있지만 연구는 계속되고
있다. 인간복제를 허용할 것인가 금지 시킬 것인가? 만약 나와 또 다른 똑같은 "나"가
존재한다면 어떨까?

가. 생각해 볼 문제 알기

① 가치판단 문제 확인하기
　- 위에 제시된 자료에서 우리가 생각해야 할 문제는 무엇인가?
　　인간복제를 허용해야하는가? 안되는가?
② 어려운 낱말의 뜻 알기
　- 인간복제의 뜻을 찾아보시오
　　성격이나 외모, 유전자, 감정, 기억 등등 모든 것이 같은 사람을 만들어
　　내는 것
　- 우리 전체 의견을 모아 인간복제의 뜻을 정리해보자

과학기술을 이용하여 유전자가 똑같은 인간을 만들어 내는 것

③ 가치판단의 관점 정하기

- 동물의 복제와 인간복제의 차이점이 있다고 생각합니까?

예, 그렇습니다.

- 차이점이 있다면 무엇입니까?

동물과 인간은 다르다 동물은 생각하는 힘이 부족하고 인간은 생각을 할 수 있다. 지금도 약을 개발할 때는 쥐나 소로 실험을 한다. 그래서 동물은 복제하여 실험을 하는 것도 괜찮다고 생각한다.

- 여러분은 인간복제 기술을 사회적으로 허용해야 한다고 생각합니까? 허용하지 말아야 한다고 생각합니까? 인간복제 기술의 허용여부에 대해 도덕윤리적 측면과 과학기술적 측면에서 생각해보고 자신의 판단을 내려 보시오.

나. 관련된 사실 수집하기

① 사실 수집표 만들기

관점	긍정적 판단지지	부정적 판단 지지
도덕 · 윤리적 관점	- 자식을 원하는 사람에게 행복을 줄 수 있다. - 원래의 인간은 일만 하지 않고 취미생활을 할 수 있다. - 똑똑한 인간들이 많아지면 살기 좋아질 것 같다.	- 사생활을 보호하지 못한다. - 가족관계가 깨지고 사회가 복잡해진다. - 누가 어떤 사람을 복제할지 결정할 수 없다. - 복제인간의 인권 보호 문제
과학 · 기술적 관점	- 생명연장 - 질병치료제 개발 - 과학자들의 연구 인정 - 수술을 해도 고통이 없다.	- 과학기술의 위험성의 여러 사례가 있다.(핵폭탄, 무기 등) - 복제할 때 돈이 많이 든다. - 부작용으로 빨리 늙거나 다른 병이 올 수 있다.

② 수집한 사실들의 관련성 확인하기

위의 표에 기록된 긍정적 사실과 부정적 사실 중 이미 판단이나 평가가 내려진 진술은 삭제하고 판단대상과 직접 관련이 있는 참 사실에만 ○표 하시오.

③ 사실근거들의 순위 정하기

자신의 판단에 영향을 주는 중요도에 따라 가장 중요한 것부터 순서대로 번호를 적어보자.

다. 증거카드 만들기

순위가 결정된 긍정적 사실과 부정적 사실과 판단의 준거를 이용 증거카드를 작성해보자(예)

관점	판단 : 인간복제 허용
도덕-윤리적 관점	사실 : 아기를 못 낳은 부부에게 행복을 줄 수 있다. 준거 : 사람들이 행복해진다.
관점	판단 : 인간복제 허용
과학-기술적 관점	사실 : 질병치료제를 개발할 수 있다 준거 : 인간의 질병을 치료하는 것은 바람직하다.

라. 나의 입장 정하기-잠정적 가치판단 내리기

이제까지의 활동에 기초하여 자신의 판단을 내려보시오.

나의 판단	
인간복제는 허용해야 한다고 생각한다.	
그렇게 생각한 이유를 쓰시오.	- 사람들의 병도 고치고 오래 살 수 있다. - 취미생활도 하고 여유있게 산다. - 똑똑하고 착한 사람이 많으면 살기 좋다.

마. 학급 토론하기

위의 증거카드를 모둠별로 발표해보고 비슷한 것 끼리 묶고 토론을 통해 중요도를 재조정하시오.

(자석칠판이나 실물화상기 이용)

〈인간복제 지지순위〉

1. 사람들의 생명연장

2. 과학기술의 발전

3. 여유롭고 행복한 삶

〈인간복제 반대지지 순위〉

1. 복제인간의 인권문제

2. 사회혼란

3. 사람들의 사생활 문제

바. 다시 생각해보기

① 새로운 사례 적용해보기

자신이 현재 골수암으로 죽어가고 있는데 유전자가 같은 사람이 없어 골수이식을 받을 수 없는 상황일 때 인간복제 권리가 주어진다면 시도하겠는가? 하지 않겠는가?

- 나는 당연히 할 것이다. 돈도 있으니까 걱정 안해도 되고, 꼭 복제해서 나랑 같은 인간을 만들어 병을 치료하겠다. 그리고 복제인간도 다른 복제인간으로 살리면 된다.

② 판단결과가 보편적으로 적용될 수 있는지 생각해보기

모든 사람들이 여러 이유로 자신을 복제한다면 어떤 일이 생길까요?

- 사람들이 병이 안들고 오래 살기를 바라는 것은 당연한 것이다. 사회혼란은 강력한 법으로 조절하면 된다. 등

사. 최종적 가치판단 내리기

이제까지의 활동을 바탕으로 자신의 최종적인 입장을 정리해봅시다.

- 나는 이렇게 생각합니다.

아. 마무리 활동하기

① 인터넷 토론방에 글 올리기

- 인터넷 토론마당에 참여하여 자신의 의견을 올린다.

② 옹고집 이야기 바꾸어 보기

옹고집이 여러 명일 때 일어날 일을 바꿔보고 새로운 제목도 붙여봅시다.

10. 쟁점중심 수업모형을 적용한 교수·학습 과정안

본시 주제	댐 건설에 대한 자신의 의견을 정하고 문제 해결 방법을 찾기				
학습 목표	재해예방을 위한 댐 건설에 대한 찬반토론을 통하여 댐 건설 문제에 대한 해결방안을 찾을 수 있다.				
학습 자료	토론 진행지, 찬반토의 자료, 텔레비전 뉴스, 신문기사			차시	
				쪽수	
수업 단계	학습 과정	교수-학습 과정		시간	자료 및 유의점 (자료:♠, 유의점:※)
도입	문제 인식	◎ 이 지역의 모습은 어떠한 가요? ◎ (할머니가 사시는 곳 같은)이곳에 홍수를 막기 위해 댐이 생긴답니다. 여러분이라면 어떨까요? 여러분의 생각은? 이번 시간에는 이에 대해 다함께 토의해 봅시다.	◎ 아름답습니다. 산이 좋고 공기가 맑아요. 할머니가 계신 시골 같아요. ◎ 그 속에 사는 사람이라면 마음이 아플 것 같아요. - 반대를 하겠어요. - 홍수를 막기 위해서라면 어쩔 수 없어요. - 네 좋아요.	3	♠ 댐건설 논란 지역의 사진 ♠ 댐 건설 관련 TV 보도 내용 ※ 교사가 논쟁 문제에 대한 논쟁점을 객관적으로 간단히 설명한다.
전개	질문	◎ 상대방의 입장에 대해 문제점이나, 궁금한 점, 잘못된 점등을 질문하시오. ▷반대파의 질문 - 반대파는 찬성파의 주장에 대해 질문을 2분간 하시오. ▷찬성파의 질문 - 찬성파는 반대파의 주장에 대해 질문을 2분간 하시오.	◎ 상대방의 입장에 대해 문제점이나, 궁금한 점, 잘못된 점등을 질문한다. ▷반대파 질문하기 - 홍수로 인해 생긴 피해와 먹을 물 부족에 대해 정확히 이야기 해주십시오. ▷찬성파 질문하기 - 아름다운 자연환경은 구체적으로 무엇을 말합니까? 우리 지역에만 있습니까?	4	※ 시간을 엄격하게 지키도록 한다(타이머 프로그램 이용) ※ 발표 횟수의 독점을 막기 위해 쿠폰(토킹칩)을 활용한다.
	답변	◎ 상대방에게 질문 받은 내용에 대해 답변하시오. ▷반대파의 답변 - 반대파는 좀 전 찬성파의	◎ 상대방에게 질문 받은 내용에 대해 답변한다. ▷반대파 답변하기 - 그 곳에는 우리나라 고유의	4	※ 시간을 엄격하게 지키도록 한다(타이머 프로그램 이용) ※ 학생이 준비한 자료 또는 통계자료

		질문에 답을 2분간 하시오 ▷찬성파의 답변 - 찬성파는 전 반대파의 질문에 답을 2분간 하시오.	○○종류의 천연기념물이 살고 있으며, 주변에는 멋진 동굴로 여러 개 있습니다. ▷찬성파 답변하기 - 지난 ○○년에 ○○에 일어난 집중호우로 인해 제방이 무너져 인근지역에 많은 피해가 있었습니다. 또한 우리나라는 물부족이 심하다고 합니다.		를 적극 활용하도록 한다.
	작전 타임	◎ 작전타임하기 - 5분간 작전타임 시간을 갖도록 하겠습니다. 그러니 찬성, 반대 각 입장별로 모여 자료를 보면서 자신의 주장을 조금 바꾸거나 다른 주장을 좀 더 할 것이 있는지 정리해 주시기 바랍니다.	◎ 작전타임하기 - 찬성파는 교실 앞쪽 책상으로 모여, 작전 타임을 실시한다. - 반대파는 교실 뒤쪽 책상으로 모여, 작전 타임을 실시한다.	5	※ 각 심판자는 작전 타임시 오가는 내용을 토론 진행지에 적도록한다. ※ 작전 타임시 상대한테 침입하지 않도록 한다.
	자유 토론	◎ 자유토론하기 - 5분 동안 이야기 할 것이 있으면, 자유롭게 이야기하도록 하겠습니다. 손을 들어주세요.	◎ 자유토론하기 - 자유스럽게 손을 들어 발표를 한다.	5	※ 발표시 수신소를 이용하여 발표하도록 한다.
전개	결론	◎ 결론 내리기 ▷찬성파의 결론 - 서로 최종적인 결론을 이야기 해보도록 합니다. 합리적인 대안이 있는 결론을 말해주시기 바랍니다. 먼저 찬성파가 말씀해주시기 바랍니다. 시간은 3분입니다. ▷반대파의 결론 - 다음으로 반대파의 결론이 있겠습니다. 3분 동안 발표해주세요.	▷찬성파의 결론 - 댐 건설은 최근의 기상이변으로 생기는 홍수 예방과 물부족에 대비하는 것이다. 지하수가 많이 오염된 상황에서 빗물을 효율적으로 사용하기 위해서라도 댐을 건설해야 한다. ▷반대파의 결론 - 홍수와 물 부족을 막기 위해 댐을 만드는 것은 적절치 못하다. 왜냐하면 홍수는 강바닥의 흙을 퍼 올리고 또한 물부족 현상은 물절약을 실천하면 될 것이기 때문이다.	6	※ 결론이 최초의 주장의 단순한 반복이 되지 않도록 지도한다.

정리	판정	◎ 판정내리기 - 오늘 토론 결과에 대해 제가 내린 심판을 이야기 하겠습니다. ~가 이겼습니다.	◎ 판정 결과 알아보기 - 판정표를 보고 토론 시간에 자기팀이 부족한 부분을 확인한다.	2	※ 승패보다는 자신의 태도에 대한 반성을 하도록 한다.
	정리	◎ 정리하기 - 오늘 토론은 재미있게 잘 했습니까? 보다 궁금한 점이 있으면 질문을 하세요.	◎ 수업내용 정리하기 - 선생님의 의견에 대한 질문을 한다. - 모둠 토론 중에 궁금한 점을 질문한다.	3	※ 판정결과가 진리가 아님을 이야기하고 문제에 대한 교사의 생각으로 마무리 해준다.
	차시 예고	◎ 과제(논술문쓰기) 부여 및 차시 예고	◎ 마무리 과제(-논술문 쓰기) 적기 및 다음 차시 확인		

참고문헌

고흔석(2010), 쟁점중심 사회과교육, 한국학술정보(주)

김정란(2000). 초등 사회과에서 쟁점토론을 통한 비판적 사고력 육성을 위한 비판적 사고력 육성을 위한 수업모형 연구. 진주교육대학교 교육대학원 석사학위논문

김효관(2007). 도서지역 아동의 비판적 사고력 신장을 위한 쟁점중심 토론 수업 방안. 한국교원대학교 석사학위 논문.

전숙자(2001). 사회과 교육의 새로운 이해. 서울: 교육과학사.

차경수(1996). 현대의 사회과 교육. 서울: 학문사.

최용규 외(2009). 사회과, 교육과정에서 수업까지. 서울 : 교육과학사.

Evans, R. W.(1989). *A dream unrealized: A brief look at the history of issue-centered education approaches*. The Social Education.

Ochoa-Becker, A. S.(1996). *Building rationale for issues-centered education*. Washington DC: The National Council for the Social studies.

화제중심 수업모형

1. 화제중심 수업모형의 등장 배경 및 의미

　화제(topic)는 화자들이 말하고 있는 주제를 말하며, 언어의 기능과 내용을 결정해 주는 중요한 요소라고 할 수 있다. 의사소통 중심 활동과 관련하여 어떤 화제를 선택하느냐에 따라 언어의 기능과 과업 등이 다양하게 분류될 수 있다. 그러므로 의사소통을 하는데 있어 중요한 것은 화제 선정에 있다고 볼 수 있다(한우선, 2003). 화제의 선정에 있어서 초급 단계에서는 가족이나 집, 동물, 신체 등과 같은 주제로 어휘를 한정하고, 중급 이상의 단계에서는 다양한 종류의 화제를 선택하되 지루하거나 이론적인 것은 피하고 실질적인 관련성이 있거나 학습자를 자극할 말한 것을 선택하는 것이 바람직하다(Brown et al., 1984).

　이러한 관점에서 화제중심 수업모형은 한 교과나 전 교과에 걸쳐 흥미 있는 주제(topic)를 선정하여 이를 바탕으로 내용을 조직하고 가르치는 것이다. 수업은 주제를 중심으로 언어기능과 연관성을 가지고 이루어진다. 화제중심 수업모형은 융통성을 지니고 있어 여러 활동을 활용해 적용할 수 있으며 학생들의 흥미에 바탕을 둔 다양한 주제를 다룰 수 있다는 점에서 학생들의 언어 요구를 만족시킬 수 있는 자료와 활동으로 언어와 내용을 균형 있게 통합시킬 수 있다(임남희, 2005). 화제 중심 수업모형은 수업내용을 모두 화제중심 교육과정으로 구성하거나 교과서의 내용 구성에 따라 수업을 진행하다가 필요하거나 상황에 따라 학습자들에게 더욱 풍성한 내용과 다양한 언어활동을 경험할 수 있도록 수업을 운영할 수 있다(김현진, 2000).

화제중심 수업모형의 가장 큰 특징은 다양한 화제 거리를 가지고 교육과정 이외의 내용으로 재구성하여 수업을 진행할 수 있다는 것이다. 이러한 특징은 교사에게는 많은 노력을 필요로 하지만 학습자들에게는 학습자들의 수준에 맞추어 교사가 화제를 정하여 가르칠 수 있기 때문에 영어에 대한 관심과 흥미를 갖도록 할 수 있다.

이 교수요목에서 중요한 것은 어떠한 화제를 선정하느냐 하는 것인데, 화제의 내용으로는 먼저 교육적 가치가 충분히 있어야 하고, 그 다음 학습자들의 정의적 영역을 충분히 고려해야 하며, 마지막으로 의사소통 능력의 중요한 구성요소인 실용성이 있어야 한다. 특히 구체적 조작기에 해당하는 초등학생들에게 있어서는 관심 및 흥미도, 자신감, 이해도, 참여도, 동기화 같은 정의적 영역의 요소들이 중요하므로 교사가 화제 내용을 선정할 때에는 이 점을 중요하게 여겨야 한다. 예를 들어 초등영어에서는 신체(body), 날씨(weather), 동물(animal), 운동(sports), 음식(food), 색깔(color), 교실(classroom), 집(house), 직업(job) 등 초등학생들에게 교육적으로 가치가 있으면서 정의적으로도 도움이 되고 일상생활과 관련이 있는 화제들을 선정할 수 있다.

화제가 정해지고 그에 따라서 게임, 놀이, 챈트, 노래, 구연동화, 역할극 등 다양한 활동 중심으로 수업 내용을 구성하였다면 충분히 학습자들에게 흥미와 호기심을 자극할 수 있을 것이다. 화제중심학습은 아동이 흥미를 느끼는 화제를 선정하여 하나 이상의 과목으로부터 그 화제와 관련된 내용을 추출하여 지도하기에 적합하다. 예를 들어 색깔이라는 화제와 관련해서는 자연(여러 용액에서의 색깔 변화 실험), 사회(좋아하는 색깔 조사), 읽기(동화책 읽기), 쓰기(색깔 일기 쓰기), 음악(색깔과 관련된 노래), 실과(여러 색의 꼬치 요리), 미술(혼합색 만들기), 체육(색깔잡기 놀이) 등 여러 과목의 관점에서 지도할 수 있다. 또한 과목 내에서도 얼마든지 많은 활동 내용이 구안될 수 있어 아동들의 흥미와 수준에 맞는 활동에 대한 취사선택이 가능하다. 그러므로 화제 중심의 학습은 다양한 화제와 활동을 통해 여러 가지 언어 기능과 내용을 통합할 수 있고 제도적 장치나 학습자의 언어 숙달도 측면에서 융통성이 커서, 별다른 제약 없이 어떠한 교육 환경에서든지 적용될 수 있다는 장점이 있다.

2. 화제 목록의 분류

Van Ek(1980)은 외국어를 배우는 입문 단계(threshold level)에서 학습자들이 배워야 할 가장 유용하다고 보는 14가지 항목을 세부 항목과 함께 화제 목록으로 제시하고 있다.

① Personal identification : 주소, 전화번호, 생일, 나이, 성, 국적, 가족, 성격 등
② House and home : 집의 형태, 방, 가구, 정원
③ Trade, profession, occupation : 여행, 직업, 작업 장소, 수입, 전망
④ Free time, entertainment : 취미, 흥미, 라디오, 영화, 오페라, 음악, 발표회
⑤ Travel : 여행, 휴일, 교통수단, 언어, 요금, 호텔, 캠핑장소, 소포 등
⑥ Relations with other people : 우정, 초대, 클럽 활동, 정치와 사회적 견해
⑦ Health and welfare : 신체의 부위, 사고, 개인적 안락, 연금, 의료 시설
⑧ Education : 학교 과목, 자격
⑨ Shopping : 쇼핑 시설, 의류, 주방 기구, 가격 등
⑩ Food and drink : 음식과 음료의 종류, 외식
⑪ Services : 우체국, 전화, 전보, 은행, 경찰, 병원, 수선집, 차고
⑫ Places : 길이나 건물의 위치를 묻고 답하기
⑬ Foreign language : 능력, 이해, 정확성
⑭ Weather : 기후, 날씨 상황

3. 화제중심 수업모형의 절차

Byrne(1996)에 의하면, 화제중심 수업은 전통적인 영어 수업 진행 단계 [PPP단계 : 제시(P : presentation), 연습(P : practice), 표현(P : production)]로 지도할 수 있다고 보고 있다.

〈표 18-1〉 화제중심 수업모형의 절차

단계	교수·학습 활동
제시 단계 Presentation stage	교사는 학생들이 가장 잘 이해할 수 있는 방법으로 언어자료를 제시한다. 언어자료를 제시한 후에 교사는 학생들이 제시된 언어자료를 이해했는지 확인하는 이해과정을 거친다. 그러나 교사는 학생들에게 연습할 수 있는 충분한 시간을 확보하도록 자료의 제시단계에 지나치게 많은 시간을 할애하지 않도록 한다.
연습 단계 Practice stage	연습단계는 두 단계로 이루어질 수 있는데, 첫 번째 단계는 통제된 연습단계(Controlled practice phase)로 학생들이 말하거나 쓰는 것을 교사가 통제하는 연습활동이 이루어지는데 청각 구두 교수법에서 사용되고 있는 반복기법이 사용된다. 두 번째 단계는 유도된 연습단계로 학생들이 교사의 도움과 통제를 덜 받는 연습활동이 이루어진다. 이 단계는 주로 게임, 챈트, 역할놀이, 시뮬레이션 등의 활동을 통하여 언어형태와 언어항목을 숙달한다.
표현 단계 Production stage	표현단계에서 교사는 학생들이 이전 단계에서 배웠거나 혹은 그 이전부터 알고 있는 언어를 스스로 사용할 수 있는 기회를 제공하는 역할을 수행하게 된다. 표현단계를 통해 언어사용에 대한 자신감을 얻을 수 있으며, 학습하여 얻은 지식을 의사소통과정을 통해 실제로 언어를 사용하는 기회를 부단히 가짐으로써 언어의 내재화를 기할 수 있다.

(초등학교 저학년의 예)

화제: 신체 명칭 알기

제시 단계: picture card, flash card, wall picture를 통해 신체 일부에 대한 어휘 제시.

연습 단계: twisted body game, Picasso game 등과 같은 신체활동 게임. body chant나 song 활용, 신체 관련 story telling 활용 등.

표현 단계: 배운 내용 모둠별 또는 개인별 확인.

4. 화제중심 수업모형의 장점과 단점

가. 장점

① 화제를 통한 다양한 수업 내용을 통하여 계속적으로 학습자들의 흥미와 호기심을 유발할 수 있다.

② 화제와 관련하여 학습자들은 다양한 어휘와 의사소통 상황을 연상할 수 있으므로 수업과정에 도움을 줄 수 있다.

③ 교과서에서 다룬 내용들이나 교과서 이외의 내용들을 심도 있게 살펴 볼 수가 있다.

④ 교사가 나름대로 수업의 양을 자유롭게 조절할 수 있고, 수준별로 학습자들에게 적합한 수업을 진행해 나갈 수 있다.

⑤ 교사가 교육과정에 구속받지 않고 자유롭게 교육내용을 재구성하여 가르칠 수 있기 때문에 교사에게도 영어교육에 대한 자신감을 줄 수 있으며, 교육적으로도 긍정적 전이를 일으킬 수 있다.

⑥ 화제 중심 수업을 통하여 학습자들은 다른 수업에 비하여 비교적 많은 어휘를 배울 수 있고, 모든 학습자가 참여하는 많은 활동을 할 수가 있다.

⑦ 상급 수준의 학생들에게 가르치기가 쉽다.

나. 단점

① 초보 및 하급 수준의 학생들은 배우는 데 부담을 가질 수 있기 때문에 적절한 관심을 필요로 한다.

② 화제를 토대로 수업 진행시 수업 분위기가 흐트러지지 않도록 교사의 지속적인 관심이 필요하다.

③ 수업 내용보다는 화제 거리에 대한 흥미위주로 수업이 진행될 수 있기 때문에 학습자들에 대한 교사의 세심한 주의가 필요하다.

④ 화제를 토대로 수업 진행시 교사가 시간 안배를 잘 해야 수업을 집중력 있게 진행해 나갈 수 있다.

5. 화제중심 수업모형을 적용한 교수·학습 과정안

예시1)

Objectives	직업을 묻고 답할 수 있다.		
Key Expressions	1. What does your father/mother do? He/She is a _____. 2. What do you want to be in your future? I want to be a _____.		
Learning Strategy	학습모형	Topic based instruction	
	학습 집단 조직	Pair → Whole → Pair → Individual	
Main Activity	Activity 1. Filling in the table Activity 2. Making a poster of future job		
Teaching Aids	A video clip from Youtube, CD-ROM, PPT, Handout, Paper		

Procedures	Teaching-Learning Activity	Aids / Notes

Introduction (10')	◆ Greeting (1')
	 T : Good morning, everyone! How are you all today?
	     Say hello to your friends.
	 T : I hope you all had a nice weekend.
	
	 ◆ Taking the register (1')
	 T : Let's see if everyone's here. I'm glad you all made it.
	
	 ◆ Reviewing the last lesson (2')
	 T : We learned some expressions for asking jobs last class.
	     We can ask, "What do you do?"
	     And we can answer, "I'm an English teacher," like this.
	     Please don't forget these expressions.
	
	 ◆ Raising motivation (4')
	 T : Now we'll watch a video clip so please pay attention.
	 - Showing a video clip of fire fighter Demo Run from Youtube
	     http://www.youtube.com/watch?v=e4XSVDOdapg
	 T : What did you see? Did you see the title of the video?
	 T : This is about fire fighter's demo run and you saw fire fighter's routine life.
	
	 ◆ Presenting the objective (2')
		A video clip

T : Today we'll talk about the jobs once again. And you will learn many kinds of jobs and think about your future job.

◆ <u>Introducing dialogue exercise (4')</u>

T : Let's move on to something else. Did you remember what you learned last class? Considering that, listen to the model dialogue and practice with your partner. Please take turns.

> Model Dialogue 1
> A : What does your father/mother do?
> B : He/She is a painter / bank teller / salesperson.

◆ <u>Activity 1 : Filling in the table (8')</u>

T : Now I'll give you a handout. You can go around and ask the job of your friend's parents and fill in the form. You have to fill in the table with the 12 different jobs. Don't write down same jobs. Is everything clear? I'll give you 5 minutes.

T : Time's up! Go back to your seat and quiet please.
I want some of you to show your work to all of us. Is there any volunteer? Thank you for sharing your work.

◆ <u>Checking out the new vocabulary (4')</u>

T : There are plenty of jobs in the world. Now we'll check out some of them. Have a look at TV.

- Show PPT materials about jobs with pictures including model dialogue.

◆ <u>Introducing the expended dialogue (4')</u>

T : Now, we're going to do something different. It's about you. What do you want to be in the future? Maybe you can be a great scientist and a diligent civil servant. How can you ask your friend's future dream in English? Look at the model dialogue and ask your partner's future job.

> Model Dialogue 3
> A : What do you want to be in your future?
> B : I want to be a scientist / musician / pharmacist.

T : You'll have some time to think about your future job and the reason why you choose the job.

◆ <u>Activity 2 : Making a poster of future job (6')</u>

Development (30')		CD-ROM
		Hand out
		PPT

	T : Now, we'll do something fun. I'll give you a sheet of paper. On the paper, you'll make the poster of your future job. Imagine what you'll do in the future and draw your future. And you can add something whatever you want to do. Have you all understood? I'll give you 5minutes. Let's get to work. I'll come round and check.	paper
	◆ Presenting students' output (4') T : Everybody, stop what you are doing. I'll give you chances to present your posters. Is there any volunteer? - Some students present their work and explain it using key expression.	
Consolidation (5')	◆ Checking up (2') T : What did you learn today? We learned some expressions for asking other person's job and future job. How can I say "어머니는 무슨 일을 하시나요? in English? The other expression, "미래에 무슨 일을 하고 싶나요? What about this one? How can you say in English? Everybody did a good job, especially for making posters. Thank you for all today. ◆ Introducing the next class (1') T : Next class, we'll read the text book page 25~26. ◆ Giving assignment (2') T : Before finishing the class, I want you to search for your future job specifically. You can surf the internet or ask your parents. After searching the information about your future job and the back of your poster, write down some explanations with 4~5 sentences. Did you all follow that? This is your homework for next time. ◆ Saying goodbye T : See you again next class.	

예시2)

Unit	Lesson6. How many cows?		Period	3/4	Date	2008.6.
Objectives	동물의 수를 묻고 답할 수 있다.				Page	65-66
Structures	How many? I have.		Vocabulary		cow, bear, big, small, go, kangaroo, pig, let	
Learning strategy	최적 학습 모형	화제중심 PPP수업모형			Main Activity	①노래부르기 ②Gussing게임 ③속삭이기게임
	학습 집단 조직	전체 → 개별 → 그룹 → 전체				
Teaching Aids	교사	CD, 탱탱볼, 숫자카드, 게임기록판		Grade & Class		3 - 5
	아동	숫자카드, 주머니, 동물그림카드		Teacher		

Procedures	Content	Teaching - Learning Activities	Time (min)	Aids & Notes
Imtroduc-tion	Warm-up	◉ Greetings ■ Open Mind ∘ Let's sing a song 'Bingo' (자료①) 　(박수를 치며 Bingo 노래를 부른다) ∘ Hi, everyone ! 　- Hi, Mrs. Kim ! ∘ How are you doing today ? (자료②) 　- Good. How about you ? ∘ I'm very happy to see you. Thank you. ∘ How's the weather outside ? 　- It's sunny/cloudy/windy/rainy……. ■ Motivation ∘ What is your favorite pet? 　- My favorite pet is a (dog).	5′	① ebse.co.kr -Bingo ② 탱탱볼
	Presenting of objective	◉ Confirmation of Objective ■ 본시 학습 내용 알아보기 ∘ Turn to page 65-66 and let's speak today's lesson. ┌──────────────────────┐ │　동물의 수를 묻고 답해보자　│ └──────────────────────┘ ∘ We are going to learn about numbers today.	2′	
Develop-ment	Knowing Key Expressions	■ Activities ┌────────────────────────────┐ │ [Activity 1] 'How many cows?' 노래 부르기 │ │ [Activity 2] 'Guessing Game' 하기 │ │ [Activity 3] 'whisper game' 하기 │ └────────────────────────────┘		

		[Activity 1]
		■ 'How many cows?' 노래 부르기 (Whole work)
		∘ It's time for a song.
		  First, listen to the song carefully.
		∘ Listen carefully and say who comes up in the song.
		∘ Can you understand the song ?
		  - 동물의 수가 몇 마리인지 묻고 답하는 내용입니다.
		∘ Right.
		  Now let's sing the song part by part.
		  (Repeat after the CD-ROM Title.) (자료 ③)
			8´
			
			③ CD-ROM Title

Develop -ment	Practice Production	**[Activity 2]** ■ 'Guessing Game' 하기 (Group work) ∘ We are going to play a game now. (자료④) Let me tell you how to play the game. 1) 6명이 한 모둠이 된다. 2) 한 명이 주머니에서 숫자 카드를 한 장 꺼내어 숨긴다. 그리고 주사위를 던진다. 던져서 나온 동물 그림을 보고 "How many ＿＿?"라고 묻는다. 3) 나머지 학생들은 I have ＿＿.를 사용하여 숨긴 숫자 카드를 맞춘다. 4) 정확하게 숫자를 맞춘 사람에게 점수를 준다. 5) 6명이 숫자카드를 한 번씩 숨길 수 있는 기회가 있을 때까지 6회를 실시하여 얻은 점수가 가장 많은 사람이 승리한다.	10´ ④ 숫자카드 동물그림카드 주머니
		[Activity 3] ■ 'whisper game' 하기 (Group work) ∘ We are going to play a game now. (자료⑤) Let me tell you how to play the game. 1) 전체를 6모둠으로 나눈다. 2) 맨 앞사람이 팀장이 되고 팀장은 교사가 들려주는 말을 듣는다. 3) '시작'소리와 함께 팀장은 자신 팀의 뒷사람에게 말을 전달한다. 팀의 맨 마지막 사람은 들은 내용의 그림과 숫자를 골라 앞으로 나온다. 4) 전달 받은 내용을 바르게 말한 팀에게 점수를 준다. 5) 5회를 실시하여 점수가 가장 많은 팀이 이긴다.	10´ ⑤ 숫자카드 동물그림카드 게임기록판

Consoli-dation	Wrap-up	심화학습(MT): Picture cards playing ◦ 짝과 함께 역할극 하기 - 자신에게 주어진 역할에 맞는 말을 주고받는다.	보충학습(KT): Repeating ◦ 교사와 함께 활동하기 - 교사의 안내에 따라 질문에 답하기	5'
		◉ Check up ■ Let's Check. ◦ I'll give you some questions. After listening, write correct answer on your sheet. - Write answer on their answer sheet. ■ Good-Bye, Class. ◦ Next time, we'll do a role play. ◦ Time's up. ◦ Have a good day. Bye, class. - Bye.		

평 가 문 항	평 가 기 준	평가 방법
♣ 동물의 수가 얼마인지 묻고 대답할 수 있는가?	상: 동물의 수가 얼마인지 묻고 대답하는 말을 유창하게 말한다.	관찰 평가 자기 평가
	중: 동물의 수가 얼마인지 묻고 대답하는 능력이 있긴 하나 유창하지 못하다.	
	하: 동물의 수가 얼마인지, 누구인지 묻는 말에 적절하게 대답하지 못한다	

참고문헌

김현진(2000). 열린 영어수업을 위한 주제중심 통합 영어교육. 서울: 동인.
임남희(2005). 화제중심의 초등영어지도가 아동의 영어능력 및 태도에 미치는 영향, 초등영어교육, 14(3), 49-66
Brown, A., & Baker, L.(1984). *Metacognitive skills and reading.* Handbook of reading research

참고 사이트

http://good.edunet4u.net/classMovie/firstclass/city/list.jsp?keyField=&keyWord=&nowBlockNum=0&nowPageNum=2&serviceType=city&orderType=new&cityCD=11
초등학교 4학년 영어(화제중심 수업)
출처)교육과학기술부 우수 수업 동영상

STAD(성취과제분담, Student Team-Achievement Divisions) 수업모형

1. STAD(성취과제분담) 수업모형의 등장 배경 및 특징

가. STAD 수업모형의 등장 배경

소집단 내에서 어떤 목표의 달성을 놓고 그 구성원 간에 전개되는 상호작용을 '목표구조'라고 하는데 목표구조는 집단구성원들의 행동을 규제하는 목표달성의 추구 방식이다(문용린, 1988). 이러한 목표구조와 관련하여 Johnson과 Holubec(1994)은 교사가 만들 수 있는 교실의 학습목표구조를 협동학습구조, 경쟁학습구조, 개별학습 구조로 나누어 설명하였다. 협동학습구조는 소규모의 집단이 공통의 학습목표를 달성하기 위해 구성원이 서로 돕는 구조로 긍정적인 상호의존성을 가지며 타인이 성공 해야 자신이 성공하는 과정을 지니게 된다. 경쟁학습구조는 학생들은 서로를 경쟁상 대로 학습하며 목표 달성은 상대적으로 성적을 매기므로 확인하게 된다. 이 때 학생 들은 타인의 실패가 자신의 성공으로 인식하게 된다. 개별학습구조는 다른 학생과는 관계없이 자신에게 주어진 학습목표 달성을 위해 자신에게 적합한 학습속도로 혼자 서 공부하게 되는데, 이때 학생들은 타인의 이익이나 손해에는 관심이 없으며 자신에게 이익이 되는 결과를 얻는데 초점을 두게 된다. 이상과 같은 학습 구조 이론과 경험적 연구에 따르면 협동학습구조가 가장 학업성취효과가 큰 것으로 알려져 있다.

STAD는 이러한 협동학습구조에서 대표적인 모형으로 가장 오래되고 널리 사용되고 있다. 특히, STAD모형은 협동학습을 시작하는 교사에게 가장 적합한 모형 중의 하나로 알려져 있다(Slavin, 1993). 왜냐하면 교실수업에서 적용하기 가장 간편한 절차를 가지고 있으며 학생들간의 활발한 상호작용과 학습동기를 촉진할 수 있기 때문 이다.

　　STAD 수업 모형의 개발은 인지심리학의 발달과 밀접한 관련이 있다. 1960년대 인지심리학의 발달로 학습이란 학습자의 내부에서 일어나는 것으로 보는 인지적 관점이 형성되었고, 학습자는 수용자가 아니라 능동적이고, 보다 적극적인 정보의 해석자이며, 정보처리자로서 인식되고 있던 시기였다. 이와 관련하여 많은 협동학습 관련 이론들이 제기되었는데 대표적인 것으로 사회구성론, 접촉의 사회심리학, 협동의 사회심리학 등이 있다. 위와 같은 이론들을 실제 수업에 적용시킨 방법이 협동학습이다.

　　특히, 1970년대와 1980년대에 미국의 미네소타 대학의 David, Roger Johnson과 캘리포니아 주립대학의 Cooper, 존스 홉킨스 대학의 Slavin, Leavey, Madden은 학생들이 공동으로 학습하고 주어진 공동목표를 달성함으로써 팀 보상을 받게 하는 STL(Student Team Learning) 프로그램에 속하는 성취과제분담학습인 STAD모형을 개발하였으며, 더불어 팀보조개별학습인 TAI 모형이 Slavin 등에 의해 개발되었다. 이 중 STAD 모형은 실제 수업에 적용하기 쉽게 절차가 간단하고, 보상체제의 구조가 학생들간의 상호작용과 학습동기를 촉진시키는데 매우 유용한 학습모형으로 알려져 널리 사용되고 있다.

나. STAD 수업모형의 일반적 특징

　　STAD 수업모형의 일반적인 특징은 다음과 같다.

① 구체적인 수업 목표와 각 학습자의 높은 목표 인식도
- 학습자는 자신이 활동하여 달성해야 할 수업 목표를 분명하게 제시 받고, 그 목표를 달성하기 위한 구체적인 활동을 수행한다.

② 학습자 간 긍정적 상호 의존성 (positive interdependence)
- 구조적으로 동료 학습자들끼리 서로 도와주어야 자신의 목적을 달성할 수 있으므로, 서로 긍정적으로 의존하게 된다.

③ 대면적 상호작용 (face-to-face interaction)
- 30cm 목소리, 30cm 거리에서 말하고 들을 수 있을 정도로, 서로 얼굴을 맞대고 의사소통, 물리적 뿐만 아니라 심리적으로 공동 목표의 성취를 위해 밀접한 상호작용을 유도해야 함을 의미한다.

④ 개별적 책무성 (individual accountability) 부과
- 학습자는 다른 학습자에 대한 개인적 의무와 책임이 있다.
- 무임승차 효과(free-rider effect), 봉 효과(sucker effect) 등을 방지해야 한다.
- 개인이 획득한 점수를 팀 점수에 반영하고, 학습과제를 분업화하며, 학습자료를 별도로 분배하는 등의 각 개인에게 역할이 주어진다.

⑤ 팀 목표 강조
- 팀 목표가 달성되어야 개인 목표 역시 달성된다.

⑥ 이질적인 팀 구성
- 한 팀을 구성하는 구성원의 질이 다양한 경우 다양한 관점과 생각으로 인하여 학습자간의 상호작용이 극대화될 수 있다.
- 이질적인 팀 구성은 인지적, 정의적으로 학습자의 성장을 촉진하는 조건이 된다.

2. STAD 수업모형의 절차

STAD 수업모형(또는 대부분의 협동학습)이 갖는 교수학습 절차는 교사의 주도성(directness), 즉 교사가 의사결정과 통제에 얼마나 직접적으로 관여하는가에 따라 부분적으로 다르다. 이 모형의 일반적 절차는 다음과 같다.

가. 내용 선정 : 수업 내용을 교사가 결정한다.

STAD 수업모형(또는 대부분의 협동학습)에서 내용 선정은 교사가 주도한다. 교사는 수업 시간에 학생들이 수행해야 할 과제를 결정하고 학생들에게 알려주는 역할을 담당한다. STAD 수업모형에서 교사는 수업에서 배울 과제를 팀에게 할당하는 형태로 학습과제를 부여한다. 따라서 내용 선정은 거의 교사 중심적으로 이루어진다.

나. 수업 관리 : 팀별 활동은 학생이 주도한다.

수업 운영은 학습의 초기와 팀별 활동이 이루어지는 기간에 다르게 나타난다. 팀들이 학습 과제에 참여하기 전에는 교사 중심적으로 이루어진다. 교사는 팀원을 선정하고, 이용 가능한 자원을 결정하며, 각 과제에 할당된 시간의 양을 결정하고, 팀원들이

수행해야 하는 매개 변인을 결정한다. 일단 팀들이 과제를 시작하게 되면, 그 운영권은 각 협동 팀에 있는 학생들에게 신속하게 이양된다. 팀원은 역할분담, 과제수행, 시간과 주변 시설물의 활용방법 등에 대해 스스로 의사결정을 내린다.

다. 과제 제시 : 교사가 과제를 직접 제시하지 않는다.

STAD 수업모형(또는 협동학습)에서는 교사가 과제를 직접 제시하지 않는다. 교사는 주어진 과제에 대한 단계를 설정해 주거나 과제 완수를 위한 기본 규칙만을 설명해 준다. 과제를 수행하기 위해 무엇을 어떻게 하는지는 팀원 스스로에게 달려있다.

라. 참여 유형 : 참여는 학생주도와 상호작용 형태로 이루어진다.

STAD 수업(또는 협동학습)에서 학생 참여는 학생주도형 참여와 상호작용형 참여 두 가지로 이루어진다. 팀별 학습이 이루어지는 동안에 학생의 참여형태는 학생주도형이다. 교사가 팀원에게 질문을 할 때에는 상호작용형 참여가 이루어진다. 교사가 학생의 행동에 반성의 시간을 주거나, 적극적으로 협동하지 않은 학생에게 그 해결책을 찾을 때에는 상호작용형 참여가 기대된다.

마. 상호작용 : 교사는 격려자의 역할을 한다.

수업중의 상호작용 형태도 학생 참여 형태와 유사하다. 팀원들이 주어진 과제를 수행하는 동안에는 학생중심이 되고, 교사가 학생에게 질문을 할 때에는 상호작용형이 된다. 학생들이 팀 활동에 참여하는 동안 교사는 격려자 역할을 한다. 교사는 학생이 자신의 능력을 최대로 발휘할 수 있도록 조언을 하거나 전문가의 역할을 담당한다.

바. 학습 진도 : 학생이 학습 진도를 조절한다.

교사가 학습 과제를 소개하고 소요 시간을 알려주면, 수업의 진도는 학생 중심적으로 이루어진다. 시간 활동에 대한 계획은 팀별로 작성하며, 제 시간에 끝나지 않을 경우 교사가 관여한다. 따라서 학습 과제는 교사가 소개하지만, 학습 진도는 학생이 조절한다고 볼 수 있다.

사. 과제 전개 : 수업의 전개는 교사가 주도한다.

새로운 과제를 소개하는 시점은 교사가 결정한다. 하지만 진도 조절과 마찬가지로 일단 새로운 과제가 주어지면 그 과제를 끝마치는데 필요한 사항은 팀별로 결정한다. 즉 교사가 수업 전개를 주도하지만, 새로운 기술을 어떻게 달성하는가에 과한 구체적인 사항은 각 팀에서 결정한다.

〈간단한 적용 방법〉학생을 여러 모둠으로 나눈다. 각 모둠은 동일한 학습 과제와 필요한 자원을 부여 받는다. 교사는 1차 연습 시간(15분에서 20분 정도)을 제시하고 팀별로 연습하도록 한다. 이 시기가 끝나면, 그 동안에 학습한 내용에 대해 시험을 치룬다. 시험은 퀴즈 또는 기타 다른 형태의 수행 평가로 이루어진다. 모든 팀원들의 점수가 합쳐져서 팀 점수가 된다. 팀 점수를 공개하고, 교사는 협동 과정에 대해 학생들과 토론하고, 팀의 상호작용을 높일 수 있도록 조언한다.

그 다음, 팀은 동일한 과제를 다시 반복해서 연습한다. 이때 팀은 협동심을 강조하고 모든 팀원들의 점수를 높이는데 중점을 둔다. 2차 연습시간이 주어지는데, 이 때 모든 팀원들과 팀 점수가 1차 시험보다 높아야 한다는 것을 알려 준다. 두 번의 시험에서 향상도에 따라 팀 점수가 부여된다. 개인별 점수는 발표되지 않고 팀 점수만 발표되므로, 팀 내의 협동을 유발한다는 특징이 있다.

3. STAD 수업모형의 장점과 단점

가. STAD 수업모형의 장점

① 구성원 각자의 목표뿐만 아니라 집단의 목표가 있어서 서로 돕고 도움을 받으려 한다.
② 집단에 대한 책무성과 과제에 대한 분담이 이루어져 개별적 책무성이 강조됨으로써 개인의 능력을 최대한 발휘할 수 있다.
③ 개인의 능력에 관계없이 집단에 기여할 수 있는 성공의 기회가 균등하게 주어져 스스로 노력하게 된다.
④ 소집단 간의 경쟁이 유발되어 구성원들의 결속이 강화되고 구성원들의 학습동기가 촉진된다.
⑤ 재미없는 학습내용이라 하더라도 퀴즈 시합과 같은 형태로 진행되기 때문에 아동의 학습 주의력을 끌 수 있고, 매우 흥미있게 수업을 진행할 수 있다.

⑥ 학생이 수업 중에도 신체를 많이 움직여 간접적으로 학습 동기를 높여주는 원인이 될 수 있다.

⑦ 타인을 배려하는 태도를 길러준다. 기본적으로 동료들에게 서로 의존하지 않을 수 없는 학습 구조를 가지고 있기 때문에 타인을 배려하는 태도와 행동을 익히게 된다.

⑧ 문제를 해결하거나 의사결정하는 능력을 길러 준다. 팀이 좋은 성적을 거두기 위해서 자신들의 장점과 약점을 살리려는 노력을 하게 되며 이러한 가운데 자신들의 문제를 사회적으로 해결하는 경험과 능력을 얻는다.

⑨ 학생에게 많은 사회적 상호작용을 경험하게 한다. 활발한 상호작용을 통하여 원만한 대인 관계를 맺게 하고 여러 동료들을 경험함으로써 사고의 폭과 경험의 폭을 넓혀 주어 건전한 인격을 형성하게 한다.

⑩ 어느 협동학습보다 성공기회가 균등하기 때문에 공부를 잘하는 학생과 못하는 학생이 최선을 다해서 노력을 하게 된다. 그리고 학습능력으로 인한 서로에 대한 비난이 없어진다.

⑪ 학생에게 긍정적 자아개념을 가지게 한다. 동료들은 과제를 해결하는 동반자이기 때문에 개개인이 가진 약점보다는 장점을 받아드리는 경험을 한다. 따라서 긍정적 자아개념을 가지게 된다.

⑫ 학생에게 소속감을 심어준다. 특히, 초등학생의 경우 사회적으로 인정받기를 원하는 시기이므로 소속욕구가 증대되는 시기임으로 자연스럽게 팀을 중심으로 소속감을 가지게 된다.

⑬ 학생들이 교사의 통제나 보호에서 벗어나 독립적으로 학습을 함으로써 다양한 정보원을 접하고 독립심을 기를 수 있다. 협동학습에서는 동료들이 모두 정보원이기 때문에 다양한 정보와 사고를 접할 수 있다.

나. STAD 수업모형의 단점

① 과정보다는 결과에 집착하면 STAD 수업모형의 취지를 잃을 수 있다.
② 팀원 모두가 개념을 잘못 알고 있을 때 잘못된 상황을 변경하기가 어렵다.
③ 한 두 명의 학생이 팀에서 교사처럼 활동할 위험이 있다.
④ 능력이 뛰어난 학생은 다른 학생보다 더 많은 공헌을 해야 한다는 부담감을 느낀다.

⑤ 게으름을 피우는 방법을 배울 수 있다(무임승차 효과 등).

⑥ 노력은 했지만 공헌도가 낮은 학생이 창피감과 수치감을 느낄 수 있다.

⑦ 일부 학생은 자신에게 주어진 기회를 회피하는 경향을 보일 수 있다.

4. STAD 수업모형 적용시 유의점

STAD는 보상 방식이 특별한 수업모형이다. 그러므로 모든 교과와 모든 학년에 적용이 가능하나 퀴즈 문제를 많이 출제해야 하므로 문제를 많이 만들 수 있는 교과에 적용하기가 편리하다. 또한 교과 내용이 학생들의 흥미를 끌지 못하거나 어려울 때 사용하기를 권장하는데 수업이 게임처럼 느껴지기 때문에 학생들을 수업에 끌어들일 수가 있다. 그리고 이 모형은 한 두번의 수업으로 끝나는 것이 아니라 장기간 계속 점수 관리를 해야 하기 때문에 한 학기 단위로 계속 실시하는 것이 좋다. 모든 교과를 다할 필요는 없으며 한 두교과를 정해서 적용하는데 점수 관리에 어려움을 느낀다면 평가의 방법으로 퀴즈시험을 치는 방법도 권장한다.

5. STAD 수업모형에서의 평가방법

교사는 세 영역(인지적, 정의적, 운동·기능적)을 고르게 평가할 수 있는 방법을 이용한다. 이때, 교사는 학생들에게 제시한 과제의 특성을 고려한 평가방법을 사용한다. 운동적 기능과 교과 내용 학습에 중점을 둔 과제인 경우에는 실기, 필기시험 등 전통적인 평가 방법을 사용하는 것이 효과적이다. 난이도가 높거나 응용된 과제인 경우에는 실제평가와 대안 평가를 사용한다. 교사는 학생의 능력, 내용, 단원의 맥락에 맞게 과제를 계획했기 때문에 평가 내용 및 도구를 직접 제작해야 한다.

가. 인지적 영역의 평가 방법

① 퀴즈(선택형, 완성형, 조건형 ; 만약 ~라면, 어떻게 될까?, 단답형)

② 학습의 구체적인 성과물(포트폴리오, 비디오, 콜라쥬, 다른 학생들에게 학습된 수업)

③ 완성된 과제물의 질적 평가와 각 수준별로 세부 규정 서술. 예를 들어 올림픽의

역사에 관한 집단 과제는 4가지 수준으로 평가. 즉, 고대 올림피아 경기 선수(가장 낮은 수준), 동메달리스트, 은메달리스트, 금메달리스트(가장 높은 수준). 그 다음, 교사는 팀이 제출한 과제물의 질적 수준이 어느 정도인지를 알 수 있도록 하기 위해 각 범주의 특성을 서술.

④ 교사가 각 팀의 과제에 대한 교사의 채점표와 평가서

나. 정의적 영역의 평가 방법

① 각 팀을 정기적으로 모니터하고 긍정적이고 부정적인 사회적 상호작용 기록 (주요 사건 기록법)

② 긍정적이고 부정적인 상호작용 패턴과 횟수를 관찰하기 위한 체크리스트 사용

③ 팀별로 작업일지(어떤 일을 누가 했는지)작성

④ 팀별로 긍정적이고 부정적인 사례를 기록한 일지 작성

다. 운동·기능적 영역의 평가 방법

① 간단한 실기 시험 : 정해진 기준에 따라 일정 횟수를 완수하는 것 (예; 목표물에 성적으로 슛팅한 수, 파울 수, 패스한 수)

② 과제수행 시간 측정 (예; 장애물 코스를 도는 데 걸린 시간, 성공 회수를 완수하는데 소요된 시간)

③ 정확성 검사 (예; 슛 확률, 목표물과의 거리)

④ 일관성 검사 (예; 연속적으로 슛팅한 수)

⑤ 표준화된 실기 검사

6. STAD 수업모형 적용을 위한 시나리오

가. 학년, 교과목 : 중학교 1학년, 체육

나. 대단원 : 체조(마루운동)

다. 수업 목표

① 마루운동의 여러 가지 구르기 동작을 연결하여 수행할 수 있다.

② 체조 경기 체험을 통하여 흥미와 성취감을 갖는다.

③ 모둠 활동을 통해 협동심과 단결력을 기른다.

④ 자신의 몸을 보호할 수 있는 안전 능력을 기른다.

라. 수업 진행 방법(4개의 모둠으로 STAD 모형을 적용하여 경기 실시)

① 남녀 혼성 4개팀 각10명으로 구성

② 각 팀에서 심판 1명씩을 선발한다.

③ 1개팀 상중하 난이도별 각 2~3명으로 구성

④ 각 팀의 경기순서를 추첨한다.

⑤ 각 팀별 추첨된 순위에 의하여 각 팀 단계별로 경기한다.

⑥ 동작은 같은 난이도 2명, 혹은 3명이 동시에 실시한다.

⑦ 심판은 채점판으로 즉시 채점한다.

⑧ 각 팀별 연기내용을 영상으로 제작한다.

마. 학습활동 과정

1, 2단계 : 모둠 구성 및 모둠별 연습

교수 · 학습 활동	■ 자 료
교사(T) - 학생(S)	▶ 유의점
• 교사는 남녀 혼성 4개팀 각 10명으로 모둠을 구성하고, 각 팀에서 심판을 선발한다. • 교사는 심판에게 채점방법을 설명하고, 가채점을 하도록 하여 결과를 평가한다. • 모둠별로 미리 설정한 각자의 난이도에 맞게 연기 동작을 연습한다.	

3단계 : 1차 경기 진행

교수 · 학습 활동	■ 자 료
교사(T) - 학생(S)	▶ 유의점
• 경기진행 순서 및 규칙을 설명하고 자신의 맡은 동작의 완성에 최선을 다하는 것이 팀 승리에 기여한다는 사실을 알린다. • 경기자를 제외한 학생들은 관중으로서 격려와 응원을 하도록 한다. • 모둠별 연기를 촬영하고, 기록원은 심판의 채점결과를 신속하게 기록한다. • 모든 학생들은 경기에 임하는 동료학생에 대하여 비교 관찰 분석하는 태도를 갖고 관람한다.	

4단계 : STAD 경기 방식 설명 및 2차 경기 진행

교수·학습 활동	■ 자 료
교사(T) - 학생(S)	▶ 유의점
• 모든 팀원과 팀 점수가 1차보다 높아야 하고, 2차 경기에서의 향상도에 따라 팀 점수가 부여되는 것을 알려준다. • 모둠별 촬영 자료를 활용하여 전략적 상호작용을 한다. • 교사는 지도에 어려움을 느끼는 모둠이 있으면 도움을 준다. • 1차 경기와 같이 모둠별 2차 경기 연기를 한다. • 각 모둠 대표의 자유연기를 실시한다. 　(자유연기동작 ; 물구나무 서서 앞구르기→다리벌려 앞구르기→뒤구르기→무릎펴 뒤구르기→손짚고 앞돌기)	

5단계 : 경기결과 발표 및 총평

교수·학습 활동	■ 자 료
교사(T) - 학생(S)	▶ 유의점
• 경기 단계별 학습내용을 평가 설명하고, 격려한다. • 자유로운 분위기에서 기능향상 정도가 뛰어난 학생이 시범 연기를 보이도록 한다. • 향상의 원인과 모둠의 역할에 대해 이야기 하도록 한다.	

6단계 : 팀별 시상 및 강화

교수·학습 활동	■ 자 료
교사(T) - 학생(S)	▶ 유의점
• 모둠별 시상 　- 팀 향상도 1위 팀 　- 향상도 우수자 　- 최우수 연기자	

7. STAD 수업모형을 적용한 교수 · 학습 과정안

단계		교수 · 학습활동	시간	자료 및 수업상의 유의점
과제제시	*도입 *전개	• 사림의 대두 - 사림의 형성 : 영남일대에 세력형성, 기호 지방으로 확대 - 학풍: 경학중시(성리학을 학문의 주류로 존중), 왕도정치 추구, 향촌 자치 주장 - 정계진출 : 성종때 중앙정계 진출(3사에서 언론, 문필직 담당) • 사림의 정치적 성장 - 사림세력의 기반 : 성리학 연구, 중소지주로서의 경제 기반 - 사림의 훈구세력 비판 : 국가재정 확보와 자신들의 경제적 입지 확조를 위해 훈구 세력의 대토지 소유를 비판 - 사화의 발생 　ㄱ. 원인 : 사림과 훈구 세력간의 정치적, 학문적 대립 　ㄴ. 과정 : 무오사화-갑자사화-기묘사화-을사사화 　ㄷ. 결과 : 사림의 정치적 위축-중소 지주적 기반을 토대로 서원과 향약을 통해 향촌에서 점차 세력강화-선조때 정권강화 - 조광조의 개혁정치: 왕도정치의 이상 추구 　ㄱ. 정치 : 현량과 실시(사림 등용), 위훈 삭제(훈구파 약화) 　ㄴ. 경제; 공납제의 폐단 시정 　ㄷ. 사회 : 불교, 도교 행사폐지, 소학 교육 강화, 향약의 보급 　ㄹ. 결과 : 훈구세력의 반발, 기묘사화로 조광조의 실각	15′	-수업에서 배워야 할 내용을 제시하고 설명해 준다. -평가할 목표를 학생들에게 명확하게 제시한다. -질문을 통해 학생이 교사의 설명을 이해하는지 확인한다. -이 단계에서 너무 긴 시간을 할애하지 않는다.
문제해결	*역할분담 *팀내개별학습	• 4명의 이질적 집단구성 - 역할분담 결정 * 소집단 구성원들에게 과제제시 - 학습지 배부 (1인당 1부) - 책임감을 가지고 함께 과제를 해결한다. - 소집단 구성원들이 상호작용을 하도록 유도한다. • 과제를 해결한 후 학습지제출(조별로 짝과 답지를 바꾸어서 채점한 후)=개별점수	20′	-모든 문제는 소집단에서 해결한다. 해결되지 않는 부분은 손을 들고 질문한다.
평가	*개인별퀴즈	• 충분히 할애된 시간에 개인별 퀴즈를 제시한다. - 10개의 퀴즈문제를 제시한다. 퀴즈를 맞춘 사람에게 보상	10′	-학습지에서 제시된 퀴즈는 소집단 구성원이 도와줄 수 없다.

		- 퀴즈에 대한 개별점수 산출 - 개인별 점수와 기본점수(퀴즈점수)를 비교 • 상호 협동학습 관찰록 카드 작성 - 자율 협동학습 카드 작성(개인)		-학습지에서제시 되지않은 퀴즈는 소집단 구성원들 이 함께 답을 구하 여 응답한다.
보 상	*팀점수 산출 *우수팀 공고 *보상	• 소집단 점수게시(향상점수 기준) - 가능한 많은 소집단을 시상토록 유도한다 • 소집단 득점 점수별로 칭호 부여 - 예 : 슈퍼팀, 그레이트팀, 굳팀 • 수업후 잘된 점과 고쳐야할 점을 발표	5′	-게시판에공고

참고문헌

권낙원 역(2010). 수업모형. 서울 : 아카데미프레스.

문용린(1988). 학교학습이론의 한계와 새로운 동향. 한국교육개발원.

Jonhson, P. W., & Holubec, E. J. (1994). *The new circles of learning: cooperation in the classroom*. Alexandria, VA: ASCD

Slavin, R. (1993). *Student team learning: An overview and practical guide*. Washington, DC: National Education Association.

Jigsaw 수업모형

1. Jigsaw 수업모형의 등장 배경 및 의미

가. Jigsaw 수업모형의 등장 배경

Jigsaw 모형은 경쟁이 없는 상태에서 학생 모두가 학습의 주체가 되어 서로 가르치고 배우는 소집단 협동학습의 한 형태이다. 1978년 미국 Texas대학의 Aronson과 그의 동료들에 의해 개발되었으며, 이후 이 Jigsaw I 모형을 수정한 Jigsaw II, Jigsaw III, JigsawVI 모형이 제시되었다. 직소(Jigsaw)라는 이름은 모집단(home team)이 전문가집단(expert team)으로 갈라졌다가 다시 모집단으로 돌아오는 모습이 마치 Jigsaw puzzle(조각난 그림 끼워 맞추기)과 같다고 하여 붙여졌다.

이 학습방식은 협동학습 방식과 peer-teaching을 조합한 것으로 패자를 회피하고 학업성적의 향상과 대인적 감수성, 역할 취득 능력의 향상 및 자신의 감정을 고양하는 것이다. 또한 사회적으로는 인종 간의 긴장을 저하·감소시키는 하나의 방법으로 고안되었는데, 그 시행 결과 인종 간의 융화가 이루어졌으며, 학습의 장이 경쟁 상태가 아닌 상호협조 관계여서 서로의 인간적인 관계가 지속되었다. 그리하여 미국의 인종문제가 해결됨으로서 직소우 학습방법의 효과가 알려지고 사용되게 되었다.

나. Jigsaw 수업모형의 특징

① 특별히 고안된 학습 자료

학습 자료는 소집단 구성원들이 서로의 도움 없이는 학습할 수 없도록 소집단 수만큼 나누어진 부분 자료로 재조직된다.

② 소집단 조직과 의사소통 훈련

소집단 구성원들 간의 의사소통은 Jigsaw 모형의 핵심적 요소이다. 원만한 협동 활동과 의사소통을 위해서는 자신의 의견 발표하기, 동료의 주장을 잘 듣고 이해하기 등 협동학습 활동에 관한 기본적 기능들을 훈련받아야 한다.

③ 소집단 리더 역할 강조

소집단의 활동을 원만히 할 수 있도록 리더의 역할이 강조된다. 리더는 교사에 의해 선출되며, 토론이나 역할놀이의 운영 등 리더의 역할을 위한 특별한 훈련을 따로 받아야 한다. 리더는 소집단을 조직하고, 유지하고, 과제를 수행하며, 소집단 내의 문제를 해결하는 등의 역할을 한다.

④ 소집단 구성

소집단의 크기는 3명에서 7명의 범위가 가능하며, 4-6명이 가장 적정한 것으로 권장된다. 교사가 자신의 지식이나 경험 또는 직관에 의해 학습능력, 성별, 심리적 특성 등에서 이질적으로 소집단을 구성한다.

⑤ 전문가 집단 구성

소집단의 각 구성원은 같은 학습 자료를 할당받은 다른 소집단의 구성원들과 전문가 집단을 구성하게 된다. 이들은 자신들의 소집단 구성원들을 가르치기 위해 전문가 집단에서 자신들이 맡은 학습 자료에 관한 정보를 교환하며 연구하고 내용을 습득하여 그 분야의 전문가가 된다.

⑥ 개인적 평가와 보상

학습자들은 전체 학습 단원에 대해 개인적 평가를 받으며 집단 보상은 받지 않는다.

다. Jigsaw 수업모형의 의미와 발달과정

① Jigsaw I 모형

한 전문가(교사)와 다수의 청강자로 되어 있는 전통적인 경쟁학습 구조를 약 5-6명 정도로 구성된 소집단 협동학습 구조로 바꾼다. 이 학습에서는 집단의 각 학생이 특정 학습 과제에 대하여 집중적으로 학습하여 다른 학생을 가르칠 책임을 진다.

기본적으로 개념을 가르치는 데 중점을 둔 모형으로, 집단 목표와 동일하게 팀의 학생들이 교재를 분할하여 한 부분씩 깊이 있게 공부하여 그 분야의 전문가가 되어 동료들에게 가르쳐 주는 것으로서 과제 상호의존성에 기초하고 있다. 이 구조에서는 팀별 경쟁과 집단목표 달성이 양립할 수 있게 되는 장점이 있다.

② Jigsaw II 모형

Jigsaw II는 모든 학생에게 단원 전체를 접할 수 있는 기회를 제공하며 Jigsaw I에 비해 학습자 간의 상호의존성이 약화되는 단점이 있다. 그러나 Jigsaw I과 같이 학습 내용을 재조직할 필요없이 기존의 교과 단원을 그대로 이용할 수 있다는 점에서 더욱 실용적이고 경제적이다.

또한, STAD의 평가방법을 사용하고 집단보상을 함으로써 집단 목표의식을 갖게 하고 모든 구성원이 집단 성공에 기여할 수 있는 기회를 제공한다. 이를 위해 STAD와 마찬가지로 기본점수, 향상점수, 소집단 점수의 3가지 점수가 반영된다. Jigsaw I이 대부분 5~6명으로 이루어지지만 Jigsaw II는 집단 구성원을 4명으로 할 것을 강력히 권장한다.

③ Jigsaw III 모형

Jigsaw II 모형이 모집단 학습을 마친 후 곧바로 퀴즈를 보기 때문에 충분히 퀴즈에 대비한 학습의 정리나 마음의 준비를 할 여유가 없음이 문제점으로 지적되었다. 1994년 Steinbrink & Sthal은 학습이 끝난 후에도 일정 시간 퀴즈를 대비한 모집단의 학습 기회를 주어야 한다는 주장에 따라 이 과정을 첨가한 Jigsaw III 모형이 소개되었다.

④ Jigsaw IV 모형

Hollyday는 2002년에 Jigsaw II와 III 모형의 여러 가지 문제점을 지적하면서 Jigsaw IV 모형을 개발하였다. 이 모형에서는 전체 수업내용에 대한 안내를 하고 있다. 학생들이 수집한 정보의 정확성에 대해 점검을 하기 위한 두 가지 유형의 퀴즈를 제공한다. 평가 후 학생들이 학습하지 않은 것이라고 생각되는 내용에 대한 재교수를 특징으로 하고 있다.

〈표 9-1〉 Jigsaw 모형의 발달과정

Jigsaw IV	Jigsaw III	Jigsaw II	Jigsaw I	모집단(home team): 과제분담 활동
				전문가 집단(expert team):전문가 활동
				모집단(home team): 동료교수 및 질문응답
			교재의 한 단원을 분할→개인의 책무성·상호 의존도 증대 개인별평가·팀별 점수산출(STAD)→보상 체제	
		일정시간 후 평가		
	전체 수업내용 안내, 재교수			

2. Jigsaw 수업모형의 수업절차

이 모형에서는 학습 전에 과제를 몇 가지 주제로 나누어놓고, 학생들을 성별, 학습 능력, 심리적 특성 등을 고려해서 이질적으로 모집단으로 나누게 된다. 학생들이 최초에 속한 집단을 모집단이라 하며, 각 모집단에 속해 있는 학생들은 세분한 주제를 각자 한 가지씩 맡아서 전문적으로 공부하고 전문가 집단에서 각자 조사한 내용을 교환한다. 심화학습을 마친 학생들은 다시 모집단으로 돌아와 배운 내용을 발표하고 각자의 주제를 팀원들에게 학습시킨다.

〈그림 9-1〉 수업절차

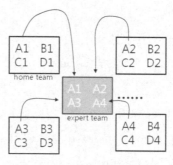

〈그림 9-2〉 모집단과 전문가 집단의 관계

가. Jigsaw 수업모형의 전형적인 절차

〈표 9-2〉 Jigsaw 수업모형의 절차

단계	교수 · 학습 활동
(1) 모집단 활동 (home team)	처음에 교사는 한 단원을 수업 주제로 선택하여 이번 수업 계획의 대강을 설명해 준다. 그런 다음 4-6명으로 구성된 모집단(home team)에 몇 가지의 하위주제가 질문의 형식으로 적혀있는 전문가 용지(expert sheet)를 배포한다. 이 하위주제들을 소집단 구성원 각자에게 하나씩 할당되게 하며, 각 주제를 맡은 구성원은 그 하위주제에 한하여 전문가가 된다. 모집단에서 학생들은 하위 주제 외에 각자가 소집단내에서 해야 될 역할들, 예컨대 리더나 기록자와 같은 역할을 정한다.
(2) 전문가활동 (expert team)	각각의 소집단에서 동일한 주제를 맡은 구성원끼리 따로 전문가집단을 형성하여 함께 학습활동을 한다. 전문가 활동은 주로 그 하위주제를 공부한 다음 각자의 모집단에 돌아가서 모집단의 동료들에게 어떻게 핵심내용을 전달해 줄 것인가를 중심으로 토론하게 된다. 이를 위해 교사는 전문가집단에서 다루어야 할 학습의 요점과 범위를 안내해주는 자료도 제공하는 것이 좋다.
(3) 모집단의 재소집 (home team reconvene)	전문가집단의 활동이 끝났으면 다시 모집단으로 돌아와서 자기의 전문적 지식을 소집단내의 다른 동료들에게 전수한다. 다른 동료들은 자기가 전문으로 선택한 것 외에는 전혀 학습을 하지 않았기 때문에 자신이 전공하지 않은 영역은 전적으로 동료 전문가의 지식에 의존할 수밖에 없다. 따라서 동료의 가르침을 적극적으로 수용하게 된다. 그 과정이 끝나면 전체 과제를 범위로 개인 평가를 받는다. 결국 모집단과 전문가집단에서 학생들은 활발한 협동학습을 하게 되는 것이다.

나. Jigsaw 수업모형의 수업과정

1) 기본 수업절차

① 교과서에서 한 단원을 선택하여 이를 네 가지 주제로 나눈다.

② 네 다섯 명으로 구성된 소집단을 주어진 기준에 의해 조직하고 그 소집단이 집단명을 정하고 정체성을 갖도록 유도한다.

③ 각 소집단에 네 가지 주제가 질문의 형식으로 적혀있는 전문가 용지를 배포한다.

④ 이 주제들을 소집단 구성원 각자에게 하나씩 할당되게 하며, 다섯 명일 경우 두 명이 한 주제를 맡게 한다. 각 주제를 맡은 구성원은 그 주제에 관하여 전문가가 된다.

⑤ 모든 학생에게 단원 전체를 읽게 하되, 자신이 맡은 주제를 중심으로 읽게 한다.

⑥ 단원을 다 읽었으면 각 전문가 집단이 모여서 자신들이 맡은 주제를 중심으로 읽게 한다.

⑦ 전문가 토론이 끝나면 자신의 소집단에 가서 단원 전체를 학습하게 한다.

⑧ 소집단 학습이 끝나면 단원 전체에 대해 개인적 시험을 치른다.

⑨ 팀 점수를 공개하고 학급신문이나 게시판에 팀의 성적을 공개한다.

⑩ 처음 8단계를 계속 반복하며, 개인의 향상 점수에 기초한 팀 점수를 다시 계산하여 새로운 팀 순위를 게시한다.

2) 응용 Jigsaw 수업절차

① 학습의 집단을 여러 그룹으로 나눈다. (1개 그룹은 4~6명)

② 교사는 교재를 재구성하고 그 교재를 각 그룹의 성원수에 맞게 분할하여 분담 시킨다.

③ 각 그룹의 정하여진 고유의 번호를 가진 아동끼리 모아서 새로운 그룹을 만든다.

④ 각 그룹에서 모인 한 명씩의 학생이 재구성된 공통의 교재를 갖고, 그 교재를 토대로 각 가정에서 또는 각 학습 집단에서 예습한 내용에 대한 의견을 교환 하고 발표하며, 공동학습하여 학습결과 및 학습문제의 결과를 도출한다.

⑤ counterpart session 그룹에서 학습이 끝난 각 학생들은 최초의 그룹으로 되 돌아간다. 본 집단에서는 각 학생 하나하나가 학습의 정보원으로서 서로 peer- teaching을 하며 공동학습을 한다.

⑥ 공동의 학습이 끝나면 상호평가하며 교사는 의견과 학습의 결과를 수합하여 정리하여 주고 그 학습단원의 막을 내린다.

⑦ 학생은 원래의 집단으로 돌아가서 다음 단원의 학습내용을 찾고 분석 · 예습 하여 차시의 직소우 학습방법을 대비한다.

3. Jigsaw 수업모형의 장점과 단점

가. Jigsaw Ⅰ 수업모형의 장점과 단점

1) 장점

① 각 집단 구성원의 적극적인 행동이 다른 집단 구성원들의 학습 활동을 도와주기 때문에 협동적 보상구조의 이점을 지니고 있다.

② 구성원간의 상호의존성과 협동심을 유발한다.

2) 단점

① 과제 해결을 위한 상호의존성은 높으나 개별 점수가 집단 점수에 기여하지 못하기 때문에 상호 의존성은 낮다.

② 집단으로 보상받지 못하기 때문에 형식적인 집단 목표가 없다.

3) Jigsaw Ⅰ 모형에서 고려되어야 할 요소

① 교사는 전문가 소집단에서 다루어야 할 학습의 요점과 범위를 안내해 주는 자료를 제공하는 것이 좋다.

② 특별히 고안된 학습 자료가 있어야 한다.

③ 소집단 활동을 원만히 할 수 있도록 리더의 역할이 강조된다.

④ 소집단의 크기는 4~6명 권장한다.

⑤ 의사소통 훈련을 받아야 한다.

⑥ 자신이 맡은 학습 자료에 대해서 전문가가 되어야 한다.

나. Jigsaw Ⅱ 수업모형의 장점과 단점

1) 장점

① 각 구성원의 책무성이 뚜렷하다.

② 학생들 각자는 자기가 맡은 주제에 대하여 전문가가 될 수 있기 때문에 자신감과 긍지를 가질 수 있다.

③ 개별 학습자나 팀은 자신들이 좋아하거나 원하는 주제를 할당받을 수 있기 때문에 교사는 세분화될 수 있는 학습과제를 선정하는 것이 주요 역할이다.

④ 성·능력·계층 등의 이질적인 학습 구성원으로, 교우관계 증진에 효과적이다.

⑤ Jigsaw II 모형은 Jigsaw I 모형의 개별보상에 집단보상이 추가된 것으로 보상 상호 의존성과 과제 상호 의존성이 함께 포함되어 있다. 따라서 Jigsaw 모형과 달리 인지적·정의적 학업성취의 영역에서 전통적 수업보다 효과적이라는 장점이 있다.

2) 단점

① 과제에 대한 고도의 지적 능력을 필요로 할 경우, 부진한 학생은 곤란을 겪을 수 있다.

② 교사가 팀 구성원 수에 맞게 분할하기 위해 고심해야 하며, 또한 분할된 소주제의 수에 맞게 정확하게 팀을 구성하는 것도 용이하지 않다.

4. Jigsaw 수업모형 적용시 유의해야 할 일반적인 사항

가. 주제 배분과 학습 자료의 준비

학습 자료 제작 과정에서 유의할 사항은 주제를 나눌 때 소주제의 수와 분량을 어떻게 할 것인가의 문제이다. 그것은 집단의 크기를 결정하는 것은 물론 전문가 활동(공부)시간과 활동 장소를 결정하는 기초가 된다. 현 교육 실정에서 전문가 활동 시간을 어떻게 확보하는가 하는 것이 과제이다. 전문가 활동은 가정 학습 과제로 부과하고 학교에서는 학습 안내와 전문가 집단 활동과 발표 시간을 가질 것인가? 교실에서 모든 정보를 수집할 수 있게 할 것인가? 등을 결정해야 한다.

전문가 집단 구성원이 해야 할 주제를 나눈 후에 교사는 학생들이 해야 할 활동과 질문을 제시하는 전문가 활동지(expert sheet)를 개발해야 하고, 제시한 활동을 원활히 수행할 수 있도록 학습 자료를 준비해야 한다. 이것은 학생들이 학습할 과제를 효율적으로 도달할 수 있도록 안내하는 교사의 능력이다. 전문가 활동지에는 자기가 맡은 소주제에 대해서 학생들 수준에서 전문가가 되기 위해서 노력할 유인책이 되도록 흥미를 부여하고 장애물도 적당히 부여해야 한다. 그러기 위해서는 주제별로 조사·탐구 활동, 책읽기, 컴퓨터 모의실험, CAI 프로그램 적용, 비디오 보기, 실험 해보기와 같은 해야 할 일을 전문지에 구체적으로 정해 주고, 질문 형태로 주제의 줄거리를 제시하여야 한다. 한편 전문조가 부차적 논제를 다양한 활동을 통해서 공부할 수 있도록 학습 자료를 준비해야 한다. 전문지 제작과 자료 준비에서 교사의 창의성이 발휘되는 것이다.

나. 전문가 집단 활동

모집단의 구성은 가능한 성별, 학습 능력 등을 기준으로 이질 집단으로 구성해야하나 꼭 그렇게 하지 않아도 좋다. 그러나 모집단에서 구성원이 공부할 주제를 충분히 인식하고 주제의 분배가 원활히 이루어지도록 안내해야 한다. 집단 활동을 어떻게 운영할 것인가? 전문가 집단과 모집단에서 얼마나 활기찬 토론이 이루어지는가? 또 얼마나 질서를 유지하는가 하는 것은 학습의 효율화를 결정하는 요인이다. 그러므로 토론이나 발표에서 문제가 발생할 때 브레인스토밍법 등 의사 결정 요령을 익혀야 하며 조장이 이를 잘 이끌어 조정되어야 한다. 전문가로서 개별 주제의 공부가 끝나면, 다른 모집단에서 같은 주제를 공부한 전문조끼리 모이는 전문가 집단으로 모인다. 여기서 각자 공부한 내용을 검토하고 토론에 의해 부족한 점에 대해서는 서로 보완하여 소주제의 내용을 충분히 학습한 다음에 모집단에서 발표할 내용을 요약 정리하게 된다. 여기서의 활동에서 각자가 모집단의 구성원에게 발표할 간단한 자료와 지도 자료를 만들게 된다.

따라서 전문가 집단도 다양한 활동을 통해서 부과된 주제에 대해서 충분히 공부할수 있도록 격려해야 하고, 전문가 집단에서 활기찬 토론이 이루어져 자기가 공부한 내용을 발표할 방법을 모색하도록 해야 한다. 그리고 모집단의 구성원들이 제기될 수 있는 문제들도 고려해 보도록 안내해야 한다.

다. 보고서 작성의 문제

보고서를 어떻게 작성하여 모집단에서 자기가 공부한 내용을 얼마나 효율적으로 전달하는가의 문제는 학습목표에 얼마큼 도달할 수 있는가를 결정해 준다. 전문가 집단에서의 활동이 끝나면 학생들은 원래의 팀으로 돌아간 후에 전문가들은 주제를 팀원에게 가르칠 책임성이 있다. 학생들이 다양한 교수법을 이용하도록 장려하면 그들은 자기 생각을 자기 나름대로 표현할 것이다. 보고서를 읽거나 컴퓨터, 괘도, OHP 자료, 슬라이드 자료, 또는 참고 도서, 복사 자료를 보여주며 생각한 바를, 요약된 글, 사진, 도해, 도표, 그림으로 설명한다. 팀원들이 보고서를 토의하고 질문하도록 하면 각 팀원들은 다른 소주제에 관해 배우게 될 것이다.

전문가들이 각 팀에 보고할 때에는 짧은 학급 토의나 질의 응답을 수행케 하고 전문가가 자기 주제에서 간단한 문제를 만들어 조원에게 답하게 한다. 간단한 퀴즈 문제는 각자의 학습을 충실하게 보충할 수 있다.

5. Jigsaw 수업모형 적용시 문제점 및 해결책

문제점	해결책
1. 교사의 부담이 크다.	담당 학년 교사 간 공동 연구, 방학 중에 준비
2. 암기식 수업이 되기 쉽다.	전문지 제작 및 자료 준비를 철저히 해야 함
3. 전문가 활동 시간의 확보가 어렵다.	주제를 적절히 분배, 2시간으로 연장하거나 교사가 자료를 최대로 확보해서 교실에서 전문가 활동이 이루어지도록 함.
4. 혼란스러워 질 수 있다.	이동시 혼란을 막을 방법 고안
5. 모집단에서 발표를 위한 자료 만들기가 쉽지 않다.	시청각 기자재 활용 훈련 필요
6. 소집단 활동 훈련이 요구된다.	질서유지. 서로 간의 예의 지키기. 발표방법을 훈련시킴

6. Jigsaw 수업모형의 활용 방안

첫째, 과제분담학습 내용이 분절될 수 있는 병렬적인 내용이어야 한다. 만약 과제분담학습 내용이 인과적인 관계에 있는 학습 단원을 무리하게 과제 분담하여 학습하게 되면 수업에 실패할 수 밖에 없다. 만약 동학 혁명을 가르친다고 하자. 동학혁명의 원인, 과정, 결과, 교훈을 과제 분담한다면 무리가 따를 수밖에 없다. 왜냐하면 동학 혁명의 교훈을 알려면 동학 혁명의 원인, 과정, 결과 등을 통해서 자연스럽게 도출되는 것이지 교훈 그 자체가 독립적인 학습 내용이라고 보기 힘들기 때문이다. 그러므로 과제분담학습 내용이 그 자체로서 분절될 수 있는 병렬적인 학습 단원을 과제분담학습 해야 한다. 예컨대, 북한의 현실을 가르친다고 하자. 북한의 정치, 경제, 사회, 교육 및 문화를 분야별로 과제분담학습 자료를 나누어 학습한다면 훨씬 효과적으로 수업을 진행할 수 있을 것이다.

둘째, 학습 내용이 적정 수준 이하여야 한다. 학습 내용이 중 수준 이상이면 실패하기 쉽다. 왜냐하면 과제분담학습 모형에서 가장 큰 문제는 하 수준 학생들이 수업 활동에 오히려 방해가 될 수 있기 때문이다. 과제 자체가 어려우면 하 수준 학생들은 잘 이해할 수 없기 때문에 다른 학생들에게 설명하기 힘들기 때문이다. 그러므로 학습 내용 자체가 쉽거나 하 수준 학생들에게는 의도적으로 손쉽게 수행할 수 있는 학습과제를 부여해야 할 것이다.

셋째, 다른 학습 구조와 병행하여 활용하면 학습 효과를 극대화할 수 있다. 과제분담 학습모형을 그대로 실행하는 것보다는 과제분담학습 과정에서 다양한 학습 구조나 학습 활동을 삽입함으로서 학습 효과를 극대화시키는 노력이 필요하다. 과제분담학습 자체가 가지고 있는 단점들을 극복하기 위해 여러 가지 학습 활동을 포함하거나 변형 모델을 개발하는 것도 좋은 방법이라고 생각한다. 우리나라에서는 과제분담학습 모형이 가지고 있는 단점 때문에 모형 자체를 버리는 경우가 많았지만 외국에서는 단점을 연구하고 이에 대한 보완책을 개발하여 다양한 변형 모델을 개발하였다. 그리하여 Jigsaw II, Jigsaw III, 다단계 과제분담학습, 텔레폰, 파트너 등이 개발되었다. 어떠한 학습모형도 완전무결할 수 없다. 그러므로 수업모형이 가지고 있는 장단점을 잘 이해하여 수업에 적용하는 지혜가 필요하다.

7. Jigsaw 수업모형 적용을 위한 시나리오

가. 교과/단원명 : 정보/정보사회와 정보기술

나. 학습대상 : 고등학교 2학년

다. 수업 목표 : social network에 관한 자료를 수집하여 보고서를 작성하고 프리젠테이션 할 수 있다.

라. 수업 상황 : 협동학습을 통한 과제해결을 위해 4명의 모집단으로 팀을 구성한 후 역할에 따라 전문가 모둠에서 토의한다. 결과를 각자의 모집단으로 돌아와 팀구성원에게 학습한 후 평가한다.

마. 자료/유의점 : 프리젠테이션 자료, 프로젝터, 컴퓨터(internet), 프린터, 웹하드/ 협동학습을 위한 교사의 시나리오를 미리 준비한다.

바. 학습활동 과정

1단계: 모집단 활동 단계

교수·학습 활동(교사(T) - 학생(S))

T : social network라고 들어보았나요?

S₁: 네, 웹에서 친구를 사귈 수 있어요.

S₂: 영화제목이예요.

T : 그래요. 오늘은 소셜 네트워크의 기능과 동향, 미래 활용분야에 대하여 알아보려고 해요. 자, 오늘의 학습활동 내용을 한 번 볼까요?

❖ ppt #01

> 요리를 좋아하는 영희는 오늘 트위터에 가입했다. 친구 철수에게 부탁해 자신을 following 하도록 하였다. 트위터에 글을 올리는 것에 재미를 느낀 영희는 하루의 대부분을 스마트폰을 사용하는데 시간을 보냈다. 좀 더 근사한 영희의 모습을 바라는 철수는 twitter를 포함한 social network가 여러 분야에서 활용될 수 있음을 알려주고 싶어 자료를 수집하여 설명해주려고 한다. 자, 지금부터 여러분이 철수라고 가정하고, 영희에게 설명하기 위한 social network의 개념과 기능(분야),현재의 동향, 미래의 활용분야 등의 자료를 찾아보자.

T : 이번 시간에 해결해야 할 일들이 많지요? 그래서 협동학습을 하려고 해요. 자, 4명씩 팀을 이뤄 모집단(home team)을 구성해주세요. 자, 각자 역할이 있는데 학습활동에서 자신의 역할과 평가를 위한 제출물은 어떤 것인지 알아볼까요?

- 4명씩 모집단을 구성하게 하고 두 번째 슬라이드를 보여준다.

❖ ppt #02

> Task:
> - 4명씩 팀을 구성합니다.
> - 팀의 이름을 짓습니다.
> - 학생의 역할
> • 학생 A : social network의 개념과 기능(분야), 동향에 대한 자료조사
> • 학생 B : social network의 미래의 활용방안에 관한 자료조사
> • 학생 C : 워드프로세서의 사용법 숙지
> • 학생 D : 프리젠테이션에 관한 도구의 선정 및 세부사항 조율

final checklist :
- 보고서(전문가용지) 제출&파일 업로드(개인별 1부)
- 프리젠테이션 출력물(6장의 슬라이드, 팀별 1부)

T : 학습활동의 흐름을 설명할테니 들어보세요. 같은 학습활동을 하는 학생들이 전문가집단으로 다시 모일거예요. 같은 주제로 자료를 수집하거나 토론을 한 후 원래의 모집단(home team)으로 돌아갑니다. 보고서 폼과 참고사이트, 평가기준은 학교 홈페이지 웹하드에 있는 시나리오 파일을 올려놓았으니 열어 보고 확인한 후 학습활동을 시작하도록 하세요.
S : 네.

-시나리오 파일과 평가 기준은 다음과 같다.
❖ Scenario:

Report Form:
- 보고서(A4, 1page)
  여백: 상하좌우-15mm, 머리말·꼬리말-10mm , 글꼴: 바탕(10point), 줄간격: 160%
  첫 번째 줄에는 팀명과 학번, 이름을 기술
  소셜 네트워크의 개념, 역사, 기능, 동향, 통계, 적용사례, 미래의 활용방안 등을 포함한 내용.
- 웹하드의 게시판에 학번.hwp로 업로드한 후 프린트를 제출.(file size: 2M이내)
- 프리젠테이션(6 slide):   발표시간(time:5Min).

Resources:
  http://ko.wikipedia.org
  http://www.ibm.com/developerworks/kr/library/ws-socialcollab/index.html
  에릭퀄먼(2009), 소셜노믹스, 에이콘출판
  메튜 프레이져, 슈미트라 두타(2010), 소셜 네트워크 e혁명, 행간

❖ AssessmenT :

항목		0-1점 적절하지 않다.	2-3점 적절하다	4-5점 우수하다	단위
1	구성	기능과 동향, 미래 활용분야가 우연히 조합되었다.	기능과 동향, 미래 활용분야의 구성이 논리적이고 현명하다.	기능과 동향, 미래 활용분야가 통찰력 있고 강력하며 성숙한 사고와 분명한 이해를 바탕으로 구성되었다.	개인별
2	지식	기능이나 동향, 미래 활용분야에 오류를 포함함. 기능이나 동향, 미래 활용분야에 관한 분석이 없음	기능이나 동향, 미래 활용분야를 언급하고 연계를 설명함.	사실 또는 분석의 모든 오류가 눈에 띄지 않음. 기능과 동향, 미래 활용분야의 연결을 통찰력 있게 분석함.	

3	설계	글꼴이나 문단이 혼란스럽고 편집이 미흡하거나 양식을 준수하지 않음.	글꼴이나 문단이 일관성 있고 읽기 쉽게 편집되어 있으며 양식을 준수함.	문서의 편집이 일관성 있으며 중요한 부분을 강조하여 일목요연함. 양식을 준수하고 텍스트, 색상, 명암이 조화로움.	
4	그래픽	본문과 연관성 없는 그래픽을 사용함.	그래픽과 텍스트가 관련이 있으며 적절한 곳에 배치함.	그래픽 및 텍스트가 조화롭게 구성되어 효과와 관심을 이끌어 냄.	
5	오타	4개 이상의 맞춤법 오류 및 오타.	2개 이상의 맞춤법 오류 및 오타.	맞춤법 또는 문법오류가 없음.	
6	예시 항목수	5개 미만	5개 이상~8개 미만	8개 이상	
7	출처 인용	0개	1개 이상~4개 미만	4개 이상	
8	창의성	새로운 아이디어를 포함하지 않거나 적절하지 못하다.	새로운 아이디어를 가지고는 있으나 적절하지 못하다.	아이디어를 포함하고 있으며 적절하여 프로젝트를 돋보이게 함.	
9	팀워크	팀 구성원들이 가끔 협력학습을 하였으며 그룹의 목표를 달성하기 위하여 정보기기를 사용하지 않았다.	팀보고서 작성에 서로 분담하여 역할을 다하였고 정보기기와 네트워크를 효과적으로 공유하며 사용하였다.	문제해결을 위해 논의와 토론을 하여 아이디어를 공유하였으며 분명한 산출물의 결과를 도출하였다.	
10	프리젠테이션	발표하는 학생의 목소리가 낮고 용어전달이 어렵거나 일시중지할 때가 많고 발표시간을 어긴 경우.	발표하는 학생의 목소리는 분명하고 대부분의 단어를 분명히 전달하나 간혹 발표 시 일시중지할 때가 있거나 발표시간을 어긴 경우.	학생은 맑은 목소리와 모든 관객이 프레젠테이션을 들을 수 있도록 용어의 올바른, 정확한 발음을 사용함. 발표에 자신감과 융통성이 있으며 발표시간을 준수함.	team

총 50점

T : 각자 자신이 전문가가 되어 토론하고 연구해야 할 것에 대해 잘 알고 있나요?
S : 네 잘 알고 있어요.
T : 그럼 지금부터 자신의 전문가 모둠으로 이동할 거예요. 모두 아셨죠?
S : 네.
T : 그럼 각자 자신의 전문가 집단으로 이동해 주세요.
  - 전문가 집단으로 이동을 안내하고 이동시 부딪히거나 다치지 않도록 주의를 준다.

2단계: 전문가 집단 활동 단계

교수 · 학습 활동(교사(T) - 학생(S))

❖ **전문가 모둠 토의를 안내한다.**

T : 각자 자신의 전문가 모둠으로 이동 했나요?

S : 네 이동 했어요.

T : 그럼 지금부터 자신의 학습역할에 따라 전문가 집단에서 토의를 하도록 하세요. 원래의 모둠으로 가서 다른 친구들에게도 내용을 말해 주어야 하니까 새로 알게 된 내용을 잘 정리하도록 하세요. 그럼 지금부터 토의를 시작해 보세요.

❖ **전문가 모둠 1 예시(Social Network Service의 개념, 기능)**

S_1: 웹과 참고문헌으로 조사한 소셜 네트워크에 대해 말씀드리겠습니다. 소셜 네트워크 서비스(Social Network Service, SNS)는 온라인 인맥구축 서비스입니다. 1인 미디어, 1인 커뮤니티, 정보 공유 등을 포괄하는 개념이며, 참가자가 서로에게 친구를 소개하여, 친구관계를 넓힐 것을 목적으로 개설된 커뮤니티형 웹사이트입니다.

S_2: 제가 좀 더 보충해 보겠습니다. 소셜 네트워크 서비스는 이외에도 전자 우편이나 인스턴트 메신저 서비스를 통해 사용자들끼리 서로 연락할 수 있는 수단을 제공하고 있습니다.

S_3: 이 외에도 더 있습니다. 현재 국내에서는 싸이월드, me2DAY, 페이스북, 마이스페이스, 트위터가 가장 널리 쓰이는 소셜 네트워크 서비스입니다.

❖ **전문가 모둠 2 예시(Social Network Service의 미래 활용방안)**

S_1: 소셜 커머스란 소셜 네트워크를 이용해 이뤄지는 전자상거래를 의미합니다. 현재 시장에서 주목받고 있는 소셜 커머스는 바로 공동구매형. 인기의 원인은 온라인상에서 매일 하나의 상품에 대해 지정된 수량 이상의 판매가 이뤄질 시 대폭의 할인율을 적용해 주기 때문에 사용자들이 자발적으로 트위터 등의 Social Network를 통해 내용을 전하고 있습니다.

S_2: 제가 더 보충해 보겠습니다. social network을 이용해 지식을 판매하는 것도 가능한데 화장품이나 옷 등의 물건을 판매하는 것이 아니라 패션, 연애, 음악 등에 대한 지식을 직접 찍어서 판매하는 지식시장이 SNS가 확산됨에 따라 더욱 활성화되고 있습니다.

S_3: 또 있습니다.(이하 줄임)

❖ **전문가 모둠 3 예시(워드프로세서 사용법)**

S_1: 워드 프로세서는 실습실에 있는 한글 프로그램을 사용하고 보고서를 작성할 수 있을 정도의 간단한 기능만 익히는 것이 좋겠습니다.

S_2: 보고서 먼저 편집용지를 지정해야 하는데, F7을 누르면 되고, 줄 간격은 무엇을 이야기하는 것인지…….

S_3: 웹으로 검색해보겠습니다.

❖ 전문가 모둠 4 예시(프리젠테이션 도구선정 및 세부사항 조율 방법)

S₁: 프리젠테이션 프로그램으로 prezi라는 것이 있는 데 사용하는 법이 간단하다고 선생님께
   서 말씀하셨는데 사용해 보는 것이 어떨까요?

S₂: 네, 도구로서의 프로그램은 사용법이 다 비슷하므로 최근 이슈가 되고 있는 prezi를 한
   번 사용해보는 것이 좋겠습니다. 아, 여기 사이트가 있군요.

S₃: 와아~. 슬라이드 이동이 powerpoint와는 많이 다르군요. 튜토리얼도 있어요. 5분 정도면
   배울 수 있겠어요.

T : 이제 어느 정도 토의가 끝나가고 있는 듯하네요. 그럼 정리한 내용을 바탕으로 자신의 모
   둠 친구들에게 그 내용을 말해 주어야겠지요. 그럼 지금부터 자신의 모둠으로 이동하겠어
   요.
   - 모집단으로 이동을 안내하고 이동시 부딪히거나 다치지 않도록 주의를 준다.

3단계: 모집단 활동 단계

교수 · 학습 활동(교사(T) - 학생(S))
T : 지금부터는 자신이 학습한 내용을 모둠의 다른 친구들에게 서로 가르쳐 주는 시간을 가지 겠어요. 자신이 알고 있는 내용을 잘 전달해 주세요. 그리고 설명해 준 내용을 바탕으로 선생님이 보고서를 잘 정리해 보세요. 그리고 그 내용을 가지고 발표해 보는 시간을 가지 도록 하겠어요. S : 네.   - 정리를 할 수 있는 시간을 준다.

❖ 설명 예시

S₁: 나는 소셜 네트워크의 개념과 기능, 동향을 조사해 왔어. 소셜 네트워크는 …….

S₂: 나는 소셜 네트워크의 미래 활용방안에 대해 조사한 후 토론하고 왔어.

S₃: 보고서를 작성하기 위한 기본적인 워드프로세서의 기능은 …….

S₄: 프리젠테이션을 쉽게 작성하는 prezi를 알려줄게 …….

T : 자 이제 모둠의 친구들에게 설명을 잘 해주었나요.

S : 네.

T : 그럼 그것을 잘 정리해서 보고서를 작성하세요. 잠시 후 팀별로 발표해 보도록 하겠어요.
   몇 모둠에서 해볼까요?

S : 1모둠이요.

T : 그래요. 1모둠에서 발표해 보도록 하겠어요. 다른 모둠의 잘 들어야겠죠? 같이 들어 볼
   까요?

S : 네.

S : 저희 1모둠에서 정리한 내용을 발표해 보겠습니다. 소셜 네트워크는 …….

T : 그래요. 참 잘 했어요. 다른 모둠도 발표해 보도록 해요.
 - 다른 모둠이 모두 발표할 수 있는 기회를 제공하고 팀별 평가를 한다.
 - 제출받은 보고서로 개별평가를 한다.

8. Jigsaw 수업모형을 적용한 교수·학습 과정안

학습주제	경기도의 지도 그리기		차시	2/17(40분)	교과서	6~9쪽
학습목표	지도의 기본 요소를 이해하고 지도를 이용하여 시·도 모습의 특징을 말할 수 있다.					
활동안내	학습모형	Jigsaw I				
	활동내용	○지도와 사진의 비교 ○지도의 종류 및 쓰임 ○지도 기호의 의미 ○지도에서 경기도의 위치 알기				

학습단계	수업절차	교 수 · 학 습 활 동	시간	자료 및 유의점
문제 인식	학습주제 소개	■ 동기 유발 〈돌아가며 말하기〉 ○로빈슨크루소가 무인도를 탈출하는 데 필요한 것은 무엇이 있는지 토의해 보기 • 배, 식량, 라면, 옷, 나침반, 휴대폰, 지도 등 ○잘 모르는 여행지를 효과적으로 구경하려면 무엇이 필요한지 토의해보기 • 지도, 나침반 등 ○지도의 종류에는 어떤 것이 있는지 알아보기 • 그림지도, 교통지도 등 ■ 학습문제 찾기 • 교과서 6~9쪽을 보고 우리가 공부할 문제를 알아보자.	5′	• 여러 가지 지도 • 브레인스토밍 기법을 사용하여 다양한 발표를 하도록 하여 학습 분위기를 고조시킨다.
		지도의 기본요소를 이해하고 지도를 이용하여 시·도 모습의 특징을 말해보자.		• 사전에 조사하고 싶은 내용을 선정하여 본시에는 집단별로 모이도록 한다.
문제 탐색	소 주제 구성	■ 학습계획 세우기 ○공부할 주제 정하기 ○같은 주제 담당자끼리 모이기 ○전문가 집단에서 조사·토의하기 (학습 내용별 역할 분담하기)	5′	• 소집단에서 자신의 관심 있는 주제를 선택하여 전

	주제선정	○ 원래 집단에 모여 보고하기 ○ 발표하기 ○ 정리하기 ■ 공부할 주제 선정하기 ① 지도와 사진의 비교 ② 지도의 기호 알기 ③ 지도의 종류 알아보기 ④ 우리 고장 지도 그려보기 ⑤ 지도 기호를 실제 모습으로 그려보기 ⑥ 지시문 읽고 소풍지 찾아가기		문가 집단을 형성 한다.
문제탐구	모집단활동 전문가집단 만들기 모집단활동 모집단 학습	■ 주제 분담하기 ○ 모둠별로 토의하여 1가지씩 주제를 분담한다. ■ 탐구 및 토의하기 ○ 같은 주제 탐구자끼리 모여 전문가 집단 만들기 ○ 전문가용지를 보며 공부할 문제해결 　- 준비해온 자료. 교과서 등을 보며 전문가 용지 해결 ○ 전문가 활동을 다 마친 아동은 발표 준비하기 ■ 모집단 재 소집 및 발표하기 ○ 처음 집단으로 돌아가 전문가 집단에서 토의한 내용 　배우기 　• 학습주제 1부터 6까지 공부한 내용을 차례대로 　　발표하고 서로 배우기 ○ 모둠별로 의견 정리하기 ○ 정리한 내용 발표하기 ■ 학습내용 정리하기 ○ 본시에 학습한 내용을 정리한다. ○ 학습지 해결하기	25′	• 자기의 맡은 역 할을 성실히 수행 하여 활발한 토의 가 이루어지도록 한다.
정리	학습내용 정리 평가 차시예고	■ 평가해보기 ○ 모둠별 평가지에 평가해 보기(소집단평가) ○ 본시에 학습한 내용을 평가해 보기(개별평가) ○ 우수 집단 및 우수아 보상하기 ■ 차시예고 ○ 땅의 높낮이 나타내기	5′	• 학습지 • 모둠별 평가지

참고문헌

고재희(2008). 통합적 접근의 교육방법 및 교육공학, 서울: 교육과학사.
권영창 외(2006). 효과적인 교수-학습을 위한 교육방법론, 서울: 형설출판사.
김대현 외(1998). 열린수업의 이론과 실제, 서울: 학지사.
김두범(2010). 실기교육방법의 이해, 서울: 학이당.
김병성(1995). 효과적인 학교 학습풍토의 이론과 실제, 서울: 학지사

참고 웹싸이트

http://blog.naver.com/hwa5617?Redirect=Log&logNo=80064711936 (Aug. 11. 2011)
http://blog.naver.com/iamjongwoo?Redirect=Log&logNo=140094233265 (Aug. 11. 2011)
http://blog.naver.com/ggmeye?Redirect=Log&logNo=20118063185 (Aug. 11. 2011)

역할놀이 수업모형

1. 역할놀이 수업모형의 등장 배경 및 의미

역할놀이 수업모형은 학습 목표를 지향하는 구체적인 상황을 설정하여 그 상황을 간접적으로 경험해 보게 함으로써 의도하고자 하는 목표에 도달케 하는 방법이다. 학습자들은 역할놀이를 해봄으로써 주어진 문제를 좀 더 정확하고 실감나게 이해하게 되고, 문제를 좀 더 쉽게 해결해 나갈 수 있다. 학습자들은 주어진 문제 상황에 대해 토론하고, 주어진 상황 속의 인물들이 되어 보고 그 해결책을 제시하는 과정을 거쳐 자신에게 닥친 문제를 좀 더 효과적으로 해결하는 능력을 기를 수 있다. 또한 다른 사람의 의견이나 행동을 존중하게 되고, 자신의 행동이 다른 사람에게 어떤 영향을 끼칠 것인지를 생각하게 된다. 즉 역할놀이를 통해 인간의 행동에 대한 통찰력을 갖게 된다.

이 모형은 파니 샤프텔(Fannie Shaftel)과 조지 샤프텔(George Shaftel)에 의해 처음으로 시도되었는데, 그들은 아동들에게 인간의 존엄성, 정의, 동정심 등의 비교적 추상적인 개념들을 일상생활에서 어떻게 구체적으로 이해할 수 있는지를 가르칠 목적으로 모형을 구안하게 되었다. 또한 '역할놀이'라는 용어는 심리학에서 '모의 연습'이라고 칭하는 것으로 이 활동은 학생들이 일상생활에서 경험하는 여러 가지 역할을 모의로 실연하고, 이를 분석 검토하여 사회적 적응력을 개선시켜 나아가는 활동을 말한다. 학자들 사이에는 이 용어를 role-playing 혹은 role-play로 칭한다.

역할놀이는 교육에 관한 개인적·사회적 측면에 그 뿌리를 두고 있는 경험 중심 교수·학습 모형이다. 이 모형은 학생들에게 하나의 상황에서 다양한 체험을 해 보도록 함으로써 사회생활 과정에서 개인적 의미를 발견하게 하고, 개인적 딜레마들을 사회 집단의 도움을 받아 해결하는 데 도움을 준다. 이 역할놀이의 경험은 학생들의 관찰력, 영향력, 동정심, 의사결정 능력을 기르는 데 도움이 되며, 특히 사회와 언어를 가르치는 데 유용하다.

2. 역할놀이 수업의 일반적 절차

단계	주요활동	단계별 세부 내용
1.상황 설정하기	* 문제 상황 확인 * 문제 상황 분석	① 상황이나 문제는 가능한 여러 가지로 해석되고, 결말이 나고, 해결이 될 수 있어야 한다. 교사가 어떤 주제를 선정하든 자신의 경험이나 견해에 따라서 서로 다르게 행동할 수 있는 것이어야 한다. ② 어떤 상황이나 문제도 개인에 대한 권리를 침해해서는 안 된다. ③ 상황이나 문제는 학생들에게 친숙한 것이어야 한다. 그래서 학생들은 역할놀이를 하는 동안 자신의 경험에 비추어 유도할 수 있어야 한다.
2.준비 및 연습하기	* 도입 및 선정	① 상황의 도입 : 학생들이 특별한 상황 속에 있기 위해서는 우선 문제되는 이야기나 사진, 대화에 흥미를 가지고 참여해야 하며, 역할놀이를 하게 될 상황에서 어떤 일이 벌어지고 있는가를 이해해야 한다. 즉 학생들은 이야기 속 인물의 이미지와 상황을 둘러싸고 있는 환경을 창조해야 한다. ② 장면을 설정하기 : 실제 역할놀이로 자연스럽게 변화시키기 위해서는 장면을 설정하는 것이 좋다. 교사는 학생들이 묘사하고자 하는 인물의 배경 설명을 해주고 학생들은 사전 계획을 세워야 한다. 소품이 필요한 경우 간단한 것이 가장 효과적이다.
	* 실연자 선정	① 참가자 선정시 교사는 관련 인물과 동일한 말을 하거나 수행한 역할에 비슷한 모습을 가지고 있는 학생들을 선정한다.(처음 시행할 때는 지나치게 성인 지향적이거나 사회적으로 용납될 수 있는 해결을 내리는 학생은 피하는 것이 좋다) ② 역할을 맡길 때 교사는 엄격한 아버지나 짓궂은 형과 같이 일상생활에서 흔히 볼 수 있는 일정한 형태의 역할을 지시한다. ③ 역할놀이를 싫어하는 학생을 선정하여 참여하도록 하는데 결코 강요해서는 안된다.(용기 주어 참여하도록 격려하지만, 선택은 학생 스스로 하는 것)

	* 청중의 준비	① 역할자가 정해지고 역할놀이가 시작되기 전에 교사는 나머지 학생들이 능동적인 관람자가 되도록 교육한다.(역할놀이 참가학생과 청중 모두가 경험으로부터 함께 배움) ② 교사는 학생들을 주의 깊고, 예의바르고, 반응적이며, 방심하지 않는 관객이 되도록 가르쳐야 한다.
3. 실연하기	* 실연 준비 * 실연하기	① 자연스러움 : 역할을 맡은 학생이 자연스럽게 행동하도록 계속 격려해 주어야 한다. ② 역할놀이의 초점 : 역할 수행자와 관람하는 학생은 능숙한 역할 수행이 아니라 역할을 통해 제시하고자 하는 아이디어가 무엇인가에 초점을 두어야 한다. 즉 역할 행동이 '실제 현실과 얼마나 흡사한가, 다음에 무슨 일이 일어날까?'를 깨닫는데 있다. ③ 문제에 대한 조치 : 역할 수행 중에 나타날 수 있는 문제를 최소화하고 적절히 지도한다. ④ 역할놀이 수업의 시행에 일어날 수 있는 문제를 최소한으로 줄일 수 있는 몇 가지 제안 - 역할을 맡은 학생이 지나치게 조바심을 내거나 당황해 함으로써 학생들의 웃음거리가 된다면, 놀이를 중단하여 간단히 문제에 대해 토의 후, 놀이의 목적과 내용에 주의를 환기시킨다. - 학생들이 서로 자신의 역할에만 몰두해서 상대방의 의견을 제시할 수 있는 기회를 방해하는 일이 잦아지면, 잠시 그 학생을 멈추게 하고, 상대방의 의견을 듣고 자기 차례가 왔을 때 의사를 표현하도록 지시한다. - 역할을 연기하던 학생이 맡은 역할을 잊어버리거나 그 인물이 처한 상황이나 시간, 장소 등에서 벗어나 동떨어진 연기를 하면 잠시 놀이를 중단시키고 원래 주어진 상황과 인물의 배경, 느낌 등을 상기시킨다. - 관람하는 학생 중에서 연기하고 있는 학생에게 이렇게 해야 한다. 저렇게 해야 한다 등의 지시를 하는 학생이 발견되면 그 학생에게 놀이가 끝난 후에 의견을 제시할 시간을 줄 것을 약속하고, 방해하는 행동을 제지하는 것이 좋다. - 역할을 하던 학생이 터무니없이 어리석은 행동을 하면 즉시 중단시키고 그 학생이 정말 그런 상황에서 그런 행동을 할 것인지 질문하여 역할놀이가 제대로 진해될 수 있도록 한다. - 아무리 노력을 했음에도 불구하고 연기가 적합하지 못하고 산발적으로 진행되면, 역할을 맡은 학생들에게 수고했다고 말하고 연기를

		중지시킨다.
		- 학급 전체가 지나치게 산만해지고 떠들썩해지면 놀이를 끝내고, 왜 학급의 행동이 무질서해 졌는지에 대한 이유에 대해서 토론해 본다.
		- 학생들이 더 이상 의견이나 느낌을 제시할 수 없는 막다른 상태에서 도움을 필요로 하거나, 지나치게 감정적으로 자신의 하는 역할에 몰두되어 버린 경우에는 다른 학생들로 하여금 역할을 바꾸어 보도록 한다.
		- 학생들이 지루해 하거나 산만해지면 놀이를 짧게 끝내도록 한다.
		- 연기하는 학생들이 역할놀이의 구체적인 점에 대해 혼란을 느끼거나 주어진 인물의 성격에 대해 모호성을 느끼는 경우에 다시 시행해 보도록 한다.
4.평가하기	* 토의와 평가 * 재연	① 토의와 평가 : 역할 수행은 태도의 변화에 큰 영향을 미치며, 토의 과정을 통하여 문제해결 과정은 더욱 더 다듬어지고 학습된다. 뿐만 아니라 토론을 통하여 학생들은 서로 배우게 되어 동료에 의한 바람직한 행동이 강화되고 학습될 수 있다. 학생들은 역할 수행의 연기력이나 극적 효과 등을 평가해서는 안 된다. 토론할 때는 아이디어를 평가해야 하며, 아이디어 묘사가 사실적인지 평가해야 한다. ② 재연 : 재연할 때는 새로운 아이디어가 시도되고, 새로운 역할자에 의해 상황이 재해석되며, 첫 번째 주어졌던 것과는 다른 각도에서 수행될 수 있도록 학생들에게 역할 기회를 주어야 한다. 교사가 토론을 이끌고, 역할자를 선정하며, 끝마칠 시기를 결정하고 바람직한 아이디어를 선택해야 한다. 몇 차례 재연과 토론이 끝나면 생각을 정리하도록 돕고, 결말을 유도하도록 도와준다.

3. 역할놀이 수업의 기본 가정

① 학생들은 인간 상호간에 일어나는 여러 가지 평범한 문제를 정의하고, 직면하여 대처해 나갈 수 있다.

② 학생들은 자신의 행동과 타인의 행동에 영향을 줄 수 있는 가치, 충동, 두려움, 외적인 영향력 등을 깨닫게 된다.

③ 학생들은 역할놀이 상황에서 얻은 통찰력을 실제 생활에 적용할 수 있다.

④ 학생들은 가상적인 상호 행동을 통하여 자신의 이상, 의견, 행동 등을 평가해 볼 수 있다.

⑤ 가상적으로 특정 역할을 경험함으로써 문제나 상황을 깊이 이해할 수 있게 된다.

⑥ 역할놀이 방법을 배움으로써 학생들은 타인에 대한 공감 능력과 관계 기술을 향상시킬 수 있으며, 자신과 타인의 동기에 대한 이해력을 높일 수 있다.

4. 역할놀이 수업의 장점

가. 역할놀이 수업은 사회성을 발달시킨다.

역할놀이를 통해 일정한 상황을 직접 체험해 봄으로써 아동들은 기본적으로 그 상황에 대한 판단과 정보를 얻게 된다. 그리고 역할놀이를 할 때 아동들은 일정한 역할을 맡아 그 역할 속의 사람이 되어 그 사람의 느낌과 생각을 전달하기 위해 노력할 것이다. 이러한 과정에서 아동은 다른 사람의 입장이 되어 보고, 다른 사람이 느끼는 감정을 실제로 느껴 보는 기회를 갖는 것이다. 그 결과 아동들은 타인의 다른 생각을 이해하고 자신과는 다른 감정을 타인도 가질 수 있다는 것을 깨닫고 이해하려고 노력하게 된다. 일상생활에서는 쉽게 받아들일 수 없는 차이점들이 역할 속에 몰입하는 가운데 자연스럽게, 그리고 반감 없이 용해되는 것이다.

또한 역할놀이는 몇 사람이 함께 하는 것이므로 이 과정에서 아동들은 다른 사람과 상호작용하게 된다. 그 상호작용 과정에서 아동들은 자신을 다른 사람과 올바르면서 효과적으로 관련짓는 방법을 배우게 된다. 다른 사람과 함께 하는 방법을 터득하게 되는 것이다.

나. 역할놀이 수업은 학습태도와 학급풍토를 변화시킨다.

역할놀이는 아동의 흥미 유발에 적합하므로 학습에 대한 자율적인 참여 의욕과 학습 동기가 유발되어 학습태도 변화에 긍정적인 효과가 있다. 그리고 역할놀이 수업은 학급풍토를 긍정적으로 변화시키는 데 효과적일 뿐만 아니라 학급풍토의 하위변인인 응집성과 만족성에 긍정적인 영향을 끼친다. 역할놀이의 효과 중의 하나인 타인에 대한 감정이입의 촉진과 집단의식의 고양, 서로의 행동과 태도에 대한 통찰력의 증진은 아동들 간의 응집성에 영향을 끼친다.

다. 역할놀이 수업은 언어 기능을 발달시킨다.

1) 말하기·듣기 능력 신장

언어는 역할놀이를 이루는 기초이며 표현 수단이다. 따라서 역할놀이 과정은 '말하기'에 대한 강한 동기를 부여하고 다른 사람들과 함께 하는 과정이기 때문에 의사소통의 통로가 된다. 즉, 역할놀이를 하는 연기자들 간의 언어가 정확하게 전달되어야 역할놀이 과정이 제대로 진행된다는 것이다. 이 과정에서 아동들은 정확하게 말을 하는 능력이 신장되고 또한 타인의 이야기를 들어주는 능력의 신장을 통해 대화의 기본 원칙을 자연스럽게 체득하게 된다.

2) 신체적 활동을 통한 언어 개발

역할놀이에서 신체적 활동은 언어 기능 발달에 중요한 기반이 된다. 어린 아이들은 언어를 사용하기에 앞서 신체적인 활동으로 자신의 느낌이나 생각을 표현한다. 따라서 아동들은 이런 신체적인 활동을 많이 하면 할수록 자신의 느낌이나 생각을 효과적으로 전할 수 있다.

3) 쓰기 능력 신장

역할놀이 과정에서 역할내용을 대본으로 각색해 봄으로써 쓰기 능력을 신장하는 데에도 도움이 된다. 청중들이 쉽게 이해하고 감상할 수 있도록 적절한 말을 찾아 고치는 가운데 독자를 위한 글을 자연스럽게 쓸 수 있게 될 것으로 기대된다.

4) 읽기 능력 신장

초등학교 저학년 아동의 경우에는 아직 글에 익숙하지 않기 때문에, 글을 읽기 전에 많은 이야기를 들을 수 있는 기회를 제공해 주어야 한다. 그 이야기를 들음으로써 언어의 리듬감을 느끼고 상상력을 키우며 문학에 대한 흥미와 이해력을 증진할 수 있다. 또한, 이러한 듣기는 읽기 능력을 신장시키는 데에도 직·간접적으로 많은 영향을 미치게 된다.

라. 학생들의 불만족 해소

역할놀이를 통하여 학생들의 불만족을 해소시켜 줄 수 있다. 교사가 심리치료의 전문가는 아니지만, 현재 사회 여건 하에서 표현하기 어려운 행동들을 역할놀이를 통하여 행동으로 옮김으로써 긴장과 감정을 완화시킬 수 있다.

마. 자아개념 향상

역할놀이를 통하여 학생들은 자신들의 자아개념을 향상시킬 수 있다. 사회화 과정에서 학생들은 자신들의 자화상, 즉 자신의 정체성이 무엇이며, 또 무엇을 배워야 하는가 등에 관한 자아개념을 발달시켜야 하는데, 이런 의미에서 역할놀이는 적절하고 유효한 방법이다.

5. 역할놀이 수업의 단점

① 역할놀이의 준비 과정이 길어질 가능성과 수업과정에서 학생들이 산만해질 가능성으로 인하여 수업 시간의 낭비를 가져올 수 있다. 이로 인하여 학습 효과를 떨어뜨리게 될 우려가 있다.
② 다양한 역할을 모둠별로 하기 때문에 교사가 실연 방법을 설명해도 일부 학습자의 경우 잘 이해하지 못하는 경우가 종종 있다.
③ 활동만 하고 배운 것이 없게 되는 우려를 피할 수 없으므로, 무엇을 가르치고 배울 것인가를 분명히 하는 일이 필요하다.

6. 역할놀이 수업에서의 교사의 역할(지도 원리)

① 적절한 역할 장면을 제시하거나 선정하는 일을 돕는다.
② 학생들이 당황하지 않고 '마치 … 인 것처럼' 행동하도록 하는 지원적인 분위기를 조성한다.

③ 자발성과 학습을 장려하는 역할놀이 장면을 꾸민다.

④ 만약에 역할을 맡은 학생이 지나치게 조바심을 하거나 당황해 함으로써 학생들의 웃음거리가 되거나 하면, 역할놀이를 중단하여 간단히 문제에 대해 토의를 한 후 학생들에게 역할놀이의 목적과 내용에 관한 주의를 환기시킨다.

⑤ 학생들이 서로 자신의 역할에만 몰두해서 상대방의 의견을 제시할 수 있는 기회를 방해하는 일이 잦아지면, 잠시 그 학생을 멈추게 하고 상대방의 의견을 듣고 자기 차례가 왔을 때 의사를 표현하도록 지시한다.

⑥ 역할을 연기하던 학생이 맡은 역할을 잊어버리거나 그 인물이 처한 상황이나 시간, 장소 등에서 벗어나 동떨어진 연기를 하면 잠시 역학놀이를 중단시키고, 원래 주어진 상황과 인물의 배경, 느낌 등을 상기시킨다.

⑦ 관람하는 학생 중에서 연기하고 있는 학생에게 이렇게 해야 한다거나 저렇게 해야 한다는 등의 지시하는 학생이 발견되면, 그 학생에게 역할놀이가 끝난 후에 의견을 제세할 시간을 줄 것을 약속하고 방해하는 행동을 제지하는 것이 좋다.

⑧ 역할을 하던 학생이 터무니없이 어리석은 행동을 하면 즉시 중단시키고, 그 학생이 정말 그런 상황에서 그런 행동을 할 것인지 질문하여 역할놀이가 제대로 진행될 수 있도록 한다.

⑨ 아무리 노력을 했음에도 불구하고 연기가 적합하지 못하고 산발적으로 진행되면, 역할을 맡은 학생들에게 수고했다고 말하고 연기를 중지시킨다.

⑩ 학급 전체가 지나치게 산만해지고 떠들썩해지면 역할놀이를 끝내고, 왜 학급의 행동이 무질서해졌는지에 대한 이유에 대해서 토론해 본다. 이때 학생들에게 역할놀이를 잘 하도록 하는 요소가 무엇인가에 대해서 제시해 보도록 한다.

⑪ 학생들이 더 이상 의견이나 느낌을 제시할 수 없는 막다른 상태에서 도움을 필요로 하거나, 지나치게 감정적으로 자신이 하는 역할에 몰두되어 버린 경우에는 다른 학생들로 하여금 역할을 바꾸어 보도록 한다.

⑫ 학습이 지루해 하거나 산만해지면 역할놀이를 짧게 끝내도록 한다.

⑬ 연기하는 학생들이 역할놀이의 구체적인 점들에 대해 혼란을 느끼거나 주어진 인물의 성격에 대해 모호성을 느끼는 경우에 다시 시행해 보도록 한다.

7. 역할놀이 수업모형 적용을 위한 시나리오

가. 교과/단원명/차시 : 국어(읽기)/ 4. 마음을 주고받아요. (5/9)

나. 학습대상 : 초등학교 1학년 아동

다. 학습목표 : ① 글을 알맞게 띄어 읽을 수 있다.

② 학용품의 바른 사용 방법을 설명할 수 있다.

라. 수업과정

1단계: 상황 설정하기

교수 · 학습 활동	■ 자 료
교사(T) - 학생(S)	▶ 유의점

T : 친구들이 쓰는 학용품은 무엇 무엇이 있을까요?

S : 연필, 필통, 지우개요.

T : 맞아요. 우리가 쓰는 학용품의 종류는 매우 많아요. 그런데 학용품을 우린 어떻게 쓰고 있 나요?

S_1 : 함부로 쓸 때가 많아요.

S_2 : 잘 챙기질 못해서 자주 잃어버려요.

T : 그래요. 물론 학용품을 바르게 잘 사용하고 있는 친구들도 많지만, 그렇지 못한 친구들도 많이 있어요.

그래서 선생님이 동영상을 하나 준비했는데, 보고 나서 같이 이야기해 볼까요?

S : 네. 선생님

T : (학생들의 평소 생활이 담긴 동영상을 보여 준다.) 잘 보았나요? 어땠어요?

S : 네. 우리가 나오니까 너무 이상해요.

T : 아까 화면 속에서 ㅇㅇ이는 무엇을 하고 있었나요?

S_1 : 지우개를 칼로 자르고 있었어요.

T : 잘 봤어요. ㅇㅇ이가 왜 그랬는지 모르겠지만 지우개를 칼로 자르고 있었어요. 이 때 지우 개는 어떤 마음이었을까요?

S_2 : 몸이 많이 아파서 기분이 슬펐을 것 같아요.

T : 그렇죠. ㅇㅇ이는 이런 지우개의 마음을 헤아리지 못하고 장난을 계속 친 거예요. 그럼 다 음으로 △△는 무엇을 하고 있었나요?

S_3 : △△는 짝꿍 ㅁㅁ이랑 책받침으로 싸우고 있었어요.

T : 맞아요. 역시 △△랑 ㅁㅁ이도 학용품을 아껴 쓰지 않고, 그것으로 계속 장난 치고 싸웠어 요. 동영상에 나온 다른 친구들을 보아도 대부분 학용품을 바르게 사용하고 있지 않아요. 그래서 오늘은 선생님이랑 재미있는 역할놀이를 해 볼 거예요.

그럼 지금부터 선생님이 하는 얘기를 잘 들어봐요. 이제부터 우리는 '학용품 나라'에 살고 있어요. 우리는 지우개나 연필과 같은 학용품이 되는 것이고, 착한 '천사'와 나쁜 '악마'가 등장해요. '천사'는 학용품을 바르고 예쁘게 사용하는 친구들이고, '악마'는 학용품을 아주 못살게 구는 친구들을 말해요. 자, 그럼 지금부터 모둠별로 각자의 역할을 정해서 연습해 볼까요?

2단계: 준비 및 연습하기

교수 · 학습 활동	■ 자　료
교사(T) - 학생(S)	▶ 유의점

T : 모둠별로 역할을 정해서 연습한 후에 각 모둠이 실제로 나와서 연기를 해 볼 거예요. 선생님이 역할놀이를 조금 더 재미있게 하기 위해서 새로운 방법을 생각했어요. 1모둠은 각각의 인물에 맞는 '색깔모자'를 만들어서 그것을 쓰고 발표를 할 거예요. 또 2모둠은 각각의 인물에 어울 리는 악기를 정해 소리로 표현해 볼 것입니다. 3모둠은 각각의 인물 성격에 맞게 신체 표현을 통해 연기를 해 볼 거예요. 마지막으로 4모둠은 대본 없이 한 번 자유롭게 대사를 상상해서 연기해 보세요. 무슨 말인지 잘 알겠지요? 자, 그럼 지금부터 역할을 선정하고 본격적으로 연습해 봅시다.

❖ 1모둠의 역할 선정 장면 예시

A : 난 '삼각자'역할을 하고 싶어. 내가 평소에 잘 챙기고 다니지를 못해서 말이야. 그리고 순수한 마음을 지니고 있으니 '하늘색 모자'를 쓰고 발표할 거야.

B : 그래. 난 지금까지 학용품을 깨끗하고 바르게 써 왔으니까 착한 '천사'를 하고 싶어. 음... '천사'하면 하얀색 이미지가 떠오르는데, 난 하얀색 모자를 쓸래.

C : 난 '악마'역할이 재미있을 것 같아. '악마'역할을 하면서 학용품을 못 살게 괴롭히면 어떤 감정이 드는지 연기해 보고 싶어. 그리고 난 '빨간색 모자'를 쓰고 연기할 거야.

D : 난 '크레파스'가 한 번 되어 볼 거야. 지난 미술 시간에 그림을 그리다가 크레파스가 부러졌는데, 그냥 쓰레기통에 버렸어. 지금 생각해 보니 조금 미안한 마음이 드는 걸. 그리고 '노란색 모자'를 써 볼래.

E : 난 '공책'이 되어 보고 싶어. 선생님께서 받아쓰기를 하라고 하셨는데, 내가 공책을 놓고 와 서 다른 공책을 함부로 찢었거든. 이제 따뜻한 마음을 갖고 싶으니까 '분홍색 모자'를 써 보아야겠어. 이제 연습을 한 번 시작해 볼까?

❖ 2 모둠의 역할 선정 장면 예시

F : 우리 모둠은 자신의 역할을 정하고 그것에 어울리는 악기를 정하라고 하셨어. 난 악마' 역할을 해 보고 싶어. '악마'는 학용품을 함부로 쓰는 못된 친구니까 이것을 소리로 표현한다면 아마 시끄러울 정도로 큰 소리가 날 거야. 그러니까 난 '큰 북'소리로 표현해 볼거야.

G : 나는 '지우개'역할을 해 볼 건데, 지우개는 힘이 없고 작으니까 '캐스터네츠'로 소리 내볼 거야. 작지만 한 번 기대해 봐.

H : 난 연필을 깨무는 습관이 있는데, 이번 기회에 '연필'의 입장이 되어서 생각해 볼래. 연필의 심정을 '탬버린'으로 쳐서 소리 낼 거야.

I : 난 '학용품 나라'에서 가장 예쁘고 착한 '천사'역할을 해 볼거야. '천사'는 세상에서 가장 아름다운 소리로 학용품들의 마음을 달래줄 거라고 생각해. 그래서 내가 선택한 악기는 바로 '실로폰'이야. 맑고 깨끗하면서 여러 화음을 낼 수 있잖아.

J : 나는 '삼각자'역할을 해 볼 거야. 왜냐하면 며칠 전에 자를 잃어버렸거든. 삼각자는 세모 모양이니까 악기는 '트라이앵글'로 소리 내야겠어.

K : 역할이 모두 정해졌으니까 각자의 역할의 마음을 헤아려 보고 어떤 소리로 그 감정을 표현할 것인지 생각해 보자.

3단계: 실연하기

교수·학습 활동	■ 자 료
교사(T) - 학생(S)	▶ 유의점

T : 자, 그럼 이제 연습이 다 끝났으면 모둠별로 발표를 해 볼까요? 다른 모둠 친구들은 심사위원이 되어서 인물의 마음을 잘 표현하는지 지켜봅시다.

❖ **1모둠의 실연 장면 예시**

악마(빨간색모자): 공책아~ 어디 있니? 난 너를 찢어서 재미있는 장난감을 만들려고 하는데. 숨어 있지 말고 어서 나오너라.

공책(분홍색 모자): 아이~무서워. 도저히 무서워서 밖에 나갈 수가 없어. 도대체 어떻게 해야 하지? 누가 와서 날 구해 주면 좋겠는데….

천사(흰색): 저기 악마가 착한 공책을 괴롭히려 하는 구나. 얼른 가서 도와주어야겠다.

삼각자(하늘색): 공책아~몸조심해. 나도 악마가 날 괴롭혀서 결국엔 이렇게 몸이 두동강이 나버렸단다. 예전에 건강하던 시절이 너무 그리워.

크레파스(노란색모자): 너희도 악마가 괴롭혔구나. 나도 악마가 날 쓰지도 않고 괴롭힌 다음 바로 깜깜한 쓰레기통 속으로 날 밀어 넣어 버렸어. 빨리 밝은 세상을 다시 보고 싶어.

4단계: 평가하기

교수 · 학습 활동	■ 자 료
교사(T) - 학생(S)	▶ 유의점
T : 모두 발표를 너무 잘 해 주었어요. 이 역할놀이를 해 보고 나서 느낀 점을 이야기해 볼까요? S₁: 학용품의 마음을 악기 소리로 표현해서 재미있었어요. S₂: 학용품에 이름을 써야겠다는 생각이 들었습니다. S₃: 학용품을 아껴 써야겠다는 생각을 했습니다. S₄: 학용품들의 마음을 색깔로 표현해서 너무 재미있었어요. T : 그러면 학용품을 바르게 사용해야 하는 까닭은 무엇일까요? S₁: 돈을 절약할 수 있어요. S₂: 환경을 보호할 수 있어요. S₃: 다음에 사용하기가 편리해요. T : 맞아요. 모두 생각 잘 해 주었어요. 그러면 오늘 과제는 집에 가서 아까 역할을 맡았던 학용품에게 편지를 써 오는 것이에요. 그 동안 미안했던 점이 있었다면 진심으로 사과하는 편지를 써 오세요. 그리고 역할을 재구성해서 다시 역할놀이를 해 볼 테니까 집에 가서 부모님과 연습해 보세요.	

8. 역할놀이 수업모형을 적용한 교수 · 학습 과정안

Date	2012. 12. 7	Students	제 4 학년 0 반	Page of text	115
Unit	11. How Much Is It?(4/4)	Commu-ni cative fucntion	• 원하는 물건을 묻고 답하기 • 물건의 가격을 묻고 답하기	Teacher	

Objectives	♣ 배운 표현으로 상황에 맞는 대화를 꾸며 역할놀이를 할 수 있다.

Materials	그림자료(물건), CD타이틀, 역할머리띠, 역할놀이 소품, 역할놀이 대본 A/B, 동영상자료	수업모형	Role playing model

Procedures	Content	Teaching & Learning activity		Time (min)	□Teaching aids ※Teaching point
		Teacher	Students		
Motiva-tion	Wram-up	□Greeting ∘Hello, everyone! ∘How are you?	-Hello, Ms Min. -I'm fine/good. So so	6′	※일상생활 관련 표현을 반복적으로 지도하여 생활 속에서 자연스럽

		◦How's the weather?	-It's sunny/cloudy.		게 사용할 수 있도록 한다.
		□Watch the Dialogue. (showing①) ◦I'll show the video. ◦(After listening) What did you hear? ◦What are they talking about?	-What do you want? /How much is it? -원하는 물건을 묻고 답하는 것 같습니다.		① 동영상 자료 ('I want a nintendo' role-play) ※동영상 자료를 듣고 학생 스스로 학습목표를 찾도록 유도한다.
Recognition of the statement	Statement of the objective	◦What are we going to study today? □Statement of the objective ♣원하는 물건에 대해 말하며 역할놀이를 해봅시다. □ Order of study 【Activity 1】 Practice the key expressions 【Activity 2】 Do a role-play	-원하는 물건을 묻고 답하며 역할놀이를 할 것 같습니다.	1′	
Practice	Practice the key expressions	□Practice ◦Let's practice the key expressions. ◦I went to the Emart yesterday. I have many thing for you. ◦what do you want? ◦Answer the questions "I want a/an( )."(showing ②)	-I want a bat/bike….	5′	※ 주요문장을 판서한다. ② 물건 그림 카드 (candy, bike, apple, bat, watch, nintendo) ※정확한 가격이
	Role-Play	◦Guess the price. How much is it? ◦Up or Down. ◦Yes, it's 200 won.	-It's 100 won. -It's 200 won.		나올 때까지 up & down 하며 가격을 묻고 답하는 표현을 연습한다.
		□ Do a role-play ◦It's time to do a role-play. ◦Look at the TV without sound. (showing③) ◦Who can you see? ◦I'll show you just one picture. Make up a story with your partner using expressions we studied. ◦(After activity)	-호랑이, 곰, 늑대, 아주머니입니다.	23′	③ CD타이틀 ※한 장면을 일시 정지하여 보여준다. ※칠판에 쓰여진 주요표현을 참고하여 짧은 대화를 만들면서 자신이 만든 표현을 사용하는 기회를 가질 수 있도록 한다.
Communication		Present your show. ◦There are two scripts.	-Present their show.		

		You can choose A or B script. A is easier than B. ◦Let's practice with your group. You can change the story and characters as you want. ◦(After activity) Present your show. ④	-(practice with their group.) -(Present their show.)		※수준에 따라 A/B 대본을 선택하여 역할놀이를 할 수 있도록 한다. ④ 역할놀이 대본, 역할머리띠, 소품
Consolidation	Wrap-up	□Review today's lesson ◦Let's review what we learned. ◦What did we study today? ◦I'll divide you into A, B and C. Let's say the expressions we studied today with your partner. A is first. take turn. ◦Good job. □Preview for next class ◦Next class, we'll start new lesson. ◦Goodbye. See you next time.	-원하는 물건을 묻고 답하며 역할놀이를 했습니다. -What do you want? -I want a/an( ). -How much is it? -It's ( )won. -Goodbye.	5′	※A/B/C팀으로 나누어 목표문을 팀별로 릴레이로 발화하게 함으로써 학습내용을 정리하고 이해도를 점검하도록 한다. ▷관찰 평가

참고문헌

권낙원·김동엽(2006). 교수·학습이론의 이해. 서울: 문음사
권낙원·최화숙(2010). 현장교사를 위한 수업모형. 서울: 동문사
추광재(2009). 교사와 교육과정. 서울: 협신사

가치갈등 수업모형

1. 가치갈등 수업모형의 이론적 배경 및 의미

도덕성 발달에 관한 접근은 크게 도덕심리학의 세 분야, 즉 정신분석학적 도덕심리학, 행동주의 도덕심리학, 그리고 인지적 도덕발달심리학에 대한 고찰로부터 이루어진다. 이 중 가치갈등 수업모형의 이론적 토대는 인지적 도덕발달심리학이다.

인지적 도덕발달론에서는 정신분석학이나 행동주의 심리학과는 달리 인간을 주체적인 존재로 본다. 이 이론에서는 도덕을 인간의 외부에 존재하면서 행위를 외적·타율적으로 규율하는 것이라기보다는 인간의 내부로부터 반성적인 검토를 거쳐 자율적으로 채택된 규범의 체계로 규정한다. 인지적 도덕발달론에서 피아제는 아동들의 도덕성이 크게 타율적 도덕성(heteronomous morality)과 자율적 도덕성(autonomous morality)으로 구분될 수 있으며, 전자에서 후자로 발전해 간다고 보았다. 피아제의 도덕성 발달 모형을 더욱 발전시킨 콜버그 이론에서 핵심이 되는 것은 도덕성의 단계적 발달론이라고 할 수 있다. 도덕성의 단계(moral stage)란 도덕적 판단의 일정한 양식 또는 도덕적 사고 구조를 뜻한다. 콜버그의 도덕성 발달 단계의 특징을 살펴보면 〈표 19-1〉과 같다.

〈표 19-1〉 콜버그의 도덕성 발달 단계

수준	단계	특징
제 1수준 - 인습 이전 수준	제 1단계 - 타율적 도덕성의 단계	* 벌을 피하기 위한 행동 * 자기중심적 사고, 물리적 요인에 의한 행동 결정
	제 2단계 - 개인주의적 도덕성의 단계	* 개인적 관심과 흥미에 따라 도덕적 행위 결정 * 공정한 교환을 포함한 도덕적 행위 시도 * '옳음'에 대한 상대적인 의미 부여
제 2수준 - 인습 수준	제 3단계 - 상호관계적 도덕성의 단계	* 가까운 사람의 기대에 부합하는 착한 행동 * 타인과의 관계 인식 - 타인에게 인정받으려는 행동
	제 4단계 - 사회체계지향적 도덕성의 단계	* 사회 질서를 위한 법의 존중 인정 * 법에 따른 행동이 도덕적 행동임을 인정
제 3수준 - 인습 이후 수준	제 5단계 - 사회계약지향적 도덕성의 단계	* 공익을 위한 법률 - 사회 계약으로 인정과 동시에 개인의 권리, 가치존중 * 민주적 절차에 따라 법률이 바뀔 수 있음
	제 6단계 - 보편원리지향적 도덕성의 단계	* 인간의 존엄성 인정 * 정의적 차원의 도덕성 * 양심에 바탕을 둔 행위 * 예수, 석가 등 소수의 성인 세계

　　콜버그가 주장하는 도덕성의 발달은 도덕성의 단계적 진보라고 말할 수가 있다. 이러한 단계는 위계적 구조를 이루고 있고, 발달은 낮은 단계로부터 높은 단계로 상향 발전하며, 전 단계를 거치지 않고 건너뛰어 발달하는 법은 없다. 도덕성의 단계적 발달은 개인에 따라 동일한 발달 단계를 거쳐 이루어진다. 한 단계에서 다음 단계로의 발달은 개인 내부의 인지 구조와 환경 사이의 상호작용을 통해 이루어지며, 이러한 상호작용을 더욱 발전되고 안정된 인지 구조로 형성해 가는 과정이 도덕성의 발달이라고 보았다. 또한 그의 이론에 따르면 도덕교육은 먼저 도덕에 관한 학생들의 적극적인 사고를 촉진하는 데 두어야 하는데 이를 위해서는 도덕성 발달에 있어 단계를 중시해야 한다고 하였다. 가치갈등 수업모형은 콜버그의 이러한 이론을 바탕으로 학생들이 도덕규범을 스스로 내면화하고 자율적인 도덕생활을 영위할 수 있는 기본적인 능력을 함양할 수 있도록 지도하는 수업모형이라 할 수 있다.

2. 가치갈등 수업모형의 필요성과 특징

우리가 도덕 생활에서 지켜야 할 규범들은 이들이 각각 별개로서 의미를 가지는 것이 아니라, 서로 관련된 것으로 이해되어야 한다. 그리고 규범의 체계는 매우 복잡하고, 또 명백하게 인식되기 어렵기 때문에 가치의 우열이 쉽게 분별되지 않는다. 또, 일상생활의 구체적인 장면에서는 흔히 둘 또는 그 이상의 규범들이 적용되기 때문에, 우리는 어느 것을 준수해야 하느냐로 갈등을 겪기도 한다. 이 경우에 어떤 가치가 더 중요하다고 판단을 내리는 일은 매우 어렵다.

이와 같은 상황을 대비하여 학생들로 하여금 올바르게 선택하고 판단할 수 있는 능력을 신장시키는 것이 도덕과 수업의 중요한 과제 중에 하나이다. 도덕적 사고력과 판단력을 기르는 도덕과 수업모형에는 여러 가지가 있으나 가장 효과적으로 신장시킬 수 있는 수업모형이 바로 가치 갈등 수업모형이다. 일상생활에서 우리들이 부딪히는 도덕적 문제들은 어느 하나의 도덕적 가치나 규범을 적용하면 곧바로 해답이 나오는 것들도 있지만, 대부분은 둘 이상의 가치나 규범간의 갈등을 풀어야 해결을 볼 수 있는 것들로 구성되어 있다. 전자를 단일논리적 문제라고 한다면 후자는 다논리적 문제라고 할 수 있다. 우리를 괴롭히는 문제들은 바로 이러한 다논리적 문제이다. 이러한 도덕 문제들을 해결하려면 그에 적절한 어떤 도덕 원리 또는 가치 규범을 적용할 줄 알아야 할 뿐만 아니라, 갈등하는 규범들 사이에 어느 것이 우선하는지, 아니면 모든 것을 함께 충족시켜야 하는지, 아니면 부딪히는 가치와 규범들 사이에 최소한의 손상을 보면서 조화를 시켜야 하는지, 그리고 왜 그래야 하는지 등에 관해 논리적이고도 타당한 판단을 내릴 수 있는 능력을 갖지 않으면 안 된다. 가치 갈등 수업모형은 바로 이러한 도덕 원리나 규범의 적용과 사고 및 판단 능력의 육성을 직접적으로 겨냥하는데 특징이 있다.

가치 갈등의 해결을 위한 수업은 결국 두 가지 형태 중 어느 하나로 끝날 수밖에 없다. 하나는 모두가 합의하는 결론을 얻는 것이며, 또 하나는 팽팽히 맞선 주장으로 인하여 결론을 낼 수가 없는 것이어서 그 결론을 보류하는 것이다. 불합리한 결론은 최선을 다하여 방지할 필요가 있지만, 이 때 교사는 학생으로 하여금 계속해서 더 생각할 수 있도록 자극할 필요가 있다. 무리하게 어떤 결론으로 유도하거나 그것을 제시하는 것은 이러한 형태의 수업이 가지는 본래의 목적에 어긋나는 것이다. 결론은 자연적 흐름의 결과여야 하며, 결론을 얻지 못한다고 해서 교사가 초조하게 생각할 필요는 없다. 중요한 것은 결론 그 자체가 아니라 생각하는 습관이며 또한 가치 판단이란 아무렇게나 할 수 있는 것이 아니라는 인식을 가지게 하는 일이다.

3. 가치갈등 수업모형의 장점과 단점

가. 장점

① 올바른 가치가 무엇인지 선택하고 판단하는 능력을 신장시킨다.

오늘날처럼 사회변동 속도가 빠르고 모순과 갈등이 많은 상황에서는 학생들이 어떤 것을 믿고 따라야 할지 방황하기 마련인데, 이때 학교는 학생들을 어떻게 지도해야 할 것인가의 문제가 제기된다. 이 문제를 직접 갈등상황 제시를 통해 어떠한 가치를 중요시하고 어떠한 기준에 의해 판단할 것인지를 학생 스스로 함양시키는데 도움을 준다.

② 가치관의 중요성을 일깨워 준다.

가치관이란 사람들이 어떠한 사물에 대하여 어느 정도 지속적으로 가지고 있는 심리적 반응의 경향이나 사물, 행동에 대하여 부여하는 중요성의 정도 또는 그 평가기준이다. 가치 갈등 학습을 통해 자신이 즉 어떤 것을 얼마만큼 중요하고 가치 있게 생각하는지 스스로 알 수 있게 한다.

③ 가치갈등 해결의 기본 자세를 함양한다.

가치갈등 해결을 위한 기본자세에는 역지사지의 자세, 관용의 자세, 양보와 타협의 자세, 대화와 설득의 자세, 사회의 규범을 준수하고 공고의 이익을 우선시하는 자세 등이 있다. 이 기본 자세는 아동들이 앞으로 살아가는데 기초적인 자세로 도덕과에서 궁극적으로 길러주어야 할 목표이다. 이를 바탕으로 공동체 생활을 영위하는 기본 생활 습관 능력을 함양하는데 밑바탕이 될 것이다.

④ 합리적인 사고와 문제 해결력을 함양한다.

가치 갈등 해결의 기본 자세를 바탕으로 특히 가치갈등 상황에서 다른 사람과 토의할 때 자신의 의사를 근거를 들어 올바르게 표현하고 정보를 수집하고 처리하여 합리적인 사고와 문제 해결력을 함양하게 한다.

나. 단점

① 초등학교 학생들에게 올바른 가치관의 확립보다는 오히려 가치관의 혼란을 가져 올 가능성이 있다.

가치 갈등 상황에서 명확한 가치관이 확립되지 않은 학생의 경우 오히려 가치관의 혼란을 초래할 가능성이 높다. 따라서 제재가 다른 수업모형을 적용하는 것보다 더 좋은 결과를 가져올 경우를 제외하고는 가급적 적용하지 않는 것이 좋다.

② 교수·학습을 잘못할 경우 아동들의 결론이 나지 않고 서로 다른 주장이 팽팽히 맞서는 수업방식으로 인식할 가능성이 있다.

교사가 수업할 때 중요한 것은 결론이 아니라 그것에 이르는 과정의 합리성이다. 따라서 수업의 강조점은 사고와 추론의 질적 성장에 두어야 한다. 그러나 결론이 나기 어려운 갈등 문제를 어린 학생들에게 너무 많이 경험시키는 것은 좋은 일이 못될 뿐만 아니라, 또 결론이 비도덕적인데 과정이나 추론만이 그럴 듯한 것도 바람직한 일이 못된다. 그러므로 교사는 선택된 입장과 그 논거를 유사한 사태에 적용해 보기, 역할을 바꿔 생각해 보기 등의 다양한 활동을 통해 올바른 판단이 내려지도록 신중하게 이끌어야 한다.

③ 초등학교에서 가치 갈등 상황이 지나치게 비극적이거나 자극적인 갈등 사태는 적용되기 힘들다.

예를 들면, 존속 살해 사건이나 보험료를 타내기 위하여 자식의 손을 절단한 사건 등은 초등학교 학생들에게 제시되는 갈등 사태치고는 지나치게 자극적이므로 갈등 사례로 제시하지 않도록 조심해야 한다.

④ 학교의 단위 수업시간이 40분에서 50분밖에 안 된다는 점을 감안한다면 이와 같은 단계를 모두 밟아나간다는 것은 현실적으로 쉽지 않다.

수업모형의 각 단계는 고정된 것이 아니다. 큰 흐름의 틀 안에서 교사가 판단하여 합칠 수도 있고 생략할 수도 있다. 경우에 따라서는 어느 특정 단계에 치중하여 수업을 이끌어 나갈 수 있을 것이다.

⑤ 학생들의 성급한 결론을 내리고 사고하는 습관을 형성시킬 가능성이 있다. 수업과정에서 수업시간이 짧아 갈등하는 가치 중 하나를 꼭 선택해야 한다는 부담이 작용할 수 있는데 학생들로 하여금 이 문제를 계속해서 생각하게 하고, 이것을 통해 가치 판단에서 고려해야 할 사항이 무엇인가에 초점을 두도록 해야 한다. 또한 일상적으로 지키고 있는 규범들에 관해서도 생각하는 습관을 가지도록 유도해야 할 것이다.

4. 가치갈등 수업모형 적용시 고려할 사항

가. 적절한 문제 상황이 제시되어야 한다. 교사는 가르치고자 하는 규범(학습목표)을 일상적인 갈등상황으로 제시함으로써 그 규범에 대한 사고를 자극하여 도덕적 판단 능력을 신장시킬 수 있다. 또한 이 가치갈등 상황은 한 학습 과제의 종료 시까지 지속성을 발휘함으로써 탐구의욕이 지속적으로 유지되도록 해야 한다.

나. 제시된 가치갈등 상황이 아동들의 수준에 알맞아야 한다. 초등학교 수준에서는 갈등상황이 지극히 시사적인 것보다는 일상생활에서 일어날 수 있는 문제 사태가 더 적절하다. 즉, 아동들의 지적인 수준을 고려하여 설정해야 하며, 적당히 곤혹스럽고 평상시 아동이 쉽게 경험할 수 있는 내용이어야 한다. 이 때 아동의 많은 질문과 대답을 발견할 수 있을 것이다.

다. 교사의 역할이 분명해야 한다. 교사는 아동들로 하여금 계속해서 더 생각할 수 있도록 사고를 자극해야 한다. 그러나 무리하게 어떤 결론을 유도하거나 제시해서는 안 된다. 물론 교사는 불합리한 결론이 내려지지 않도록 최선을 다해야 하나, 중요한 것은 결론을 내리는 것이 아니라 생각하는 습관을 기르는 것이기 때문이다. 그렇기 때문에 설사 결론을 얻지 못한다 하더라도 초조하게 생각할 필요는 없다.

라. 교실의 분위기는 항상 민주적이고 상호 인격 존중의 진지성을 유지하도록 노력해야 한다. 그러기 위해서는 시간적인 여유와 포용력, 허용적인 분위기 조성에 항상 노력해야 한다. 그렇지 않으면 아동들은 입을 열지 않을 것이기 때문이다. 또한 다른 사람의 입장 이면에 숨어 있는 이유와 가정을 이해할 수 있도록 지도해야 한다.

마. 필요시에는 적절한 분단 조직을 사전에 해 두는 것이 좋다.

바. 교사는 질문에 있어서 기술자가 될 정도로 숙달되어야 한다. 질문 기법은 〈표 19-2〉를 참고하면 좋을 것이다.

사. 모호한 용어나 혼돈된 용어의 사용을 피해야 한다.

아. 결과를 발표할 때는 발표자의 견해를 충분히 존중하고 발표가 끝날 때까지 교사는 판단을 보류해야 한다. 발표 도중에 교사의 판단이 개입되면 학생은 교사의 판단 권위에 의하여 자신의 관점을 버리고 맹종할 염려가 있기 때문이다. 발표가 끝나면 교사는 발표 내용을 중심으로 논의하면서 정리하고 평가하되 아동들을 격려해 주어야 하며, 아동들의 관점이 명료화되도록 도와야 한다.

〈표 19-2〉 가치판단력 신장을 위한 교사의 질문

1) 가치 개념을 추출하기 위한 질문	- 이 글에서 ○○의 행동을 어떤 행동이라고 생각하는가? - 이 이야기는 무엇을 나타낸 이야기인가? - 이야기에서처럼 모든 사람이 ○○와 같이 생각한다면 어떤 점에서 좋지 못한 결과가 생길까? - 이 글을 읽고 ○○는 어떤 사람이 되어야겠는가?
2) 가치개념의 명료화를 위한 질문	- 친절을 베푸는 행동과 남을 동정하는 행동은 같은 것인가? - 이런 것은 친절인가? 동정인가? 또 다른 무엇인가? - 이제 이러 이러한 일이 있었는데 그 때 내가 친절하게 행동하려면 어떻게 하는 것이 좋았겠는가?
3) 덕목의 성립 근거나 이유를 묻는 질문	- 우리가 이웃에 친절히 하는 것과 인류애 사이에는 어떤 관계가 있을까? - 사람들이 친절을 베풀지 않고 각자의 이익과 욕심에 따라서 행동한다면 이 사회는 어떻게 되겠는가? - 다른 사람에게 친절히 해야 하는 것과 예절의 근본정신과는 어떤 관계가 있을까?
4) 도덕적 판단의 이유를 묻는 질문	- 영숙이의 행동은 어떤 점에서 좋은가?(나쁜가?) - 이 사람의 행동에서 우리가 배울 점은 무엇인가? 왜 그런가? - 너라면 그 때 어떻게 했을까? 그 이유는 무엇인가?
5) 갈등을 확인하기 위한 질문	- 이런 경우에 내가 이렇게 행동하는 것은 좋은 점도 있지만 나쁜 점도 있을지 모른다. 너도 그렇게 생각하니? - 이 행동의 좋은 점은 무엇이고 나쁜 점은 무엇인가? - 이 이야기 속에서 ○○은 어떤 처지에 있는가?
6) 행위 선택을 요구하는 질문	- 네가 ○○이라면 이 경우에 어떻게 하겠는가? - 이런 경우라면 너는 어떻게 행동하겠는가?

7) 자신의 입장을 정당화하기를 요구하는 질문	- 너는 왜 그렇게 하는 것이 친절하다고 생각하는가? - 만일 너의 부모님이 네 생각을 알게 되면 찬성할 것 같은가? 그 이유는? - 너의 입장과 ○○의 입장을 비교할 때 어떤 이유 때문에 너의 입장이 옳다고 할 수 있는가?
8) 동기 강화를 위한 발문	- ○○는 어떤 생각에서 그렇게 행동했겠는가? - 이 글을 읽고 어떤 점을 느꼈는가? - ○○처럼 행동하는데 어떤 어려움이 있을까?

5. 가치갈등 수업모형의 적용 단계

순	단계	특징	교수학습 활동
(1)	가치갈등 사태 제시	갈등을 겪고 있는 문제 상황을 예화로 제시하는 단계이다. 결론이 쉽게 도출되는 사태는 가치갈등 사태라고 할 수 없다.*	•문제(가치갈등)상황 제시 •학습 문제 확인
(2)	관련된 규범의 확인	문제 상황 속에서 갈등을 이루고 있는 규범은 어떤 것인가를 밝히는 단계이다. 문제 상황 속에는 대부분 2개 이상의 가치 규범이 갈등을 일으키게 된다.**	•문제(갈등)사태 분석 •문제 사태와 관련된 도덕적 규범 찾기
(3)	관련 규범의 의미 명료화	이 단계는 갈등하고 있는 가치에 관계된 규범의 의미를 명백히 하는 단계이다. 갈등 사태에 관련된 가치 개념의 의미를 명료하게 해야만 관련 당사자들이 문제를 해결할 수 있다. 뿐만 아니라 가치에 대한 합리적 이해를 통해 가치의 내면화도 도모할 수 있다.	•문제 사태 해결을 위한 규범의 도덕적 의미 명료화하기
(4)	문제 사태의 성격 분석	이 단계에서는 문제 사태의 성격을 분석한다. 문제 사태가 지니고 있는 여러 가지 사실 관계와 상황적 특성을 분석함으로써 규범간의 관련성에서 판단의 준거를 세우고, 해결을 위한 다양한 대안을 강구할 수 있다.	•문제 사태 관련 사실 및 상황 분석 •판단의 준거 수립
(5)	양립된 입장의 결과 예상	관련된 규범들을 각각 선택했을 경우, 그 예상되는 결과를 생각해 보는 단계이다. 관련된 규범은 여러 개인데 최종적으로 취할 수 있는 입장은 하나밖에 없다는 데에 가치갈등의 본질적인 특징이 있다. 그러므로 각 규범을 하나만 택했을 때의 결과를 서로 비교해 보는 것은 관련된 규범들의 경중을 비교하기 위해서 필요한 일이다.	•관련 규범 선택 시 예상 결과 생각 해 보기
(6)	자기 입장의	이 단계에서는 먼저 어떤 입장을 취할 것인지 선택한다.	•도덕적 판단

	선택 및 정당화	그리고 자기 입장을 정당화하고 자신이 선택한 입장 내지는 태도가 반드시 타당한 근거에 입각했음을 정당화한다.	•자기 입장 정당화
(7)	자기 입장의 수정 및 대안 탐색	정당화에 대한 논의가 진행되다 보면 어느 입장의 선택이 가치와 사실에 비추어 볼 때 더 타당한 것인지 심사숙고하게 된다. 이러한 과정을 통해 자신의 입장을 수정하거나 새로운 제3의 대안을 탐색하는 것이 이 단계의 주요 활동이다.	•타당성에 기초한 입장 수정 •대안 탐색
(8)	학습 내용의 정리	가치갈등 수업은 결론을 내리는 것보다 결론에 이르는 과정을 통해 도덕적 사고·판단력을 함양시키는데 주안점을 둔다. 이 단계에서는 그 동안 이루어진 갈등 사태의 해결과정을 요약·정리하여 학생들이 갈등 사태의 해결과정에서 획득한 인지적 경험을 오래 기억할 수 있도록 도와준다.	•학습 과정 및 결과의 정리

6. 가치갈등 수업모형 적용을 위한 시나리오

　가. 제재명 : 3학년 2학기 도덕 1. 약속과 규칙 (1/3)

　나. 수업 목표 : 가치갈등 상황에서 스스로 행동을 선택하고 자신이 선택한 가치를 논리적으로 발표할 수 있다.

　다. 문제 상황 : ○○이는 학급신문을 만들기 위해 친구들과 약속을 하여 서둘러 나가는데 무척 바쁘신 어머니께서 ○○이의 도움을 필요로 하는 상황

　라. 학습활동 과정

순	단계	주요 활동
(1)	가치갈등 사태 제시	가치 갈등이 내재되어 있는 사례를 학생들에게 제시하는 단계이다. 이 단계에서는 ○○이가 학급 친구들과 방과 후 학급 신문을 제작하기로 약속을 하고 난 후 집에서 약속시간에 맞추어 가려는데 어머니가 갑자기 아버지 친구 분들이 오신다고 어머니를 도와 달라고 해서 어떻게 해야 할지 갈등하는 내용으로 '○○이의 고민'동영상(에

＊ 가치갈등 모형의 첫 단계인 가치 개념 확인하기는 때에 따라 문제제시 단계와 가치 개념 확인하기 첫 단계로 구분하여 설계할 수 있다.

＊＊ 가치갈등 모형의 두 번째 단계인 관련 규범의 확인 및 명료화 단계는 두 단계로 세분하여 진행할 수 있다. 즉 (1) 관련규범을 확인하는 단계, (2) 관련규범의 의미 파악(명료화) 단계로 구분하여 진행할 수 있다.

		듀넷)을 학생들에게 제시한다.
(2)	관련된 규범의 확인	도덕 문제 사태 속에 들어 있는 갈등하는 가치 요소(약속, 효)의 가치를 학생들이 찾아내도록 유도하는 단계이다. 발문으로서는 '○○이는 어떤 약속을 했나요?, 어머니께서 ○○이에게 어떤 부탁을 하였나요?, ○○이는 지금 어떻게 하고 있나요? 등을 들 수 있다.
(3)	관련 규범의 의미 명료화	위 단계에서 찾아낸 가치 요소(약속과 효도)들이 가지는 각각의 의미를 파악하는 단계이다. 이 단계에서는 가치갈등을 일으키는 요소를 명확하게 짚어 가는 단계로 발문으로는 '친구와의 약속은 왜 중요합니까?, 어머니를 도와 드리는 것은 왜 중요합니까?' 등을 들 수 있다.
(4)	문제 사태의 성격 분석	갈등 사태의 성격을 더욱 분명히 하는 단계로서 규범간의 관련성에서 판단 준거를 세우고, 해결을 위한 다양한 대안을 강구하는데 도움을 줄 수 있다. 질문으로는 '이 문제를 해결할 수 있는 시간은?, 이 문제를 해결하는데 생각해 보아야 할 것은 무엇인가?' 등등 가상적인 상황을 점검해 봄으로써 갈등 사태를 더욱 분명히 하는 단계이다. 교사는 여기서 학생들의 대안이 너무 여러 가지로 나뉘는 것을 배제하기 위해 적절한 상황 설명을 덧붙임으로써 뒤따르는 단계에서 양립된 입장이 부각되도록 유도할 필요가 있다. 학생들의 다양한 입장 표명은 마지막 단계인 자신의 입장 수정 및 대안 탐색 단계에서 다시 다루면서 학생들의 자유로운 해결 탐색을 유도한다.
(5)	양립된 입장의 결과 예상	학생들이 자신의 입장 표명(약속을 택하겠는가?, 효도를 택하겠는가?)을 하기 전에 이러한 입장을 선택했을 경우 나타날 수 있는 결과를 미리 예상해 보도록 함으로써 신중한 결정을 하도록 유도하는 단계이다. 발문으로는 '학급 신문을 만들러 간다면 어머니의 마음은?, 어머니를 돕느라고 학급 신문을 만들러 가지 않는 다면?' 등을 하며 각 규범을 하나만 택했을 때의 결과를 서로 비교해 보는 것이다.
(6)	자기 입장의 선택 및 정당화	자신이 주인공(○○)일 경우에 행동할 수 있는 방안을 한 가지 선택하는 일이다. 학생들이 입장을 선택한 후에는 선택의 이유도 발표시키거나 토론활동으로 이끌어 입장 선택에 대한 정당화를 하도록 유도한다. 이때, 같은 생각을 가진 학생들끼리 모여 모둠별 토론을 통해 자신의 입장과 선택한 이유 등을 정리하도록 한다. 발문으로는 '여러분이 만일 ○○이라면 어떤 결정을 하겠습니까?, 그렇게 생각한 이유는 무엇인가?, 학급 신문을 만든다는 의견을 중요하게 생각하는 사람은?, 어머니를 도와 드려야 한다는 의견을 중요하게 생각한 사람은?' 등이며 서로 같은 의견을 알아보기 위해 수업처음부터 두건을 사용하고 있다가 어느 한쪽을 벗게 한다.
(7)	자기 입장의 수정 및 대안 탐색	앞선 논의 과정을 통해서 입장이 바뀌게 된 사람이 있는지를 확인하고, 바뀌게 된 이유를 발표하도록 하는 과정이다. 또한 양분된 입장 외에도 제3의 대안이 있는지를 탐색하여 타당한 결정에 이르도록 이끈다. 발문으로는 '친구들의 발표를 듣고 자신의 생각이 바뀐 친구는 발표하여 봅시다. 부모님과 친구들에게 미안하지 않고 이 문제를 해결할 수 있는 방법은 없을까요?'를 들 수 있다.
(8)	학습 내용의 정리	약속이란 무엇인지, 약속은 왜 지켜야 하는지를 정리하고, 약속을 지키지 못하였을 때 어떻게 행동해야 하는지 스스로 생각하고 실천할 수 있도록 다짐을 한다.

7. 가치갈등 수업모형 적용을 위한 모의재판 시나리오

재판장 : 지금부터 갑신정변과 관련하여 그 중심인물인 피고, 김옥균에 대한 재판을 시작하겠습니다.

　　　　피고, 김옥균은 1851년에 태어나 어린 시절 강릉의 율곡 서당에서 학문을 익혔고, 박규수의 지도 아래 개화사상을 익혔으며 개화당을 조직하여 자주 근대화 추진에 힘써 왔습니다. 그러던 중 평소 뜻을 같이 하던 홍영식, 박영효 등과 함께 1884년 12월 4일 우정국 개국 축하연을 이용하여 갑신정변을 일으켜 민영익 등의 보수파들을 제거하고 정권을 잡은 후, 고종 임금을 경운궁으로 모셔 놓고 새 정부를 구성했습니다. 그 후 14개 조로 된 개혁안을 선포하며 개혁 정치를 추진하려 하였으나 3일 만에 청나라의 군사 개입으로 실패하였습니다. 맞습니까?

김옥균 : 네, 그렇습니다.

재판장 : 검사는 김옥균의 죄상에 대하여 논고를 펴시오.

검사 : 피고 김옥균은 갑신정변의 진행과정에서 매우 많은 잘못을 저질렀습니다. 첫째, 우리 민족 스스로의 힘으로 청의 간섭을 물리치고 개화를 추진할 생각은 하지 않고, 일본의 힘에 의존하였습니다.

　　　　둘째, 갑신정변 과정에서 보수파 측 사람들을 살해하고 민가에 불을 지르는 등 폭력을 일삼았습니다.

　　　　셋째, 그러함에도 불구하고 정변은 3일 만에 실패로 끝이 났고, 결과적으로 청국의 내정 간섭을 심화시켰습니다.

　　　　넷째, 피고가 정변을 일으킨 후 새로운 내각의 중심적 위치를 차지한 것으로 보아 피고의 권력에 대한 욕심이 강하게 나타났습니다. 정변을 일으킨 의도가 의심스럽습니다.

재판장 : 수고하셨습니다. 변호사, 변론하세요.

변호사 : 피고는 비록 외세에 의존하여 거사하였으나 개혁의지가 보다 강하였습니다. 개혁을 하루빨리 이루고자 하다보니 잠시 일본의 힘을 빌렸을 뿐이며, 개화 정책을 반대하던 당시 보수파 집권 세력을 제압하기 위해서는 폭력이 불가피하였습니다.

　　　　우리나라는 지난 500여 년간 중국을 섬기는 사대 관계를 맺어 왔습니다. 피고 김옥균은 바로 그 부당한 관계를 청산하려 한 것입니다. 이렇듯 그가 정변을 일으킨 것은 순수한 나라 사랑의 마음으로 행한 애국적 행동이었지 결코 개인적 욕심 때문이 아니었으므로 무죄를 주장합니다.

재판장 : 네. 피고가 죄의 여부를 가리기 위해 증인 심문을 해 주십시오. 검사 측의 민영익 증인부터 하겠습니다.

검사 : 증인께서는 갑신정변 당시 크게 다친 것으로 알고 있습니다. 그 때의 상황을 자세히 말씀해 주십시오.

민영익 : 그 날은 우리나라 최초의 우체국인 우정국 개국 기념 축하연이 있는 날이었습니다. 조정의 여러 대신들과 외국의 영사들이 참석했었는데 갑자기 "불이야! 불이야!"하는 소리가 들려와 황급히 건물 밖으로 뛰어 나갔습니다. 개화파들이 저를 비롯해 여러 대신들을 제거하고 정권을 잡으려고 일부러 민가에 불을 질렀던 것입니다. 놀라 뛰어나오는 여러 대신들을 문 밖에서 기다렸다가 죽이는데 다행히 저는 큰 상처만 입고 목숨은 건졌지요.

검사 : 들으신대로 피고를 비롯한 개화파들은 매우 폭력적이었습니다. 폭력은 어떤 상황에서도 용납될 수 없습니다.

변호사 : 증인은 권력의 핵심에 있으면서 평소 개화파의 의견을 받아들이지 않고 그들의 일을 방해하는 등 탄압해 왔지요?

민영익(검) : 네, 그랬습니다. 우리와는 생각이 많이 달랐으니까요.

변호사 : 증인이 그들을 탄압하였으므로 그들은 뜻을 이루기 위해 증인을 제거할 수밖에 없었습니다. 만약 증인이 평소 그들의 의견을 귀담아 듣고 수용했더라면 이러한 일도 없었을 것입니다. 또한 나라 발전을 위한 일에 작은 희생은 어쩔 수 없습니다.

재판장 : 다음으로 변호사측의 서재필 증인에 대해 심문해 주십시오.

변호사 : 서재필 증인! 증인은 어떤 일을 해 왔는지 말씀해 주십시오.

서재필(변) : 저는 독립신문을 창간하여 우리 민족에게 애국심을 고취하고 나라의 자주권을 되찾기 위해 노력하였으며 독립협회를 조직하여 독립운동을 해 왔습니다.

변호사 : 증인은 우리나라의 독립을 위해 평생을 몸 바쳐 일한 훌륭한 사람이군요. 이 훌륭한 증인이 피고와 함께 거사했다는 것은 피고의 애국심을 입증하기에 충분합니다.

검사 : 두 사람이 함께 거사에 참여하였다고 하여 속마음이 같으리라는 보장은 없습

니다. 또, 민가에 불을 지르고 죄 없는 양민을 다치게 한 사실은 의도와는 상관없이 방법이 폭력적이었다는 점에서 죄를 면할 수 없습니다.

재판장 : 다음 증인을 심문하세요.

검사 : 증인의 이름과 하는 일을 말씀해 주십시오.

다께로에(검) : 정변 당시에 일본 공사로 일하고 있던 다께로에입니다.

검사 : 증인은 피고 일행에게 협조하겠다고 약속해 놓고 거사 당시에는 약속을 어기고 일본으로 도망친 사실이 있죠?

다께로에(검) : 네, 청의 군사가 한양에 남아 있는 상태였기 때문에 실패했을 경우 목숨이 위태로웠기 때문입니다.

검사 : 증인의 그러한 행위는 분명한 배신행위이며, 한 나라를 대표하는 외교관의 행동이 그럴 때에는 곧 그 국가 전체가 그렇다고 보아야 할 것입니다. 그런데 피고는 그런 일본을 등에 업고 개혁을 하려 했으니 일본에 의존한 자체가 매우 큰 잘못입니다.

변호사 : 한 개인의 배신행위가 일본 전체를 대표하는 것은 아니며, 일본의 힘을 빌어 청을 물리친 다음 일본 세력도 물리칠 계획이었음을 알아주시기 바랍니다.

재판장 : 다음 변호인 측의 박영효 증인을 심문해 주십시오.

변호사 : 증인은 어떤 일을 한 사람입니까?

박영효(변) : 김옥균과 함께 갑신정변에 참여하였으며 나중에 갑오개혁을 추진하여 우리나라를 근대화시키는데 앞장섰습니다.

변호사 : 이렇듯 훌륭한 일을 한 증인이 피고와 함께 거사하였다는 것은 피고의 나라를 위한 근대화 의지가 매우 굳건하고 의심할 바 없었다는 것을 의미합니다.

검사 : 증인은 매국노 이완용 내각의 대신을 지내고, 국권 침탈 후 일본으로부터 귀족의 지위를 받은 사실이 있지요?

박영효(변) : 그렇습니다.

검사 : 증인은 친일 세력이었지 진정한 애국자라고 할 수 없습니다. 피고의 거사 의도 또한 개인적 권력 욕심이 앞선 것이 아니었을까요?

재판장 : 다음 검사측 증인 심문하세요.

검사 : 증인은 누구이며, 피고의 행적에 대하여 아는 대로 말씀해 주십시오.

명성황후(검) : 저는 고종의 부인, 명성황후입니다. 거사 당시 김옥균은 왕과 왕비를 무시하고 멋대로 대궐을 침입하여 내각을 개편하는 등 무례한 짓을 했지요. 또한

　　　　　　　나는 그 후에 일본에 의해 무참히 살해되는데 바로 그 일본을 등에 업고 정변
　　　　　　　을 일으키다니 분한 마음을 삭힐 수가 없습니다.

변호사　　：증인은 청에 동조했다가 러시아에 동조했다가 하는 주체성 없는 행동을 한
　　　　　　　적이 있지요?

명성황후(검)：그렇게 했습니다. 그러나 그것은 당시 외교 사정상 어쩔 수 없었습니다.

변호사　　：어쨌든 증인의 그런 행동이 일본을 불안하게 만들어 증인을 살해하게 되었던
　　　　　　　것이므로, 그 일을 피고와 관련지어 말하는 것은 옳지 않습니다.

재판장　　：마지막 증인인 농민대표를 심문하세요.

변호사　　：증인은 갑신정변에 대해 어떻게 생각하십니까?

농민대표(변)：저는 그동안 능력은 누구 못지않게 뛰어난데 양반이 아니라는 이유 로 과거
　　　　　　　에도 나가지 못하는 사람들을 여럿 보았습니다. 얼마나 억울하고 국가적으로
　　　　　　　도 손해나는 일인가요? 그래서 능력별 관리 등용 제도, 농민의 빚 탕감, 세금
　　　　　　　제도 개혁 등의 제도를 제시한 갑신정변에 대해 환영하고 성공하기를 빌었습
　　　　　　　니다.

재판장　　：검사와 변호사의 마지막 주장을 듣겠습니다. 먼저, 검사.

검사　　　：피고는 권력에 대한 욕심이 있어 갑신정변을 일으켰다고 보여지며 정변 과정
　　　　　　　에서는 폭력을 동원하였고, 외세에 의존하여 개혁을 추진하고자 하였습니다.
　　　　　　　결정적으로 국민들이 개화 정책에 대해 이해가 부족함에도 불구하고 너무 성
　　　　　　　급하게 준비 없이 정변을 일으킴으로써 3일 만에 개혁은 실패하고, 청국의
　　　　　　　내정 간섭을 오히려 더 심화시키는 위험한 결과를 낳았다는 점에서 피고는
　　　　　　　유죄입니다.

변호사　　：피고가 순수한 애국심에 의해 갑신정변을 일으켰다는 것은 그 당시 내세 운
　　　　　　　14조의 개혁안을 보면 너무나 확실하게 알 수 있습니다. 살기 좋고 부강 한
　　　　　　　나라를 건설하기 위해서는 약간의 폭력은 불가피하였고, 일본의 힘도 잠시
　　　　　　　빌릴 필요가 있었던 것입니다. 피고 김옥균은 집권층이 주도적으로 개화를
　　　　　　　추진해야 하루빨리 목표를 이룰 수 있다고 생각하여 서둘러 거사한 것입니다.
　　　　　　　비록 실패하였으나 갑신정변은 우리나라 최초의 자발적인 근대화 운동이었고,
　　　　　　　피고는 갑신정변을 통해 자주 독립국가 건설 및 우리나라 근대화를 위해 노력
　　　　　　　하였기에 피고는 무죄임을 주장합니다.

재판장　　：피고는 최후 진술 하세요.

제14장 가치갈등 수업모형 291

김옥균 : 저는 평소 우리나라가 부강해지고 발전하려면 외국의 우수한 문물과 제도를 도입해야 한다고 생각하고 뜻을 같이 하는 여러 친구들과 그 일을 이루려 여러모로 노력하였습니다. 그러나 민영익 등의 보수파들이 사사건건 방해를 하고 탄압하므로 어쩔 수 없이 폭력적 방법을 동원해서라도 개혁을 하고자 하였습니다. 개혁이 실패하여 외세의 간섭을 심하게 한 결과가 되어 너무나 안타깝습니다.

재판장 : 배심원 여러분!

검사측은 피고의 의도가 권력 욕심이 강했다는 점, 폭력적인 방법을 동원했다는 점, 외세에 의존했다는 점, 청의 간섭이 심해지는 결과를 낳았다는 점을 들어 유죄를 주장했습니다. 변호인측은 피고의 행동이 순수한 애국심에서 나온 것이며, 빠른 개혁 추진을 위해서는 외세의 힘을 잠시 빌릴 수밖에 없었고 폭력이 불가피했었다는 점을 들어 무죄를 주장했습니다. 배심원 여러분께서는 신중하게 생각하여 유죄인지, 무죄인지 판단해 주십시오.

(5초 정도의 시간이 흐른 뒤)

자, 피고가 죄가 있다고 생각하시는 분은 손을 들어주십시오.(수를 세어 쓴다) 피고가 죄가 없다고 생각하시는 분은 손을 들어주십시오.(수를 세어 쓴다)유죄라고 생각하는 사람이 (   )명, 무죄라고 생각하는 사람이 (   )명이므로 피고에 대해 유죄(또는 무죄)를 선고합니다. 땅땅땅!

8. 가치갈등 수업모형을 적용한 교수·학습 과정안

단 원	2. 근대화의 노력 (2)새로운 사회로의 움직임	일시	2012. ○. ○ ○교시	장소	6-1 교실
학습주제	갑신정변의 경과와 의의	교재	사:71 - 72 탐:75 - 77	차시	9 / 21
학습목표	○갑신정변이 일어난 원인과 과정을 말할 수 있다. ○갑신정변의 결과와 그 의의를 파악할 수 있다.				
예습적 과 제	○갑신정변의 원인, 경과, 결과, 의의를 조사해 오기 ○갑신정변에 대한 찬반을 이유와 근거를 대어 조사해 오기				

학습 과정	학습 요소	교 수·학 습 활 동	시간	자료 및 유의점
문제 파악	마음열기	◆ 주의 집중하기 •프리젠테이션에서 설명하는 인물의 이름 맞추기 - 김옥균	2′	■ppt
	학습문제 인식	■ 교과서를 보고, 학습문제 알아내기 •갑신정변이 일어난 원인과 과정 말하여 보자 •갑신정변의 결과와 그 의의를 파악하여 보자	2′	
	학습안내	◆ 학습활동 안내하기 •학습순서 및 방법 알기 •학습할 때 주의할 점 알기 - 역할 배정 및 하는 일 안내 - 중요한 것을 메모하며 듣기 - 학습지 내용 살피기	1′	■모의재판 시나리오는 미리 제작하였다가 수업에 활용한다. ■시나리오, 학습지
문제 추구 및 해결	모의재판 진행하기	◉ 모의 재판 진행하기 •재판장이 김옥균의 행적을 열거하고 확인시키기 •검사가 김옥균의 잘못을 열거하고 그 근거를 제시하기 •변호사가 김옥균의 죄목에 대해 변론 전개하기 •증인 심문하기 - 검사측 증인 민영익 심문하기 - 변호사측 증인 서재필 심문하기 - 검사측 증인 다께로에 공사 심문하기 - 변호사측 증인 박영효 심문하기 - 검사측 증인 명성황후 심문하기 - 변호사측 증인 농민 대표 심문하기	12′	〈가치갈등 학습〉 ■시나리오, 이름표 ■배심원 어린이들은 잘 듣고 중요한 내용을 기록한다.

문제 추구 및 해결	모의재판 진행	•양측 주장 종합 정리하기 - 검사가 간략하게 논고를 읽고, 변호사가 최후 변론을 한 다음, 김옥균이 최후 진술을 한다. - 재판장은 검사측과 변호사측의 주장을 정리하여 배심원에게 해설해 준다. •판결내리기 - 재판장은 배심원의 거수투표로 김옥균에 대한 유, 무죄를 판단한다. ◉ 학습지 해결하기 ◉ 재판 후의 자기 생각 발표하기	8′ 4′	■ 시나리오에 의한 모의재판을 하는 것이므로 판결을 내릴 때에는 모둠 구성원 모두가 배심원이 되어 거수투표하도록 한다. 또한, 학생들이 내린 재판 결과가 반드시 정당한 것은 아니라는 것을 이야기해 준다.
	자기생각 주장하기	•재판 후의 느낌을 발표해 보기 ◉ 과제로 제시한 갑신정변에 대한 자기의 생각을 찬반으로 나누어 이유나 근거를 들어 발표 토론하기	7′	
적용 및 발전	학습내용 정리	♣ 학습 내용 정리하기 •학습지에 기록한 것을 바탕으로 갑신정변의 원인, 경과, 결과, 역사적 의의를 정리하여 발표하기 •학습 내용 정리하기	3′	■ 수행평가를 따로 실시하지 않고, 학습지 기록한 것을 수행평가로 활용한다.

과제 파악	차시예고 및 과제제시	♣ 차시 예고 및 과제 알기
		•갑오개혁으로 인해 변화된 사회의 모습을 조사해오기
		  - 정치 제도 - 경제 제도
		  - 교육 제도 - 사회 제도
			1′	■ 모둠간에 서로 협의하여 조사해 오도록 한다.

순환학습 모형

1. 순환학습 모형의 등장 배경 및 의미

순환학습 모형(learning cycle model)의 역사적 기원은 1950년대 초반에 Dewey의 반성적 사고과정을 바탕으로 Heiss, Obourn 그리고 Hoffman이 제시한 고전적 순환학습 모형에서 찾을 수 있다. 순환학습 수업모형은 Piaget의 인지발달 원리에 바탕을 두고 있는 것으로 Karplus에 의하여 주도된 SCIS 프로그램에서 볼 수 있다. SCIS 프로그램은 과학교육과정 개혁운동을 시대적 배경으로 하고 아동의 지적 발달과 과학개념의 이해에 초점을 두었다. 학생 스스로 구체적인 경험을 통하여 개념을 획득하고 사고력의 신장을 돕도록 하는 탐구 지향적 학습모형이다. Karplus는 수업방법으로 환경과의 능동적인 상호작용, 개인의 직관을 통한 문제접근과 시행착오를 통한 지식의 발견을 중시하였다.

Lawson(1989) 등은 오개념 연구결과를 검토, 수용하여 순환학습의 적절한 사용은 선개념의 표출과 이에 대한 토론 및 논쟁 기회를 제공하며 이는 인지적 비평형을 유발시켜 보다 적절한 개념과 사고양태를 발달시킨다고 보았다. Lawson은 기존의 순환학습을 수용하면서 직관적 신념의 표출과 인지 갈등의 유발, 대안가설에 대한 체계적인 검증 그리고 학생들간의 사회적 상호작용을 더욱 부각시켰다. 따라서 인지적 비평형과 인지구조의 자율조정, 직관을 통한 문제해결 접근, 선개념의 고려, 환경과의 상호작용 등은 순환학습의 주요 개념에 해당된다.

가. 순환학습 모형의 철학적 기초

순환학습 모형은 인지적 비평형과 인지구조의 자율조정, 개인의 지식 재구성, 환경에 대한 상호작용을 중시하고 있다. 순환 학습 모형은 구조주의와 구성주의에 바탕을 둔 Piaget의 인식론과 발달 심리학에 근거를 두고 있다. 선개념과 기존사고 유형을 중시하며 새로운 개념과 탐색 경험간의 관련성을 추구하는 순환학습 모형은 Ausubel의 학습 심리학과 유사한 면을 보인다. 그리고 가설 연역적 방법을 통한 선개념의 정당성 검증과 직접 경험의 중시는 경험 및 실증주의 철학과 초기 인지심리학인 Gestslt 심리학에 토대를 두고 있다.

나. 순환학습의 기본 가정

Lawson 등(1989)은 순환학습에 대하여 다음과 같은 12가지를 가정하고 있다.

① 인간은 개인적으로 자연 현상에 대한 신념들을 형성해 가는데, 그들 중의 일부는 과학적인 이론과 다른 경우가 있다.
② 대안적 신념(오인)은 학습을 통하여 과학적 개념을 형성하는데 방해가 될 수 있다.
③ 오인의 제거는 학생들이 바로 자신의 오인이 공인된 과학적 개념과 차이가 있다는 것을 인식할 때만 가능하다. 즉, 인지적 갈등상태 또는 지적 비평형 상태를 유발해야만 그 오인의 제거가 가능해진다.
④ 사고력의 발달은 지적 갈등을 경험하고, 그 갈등 해소를 위한 노력을 기울일 때 비로소 이루어진다.
⑤ 논쟁을 통하여 특수한 사고의 내면화가 이루어진다.
⑥ 순환학습은 탐색, 개념 도입, 개념 응용이라는 세 단계로 이루어진 수업의 한 방법이다.
⑦ 순환학습은 학생들이 가지고 있는 선 개념, 개념적 오류 등을 표현할 수 있는 기회를 제공 한다. 또한 그 개념들을 검증하고, 논증할 수 있는 기회를 제공하게 되어 결국 지적 비평형성을 경험하게 하여 새롭고 타당한 개념 형성과 사고 발달을 촉진하는 기회가 된다.
⑧ 순환학습에는 세 가지 형태(서술적, 경험-귀납적, 가설-연역적)가 있는데 이들 세 형태 는 지적 갈등을 불러일으키거나 사고력을 촉진하는 효과가 다르다.

⑨ 이 세 형태의 순환학습 과정의 근본적인 차이는 학생들로 하여금 순전히 서술적 형태에서 데이터만 수집하게 하느냐, 아니면 경험적·귀납적 형태에서 대안 개념을 검증하는 경험을 제공하느냐에 달려있다.

⑩ 서술적 형태의 순환학습 과정은 학생이 자연 일부분을 관찰하게 하고, 그 속에서 간단한 규칙을 발견하며, 그것을 명명하도록 고안되어 있다. 이 형태는 단지 서술적 사고 기능을 요구하며, 지적 갈등은 거의 일으키지 못한다.

⑪ 경험적·귀납적 형태의 순환학습 과정은 학생들로 하여금 자연 현상이나 사물을 서술하고 설명하게 함으로써 개념적 오류를 표출하게 하고, 논쟁 혹은 지적 갈등을 발생하게 하여 형식적 사고 유형의 발달을 자극한다.

⑫ 가설-연역적 형태는 자연 현상을 설명하는 즉각적이고도 명료한 대안 개념 또는 가설을 제안하도록 자극한다. 또한 그 대안 개념 또는 가설 검증 과정에서 형식적 사고 유형을 요구한다(윤기옥 외, 2002).

다. 순환학습 모형의 특징

순환학습 모형은 원래 피아제의 인지발달 이론에 바탕을 두고 탐구적 학습 활동을 통해 인지 구조의 변화를 촉진시킬 수 있는 학습 내용을 조직하도록 하고 있다. 따라서 이미 알려진 개념에 대한 확인, 검증 실험의 전통적 학습 방법과는 달리 새로운 개념의 형성 또는 개념 변화를 목표로 하는 수업에 적절하다고 할 수 있다(윤기옥 외, 2002).

순환학습은 학습 단계에서 구체적 경험을 제공함으로써, 구체적 조작기에 있는 학생뿐 아니라 과도기에 있는 학생들 모두에게 더 높은 인지 단계에 도달될 수 있도록 인지 구조를 자극하는 역할을 수행한다는 것이 밝혀져 있다.

2. 순환학습 모형의 일반적 절차(수업 단계)

〈표 13-1〉 순환학습의 단계

단계	교수·학습 활동
탐색 단계	• 새로운 상황에서 학생 자신의 작용과 반응을 통하여 학습한다. • 학생은 최소한의 안내를 통하여 새로운 자료와 생각을 탐색한다. 문제를 인식하고, 실험을 설계하고, 경우에 따라서는 가설을 세워보기도 하고, 또 자료를 수집하고,

	자료를 처리하며 해석하거나 일반화하는 등 탐구 활동이 이루어진다. • 새로운 경험은 익숙한 사고방식으로 해결할 수 없는 문제나 인지적 갈등을 제기하고, 그것에서 규칙성을 확인할 수 있어야 한다. • 교사는 학생의 초기 이해와 사전 개념을 열린 탐색 활동을 통해 진단한다. • 교사는 학생의 기존 지식과 새로운 지식을 암시를 통해 연결할 수 있도록 도와준다. • 개인 또는 소집단별 활동을 토해 다양한 관점과 질문을 경험한다. • 브루너가 주장한 발견학습의 과정이 고스란히 내포되기도 한다. 그러나 브루너의 발견학습에서는 학습자 모두 타고난 과학자라는 전제를 하지만 순환학습의 탐색 단계에서는 규칙성이나 일반화된 지식의 획득을 반드시 기대하지는 않는다. • 학습자가 학습에 흥미를 느끼고 주어진 자료를 관찰하고, 탐색하는 과정 자체만으로도 이 단계의 목적은 달성될 수 있다.
용어(개념) 도입 단계	• 탐색 단계에서 발견한 규칙성을 언급하는 새로운 용어를 도입하는 것으로 시작한다. 이때 소개되는 용어는 학생들이 발견하기 이전에 이미 과학자들이 밝혀내었기 때문에 통용되고 있는 것을 의미한다. 산, 염기, 용해도, 밀도 등 통용되는 용어로 자신이 발견하거나 획득한 과학 지식을 이해하는 과정이 이에 속한다. • 용어는 교사, 교과서, 시청각 매체 등에 의해서 도입될 수 있다. • 탐색 활동에서 발견한 규칙성과 직접 관련지어야 한다. • 용어 도입에 앞서 가능한 한 많은 새로운 규칙성을 확인하도록 학생을 격려한다. 그러나 과학의 모든 복잡한 규칙성을 학생 스스로 발견할 것을 기대하는 것은 어리석은 일이다. • 탐색 단계를 통해 규칙성이나 일반화를 학습자 스스로 획득하지 못하였다면, 이 단계에서 교사가 주도적으로 이러한 지식을 제공해 줄 수도 있다. • 이 단계에서 교사의 역할이 주도적이며, 이러한 점에서 브루너의 발견학습과 구분된다.
개념 적용 단계	• 새로운 개념의 적용 범위를 확장시키는 활동을 제공한다. 다양하게 적용해 보지 않으면, 처음에 정의되고 논의된 시점에서 사용된 사례개념의 의미가 국한될지 모르기 때문이다. • 습득한 개념을 새로운 상황과 문제에 적용시켜 일반화할 수 있는 기회를 제공하다. 많은 학생은 구체적인 사례로부터 그것을 추상화하거나 다른 상황에 그것을 일반화하기 어렵기 때문이다. • 개념 적용 활동은 개념의 재조직이 평균보다 좀 더 천천히 일어나는 학생 이나 교사의 원래 설명을 자신의 경험에 적절하게 관련짓지 못한 학생들에게 도움을 줄 수 있다. • 획득된 지식을 학습자의 인지 구조 속에 정착시킨다는 의미에서 교육학적으로 볼 때 중요하다. • 개념 적용 단계는 획득한 지식을 새로운 탐색으로 연결되는 고리의 역할을 하는 단계라는 점에서 중요한 의미를 가진다.

3. 순환학습의 세 가지 형태

순환학습의 과정을 아래 [그림 13-1]과 같이 제시할 수 있다. 그렇지만 순환학습이 반드시 아래 도식의 순서로 전개되어야 한다는 것은 아니다. 또한 한 단계 다음에는 반드시 그 다음 단계가 이어지는 것이 아니며 동일한 단계가 되풀이 될 수도 있다. 순환 학습이 학습자의 탐구 능력을 향상시키기에 적합한 수업모형이라고 볼 때, 탐색 단계는 당연히 강조되어야 한다. 그러나 탐색 단계에서 교사가 의도하였던 방향과 다른 방향의 탐색이 학생들에 의해 이루어진다 하여도 교사는 이에 실망하지 않고, 발견한 것에 적합한 용어를 도입한 후에 이를 적용하는 단계에서 예외를 발견할 수 있도록 개념 적용 단계의 내용을 잘 구성하는 것이 교사가 해야 할 가장 중요한 일이 될 것이다.

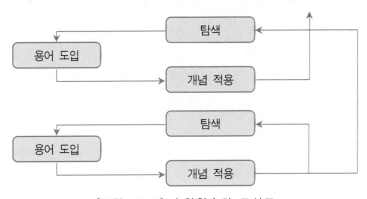

[그림 13-1] 순환학습의 도식도

Lawson 등(1989)은 순환학습을 사고의 유형에 따라 서술적, 경험·귀납적, 가설· 연역적 순환학습의 3가지 형태로 구분하였다. 이들 3가지 형태의 순환학습은 대안적 개념의 확인과 지적 갈등을 일으키는데 있어서 그 효과가 같지 않으며, 사고력의 발달을 촉진하는 효과도 다르다고 주장하였다. 이들 세 가지 형태의 순환학습을 간단히 설명하면 다음과 같다.

가. 서술적 순환학습

학습자는 탐구를 통하여 규칙성을 발견, 기술한다.(탐색) 교사가 이 규칙성에 용어를 도입하고(개념 도입), 다른 상황에서 응용하여 개념을 정착한다. 이러한 규칙성이 더 많은 상황에서 인정되는지 확인하는 단계이다(개념 적용, 물론 새로운 순환이 일어나려면 이 단계에서 예외가 발견될 것이다.). 이 형태의 순환 학습을 '서술적'이라 부르는데, 이는 교사나 학생이 관찰 사실을 설명하는 과정 없이 단지 서술, 계열화, 분류만 하기 때문이다. 관찰을 설명하기 위한 가설을 세우지는 않는다. 학생들로 하여금 자연의 현상을 관찰, 탐구하게 하고, 그 속에서 간단한 규칙성을 발견하게 하여 그것을 명명하게 설계하는 형태를 말한다. 단지 구체적 사고력만 요구하고 지적 갈등은 거의 일으키지 못하며, 학생들은 자신의 선입관이 잘못되어 있다는 사실을 거의 깨닫지 못한다.

서술적 순환학습은 주로 생물이나 지구과학 수업에서 이루어지는 분류활동에 잘 적용된다. 예를 들어 여러 가지 잎을 모양이나 특징에 따라 분류하거나, 암석을 분류하는 과정에서 학생들은 일정한 패턴을 발견할 수 있다. 예를 들어 잎맥을 중심으로 분류하는 과정에서 나란히맥과 그물맥의 일정한 패턴을 발견할 수 있다. 이들이 발견한 패턴이 교사의 학습 목표와 일치하는 경우, 교사는 이러한 패턴에 이름을 붙여준다. 예를 들어 학생들이 '서로 얽혀있는 맥'이라고 표현할 수 있는 패턴을 '그물맥'이라고 설명해 주는 것이다. 개념 적용 단계에서 학생들은 보다 다양한 잎을 대상으로 이러한 패턴의 적용을 시도할 것이고, 그러다가 예를 들어 선인장의 가시와 같은 잎을 관찰하여 어떠한 잎맥도 찾을 수 없게 되면, 새로운 탐구의 순환이 일어나게 된다.

나. 경험·귀납적 순환학습

학습자는 현상을 관찰, 탐색하고 규칙성을 발견하고 서술하고, 더 나아가 그러한 규칙성에 대한 가능한 원인도 탐색한다.(탐색) 예를 들어 물의 양을 달리하여 끓는점을 측정해본다든지, 여러 종류의 액체의 끓는점을 관찰함으로써 끓는점은 물질의 고유한 성질임을 파악하는 단계가 이에 해당한다. 다른 상황에서 학습한 개념을 유추하여 이 현상에 적용하여 보고, 이어서 용어가 도입된다.(개념 도입) 교과서의 안내로 학생들은 탐구 단계 동안 모여진 자료를 가지고 가정한 원인이 이러한 자료와 일치하고, 다른 알려진 현상에도 일치하는지를 알아보기 위해 면밀히 조사한다.(개념 적용) 경험-귀납적 순환학습에서는 실험을 설계하고, 관찰하고, 자료를 수집하고 해석하는 단계가 필요하지만, 가설을 세우거나 추론을 하는 단계는 요구되지 않는다. 따라서 가설 연역적인 사고를 요구하지 않지만 서술적 순환학습에서 요구하는 인지 능력보다는 높은 능력, 즉 구체적 조작기의 사고능력을 요구하는 것이다. 관찰한 자료를 해석하는 과정에서 과일반화가 이루어질 수 있기 때문에 이러한 결과는 항상 예외에 의해 기각될 수 있다는 점을 염두에 두어야 한다. 학생들로 하여금 자연 현상을 기술하고 설명하게 함으로써 개념적 오류를 나타나게 하고 논증적 갈등을 발생하게 하며, 형식적 사고 유형의 발달을 자극한다. 용해도, 밀도 등이 물질의 고유한 성질임을 확인하는 수업이나, 기체들의 종류에 상관없이 온도와 부피는 일정한 관계를 가진다는 것을 알아내는 수업이 이에 해당한다고 볼 수 있다.

다. 가설·연역적 순환학습

학생들은 원인이 있는 문제 상황으로부터 대안적인 설명, 혹은 가설 설정을 시도하게 된다. 이러한 가설을 검증하기 위하여 학생들은 실험을 설계하고, 수행하고, 논리적인 결과를 추론하는 과정을 거쳐야 한다. 그리고 얻어진 실험 결과를 분석하여 가설을 기각하기도 하고, 받아들이기도 한다.(탐색단계) 이러한 가설에 해당하는 용어가 교사에 의해 소개되고, (개념 도입) 마지막으로 다른 상황에도 이러한 가설이 적용되는지 알아보는 개념 적용 단계가 뒤따른다. 학습한 개념이나 원리, 사고형태를 다시 새로운 상황과 문제에 적용시키는 단계로서, 새 개념의 적용범위를 확장하여 발전적으로 전개하는 과정이다. 보다 다양한 새로운 상황에서 나타나는 과학현상을 다룸으로써 새 개념과의 친숙과 적용, 추가상황의 사고형태를 얻어 평형상태를 심화시킨다. 이것은 인지구조의 내면화이며 새 개념의 정착으로, 평가도 실시 가능하다. 따라서 이 단계는 자기조절의 시간과 경험을 추가해 준다. 특히 교사의 설명과 경험을 제대로 관련시키지 못한 평균이하 학생들의 어려움을 확인하고 해결해주기 위한 것으로 인지발달의 관점에서 매우 의미 있다. 자연현상을 설명하는 즉각적이고도 명료한 대안 개념 또는 가설을 설정하게 한다. 또한 그 대안 개념 혹은 가설 검증 과정에서 형식적 사고 유형의 발달을 촉진함으로써 오인을 해소하고 타당한 개념이나 지식이 발달하게 한다.

4. 순환학습 모형의 장점

순환학습 모형은 원래 초등학교 수준에서 과학의 기본 개념의 학습을 촉진하고 사고 기능을 개발하기 위하여 도입되었다. 그러나 국내외의 연구 결과를 보면 초등학교 뿐 아니라 중·고등학교와 대학교에서도 효과적으로 도입될 수 있다고 보고하고 있다. 다음은 순환학습의 효과를 탐색한 국내·외 연구에서 밝혀진 내용을 요약한 것이다(윤기옥 외, 2002).

① Davis(1978): 132명의 5-6학년 학생들을 대상으로 순환학습 모형에 의한 과학수업을 9주 동안 120분씩 투입한 결과, 강의/토의 방식의 수업이나 실험실 수업을 받은 학생에 비하여 긍정적인 과학적 태도를 지니고 있음이 드러났다.

② Abraham과 Renner(1985): 순환 학습 3단계를 피아제의 기능 모델과 비교하고 순환 학습 단계의 효과적인 순서를 알아보기 위하여 단계를 바꾸어서 적용해 본 결과 새로운 개념을 학습할 때에는 개념 도입 단계가 개념 적용 단계보다 앞에 오는 것이 효과적이며, 순환학습에서 가장 중요한 단계는 개념 도입 단계이고, 구체적 조작기의 학생에게는 전통적인 순환학습 단계의 순서로 수업하였을 때가 가장 효과적이다.

③ Ivins(1986): 7학년 학생을 대상으로 지구과학 관련 내용을 학습시킨 결과, 귀납적인 방법(실험 후 개념도입)이 연역적인 방법(개념도입 후 실험)보다 더 성취도가 좋고 기억력이 오래 지속된다.

④ 홍순경(1990): 중학교 1학년 학생을 대상으로 밀도 개념을 전통적인 방법과 순환학습 방법에 의하여 수업을 실시한 결과, 순환학습 교수법이 전통적인 교수법에 비해서 밀도 개념에 효과적이며, 구체적 조작기와 형식적 조작기의 학생 모두에게 효과적이다.

- 순환학습 모형을 적용하여 수업할 경우 직접적인 효과로는 적절한 개념 형성과 변화, 인지 발달을 기대할 수 있다. 간접적인 효과로는 의사소통 능력, 수용적이며 개방적인 토의 자세, 직접 경험을 통한 과학에 대한 흥미와 과학적 태도의 향상을 생각할 수 있다. 또한 문제해결에 대한 다양한 접근 방법의 허용은 창의성 신장으로 이어진다.

5. 순환학습 모형의 수업과정과 방법

순환 학습의 3단계는 서로 단절적인 것이 아니고 순환적, 반복적으로 이루어진다. 또한 이미 알려진 개념에 대한 확인, 검증 실험 등의 학습 방법과는 달리 새로운 개념의 도입 역할에 중점을 둔다. 자료를 모으는 탐색단계 동안에는 질문을 적게 하고 용어 도입 시에는 질문을 많이 해야 한다. 순환학습 모형으로 수업하고자 할 때, 교사가 거치게 되는 일반적인 단계는 다음과 같다.

① 문제의 발상 단계

탐구학습 활동의 시작은 교사가 문제를 언급하거나 질문을 하면 된다. 학생들이 활동의 초점을 알고 가설 형성의 관점을 알 수 있도록 질문을 던진다.

② 가설의 설정 단계

문제가 제시된 후 교사는 학생들에게 문제에 대한 가설 또는 해답을 진술하도록 요구한다. 가설의 형성 방법은 소집단 별로 진술하도록 하고 발표시키는 것이 좋다. 가설은 데이터 수집 방향을 암시하므로 원인-결과의 과정이 잘 나타나도록 진술하게 한다.

③ 실험 설계 단계

주관적인 가설의 타당성을 객관적으로 증명하기 위한 실험을 설계하는 단계이다. 실험 설계에서는 독립변인의 변화에 따라 종속 변인이 어떻게 변하는 가를 알아볼 수 있도록 설계해야 한다.

④ 자료의 수집과 정리 단계

실험 설계대로 실험을 수행하면서 필요한 자료를 수집하고 정리하는 단계이다. 이 단계에서는 기구조작, 관찰, 측정, 자료의 기록, 분류, 자료의 변형 등과 같은 탐구과정 요소와 관련된 활동이 이루어진다.

⑤ 자료의 해석 및 분석 단계

학생들이 수집한 자료를 분석하거나 해석하는 단계이다. 구체적인 탐구활동은 추론, 상관관계, 인과관계, 예언 등의 탐구과정 요소를 포함한다.

⑥ 결과의 종합 단계

실험 결과를 종합하여 새로운 결론을 도출하거나 보다 적용범위가 넓은 포괄적인 설명체계를 도출하는 단계이며, 이러한 포괄적인 설명체계가 곧 일반화이다. 실험결과에 근거하여 처음에 설정한 가설의 타당성을 검토하게 되며, 그 결과 가설을 받아들이거나, 거부하거나 혹은 수정하게 되며, 다시 새로운 문제의 발상과 가설 설정 단계로 순환하게 된다.

6. 순환학습 모형 적용을 위한 시나리오

예시 1)

가. 수업 목표 : 여러 가지 동물의 생김새와 구조의 차이점을 비교하여 척추동물과
무척추동물로 분류할 수 있다.

나. 준비물 : 무당벌레 그림, 동물그림카드들, 학습지, 색연필

다. 학습활동 과정

도입 : 동기유발 및 선수학습

교수 · 학습 활동	■ 자 료
교사(T) - 학생(S)	▶ 유의점

❖ - **무당벌레의 공통점과 차이점 찾기**

T : 자, 얘들아, 이 지구상에 있는 생물들을 다 세는 데 얼마만큼의 시간이 걸릴까요?

S : 1억년이요.(질문이 가진 분위기로 보아 많이 시간이 걸릴 것이라 생각)

S : 평생이요.

S : 100년이요.

T : 알려진 바에 의하면, 밤에 잠도 안자고 먹지도 않고 셌을 때, 꼬박 석 달이 걸린대요.

S : 어? 그거밖에 안 걸려요?

S : 세 달이요?(놀라는 반응)

T : 지구상에는 지금 알려진 것만 해도 한 3천만 종? 근데 과학자들 사이에도 알려지지 않은
종이 있다는 거예요. 그 정도로 지구상에는 많은 생물들이 살고 있거든요.

1번 무당벌레　2번 무당벌레　3번 무당벌레

T : (세 장의 무당벌레 그림을 칠판에 붙이고) 이 지구상에는 무당벌레만 해도 4,500가지가
있다는 거예요.

S : 와!

T : 여기 그림의 세 무당벌레를 보고 같은 점과 다른 점을 찾아볼까요?
먼저 같은 점은 무엇이 있나요?

S : 세 마리 모두 다리가 여섯 개예요.

T : 그렇군요, 다리가 여섯 개군요.

(칠판에 원을 세 개 그린 후 가운데 부분에 이들을 써 내려간다)

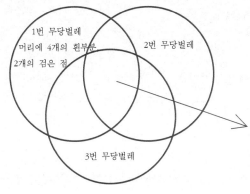

1번 무당벌레
머리에 4개의 흰부분
2개의 검은 점

2번 무당벌레

3번 무당벌레

2개의 더듬이, 6개의 다리,
눈이 있고, 날아다닌다.
머리는 검고 흰 부분으로 나뉜다.

S : 무늬, 반점이 있어요.
T : 모두 반점이 있네요.
S : 등이 빨간색이며 알을 낳아요.
S : 날개가 있어 날아다닐 수 있어요.
S : 눈이 있어요.
S : 더듬이가 있어요.
T : 그럼, 이번에는 차이점을 찾아볼까요?
S : 날개에 있는 반점의 수가 달라요.
T : 네, 반점의 수가 다르군요. 각 무당벌레는 반점을 몇 개 씩 가지고 있나요?
S : 1번은 2개, 2번은 4개, 3번은 9개예요.

(교사는 3개의 원으로 이루어진 벤다이어그램 중에 겹쳐지지 않은 부분에 무당벌레의 번호와
2개, 4개, 9개와 같은 반점의 수를 쓴다)
T : 잘 했어요. 여러분이 지금 본 것처럼 서로 다른 종이지만 같은 점이 있기 때문에 무당벌레
   무리에 속한다고 할 수 있어요. 그렇지만 같은 무당벌레 무리에 속하더라도 서로 다른 점
   을 가진 여러 종의 무당벌레가 있어요.
S : 그렇구나.
T : 그래서 이번 시간에는, 동물은 서로 다른 여러 종이 있는데, 과학자들이 어떻게 나누고,
   어떻게 구분하고, 어떻게 무리 짓는지에 대해 공부를 해 볼 거예요.

(좀 긴 도입을 마친 뒤 본격적으로 수업에 들어간다)

교수 · 학습 활동	■ 자 료
교사(T) - 학생(S)	▶ 유의점

T : (등을 구부리고 손을 뻗어 등뼈를 만지는 시늉을 하면서)그러면, 우리 등을 한 번 만져 볼까요. 뭐가 만져지죠?

S : (학생들이 모두 등을 구부려 등을 만지면서)뼈요.

S : 등뼈요.

S : 척추요.

T : 그래요. 뼈가 만져지죠? 뼈 중에서도 등에서 만져지는 것은 등뼈예요. 그리고 척추라고도 하지요, 우리 인간은 이처럼 등뼈를 가지고 있어요. 그럼, 낙지와 개에게도 등뼈가 있을까요?

S : 예, 있어요.

S : 아니요. 낙지는 뼈가 없는 것 같아요.

T : 이제부터 모둠별로 선생님이 나누어준 동물 그림카드의 동물들을 등뼈가 있는 것과 없는 것으로 나누어 보도록 하세요.

(모둠별로 학생들은 그림을 하나씩 들며 논의를 한다. 그 사이 교사는 다음 활동에 사용할 수 있도록 작은 칠판에 그렸던 벤다이어그램을 지우고 가운데 금을 긋는다)

❖ 모둠1

S₁ : 메뚜기는 뼈가 있을까?(그림을 들어올리며)

S₂ : 다리에 뼈가 있지 않을까? 그러니까 여기 저기 뛰어 다니려면 뼈가 튼튼해야 될 것 같은데….

S₃ : 아니야, 메뚜기는 뼈가 없어. 곤충이잖아. 그리고 그렇게 작은데 뼈가 있겠냐.

S₄ : 그래, 메뚜기는 뼈가 없어. 그러니 이쪽에 붙이자.

S₅ : 토끼는?

S₆ : 당연히 뼈가 있지.(모두들 동의한다. 등뼈가 있는 동물 쪽에 붙인다)

S₇ : 지렁이는?

S₈ : 지렁이는 뼈가 없어서 늘어나기도 하고 줄어들기도 하고 그래.

S₁ : 그래서 쉽게 끊어지기도 하지. 지렁이는 뼈가 없는 쪽에 붙이자. 그럼 붕어는?

S₂ : 붕어는 뼈가 있어. 우리가 먹는 생선들은 뼈가 있어서 발라 먹어야 하잖아. 그리고 뼈가 있으니까 헤엄도 잘 치는 거 아닐까?

S₃ : 뼈가 있어서 헤엄을 잘 치는 건지는 모르겠지만 뼈가 있는 건 분명해. 이쪽에 붙이면 되겠지? 그럼 헤엄을 잘 치는 오징어는?

S₄ : 오징어는 당연히 뼈가 없지. 그렇게 자유자재로 움직이려면 뼈가 없어야 해. 등뼈가 없는 동물 쪽에 붙이자. 그리고 개구리는?

(계속 토론을 하며 등뼈가 있는 것과 없는 것을 분류 한다)

❖ 모둠2

S9 : (개 그림을 들어올리며)개는 뼈가 있지?
(모둠원 모두 고개를 끄덕인다. 연지는 등뼈가 있는 동물 쪽에 그림을 붙인다)

S10 : 참새는? 날아다니려면 뼈가 없어야 가볍게 날 수 있지 않을까?
S11 : 아니야. 참새도 뼈가 있어. 그리고 문제는 선생님이 등뼈가 있어야 한다고 했는데 참새는 등뼈가 있을까? 그냥 다리나 머리에만 뼈가 있는 건 아닐까?
S12 : 참새는 등뼈가 있어. 책에서 새의 뼈 모양을 봤었어. 확실해. 그러니까 등뼈가 있는 동물 쪽에 붙이자.
S13 : 자 이제 조개는?
S14 : 조개를 먹어보면 뼈가 없잖아. 그냥 연하게 씹히잖아. 그러니까 여기에 붙이자(등뼈가 없는 동물 쪽에 붙인다.
S15 : 개구리는 뼈가 있던가? 다리나 등에 뼈가 있으니까 그렇게 잘도 폴짝 폴짝 뛰어 다니겠지?
S16 : 그런 것 같아. 뛰어다니며 균형을 잘 잡기 위해서는 뼈가 있어야해. 그렇지 않으면 몸에 힘이 없어 계속 뛰어다닐 수도 없고 균형이 안 잡혀 넘어지기만 할 거야. 개구리는 뼈가 있는 쪽에 붙인다?
S9 : 달팽이는 어디에 붙일까? 뼈 없는 쪽에 붙일까?
(모두들 동의한다)

S10 : 악어는?
모두 : 당연히 등뼈가 있는 동물 쪽에 붙여야지.
S11 : 가재는 뼈가 있나?
S12 : 딱딱하잖아. 그러니까 뼈가 있는 거야.
S13 : 아니야. 그렇게 작은데 뼈가 어디 있겠냐.

(모둠원 모두 웅성거리며 목소리가 커진다. 교사는 주의 깊게 듣고 있다가 주의를 집중시키고 말한다)

T : 잘 모르겠다 싶은 것은 물음표를 해 놓으세요. 나중에 함께 이야기 해보기로 해요.
(계속 토론을 하며 등뼈가 있는 것과 없는 것을 분류 한다)

❖ 모둠3

S17 : 거북이는 등뼈가 있을까?
S18 : 뼈는 있는 것 같은데 등뼈가 있는지는 모르겠어. 등껍질이 등뼈가 아닐까?
S19 : 아니야. 등껍질하고 등뼈하고는 달라. 하지만 뼈가 있으니까 등뼈도 있을 거야. 그러니까 이곳에 붙이자.
S20 : 모기는 당연히 뼈가 없는 쪽에 붙여야겠지? 잡아보면 뼈가 없어서 깨지잖아.

(모두 동의한다)

S₂₁ : 거미도 뼈가 없지?

모두 : 응

S₂₂ : 닭은 등뼈가 있어. 털도 있고 눈, 코, 입도 있고 뼈가 있으니까 몸을 지탱할 수 있는 거야. 말 안해도 알겠지만 우리는 닭의 뼈를 닭고기 먹고 나서 볼 수 있잖아(등뼈가 있는 동물 쪽에 붙인다)

S₂₃ : 이건 뭐지? 도마뱀인가?

S₂₄ : 이건 몸을 보호하려고 주위의 색에 따라 맘대로 몸 색깔을 변화시킬 수 있는 카멜레온이야. 카멜레온은 개구리랑 도마뱀처럼 파충류니까 뼈가 있는 동물에 속할 거야.

S₁₇ : 그럴까? 잘 모르겠는데.

S₁₈ : 뼈가 없을 지도 몰라. 말랑말랑할 것 같아. 그리고 파충류는 모두 뼈가 있는 거야?

S₁₉ : 확실히는 모르겠는데 뼈가 있을 것 같아.

(모두 목소리가 커지고 웅성거린다)

S₂₀ : 이건 나중에 함께 이야기 해 보기로 하고 물음표를 해 놓자.

(모두 동의하고 계속 토론을 하며 등뼈가 있는 것과 없는 것을 분류 한다)

T : 모두 분류를 해 보았나요. 그럼 이제는 선생님이 나누어 준 '척추를 찾아라' 학습지에 색칠을 한번 해보세요. 등뼈가 있는 부분을 색연필로 색칠해 보는 거예요. 시작하세요.

(학습지에는 악어, 거북이, 새, 고래로 보이는 동물의 골격 구조가 그려져 있다. 학생들이 모두 다 색칠을 하려고 하자 교사는 조언을 한다)

T : 등뼈가 꼬리까지 연결되어 있으니 등뼈만 칠하도록 해요. 그리고 등뼈에 색을 칠하면서 그 동물이 등뼈가 있어서 좋은 점은 무엇인지 생각도 해 보세요.

(여기서 문제가 되는 것이 뼈가 아니라 등뼈라는 것을 좀 더 확실하게 확인시키고, 척추동물에 속하는 동물들의 종류에 대해 감을 가지게 하기 위함이다)

T : 색칠을 다 해보았나요?

S : 네. 다했어요.

T : 그럼, 등뼈가 있어서 좋은 점은 무엇이라고 생각하나요?

S : 몸의 균형을 잡을 수 있어요.

S : 몸을 잘 움직일 수 일 수 있고 힘이 있어요.

S : 단단한 뼈가 있어서 몸을 지탱할 수 있는 것 같아요.

(학생들은 자신들이 찾아낸 등뼈의 역할을 발표한다)

T : 그래요. 몸 안에는 단단한 뼈가 있어서 몸을 지탱하고 등 쪽에 등뼈가 있어요. 뼈는 보통 관절로 이어져 있고 근육이 붙어 있어서 힘 있고 자유롭게 움직일 수 있어요. 잘 했어요.

2단계 : 용어 도입 단계

교수 · 학습 활동	■ 자 료
교사(T) - 학생(S)	▶ 유의점

T : 여러분이 지금까지 한 활동이 무엇이었나요?

S : 등뼈가 있는 동물과 등뼈가 없는 동물로 분류해 보았어요.

T : 그래요. 동물의 왕국은 이렇게 크게 등뼈가 있는 동물과 없는 동물로 나눌 수 있어요. 그럼, 등뼈를 다른 말로 뭐라 했지요?

S : 척추요.

T : 맞았어요. 척추가 있는 동물과 없는 동물로 나눌 수 있는데, 여러분이 과학자라면 척추가 있는 동물을 모두 통틀어서 어떤 이름으로 지어줄 수 있을 것 같나요?

S : 척추동물.

T : 그래요. 그럼. 척추가 없는 동물은?

S : 척추 없는 동물.

S : 안척추동물

T : 그렇게 지어도 괜찮겠네요. 그런데 과학자들은 척추가 없는 동물을 척추동물 앞에 '없을 무'자를 써서 '무척추동물'이라고 이름 지었어요.

S : 그렇구나.

T : 등뼈가 있는 동물과 없는 동물을 어떤 용어를 사용해 분류 하였다고요?

S : 척추동물과 무척추동물이요.

T : 참 잘했어요. 그럼 여러분이 잘 분류했는지 확인해 볼까요?

3단계 : 개념 적용 단계

교수 · 학습 활동	■ 자 료
교사(T) - 학생(S)	▶ 유의점

T : 선생님이 동물의 이름을 부르면 여러분이 큰 소리로 '척추동물', '무척추동물'하고 대답해 보세요. '말미잘'

S : 무척추

T : 참새?

S : 척추!

T : 오징어는?

S : (잠시 멈칫 한다)

T : 이게 척추가 있던가? 흐물흐물한데 …….

S : 무척추!

T : 거미?

S : (잠시 멈칫 하다가) 무척추!

T : 거미는 여러분도 잡아 보아서 알겠지만 누르면 등뼈가 없으니까 뭉그러지잖아요. 무척추 동물에 속해요. 잘 했어요. 그럼. 도룡뇽은?

S : 척추!

T : 어떻게 알았지요?

S : 등뼈가 있으니까 나무에도 올라 다니고 물속에서도 헤엄치고 …….

T : 그래요. 그럼 가재는?

S₁: 척추가 없어요.

S₂: 가재가 척추가 없나?

S₁: 없어.

S₃: 껍질이잖아.(학생들이 웅성거린다)

S₄: 사람 같은 거는요.(학생들이 웃는다) 몸 안에 뼈가 있는데요. 게나 가재 같은 경우는 밖에 뼈 같은 갑옷 같은 것이 있어요.

T : 그래요. 겉에 딱딱한 껍질이 있는 거라서, 딱딱하지만, 부드러운 몸을 보호하기 위해서 외부에 껍질이 있는 거지요. 그게 척추는 아니에요. 그러니까 가재는 무척추동물이지요.

S : 그렇구나. 그럼 게도 무척추동물이겠네요.

T : 게도 무척추동물 이예요. 하지만 우리가 키우는 개는 척추동물이겠지요.

S : 네.

(그 외에도 토론시간에 정리한 동물들도 분류한다)

T : 이제 척추동물과 무척추동물을 어느 정도 구분할 수 있을 것 같나요?

S : 네.

T : 코끼리와 쥐는 무슨 동물인가요?

S : 척추동물이요.

T : 네 같은 척추동물 이예요. 그리고 또 같은 점이 있어요. 그럼 다음시간에는 코끼리와 쥐의 같은 점은 무엇인지 알아보고 같은 척추동물 중에서도 같은 점과 다른 점을 찾아 오늘처럼 분류해 보고 특징들을 이야기 해 보는 시간을 갖겠어요.

T : 오늘 수업에 여러분이 잘 참여해 주어서 즐거운 수업이 되었어요.

S : 감사합니다.

예시2 〉

가. 학습주제 : 전지의 직렬연결과 병렬연결(4-2. 단원 4. 전지와 전구 (2)전지의
　　　　　　　 연결)

나. 수업 목표 :

　　㉠ 전지를 직렬과 병렬로 연결하여 불을 켤 수 있다.

　　㉡ 회로도를 보고, 전지의 직렬연결과 병렬연결을 구분할 수 있다.

　　㉢ 전지를 직렬로 연결하였을 때와 병렬로 연결하였을 때의 다른 점을 비교
　　　 할 수 있다.

다. 학습활동 과정

　　▶ 선택근거 : 직렬연결과 병렬연결이라는 개념은 학생중심 활동을 통해서 스
　　　　　　　　 스로 발명해 낼 수 없다. 따라서 교사 중심의 개념 도입이 필요
　　　　　　　　 하게 된다. 또한 이 개념의 학습을 위해서는 직접 이러한 연결을
　　　　　　　　 해보고, 각각의 경우에 전구의 밝기를 실제로 비교해보는 구체
　　　　　　　　 적인 경험이 필요하다.

　　▶ 절차 :

　　┊ 1단계 : 탐색 단계 ┊

(전지 두 개로 전구에 불켜기)

• 아동들이 생각한 방법에 따라 전지 두 개를 연결하려 전구에 불을 켜 보게
　한다.

• 아동들 나름대로 실험을 실시한 후 불이 켜지면 그 때의 모양을 따로 그려보
　게 한다.

• 어떻게 연결했을 때 불이 더 밝은지 생각해 보고 각자 해보게 한다.

• 학생들은 탐색 단계에서 알아낸 사실을 자신의 언어로 표현한다.

　　┊ 2단계 : 용어 도입 단계 ┊

• 학생들이 만든 회로를 전지의 연결 방법에 따라 구분해 보게 한다. 발표나
　토의를 통해 나의 생각과 친구의 생각(조별로 가능)을 비교하여 같은 점, 다
　른 점을 이야기 해보게 한다.

- 전지의 직렬연결과 병렬연결 용어와 개념을 학생들의 표현과 관련지어 도입한다.
- 형성 평가를 간단히 실시해서 잘 이해하고 있는지 확인해 본다.
- 전압을 수압과 관련지어 이해시킨다.

3단계 : 개념 적용 단계

- 전지, 전구, 전선, 두꺼운 종이, 고무밴드, 셀로판테이프 등을 준비하여 직접 손전등을 만들어 보게 한다.
- 손전등은 직렬연결임을 알고, 왜 직렬연결이 좋은지 생각해 보고 발표해 보게 한다.
- 생활 속에서 전지를 이용한 기구를 알아보게 하고 어떤 연결이 사용되었는지 생각해보게 한다.
- 전기가 생활에 유용하게 쓰임과 더불어 전기를 조심해서 취급해야 함도 얘기해 준다.

7. 순환학습 모형을 적용한 교수·학습 과정안

단원명	2. 광합성		차 시
본시 주제	7)잎의 기능 (2)광합성③ - 광합성 산물의 이용(호흡)		8/8
학습 목표	• 식물도 호흡을 한다는 것을 이해한다. • 호흡에 따른 기체 출입을 설명할 수 있다.		
단계	교수·학습 활동	시간	자료 및 유의점
도입	1. 〔그림-새벽에 숲속에서 조깅하는 사람의 모습〕제시 • T. 새벽에 숲속에서 운동 하는 것이 몸에 이로울까? 2. 〔그림-시금치와 석회수를 넣은 밀폐 용기〕제시 • T. 석회수는 이산화탄소와 반응하여 뿌옇게 흐려지는 성질이 있다. 시금치가 들어있는 밀폐 용기 속의 석회수가 뿌옇게 흐려지는 이유는 무엇일까? 3. 학습목표제시	8′	

단계	교수·학습 활동	시간	자료 및 유의점
탐색	1. 식물의 호흡과 광합성 〔동영상-실험과정〕제시 〈실험과정 개요〉 (1) 5개의 시험관에 중성 BTB 용액을 넣는다. (2) 시험관 B에 싹튼 콩을, 시험관 C에 금붕어를 넣는다. (3) 시험관 D와 E에 물풀을 넣고, 5개의 시험관을 고무마개로 막는다. (4) E만 은박지로 감싼 후, 5개의 시험관에 빛을 비추어 BTB 용액의 색깔변화를 관찰한다. (물음) ① 각 시험관의 BTB용액의 색깔 변화를 다음 〈표〉에 써보자.	15′	• PPT(그림,사진,동영상포함) • 학습지 • 교과서

	BTB 용액의 색깔	
	처음	나중
시험관 A	녹색	
시험관 B	녹색	
시험관 C	녹색	
시험관 D	녹색	
시험관 E	녹색	

② 시험관 B,C,E에서 BTB 용액의 색깔이 변한 이유는?
③ 시험관 B,C,E의 BTB 용액 색깔 변화를 통해 알 수 있는 사실은?
④ 시험관 D에서 물풀이 광합성을 할 때 필요한 이산화탄소는 어떻게 공급된 것인가?
⑤ 시험관 D와 E의 결과를 통해, 식물은 언제 호흡한다는 것을 알 수 있는가?

설명	1. 탐색과정의 (물음)질문하기 2. 호흡의 의미, 일어나는 장소, 시기, 기체 출입 등 설명 3. 탐색과정의 〔실험〕 과정과 결과 설명 (1) 변인 통제 설명 (2) 식물도 동물처럼 항상 호흡을 통해 생활에 필요한 에너지를 얻으며, 호흡 결과 이산화탄소가 발생함을 설명 4. 식으로 호흡과정을 정리하기	10′
정교화	하루를 햇빛이 약한 아침과 저녁, 햇빛이 강한 낮, 햇빛이 없는 밤으로 구분하여 식물의 광합성과 호흡을 설명해보자. (광합성과 호흡량 비교, 출입하는 기체 비교해서)	7′
평가	1. 다음 〈보기〉에서 호흡을 하는 생물을 모두 고르시오 〈보 기〉 금붕어, 개, 소나무, 감자, 장미 2. 빛이 없을 때 식물이 흡수하는 기체와 방출하는 기체는? 3. 새벽에 숲속에서 운동하는 것이 몸에 좋지 않은 이유는?	5′

출처 : 이미영(2011). 5E 순환학습 모형을 적용한 중학교 1학년 '식물의 연향' 단원 수업모듈개발 및 적
용효과 분석. 한국교원대학교 교육대학원

참고문헌

박진현(2006). 순환학습 모형을 적용한 과학수업이 초등학생의 부력 개념 변화에 미치는 변화.
      부산교육대학교 과학교육연구소.
윤기옥 외(2002). 수업모형의 이론과 실제. 서울: 학문출판.
이미영(2011). 5E 순환학습 모형을 적용한 중학교 1학년 '식물의 연향' 단원 수업모듈개발 및
      적용효과 분석. 한국교원대학교 교육대학원.
조정일(2003). 순환학습과 STS를 강조한 현직 교육을 통한 구성주의 행동과 신념의 변화 연구.
      전남대학교 과학교육연구소.
Lawson, A. E., Abraham, M. R., & Renner, J. W.(1989). *A Theory of Instruction: Using
      the Learning Cycle to Teach Science Concept and Thinking.*

마인드 스케이프(mind scape) 수업모형

1. 마인드 스케이프 수업원리의 등장 배경 및 의미*

가. 등장배경

마인드 스케이프의 개발자인 낸시 마굴리스(Nancy Margulies)는 언어적인 정보를 시각적인 이미지로 변형하는 방법을 제시하고 있다. 낸시 마글리스는 '마인드맵 배우기'란 책과 '마인드 워크북'에서 마인드맵 다음단계가 마인드 스케이프라고 주장한다. scape의 의미가 경치, 정경 또는 뿌리에서 꽃이 피는 구근과 식물이므로, 따라서 mind(마음)과 합쳐보면 뿌리를 마음속 깊숙히 내릴 때 학습효과를 높일 수 있다는 원리를 지니고 있다. 마인드 스케이프의 원리는 인류 역사 초기부터 사용되었다. 이집트의 벽화를 비롯하여 고대의 문명사회에서 주로 볼 수 있는 그림 문자들은 마인드 스케이프의 초기 형태라고 볼 수 있다.

'마인드 스케이프(mind scape)'는 아직 국내에 많이 알려지지 않은 학습 원리로서 다소 생소한 학습 원리이다. 그러나 마인드 스케이프는 교육계에 지금도 영향력을 끼치고 있는 마인드맵의 보다 발전된 형태이다. 철저하게 규칙을 지키면서 만들어야 하는 마인드맵과 달리 자신의 생각을 자유롭게 그림을 그리듯 정리하는 기법으로서 창의적인 드로잉 지도에 큰 시사점을 지닌다. 마인드 스케이프 드로잉이란 개념적 사고와 시지각이 혼합된 형태를 말한다. 교사는 이 개념적 사고와 시지각 능력이 상호 작용하여 학생이 자신의 생각과 느낌, 의도하는 바를 효과적으로 나타낼 수 있도록 다양한 자료와 발문을 통해 마인드 스케이프 수업을 유도해야 한다.

---

* 이 내용은 김종철(2006) 창의력 신장을 위한 지도연구의 내용을 일부 수정하여 작성한 것임.

나. 마인드 스케이프의 의미

마인드 스케이프(mind scape)를 한국어로 번역하자면 '마음속의 풍경' 정도로 해석할 수 있다. 마인드 스케이프는 1970년 영국의 토니 부잔(Tony Buzan)에 의해 고안된 마인드맵 기법에서 시작되었다. 마인드맵 학습 원리는 인간의 두뇌는 무한한 용량을 가진 컴퓨터와 유사하기 때문에 읽고, 생각하고, 기억하는 모든 것들을 마치 두뇌 속에 지도를 그리듯이 노트하는 방법이다. 이것은 시각적 형태를 통해서 개념을 조직화, 맥락화, 심상화하는 창의적인 방법이다(McGarry, 1994). 마인드 스케이프는 이러한 마인드맵의 발전된 형태이다. 마인드 스케이프의 개발자인 Nancy Margulies 는 언어적인 정보를 시각적인 이미지로 변형하는 방법을 제시하고 있다.

마인드 스케이프는 마인드맵에서 요구하는 여러 가지 규칙을 무시하고 아이디어를 자유롭게 기록해 가는 방법이며 학습과 기억을 촉진할 뿐만 아니라 하루 일을 계획하고 학습계획을 세우며 새로운 아이디어를 떠올릴 때 이용될 수 있다. 마인드 스케이프는 선형식 노트 방법이 아닌 마인드맵식 노트법에 익숙한 사용자에게 효과적이며 마굴리스의 견해와 같이 새로운 아이디어를 떠올릴 때 유용하다.

한편 드로잉의 측면에서 볼 때 마인드 스케이프는 Leonardo di ser Piero da Vinci 의 작가 노트, 팝 아트의 일종인 그래피티 아트로 유명한 Jean Michel Basquiat, Keith Haring 등의 작품과 유사하다. 한편 학습자의 참여도가 높은 수업을 만들기 위한 다양한 자료 제작과 수업 기술 연구가 이루어지고 있다. 마인드 스케이프 학습 원리는 이러한 측면에서 학습자의 흥미와 참여도를 최우선으로 둔다는 장점을 지닌다. 나아가서 타 교과 학습의 밑거름이 되는 도구로 사용된다. 또한 자료 제시 방법에 있어서 자료가 그림-문자, 문자-그림, 문자-문자의 순으로 연합되었을 때 학습이 효과적임을 밝히고 있다. 이렇게 볼 때 핵심 단어와 이미지를 사용하는 마인드맵 수업방식은 기억력과 이해력을 높이는데 효과적이다(한국교원단체연합회, 1996).

다. 마인드 스케이프의 원리 및 기능

학습자의 참여도가 높은 수업을 만들기 위한 다양한 자료 제작과 수업 기술연구가 이루어지고 있다. 마인드 스케이프 학습 원리는 이러한 측면에서 학습자의 흥미와 참여도를 최우선으로 둔다는 장점을 지닌다. 나아가서 타 교과 학습의 밑거름이 되는 도구로 사용된다. 또한 자료 제시 방법에 있어 자료가 그림-문자, 문자-그림, 문자-문자의 순으로 연합되었을 때 학습이 효과적임을 밝히고 있다. 이렇게 볼 때 핵심

단어와 이미지를 사용하는 마인드맵 수업방식은 기억력과 이해력을 높이는데 효과
적이다.

라. 마인드 스케이프와 창의성의 관계

창의성이란 일반적으로 '새로움에 이르게 하는 능력' 또는 '전통적 사고 유형에 벗
어나 새로운 유형으로 사고하는 능력' 또는 '새롭고 가치 있는 것' 등으로 정의한다.
Guilford에 따르면 창의성에는 인간의 지적, 정의적 요인들이 모두 포함되어 있다.
지적 요인은 인간의 보편적 잠재력으로서 창조적 사고를 발휘하게 하고, 정의적인
요인은 창조적 행동을 발휘하게 하는 개인의 인성적 기질적 특성이라고 하였다. 창의
성의 공통적인 구성요소들을 인지적 성향 요소와 정의적 성향 요소로 나누어 정리하
면 다음과 같다.

① 인지적 성향 : 유창성, 융통성, 정교성, 독창성
② 정의적 성향 : 용기, 호기심, 사고와 판단에서의 독자성, 자신이 하고 있는 일에
  대한 몰두, 직관 이용, 사물을 당연한 것으로 받아들이지 않음, 낙관적 태도,
  모험심, 자신감, 정직성, 자발성, 개방성, 독자성, 집중도 등이다.
  일반적으로 교사는 학생들의 좌뇌를 사용할 수 있도록 도움을 주는데 집중한
  다. 교사가 독서, 수학, 논술, 언어 등을 가르칠 때, 그들은 종종 언어적 자극을
  사용하며, 그 학생들의 우뇌의 사용을 무시한다. 교사는 오른쪽 뇌의 창조적
  과정을 사용할 수 있도록 양 뇌의 균형적인 사고 활동을 장려해야 한다.

2. 마인드 스케이프를 활용한 드로잉

가. 마인드 스케이프와 드로잉을 이용한 여러 가지 사례

Nancy Margulies는 마인드 스케이프를 자신만의 상징 기호나 로고, 책 표지
디자인, 잡지, 약화, 교통 표지 등에서 찾을 수 있다고 주장한다. 이러한 상징
기호를 이용하여 다양한 스타일의 마인드 스케이프 드로잉이 나타날 수 있다고
했다. 다음의 마인드 스케이프 드로잉의 몇 가지 방법을 살펴보자.

1) 세피로트의 나무

카발라(Kabbalah)라는 유대인 밀교에서 주장하는 천국의 나무이다. 광대한 대우주를 의미함과 동시에 그 작은 모형인 소우주로서의 인체이자, 나아가서 신에게 이르는 정신적인 편력을 의미한다. 세피로드의 나무는 기본적인 기하학 도형인 원과 직선으로 이루어져 있고 이 또한 방사구조에서 유래한 듯한 형태를 가지고 있다. Mind scape 지도시 도형자를 이용한 작도에 참고할 수 있다.

2) 픽토그램

그림을 뜻하는 픽토(picto)와 전보를 뜻하는 텔레그램(telegram)의 합성어이다. 그림문자의 일종으로, 사물·시설·행위·개념 등을 상징적 그림문자로 나타내 대상의 의미를 시각적으로 쉽고 빠르게 인식할 수 있도록 만든 그림문자이자 상징문자이다. 이집트의 드로잉과 달리 픽토그램은 3차원의 표현과 다양한 시점 변화가 가능하다. 이를 이용하여 자신만의 상징문자를 그릴 수 있도록 지도하면 효과적이다.

3) 이집트 벽화

인류가 상징 기호를 고대부터 사용하였음을 보여주는 증거이다. 이집트 벽화 속에서 찾을 수 있는 고대의 마인드 스케이프 드로잉은 2차원의 독특한 구도를 지니고 있다. 이러한 도판 속에서 조형 요소와 원리를 찾아보는 수업은 창의적인 드로잉 지도 중 감상 수업으로 활용하면 효과적이다.

4) 이모티콘

컴퓨터 통신과 휴대폰의 보급으로 현대인들에게 친숙하다. 감정을 뜻하는 이모션(emotion)과 아이콘(icon)의 합성어이다. 1980년대 초 미국의 카네기멜론대학 학생이 컴퓨터 자판을 이용해 ':-' 이라는 부호를 사용하면서 보급되기 시작하였다. 사이버 공간에서 자신의 감정이나 의사를 전달할 때 사용하는 특유한 언어로, 컴퓨터 자판의 문자·기호·숫자 등을 적절히 조합해 만든다. 마인드 스케이프에 활용 가능한 오브제로 다양한 응용이 가능하다. 이 외에도 클립아트, 교통지도, 악보 등 다양한 자료를 다양한 교과에서 활용할 수 있다.

나. 마인드 스케이프 드로잉 및 작가 분석

1) 레오나르도 다 빈치(Leonardo da Vinci)

① 배경 : 레오나르도는 화가이자 뛰어난 도안가였을 뿐만 아니라 발명가, 과학자, 건축가, 음악가, 수학자로서 보편적인 재능을 지닌 사람이었다. 그는 또한 마인드맵의 시초가 될 수 있는 드로잉을 하였으며, 다양한 방법으로 사고하기 위해 노트를 선형적 구조가 아닌 방사구조 또는 마인드 스케이프 구조로 기록했다. 가령 거꾸로 쓰기라던가, 수수께끼 같은 문구의 삽입, 그림과 글이 공존하는 드로잉 등은 그가 마인드 스케이프의 선구자였음을 알 수 있는 좋은 사례이다.

② 주제 의식 : 그가 활동했던 르네상스는 예술의 외적 조건이 완화되고 새로운 가치체계가 대두되던 시기이다. 그러면서 예술은 개인적인 특수한 재능과 감각에 의하는 것이며 현실계에 대한 탁월한 감각적 경험에 그 기반을 두는 것이라고 보았다. 즉 예술은 중세에 박탈당하였던 자율성을 되찾게 되었을 뿐만 아니라 현실계 그 자체에 대해서 깊은 관심의 눈을 돌리게 되었다. 그는 해부학과 과학에도 관심이 깊었다. 그가 인물이나 식물이나 동물을 그릴 때 탐구하려고 한 것은 구조였다. 왜냐하면 그에게는 구조야말로 자연의 의미를 나타내는 것이기 때문이다. 자연은 구조 속에 목적을 표현하는 것이다. 그는 생물을 움직이고 있는 메카니즘을 탐구하고 있었다. 그는 기계공학의 "일" 및 "항공학"에도 특별한 관심을 가지고 있었다. 그는 실용이 가능한 프로펠러 달린 헬리콥터와 낙하산을 발명하였고 바늘이나 거울을 연마하는 기계, 회전식 제분기와 특수한 공작 기계, 풍력기계나 수력기계도 발명하였다. 이를 설계한 드로잉은 마인드 스케이프를 교육하기 위한 훌륭한 지침서가 되며 발명 아이디어를 기록하는 형태로 지도가 가능하다.

③ 표현 특성 : 그는 뛰어난 관찰을 토대로 남긴 드로잉 작품이 많이 있다. 인체의 황금분할을 정확히 찾아낸 「비트루비우스적 인간」, 발명을 위해 스케치한 많은 작품들, 각종 인체 해부도 등은 레오나르도가 발견한 사실을 기록하고자 한 것이지만 그의 뛰어난 드로잉 실력 덕분에 예술적 가치 또한 인정받고 있다. 이러한 자료들은 그림과 노트가 공존하는 화면을 구성하며 마인드맵의 기본 정신인 이미지의 활용이라는 측면에서 혁신적인 노트법이고 정확한 비례를 찾아낸 묘사가 곁들여진 마인드 스케이프로서 좋은 본보기이다.

2) 쟝 미쉘 바스키아(Jean-Michel Basquiat)

① 배경: 유희적 인물 묘사는 아동화 특유의 익살스러운 눈 표현과 인물 데생을 통해 그 해학성을 드러내기도 하였고 풍자성을 드러내기 위해서 종이 요소들을 실제적으로 콜라쥬화 하는 것뿐 아니라 많은 이미지들과 단어들을 시각적으로 콜라쥬 하는 것이 특징이다. 실크스크린을 통해 반복적 이미지로 유희적 해학성을 보여준다. 기법 면에서는 패러디를 응용하기도 하고 이러한 그림 위의 그림들로 콜라쥬에 의한 표현을 완성된 작품으로 만들기도 하였다. 재료의 사용에 있어서는 분필, 아크릴, 유성 크레용, 유화, 사진 콜라쥬 등 색채의 다양함을 추구하였고 과감한 아프리카적인 강렬한 색의 배합을 보여주었다.

② 주제 의식 : 바스키아의 작품 주제는 자전적 이야기, 흑인 영웅, 만화책, 해부학, 낙서, 낙서와 관련된 기호 단어 및 상징 뿐 아니라 금전적 가치, 인종주의, 죽음과 관련하여 신중하게 선택한 단어와 문구들이 포함된다. 그의 대부분의 작품들은 마인드 스케이프의 지침들을 잘 따르고 있다. 바스키아 작품에서 가장 특징적 요소는 바로 자신의 출생과 관계된 인종주의(racism)가 될 것이다. 그의 작품에서는 이러한 이유로 흑인 이미지가 자주 등장한다.

③ 표현 특성 : 그의 작품에서 특히 눈에 띄는 것은 글자를 뒤섞는 방식으로 구성된 화면이다. 이는 마인드 스케이프의 주요 특징이기도 하다. 또한 바스키아의 작품은 대부분 "액션페인팅의 형식을 가지고 있다고 할 수 있다. 반복적인 주제와 이미지, 반복적인 테마의 사용, 자신의 미술적 표현에의 강한 메시지들이 의도적이며 명확하고 일관성 있게 나타나고 있다." 묘사법에 있어서 유희적 인물 묘사는 아동화 특유의 익살스러운 눈 표현과 인물 데생을 통해 그 해학성을 드러내기도 하였고 풍자성을 드러내기 위해서 종이 요소들을 실제적으로 콜라쥬화 하는 것뿐 아니라 많은 이미지들과 단어들을 시각적으로 콜라쥬 하는 것이 특징이다. 실크스크린을 통해 반복적 이미지로 유희적 해학성을 보여준다. 기법 면에서는 패러디를 응용하기도 하고 이러한 그림 위의 그림들로 콜라쥬에 의한 표현을 완성된 작품으로 만들기도 하였다. 재료의 사용에 있어서는 분필, 아크릴, 유성 크레용, 유화, 사진 콜라쥬 등 색채의 다양함을 추구하였고 과감한 아프리카적인 강렬한 색의 배합을 보여

주었다. 그의 콜라쥬 기법은 사이 톰블리의 영향을 받았고 바스키아 자신
또한 언어, 기호, 상징적인 것, 낙서, 문자, 글과 그림과의 관계 등을 과감하게
조화시켰던 신표현주의 작가이기도 했다. 바스키아는 보여진 것을 기록하는
방법으로 선을 사용하였으며 그의 선은 정신적 산물이며 깊은 내면을 표현하
는 활동적 증거가 되었다. 이러한 그의 작풍 또한 마인드 스케이프가 현대적
인 드로잉이라고 인정할 수 있는 증거가 된다.

3) 키스 헤링(Keith Haring)

① 배경 : 키스헤링은 80년대 이스트 빌리지의 나이트클럽 문화가 미친 지대한
영향력에 힘입은 예술인들 가운데 하나였다. 그 당시 젊은 미술인들이 가지고
있던 미학적 관념은 뉴욕 거리 어디에서나 발견할 수 있는 낙서 그림, 팝 아트,
매스 미디어 이미지라고 하는 3가지 요소를 기본 축으로 하고 있었다. 헤링이
이스트 빌리지를 배경으로 활동하는 낙서화가로 알려지게 된 때는 지하철 낙
서와 거리 낙서가 이미 미술 시장의 주목을 받기 시작한 이후였다. 70년대
후반기에 들어서면서 거리와 지하철 열차를 무대로 이루어져 온 낙서화 운동
은 매우 세련화 되고 대형화되어 정부의 공식 의뢰를 받아 제작되는 등 공공
미술의 차원으로 확대되었다. 1978-79년, 시각예술학교(School of Visual Arts,
이하 SVA)의 학생으로 지내면서 추상미술이나 비디오 및 퍼포먼스에 열중해
오다가 우연한 기회로 지하철 역 드로잉 퍼포먼스를 시작하면서 낙서화가라는
명칭을 얻게 되었다. 또 지하철 역 분필 드로잉에서 점차 자신감을 얻고 대중
의 호응을 받게 되자 자신의 드로잉을 사진으로 남겨 출판하고 대중 매체에
출연하는 방법을 통해서 기성 미술시장 체제로 흡수되었다.

② 주제 의식 : 키스 헤링은 미술을 대중과의 소통의 언어라고 생각했으며 그것
을 작업을 통해 적극적으로 보여주었다. 이런 대중과의 소통에 대한 그의
미술적 철학은 '월트 디즈니(1901-1966)'와 '앤디 워홀(1928-1987)'의 영향이
컸다. 또한 대중과 상류 계급을 격리시키는 지하철역에서의 낙서 퍼포먼스를
통해 그가 대중과의 교감의 기능을 미술의 중요한 철학으로 삼고 있음을 알
렸다. 한편 그의 작품에 언급되는 기호체계들은 현대 사회가 소통 불능 상태
에 살고 있음을 말해 준다고 볼 수 있는데, 빛을 발하는 아기, 전파를 내뿜으
러 날아다니는 비행물체, 시계, 스크린 등은 외부대상들과의 관계를 향한 에

너지의 전이(轉移)를 상징하는 기호가 된다. 즉, 이루 헤아리기 어려울 만큼 다양하고 수많은 이미지와 정보 속에서 살아가는 매스미디어 시대의 현대인들은 상호의사소통이 거세된 일방적인 커뮤니케이션 환경에 놓여있다. 그로 인해 심화되는 단절감 고독감, 그리고 의사소통 불능 상태에 대한 환기와 경고는 그의 가장 핵심적인 사명감이었다. 낙서그림이 퇴행적이고 반사회적인 행동으로 간주되고, 사회 체제에 동화되지 못한 반항적 아웃사이더들로서 기존 체제를 조롱하거나 무시하는 저항 집단으로 취급받고 있을 때, 키스 헤링은 낙서 그림을 통해 그들의 삶을 해학적으로 정화 시켰다.

③ 표현 특성 : 헤링은 자신의 작품 속에 자신의 성적 정체성이나 철학을 숨김없이 보여주는 순수한 해학성을 지니고 있다. 그는 만화의 컷 스타일과 특히 행동의 동적 표현을 위한 광채나 움직임 표시들은 강조와 반복을 통해 인간이란 반복적 이미지들과 함께 그의 소묘 전반적으로 유희적 해학성을 띄는 스타일이 되고 있다. 드로잉은 그의 작업에서 낙서화의 중심을 이루는 기본적인 표현방법이며 다양한 상징을 통해 여러 장소에서 표현되었던 전형적인 낙서방법이다. 그는 〈빛나는 아기(Radiant baby)〉, 〈짖는 개(Barking dog)〉, 〈피라미드(Pyramid)〉, 〈나는 비행접시(Flying saucer)〉 등의 상징적 표현들을 지하철에서 검은 패널에 흰색 분필로, 캔버스 작업에서는 굵고 규칙적인 패턴의 검은 아크릴 물감이나 잉크로 그렸다. 그러한 그의 드로잉은 테크닉보다는 아이디어를 끄집어내는데 주력했다. 아이디어를 구체화 시키는 행위 자체에 몰입하였다는 점이 현대 드로잉의 정수를 담고 있다 평할 수 있으며 마인드 스케이프를 그리는데 있어서도 좋은 지침이 된다. 드로잉 장수가 늘어 갈수록 더 부드러워지고, 타이트해졌으며 사물에 대한 구체적인 분석도 가능해 졌다. 그는 장 뒤뷔페의 사물의 간략과 요약에서 피카소의 입체적 해석까지 영향을 받았다. 다른 큰 특징의 하나로는 만화적 요소 도입과 차용을 들 수 있다.

해링은 퍼포먼스 작업을 통해 낙서 드로잉을 광범위하게 확장시켰으며, 환경조각과 설치작업을 통해 점차 입체적인 것으로 확대해 나갔다.

4. 마인드 스케이프 드로잉을 적용한 학습 원리

가. 마인드 스케이프 드로잉 학습을 위한 단위 수업 과정 모형

마인드 스케이프 드로잉 지도 접근은 기존의 미적 체험, 표현, 감상의 순서로 접근하는 것보다는 감상, 표현, 미적 체험의 순서로 지도하는 것이 보다 효과적이다. 여기서 학습자가 마인드 스케이프적인 사고를 실생활이나 미술수업 시간을 포함한 기타 학교 수업 시간에 적용할 수 있도록 지도하는 데에 의의가 있으므로 기본 영역의 지도순서에 변화를 준 것이다. 드로잉 학습을 위한 단위 수업 과정 모형을 재구성하여 효과적으로 실시하기 위해서 다음과 같은 원리를 따라야 한다.

① 학습자 중심의 자기 주도적인 수업이 이루어지도록 설계한다.
② 단위 수업은 단시간의 학습 목표에만 치중하는 것이 아니라 전반적인 학습프로그램의 체계적인 지도를 위해 이루어지도록 한다.
③ 프로그램과 단위 수업 난이도는 학습자의 발달 수준에 맞는 수업이 되도록 조절한다.
④ 인지적, 정의적, 운동·기능적 영역이 모두 고려된 수업이 되도록 계획한다.
⑤ 다양한 경험에 다른 표현 활동이 전개 될 수 있도록 한다.
⑥ 교사는 학습자의 상태를 충분히 알 수 있도록 필요할 때에는 대화를 나누면서 학습자의 상황에 맞는 발문이 이루어 질 수 있도록 지도한다.
⑦ 계획된 학습 상황 이외의 상황이 나올 경우를 대비하여 교사는 수업의 흐름이 유지 될 수 있도록 일관된 지도 자세를 가지도록 한다.
⑧ 장기적인 관점의 통합교과적인 학습을 지향한다. 교사는 단위 수업의 학습에서 그치는 것이 아니라 학습자가 마인드 스케이프를 체득하여 일상생활이나 타교과의 학습 상황에도 이를 적용할 수 있도록 독려하고 시범을 보인다.
⑨ 단위 수업 안에서는 지도할 학습 문제에 대해 개인별 사고과정과 모둠별 토의 과정이 자연스럽게 이루어 질 수 있도록 지도하며 가급적 그 시간 안에 결과물에 대한 자기 평가와 상호평가가 이루어 질 수 있도록 운영한다.

단계 →	준비 ⇨	발상 ⇨	구상 ⇨	표현 ⇨	감상 및 보충
교사 활동 ▷ ▷	목표 제시 ⇨ 동기 유발 ⇨ 선수 학습 진단	⇨ 이미지 제시 ⇐ 발문 ⇐ 학습 자료	⇨ 발문 격려 ⇐ 정보 제시 ⇐ 미적 요소	⇨ 격려 및 상담 ⇐ 수정 및 보완	⇨ 완성 작품 전시 / 평가 / 보충
↕	↕	↕	↕	↕	↕
학습자 활동 ▷ ▷	목표 확인 ⇨ 경험회상 마인드맵 ⇨ 학습욕구 및 흥미	⇨ 조형요소 및 표현 방법 탐색 ⇨ 관련주제 토론	⇨ 표현할 이미지 구상 ⇨ 화면 구상 ⇨ 수정 보완	⇨ 이미지 표현 ⇨ 재료 용구 활용 ⇨ 상담 및 보완	⇨ 작품 전시 / 미적 요소 발견 / 상호 토론

[그림 15-1] 마인드 스케이프 드로잉 학습을 위한 단위 수업 과정 모형

나. 마인드 스케이프 드로잉 학습단계의 수업 중점 및 유의사항

1) 준비 단계

① 학습자가 충분히 목표를 확인할 수 있도록 지도해야 하며, 학습 목표와 관련
된 선수 학습 진단을 계획해야 한다. 학습 진단을 사전에 실행해야 하고 동기
유발에 있어서는 마인드 스케이프의 기본이 되는 마인드맵을 통한 학습 목표
이해가 이우어질 수 있도록 한다.

② 마인드 스케이프 작업은 마인드맵 그리기에 숙련된 사용자가 이를 토대로
회화성 및 시각적 이미지 제시를 극대화 하여 드로잉 하는 작업이므로 간단
한 메모 또는 마인드맵을 통한 학습 목표 이해는 마인드 스케이프 드로잉
지도에서 중요하다.

2) 발상 단계

① 교사는 유의미한 학습 자료를 이미지로 제시하고, 질문을 통하여 학습자가

조형 요소 및 표현 방법의 특성을 스스로 관찰할 수 있도록 돕는다.

② 혼자서 생각해 보는 시간과 함께 토론의 시간을 주어서 학습자가 자기 주도적으로 발상을 할 수 있도록 지도한다.(배경 지식 및 다른 자료 제시)

3) 구상 단계

① 본격적으로 작품을 구상하는 단계이므로 충분한 시간을 주도록 하며, 교사는 학습자가 원하는 미적 정보를 제공할 수 있도록 한다.

② 독창적인 아이디어는 장려하고 모방보다는 자신의 창의적인 생각을 하도록 한다.

③ 자신의 사고과정을 화지에 자연스럽게 옮길 수 있도록 하는데 중점을 두고 어떠한 이미지도 자신의 생각을 표현하는데 이용될 수 있음을 지도한다.

4) 표현 단계

① 표현 단계에서 우선적으로 고려해야 할 점은 사용할 매체의 선정이다. 가장 효과적으로 표현할 수 있는 도구를 선택해야 하며 도구의 성질과 기능에 대해 학습자가 충분히 알 수 있도록 지도한다.

② 적극적으로 표현 활동에 임하고 처음의 구상 이미지가 변경될 수 있는데 교사는 이를 격려하고 작품에 대해 충분히 고려할 수 있도록 지도한다.

5) 감상 및 보충 단계

① 완성된 드로잉 작품에 대해 감상하고 소개할 시간을 충분히 준다. 교사는 일괄적인 작품의 수합이 아닌 작품의 정성스러운 전시를 통해 적극적인 감상이 이루어질 수 있도록 한다.

② 개별 작품에서 주제와의 관련성, 표현의 특징 등 미적요소가 어떠한 식으로 작품에 반영되었는지를 찾아 격려한다. 이때 토론을 통해 스스로 찾아내는 것이 바람직하며 학습자가 발견하지 못한 요소들에 대해 보충 설명할 수 있도록 한다.

5. 마인드 스케이프 학습 원리 적용을 위한 시나리오

가. 마인드 스케이프를 활용한 감상영역 지도 프로그램 제시

위와 같이 마인드 스케이프 지도 접근방식은 미술 수업 중 감상 방법에도 적용될 수 있다. 학습자가 마인드 스케이프적인 사고를 가지고 수업 시간 중 스스로 작품을 파악하고 이해하는데 의의를 가지게 된다. 다음에서는 미술 감상 영역에서 이해하기 어려워하는 현대미술을 감상하는데 선행 활동으로 마인드 스케이프를 활용한 예이다.

나. 수업 진행(시나리오)

수업 영역	감상 : 현대 미술을 어떻게 이해할 것인가?	
수업 대상	중학교 3학년	
수업 목표	작가가 현대미술 작품을 작업한 근본적인 이유를 설명할 수 있다. 왜 만들었고, 어떻게 표현하고자 하는지 분석적인 고찰을 하고 표현할 수 있다.	
수업방법	감상 1단계: 유추하기	감상 2단계: 표현하기
	개별 연구	조별 연구
	제시한 작품을 보고 학생들은 작가가 작품을 만든 이유를 생각해보고 이를 생각나는 대로 1차 연관시켜본다. 작품에 대한 간략한 정보를 듣고 다시 2차 연관시켜본다.	전 단계에서 생각해 본 작가와 작품에 대해 친구들과 생각을 나눠보고 이해한 작품을 자신들의 방법대로 재표현하여 과정 및 결과를 촬영, 발표한다.
중요 키워드	왜? 어떻게 ?	
수업 제재 선택 시 주의해야 할 점	수업을 진행하면서 학생들이 표현하기에 가능한 작품이 있는가 하면 수업 불가능한 작품이 있기도 하다. 물리적인 환경이나 비용, 시간 등의 방법적인 문제가 있는가 하면 학년, 학생의 지적 발달에 따른 이해 정도의 문제 또는 윤리적인 문제에 따라 제시해야할 작품의 제약이 따르기도 한다. 물론 모든 현대 미술 작품을 학생들이 다 이해할 수 있는 토대를 마련해야하지만 이에 불가능한 부분이 있으므로 작품선택에 있어 교사의 종합적인 선택이 매우 중요하다고 하겠다.	
수업 제재	예) 거미 -부르주아	예) 대지미술 - 롱
작품 선택의 이유	부르주아의 이 작품은 작가 개인에게 의미가 많으며 작가의 제작 의도와 목표를	롱의 대지 미술을 선택한 이유는 야외에서 수업할 수 있는 소극적인 형태의 표현

	쉽게 유추할 수 있을 것 같다고 판단한다. 형태적인 부분에서 학생들에게 비교적 편안하게 다가갈 수 있으며 재미있는 형태에 대해 신선한 흥미를 끌 수 있는 요소가 많다.	방법이 될 수 있기 때문이다. 대지미술이 가지고 있는 유의미한 목적을 되새길 수 있고 롱이 한국을 방문할 때 제작했던 대지미술의 한 예를 소개하고 장소의 의미를 되새길 수 있다.

다. 1차 감상 수업 (45분)

수업목표 제시	작가가 현대미술 작품을 작업한 근본적인 이유를 설명할 수 있다. 왜 만들었고, 어떻게 표현하는지를 설명할 수 있다.
수업방법 제시	작품의 의미를 고찰해 보고 표현해본다.
작품 제시	루이스 부루주아의 거미 작품 사진을 프로젝션 TV를 통해 학생들에게 보여준다.
연관어 지도 만들기	작품 사진에서 나타난 형태적인 모습을 분석해보고 이에서 유추할 수 있는 단어들을 간략히 적고 생각해 본다. 생각의 꼬리를 물고 지속적으로 연관시켜 생각해 본다.
작품에 대한 간략 설명	학생들로 하여금 일방적인 교수가 되지 않도록 유의한다. 예를 들어 작품에 대해 많은 것을 다 설명해 주면 작품에 대해 고찰할 시간과 노력을 들이지 않을 경우가 있다. 처음 작품을 보고 형태를 유추해 대략적인 연관어를 작성했다면 다음 교사는 간략하게 제목, 작가의 일생, 작가가 주로 생각한 점이 무엇이었을까 제안해본다.
연관어 지도 마무리하기	작품에 대한 간략한 설명을 듣고 연관어 지도를 마무리하여 작성한다. 연관어 지도에서 중요한 것은 작가가 어떤 의도로 작품을 제작했는지에 대한 이유가 유추할 수 있는 키워드를 나타내도록 한다.
작가의 다른 작품들 제시	작가가 만든 다른 작품들을 프로젝션 TV로 보여준다. 학생들은 자신들이 생각했던 작가의 작품 의도와 다른 작품들과의 상관관계에 대해 고찰해 보고 이에 대해 다른 학생들, 교사와 토론해 보는 시간을 갖는다. 토론에서 중요한 것은 모든 학생들이 활달한 자기의견을 표출하고 이에 대해 올바른 방향으로 유도해 줄 수 있는 교사의 방향제시가 필요하다. 일부 학생들이 자신의 의견을 공공연히 나타내는 것에 익숙하지 않은 경우가 많으므로 모든 학생들이 참여할 수 있도록 지도한다.
차시예고	다음 감상 수업 내용에 포함한 작가를 간단히 소개하고 준비물에 대해 알려준다.

라. 감상 수업 지도의 실제 예(학생 학습지)

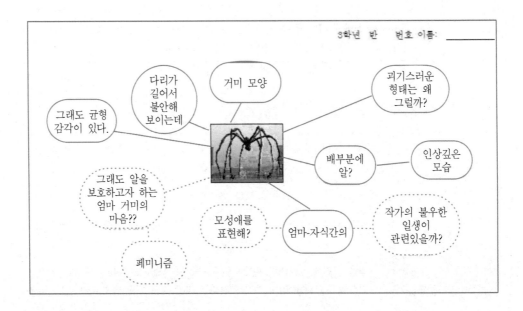

참고문헌

김종철(2006). 창의력 신장을 위한 드로잉 지도연구, 마인드 스케이프(mind scape)를 중심으로, 계속교육연구, 4(1), 45-60

C·h·a·p·t·e·r **17**

달크로즈 수업모형

1. 달크로즈 수업모형의 등장 배경 및 의미

달크로즈(Dalcroze) 교수법의 궁극적인 목적은 음악을 할 때 사용하는 모든 감각들을 발달시키는 것이다. 다시 말하면 청각, 시각, 촉각 등의 감각과 앎과 사고의 능력, 그리고 감정을 느끼고 행동으로 나타내는 능력들을 발달, 개선시키는 것이며, 이런 모든 능력을 조화시키는 것이 운동 감각적 지각이라고 본다. 즉, 이러한 운동 감각적 지각을 훈련시키는 것이 달크로즈 교수법의 주요 목적이며 활동이라고 말할 수 있다. 또한 달크로즈 교수법은 보이지 않는 소리를 보이는 소리로 연계시킬 수 있게 훈련하는 과정이며, 이를 유리드믹스, 솔페지, 즉흥 연주라는 다양한 방식으로 음악에 대한 예민한 감각을 키워나가는 것을 주된 원리로 하고 있다.

달크로즈는 비록 학생들이 연주를 잘하더라도 연주내용을 그들의 감정으로 표현할 수 없다면 음악적인 능력이 없다고 보았다. 음악과 신체를 결합하여 지도해야 한다고 주장하였다. 이에 리듬을 감지하고 리듬을 표현하게 하는 학습을 우선으로 하였다. 달크로즈의 교수방법에 영향을 준 사람은 페스탈로치이다. 페스탈로치의 교육은 사람이 선천적으로 가지고 있는 능력, 심정, 기능의 가지를 위에 두고 이를 조화롭게 발전시켜 인간 본성의 조화적 발전을 이룰 수 있게 하는 것이다.

통합교육은 내용을 통합하는 것에 그치는 것이 아니라, 마음 밖에 존재하는 것을 마음 안으로 녹아 들어가게 통합하는 것이다. 통합은 외부 세계의 사물이나 사건이 학생의 마음에 '의미 있게' 달라붙어서 학생의 마음에 총체적인 변화를 가져다주는 과정 또는 그 결과를 의미하며, 이러한 의미의 통합의 궁극적인 목적은 외부 세계의 사물이나 사태 하나하나에 총체적인 반응을 보일 수 있는 인간을 기르는 데에 있다.

이에 교사가 가르쳐 주는 교육내용에 대하여 총체적인 반응을 보일 수 있도록 교과, 수업, 평가 등의 요소를 재편성 또는 조정해야 한다.

이러한 통합의 의미에 맞게 학생들의 총체적인 반응을 보일 수 있게 하는 교수법중의 하나가 달크로즈의 교수법이다. 달크로즈 교수법의 궁극적인 목적은 음악을 할 때 사용하는 모든 감각들을 발달시키는 것으로 본다. 청각, 시각, 촉각 등의 감각과 앎과 사고의 능력, 그리고 감정을 느끼고 행동으로 나타내는 능력들을 발달, 개선시키는 것이며, 이런 모든 능력을 조화시키는 것으로 본다. 정신적인 면(mental)과 감정적인 면(emotional), 육체적인 면(physical)을 함께 다루고 있으며, 귀로 듣고 들은 것을 두뇌로 인식하고 두뇌가 인식한 것을 몸으로 표현하는 교육 방법이 주가 되기 때문이다.

2. 달크로즈 수업의 원리

① '음악적 감각'은 '몸의 움직임'과 직결되며, 특히 음악의 리듬감은 몸의 리듬감으로 표현된다.
② 운동 감각적 지각을 훈련시켜야 한다.
③ 보이지 않는 소리에서 보이는 소리로 소리모방을 통하여 연계시킬 수 있어야 한다.
④ 다양한 방식으로 음악에 대한 예민한 감각을 키워나가야 한다.

3. 달크로즈 수업의 유형

가. 유리드믹스(Eurhythmics)

유리드믹스의 유(eu)는 좋다(good)라는 의미로 좋은 리듬을 말한다. 우리가 백화점에 옷을 사러 가면 옷의 스타일도 중요하지만 옷의 질을 살펴보고 그 옷감이 주는 느낌을 선택하게 된다. 음악도 옷감처럼 여러 가지의 질(quality)이 있다. 음악의 질은 리듬에서 온다고 한다. 같은 리듬일지라도 국악에서의 맛과 서양에서의 연주 맛이 다르듯이 음악의 맛을 이해하려면 리듬의 흐름을 이해하여야 한다는 것이다. 즉, 달크로즈는 음악의 가장 근본적인 요소인 리듬을 가장 먼저 개발하여 음악을 이해하고 표현할 수 있는 능력을 길러야 한다고 하였다.

이렇듯 달크로즈는 '리듬'이 음악을 구성하는 가장 근본적인 요소로 보고, 학생들의 리듬감을 향상시키기 위한 방법으로 유리드믹스(eurhythmics)를 고안하였고, 유리드믹스는 솔페즈(solfege), 즉흥 연주(improvisation)와 연계되어 교육이 이루어진다.

유리드믹스 교육은 정신적인 면(mental)과 감정적인 면(emotional), 육체적인 면(physical)을 함께 다루고 있다. 귀로 듣고 들은 것을 두뇌로 인식하고 두뇌가 인식한 것을 몸으로 표현하는 교육 방법이다. 즉 학생들로 하여금 보이지 않는 소리(invisible sound)를 보이는 소리(visible sound)로 바꾸게 하는 과정이다. 높은 음은 머리를 만지고 낮은 음은 무릎을 만지는 식으로 즐겁게 율동을 하다보면 음감을 깨치게 된다. 어떤 형식화된 춤곡과는 달리 유리드믹스는 리듬에서 느껴지는 이미지나 아이디어를 몸짓으로 표현해내야 하기 때문에 명확한 리듬의 표현을 위해 템포, 소리의 장단, 강약, 음색 등에 대해 학생들이 민감한 반응을 할 수 있도록 수업을 유도하며 여기서 간과하지 말아야 할 것은 학생들의 상상력을 통한 창의적인 행위가 우선시되어야 한다는 것이다.

이렇듯 몸을 '하나의 악기'로 파악하기 때문에 학교 음악 수업에서 '점점 빠르게(accelerando)'의 개념을 형성하게 하기 위해서는 동작을 중심으로 하는 몇 가지 단계를 거친다. 먼저 일상생활에서 흔히 볼 수 있는 모습들 중에서 점점 빠르게 움직이는 사람의 동작이나 물체의 움직임을 연상하게 한다. 이어서, 그러한 동작을 음악 없이 신체 동작으로 흉내 내게 한다. 다음에, 점점 빠르게 연주되는 음악을 들려주고 음악과 학생들의 움직임이 지니고 있는 공통점을 발견하도록 한다. 음악을 들으면서 동작을 하게 한다. 끝으로 '점점 빠르게'라는 용어를 도입한다. 물론, 이 용어와 관련하여 '빠르게', '느리게', '점점 느리게'를 언급함으로써 '점점 빠르게'의 개념을 더욱 뚜렷이 할 수도 있다. 교사는 다음 시간에 악보 속에 'accel.'를 삽입함으로써 학생들이 그 기호를 발견하고 그것을 표현하도록 유도하며, 또 그러한 표현을 즉흥연주나 창작곡에 사용하도록 격려한다. 유리드믹스에 적용하는 동작유형에는 제자리에서의 동작 유형으로 손뼉치기, 흔들기, 돌기, 지휘하기, 구부리기, 이야기하기, 노래하기, 이동하면서 하는 동작 유형으로는 걷기, 뛰기, 기어 다니기, 뛰어 넘기, 미끄러지기, 빨리 뛰기, 스키핑하기(위로 뛰기) 등이 있다.

나. 솔페지 (solfege)

솔페지는 고정도법을 사용하는 계명창이다. 솔페이지의 목적은 절대음감 훈련이며 방법은 시창과 청음을 자연스럽게 통합하여 훈련, 다양한 시각 자료와 교구를 사용하며, 놀이를 통해 자연스럽게 음악이론을 익히도록 하고, 악보를 읽는 단계에서는 여러 가지의 악보를 사용, 음의 높고 낮음, 음과 음 사이의 간격을 학습하기 위해 손기호를 사용한다. 듣는 능력과 음형을 기억하는 능력을 향상시키며, 내청(inner hearing) 능력(청감각과 기억에 의존하여 창의력과 상상력을 기르는 데 도움을 주며, 악보를 읽고 음을 떠올릴 수 있는 능력)도 발달시킬 수 있다.

다. 즉흥연주 (improvisation)

즉흥연주를 통해 모든 음악적 요소들과 연주자 자신의 독창적인 아이디어가 결합되게 된다. 목소리, 신체표현에 의한 동작 모방한 후 응용동작을 만들고 즉흥표현하는 단계를 거친다. 이 과정에서 학생들의 개성과 창의성을 발현할 수 있는 능력을 얻게 된다.

4. 달크로즈 수업의 장점과 단점

가. 장점

① 달크로즈 교육을 받은 학생들은 음악의 기본적 요소-템포, 박자, 리듬, 강약, 음색, 화성, 악곡형식-를 자연스럽게 습득하게 된다.
② 음악성, 창의성, 표현력, 집중력, 사회성을 연마하게 된다.
③ 달크로즈 교수법은 학습한 학생들은 음악에 대한 높은 이해도와 흥미를 보인다고 하였다.
　　이에 민감한 반응을 할 수 있도록 수업을 유도하며 여기서 간과하지 말아야 할 것은 학생들의 상상력을 통한 창의적인 행위가 우선시 되어야 한다는 것이다.

나. 단점

① 학생들의 활동이 주가 되므로 자칫 놀이만 하고 수업이 끝날 수가 있다. 이에 학습해야 할 내용에 대해 교사는 치밀한 준비가 선행되어야 한다.

② 학생들의 수준을 정확히 파악하지 못한다면 학생들은 흥미를 가지지 못하게 되며 학습과정에도 적극적이지 못하고 수업에 집중하지 못할 수 있다.

5. 달크로즈 수업모형을 적용한 교수·학습 과정안

단원 (주제)	똑같아요	대상	1학년	차시	1/2
주요 학습 내용		• 몸 계명을 이용하여 계이름으로 부르기 • 셈여림이 나타나도록 박자 치며 노래 부르기			
학습 목표		1. 계이름으로 노래 부를 수 있다. 2. $\frac{3}{4}$박자의 셈여림을 바르게 나타내며 노래 부를 수 있다.			

단계	학습 내용	교수·학습 활동	학습 형태	학습 자료	지도상의 유의점
도입 (5분)	동기유발	• 간호사 박수를 이용하여 관심을 집중시킨다. ▶ 다른 그림 찾기 • <u>비슷한 그림 두 장을 제시하며 학생들에게 다른 부분을 찾아내도록 한다.</u> • 여러분, 여기에 비슷한 두 그림이 있어요. 그렇지만, 자세히 보면 다른 부분이 세 곳이 있어요. 그것을 찾아볼까요? - 네.(학생들이 다른 곳을 찾는다.) • 아주 잘 찾았어요. 이 그림이 어떻게 되었죠? - 똑같아졌어요. • 오늘 배울 노래 제목은 무엇이죠? - '똑같아요'입니다. • '똑같아요' 노래를 여러 가지 활동을 하면서 재미있게 배워 봅시다. ▶ 공부할 내용 안내 1. 계이름으로 노래 부른다. 2. $\frac{3}{4}$박자의 셈여림을 바르게 나타내며 노래를 부른다.	문 답 식 전 체 학 습	그림 자료	다른 그림을 찾아내도록 하여 집중을 유도한다. 학생들이 다른 부분을 찾아내면 그 부분을 떼어낸다.
	학습목표 제시				
	활동1)	▶ 가사 익히기	개별		

전개 (10분)	가사를 리 듬에 맞추 어 읽기	• 여러분, (젓가락, 윷가락을 직접 보여주며) 함께 　가사를 읽어봅시다. 　- 학생들은 교사와 함께 읽는다. • 제재곡의 가사를 리듬에 맞추어 읽는다. • (그림악보를 가르키며) 이 악보의 다른 점이 무 　엇인가요? 　- 색깔과 길이가 달라요. • 그럼, 길이에 맞게 함께 읽어볼까요? 　- 네.(가사로 두 마디씩 따라 읽는다.)	및 전체 학습 문 답 식	젓가락 윷가락	
	활동2) 몸계명을 이용하여 음높이 구별하기	▶ 몸 계명하기 • 핸드 벨과 동물그림을 이용하여 음높이를 구분한 　다. • 길이에 맞게 잘 읽었어요. 다음은 색깔이 다른 　이유를 알아볼까요? • (동물그림을 제시하며) 가장 낮은 곳에 사는 동 　물은 무엇일까요? 　- 오징어입니다. • 가장 높은 곳에 사는 동물은 무엇일까요? 　- 새입니다. • 그래요. 그럼 코끼리는 하늘에 사는 새보다는 　낮은 곳에 살고 바다에 사는 오징어 보다는 높은 　곳에 살지요. • 들려주는 핸드벨 소리를 듣고 생각나는 동물을 　몸으로 표현해 봅시다. 　- 학생들이 해당하는 음에 맞게 몸으로 표현한다. • 잘했어요. (각 색깔에 따라 계이름을 붙인다.)	개별 및 전체 학습 문 답 식	핸드 벨 동물 그림 핸드벨	서로 다른 높이의 음을 움직임을 통해 구분할 수 있도록 한다. 자신감을 가지고 적극적으로 표현하도록 하게 한다.
전개 (13분)	활동3) 계이름을 이용하여 노래 익히기	▶ 계이름으로 부르기 • 그림 악보를 짚어 가며 계이름으로 읽어 보고 계 　이름으로 부른다. • 몸 계명으로 제재곡의 계명을 표현해 본다. • 이번에는 우리 몸을 이용해서 계이름을 표현해 　봅시다. • 도(튼튼한 무릎), 레(쌀쩐 허벅지), 미(예쁜 엉덩 　이), 파(날씬한 허리), 솔(따뜻한 가슴), 라(똑똑 　한 머리)를 알려 준다.		피아노 그림 악보	

전개 (8분)		• 몸 계명을 이용해서 '똑같아요'를 계이름으로 불러 봅시다. • 핸드 벨을 치며 계이름으로 노래 불러 봅시다. - 6명씩 나와서 직접 연주한다. ▶ 노래 익히기 • <u>제재곡의 범창, 범주를 듣는다.</u> • <u>가사로 두 마디, 네 마디씩 따라 부른다.</u> • 우리가 계이름으로 노래를 불러 보았어요. 이번에는 가사로 불러 봅시다. - 가사로 노래 부른다.	핸드벨	
	활동4) 박자 치며 셈여림을 살려 노래 부르기	▶ 박자 치며 노래 부르기 • <u>셈여림을 살려 박자 치며 노래 부른다.</u> • 잘했어요. 이번에는 발 구르기와 손뼉치기를 하면서 불러 봅시다. 		틀린 학생이 있는지 확인 하고 피드백 한다. 창의적으로 표현 하도록 유도한다.
	활동5) 메아리 모방하기	▶ 메아리 모방하기 • 노래에 맞추어 친구들이 한 창의적인 동작을 같이 해 봅시다. - 한 사람이 나와서 창의적 동작을 하면 다른 아이들이 따라서 한다.	개별 및 전체 활동	
정리 (4분)	느낌 말하기	▶ 느낌 이야기하기 • <u>몸 계명을 하거나 신체동작을 하며 노래 부른 느낌을 이야기한다.</u> • 어려웠던 점, 재미있었던 점은 무엇인가요? ▶ 차시예고 • 가사 바꾸어 부르기	문 답 식	자 유 롭 게 이야기 하도 록 한다.

※ 과정안에 제시된 다섯 가지 활동을 실제 수업시간 내에 모두 실천하기 힘들다. 그럼에도 불구하고 활동을 다섯 가지로 제시한 이유는 학생들의 요구와 수준을 고려해서 선택할 수 있도록 하기 위해 제시한 것이다.

참고문헌

석문주·최은식·함희주·권덕원(2007). 음악교육의 이해와 실천. 서울: 교육과학사.
임미경·현경실·조순이·김용희·이에스더 공저(2010). 포괄적 음악성 음악교수법. 서울: 학
　　지사.

참고사이트

① 숙명유리드믹스연구회 http://www.eurhy.com
　-교수법 및 관련 동영상 자료 수록
② 한국달크로즈연구소 http://www.dalcroze.co.kr
　-관련 서적 및 참고문헌 소개

STEAM 수업모형

1. STEAM 수업모형의 등장 배경 및 의미

STEAM이라는 용어는 과학, 기술, 공학, 예술, 수학(science, technology, engineering, arts, mathematics)의 첫 글자를 따온 것으로, 미국의 MST, STS, STEM으로 이어지는 과학·기술 교육 사조에 기원을 두고 있다. STEAM은 버지니아 공대 출신의 Georgette Yakman이 STEM에 Arts의 개념을 접목시켜 그 내용과 범위를 확장시켜 만들어낸 개념으로, 우리나라에서는 2011년 교육부가 '2011 주요업무계획'에서 초·중 등교육에 STEAM을 언급하면서 STEAM 수업에 관심을 갖기 시작하였다.

[그림 18-1] STEAM 수업모형의 등장 배경

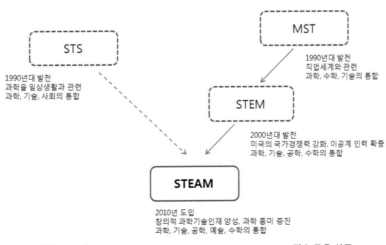

MST
1990년대 발전
직업세계와 관련
과학, 수학, 기술의 통합

STS
1990년대 발전
과학을 일상생활과 관련
과학, 기술, 사회의 통합

STEM
2000년대 발전
미국의 국가경쟁력 강화, 이공계 인력 확충
과학, 기술, 공학, 수학의 통합

STEAM
2010년 도입
창의적 과학기술인재 양성, 과학 흥미 증진
과학, 기술, 공학, 예술, 수학의 통합

과학 교육 사조   기술 교육 사조

　　STEAM 수업의 등장은 미래사회 대비를 위한 시대적 요구에 정책적 지원이 더해지면서 이루어졌다. 특히, 우리 아이들이 살아갈 미래사회는 창의적 아이디어를 바탕으로 한 과학기술 경쟁력이 국가의 미래를 결정하며, 이를 위해 미래 사회에 필요한 융합적 사고를 갖춘 인재를 필요하다는 국가 차원의 인식이 정책적 지원의 주요한 원인이 되었다.

　　STEAM 수업에서는 학생들에게 필요한 것이 지식의 암기보다, 다양한 지식을 활용할 수 있는 능력이라고 가정하고 있다. 따라서 학생이 스스로 주어진 문제를 인식하고 해결하는 과정에서 여러 학문 분야의 내용을 통합적으로 사고하고, 스스로 지식을 깨우치게 하는 데 초점을 맞추고 있다.

　　이러한 STEAM 수업은 교실의 교과 수업에서 과학, 수학의 이론, 학문적 개념과 실생활과의 연계를 강조하고 있다. 기존의 수업이 교과에서 정립된 학문의 개념을 교과를 중심으로 전달하는 데 관심을 두었다면, STEAM 수업은 스스로 설계하고 탐구와 실험하는 과정을 통해 실생활에서의 문제해결력을 배양하는 데 강조점을 둔다는 것이다.

　　이를 위하여 STEAM 수업에서는 '융합'이라는 개념을 도입하고 있다. '융합'을 통하여 학생들에게 수업에 대한 흥미와 실생활에서의 문제해결력을 모두 해결하겠다는 것이다. 과거 과학 등의 수업이 단일 교과 내에서 단일 내용으로 학생들의 흥미와 이해를 높이는 게 목적이었다면, STEAM 수업에서는 '융합'을 통해 다양한 지식을 활용하여 복합적인 문제를 해결할 수 있는 융합적 사고력 배양과 학습에 대한 학생의 흥미를 유발해 낼 수 있다는 것이다.

　　STEAM 수업의 목적은 과학·기술에 대한 흥미와 이해를 높이는 것이다. 즉, 미래의 국가 경쟁력과 학생 개인의 미래 사회 적응 능력을 길러주기 위하여 다양한 교과의 융합을 통하여 과학 및 기술에 대한 흥미와 이해를 높이고자 하는 것이다.

　　이러한 목적을 위해 개발된 STEAM 수업모형은 방법적으로는 다양한 교육 내용과 교수학습 방법을 접목한 통합적인 모형으로, 학생들에게 과학에 대한 흥미와 이해를 높이고 창의성을 신장시키는 데 효과적이다.

2. STEAM 수업이 추구하는 교육목적

STEAM 수업에서는 과학적 · 기술적으로 소양 있는 사람을 길러 내는 것을 강조한다. 2003년 미국은 OECD에서 주관하는 학업성취도 평가인 PISA 결과에서 다른 선진국 청소년들에 비해 수학 과학 분야에서 매우 낮은 성적을 받았다. 이에 미국의 국가과학위원회에서는 과학기술 관련 전문가 24명으로 구성된 테스크포스팀을 결성하여 그 해결방안을 모색하였다. 그 결과 2007년 10월, 미국 국회에서 STEM(Science, Technology, Engineering and Mathematics) 교육에 대한 행동 계획을 제시하고 STEM 교육의 목적을 다음과 같이 4가지로 상세화하였다.

① STEM 분야 역량을 보유한 자국민 확보; STEM 분야 지식을 보유하고 있는지 여부와 상관없이 모든 국민의 과학적·기술적 지식, 원리, 방법론 등에 대한 이해도 향상
② STEM 분야에 능숙한 인력 양성; 국가 경쟁력 향상을 위해 과학적, 기술적, 공학적, 수학적 지식으로 무장한 인재 양성
③ 미래 STEM 전문가 양성; 글로벌 경쟁력을 갖춘 최고 수준의 STEM 연구자 및 혁신가 양성
④ 다수의 STEM 인재 양성을 위해 경제 수준간, 인종간 격차 해소; 주류와 비주류(여성, 소수 민족 등)간 STEM 역량의 격차 해소, 또한 STEM 교육은 수준별로 차별화된 맞춤형 교육으로 진행

또한 미국 과학 교사 협회(National Science Teachers Association)에서는 학생들의 과학적, 기술적 소양을 기르기 위한 목적 외에 다음과 같은 내용을 하위 목표로 설정할 것을 제시하였다.

① 과학 및 기술의 과정과 탐구 능력의 개발
② 과학과 기술에 관한 지식의 획득
③ 개인적 · 사회적 의살 결정에 있어서 과학과 기술의 과정과 지식의 이용
④ 과학과 기술에 대한 태도, 가치 인식의 함양
⑤ 과학 관련 사회 문제의 맥락에서 과학 · 기술 · 사회 사이의 상호 작용에 관한 연구

우리나라에서 STEAM 교육은 2010년 12월 교육과학기술부의 업무 보고 자료에서 발표한 교육 정책으로서 초중등교육 강화를 위하여 STEAM 교육을 추진하고자 하였으며, 과학기술과 예술을 융합한 교육을 함으로써 국가 과학기술 경쟁력 향상에 도움이 될 것이라 판단하였다. 후속적으로 2011년 6월부터 각 시도 교육청 및 단위학교에서는 수업개선을 위한 STEAM 교육에 관심을 갖기 시작하였다.

교육과학기술부의 STEAM 교육 정책을 추진하기 위하여 한국과학창의재단에서는 STEAM 교육 전담 부서를 설치하여 STEAM 교육에 대한 연구와 사업을 추진하고 있다. 한국과학창의재단의 2011년 사업 방향은 크게 세 가지인데, 첫째, STEAM 추진사업단을 한양대학교에 설치하여 STEAM 교육에 대한 사업을 주도적으로 추진하고 있으며, 둘째, 전국적으로 STEAM 교사연구회를 선정하여 교사들의 STEAM 수업 적용을 확산하고 있으며, 셋째, STEAM 교육 현장지원센터를 선정하여 교사연구회를 지원하고 있다. 이런 과정을 통해 진행되고 있는 우리나라의 STEAM 교육의 목적은 미국 STEM 교육의 목적과 맥락을 같이 하고 있으며, 다만 미국의 STEM 교육에 예술(Arts)까지도 통합하여 초·중등학교 교육에서 인문학적 요소를 강화하고자 한다는 점에서 차별성을 갖는다.

STEAM 교육의 특징을 좀 더 명확하게 하기 위하여 기존의 전통적 수업과 비교해 보면 아래와 같이 나타낼 수 있다.

〈표 10-1〉 STEAM 수업과 전통적 수업의 비교

STEAM 수업	전통적인 수업
학습자 중심	교수자 중심
학생의 다양성에 따른 개별화, 개인화	성적이 중간인 학생을 위한 획일적인 학습
다양한 자료를 이용	주로 교과서 이용
문제와 논쟁점에 관한 협동학습	실험실에서는 획일적인 수업
학생을 능동적 참여자로 취급	학생을 소극적 수용자로 취급
학생들의 직접적 경험 중심	체계적인 정보 중심
문제 및 논쟁점 중심의 교수 계획	교육과정과 교과서 중심의 교수 계획

위에서 살펴본 STEAM 교육과 전통적인 수업의 비교는 수업의 특징을 이분법적으

로 바라보아 관점을 편협하게 만드는 문제점이 있다. 전통적인 수업에서도 분명 학습자의 개별성을 존중할 수 있고 다양한 자료를 이용할 수 있기 때문이다. 하지만 기존의 교육과정이 사회와 과학의 전반에 걸친 여러 문제를 소홀히 한 점에 중점을 두어 교수 방법을 구안해 보고자 한다. 상아탑에 갇혀 연구만 하는 과학이 아닌 사회와의 손을 잡고 나아가는 과학 교육에 초점을 두자는 것이다.

3. STEAM 수업을 위한 내용 구성요소 (14 Factor)

최정훈(2011)은 STEAM 수업을 위해 고려해야 할 내용 구성 요소를 다음과 같이 제시하고 있다.

요소	내 용
1	융합 인재 양성을 위한 다양한 분야의 지식을 아우를 수 있는 능력의 인재 육성
2	적시교육(Just in Time Education & Learning)
3	과학기술을 통합적이며 전체적인 시각에서 볼 수 있는 능력
4	타 분야와의 소통 능력 배양
5	융합시대의 사회가 요구하는 추가적인 과학기술공학인에 대한 정신 반영
6	과학기술공학과 사회시스템에 대한 체계적이고 전략적으로 연계한 과학 교육
7	미래를 예측하고 이에 대비할 수 있는 과학기술공학인재 양성
8	글로벌에서 활동하고 기여하는 과학기술 글로벌 리더
9	STEAM 교육의 핵심, 과학기술공학의 체계적 연계, 통합 및 융합
10	공학설계 교육 개념 및 융합기반 학습 개념 도입
11	Story-telling에 기반한 STEAM 교육 및 교재개발
12	발산적 사고를 위한 과학기술공학에 대한 다양성 교육 및 교재개발
13	다양한 창의기법 도입과 창의적인 학습도구 활용
14	과학기술공학 인성 및 윤리교육

위의 각 요소들이 의미하는 바를 살펴보면 다음과 같다.

첫째, 우선 STEAM 수업 내용 개발에서 과학·기술·공학을 중심으로 정치, 환경, 사회, 경제 그리고 가치 추구 등의 융합적인 사고를 바탕으로 체계적으로 미래를 예측할 수 있는 활동을 만든다는 자세를 기본적으로 가지고 시작하여야 한다.

둘째, 재미있고 이해가 쉬우면서 창의적인 STEAM 교육을 위해서는 기초 과학 원리에서 첨단 과학·기술·공학까지 스토리텔링의 자연스러운 흐름으로 체계적으로 표현하는 기술이 필요하다.

셋째, 기초 과학 원리에 대해서는 응용 및 적용 등 첨단 과학·기술·공학의 다양성을 학생 수준과 눈높이에서 제시하여야 한다.

넷째, 창의적인 STEAM 교육에 있어서 다양한 창의 기법과 창의적인 학습 도구 및 창의적인 체험활동 개발이 중요하다. 창의적 과학에서의 체험활동은 반드시 이런 STEAM의 개념에 기반을 둔 과학 체험활동이 되도록 하여야 한다.

다섯째, 학생들의 과학기술공학에 대한 체계적인 탐구능력과 함께 서로를 배려하고 소통하는 훌륭한 인성을 가진 창의성과 실무능력을 가진 과학·기술·공학자를 육성하는 데 기여할 수 있어야 한다.

여섯째, 과학기술공학적인 지식을 기반으로 인류가 가진 문제를 높은 윤리의식으로 해결하는 글로벌 인재 양성을 위한 STEAM 교육이 되어야 한다.

일곱째, 통합적이고, 전체적으로 보는 능력을 배양하는 교육, 즉 나무와 함께 숲을 볼 수 있는 능력을 키우는 것이 STEAM 교육의 중요한 궁극적인 목적 중에 하나다.

여덟째, 빠르게 변하는 융합기술에서는 10년 전의 과학·기술·공학은 의미 없는 지식이 될 수 있다. 따라서 STEAM 교육의 핵심적인 요소 중 하나가 바로 최신의 급변하는 융합기술 변화에 빠르게 대처하는 교육 즉 적시교육(just in time learning)이 되어야한다.

4. STEAM 수업의 이론적 배경: 구성주의

STEAM의 이론적 배경은 현대의 과학철학과 구성주의에 있다. 구성주의는 삶의 세계가 인간에 의해 창조되었으며 그 본질이 인간에 달려 있다고 주장하는 관념주의적 존재론과 모든 진리를 상대적으로 보는 상대주의 인식론에 이론적 배경을 둔다.

각급 학교에서 새로운 교수·학습 이론으로 받아들이고 있는 구성주의 인식론을 지지하는 사람들은 전통적인 교수·학습 이론과 다른 과학교육의 목적, 내용, 방법을 제시한다. 구성주의는 권위적인 교사 중심의 전달 수업모형의 타당성을 부정하고 학습자 중심의 사회적 수업모형을 제시한다. 구성주의에 따른 수업모형은 1960년대부터 과학적 소양과 문제해결력의 신장에 목적을 두고 이루어져 왔던 탐구 중심 과학교육의 모형과도 상반된다.

　구성주의 수업모형은 학습자의 적극적이고 능동적인 참여를 요구하며 스스로 의미를 구성할 것을 강조한다. 과학자와 마찬가지로 학습자도 자신의 지식을 구성하고 그것을 기존의 지식과 비교하여 새로운 의미로 이해함으로써 학습하기 때문이다. 구성주의에 따른 과학 교수·학습에서 '과학'은 전통적인 의미의 과학적 사실·개념·법칙·이론·탐구 등이 아니라 사회적 합의로 이루어진 개념적 체계와 과정을 말한다. 이에 따르면, 구성주의 모형에 따른 과학교육의 목적은 민주적 절차를 이끌 수 있는 능력에 있다. 구성주의 수업의 모형과 절차는 STEAM 교수·학습에도 그대로 적용할 수 있다. Yager(1991)는 구성주의 교수전략이 잘 적용된 과학수업의 특징을 다음과 같이 10가지로 제시하였다.

① 코스의 조직자로서 지역의 관심과 영향에 관한 문제를 학생이 검증한다.
② 문제해결에 이용될 수 있는 정보의 근원으로 자료를 이용한다.
③ 실생활 문제의 해결에 적용할 수 있는 정보를 수집하는데 학생이 참여하도록 한다.
④ 학습을 교실 또는 학교 밖으로 확대한다.
⑤ 각 학생에게 관련된 과학의 영향에 초점을 둔다.
⑥ 과학지식이 단지 시험을 보기 위한 것이라는 견해로부터 벗어난다.
⑦ 과학자들에 의해 사용된 특수기능으로서의 탐구기능을 강조하지 않는다.
⑧ 과학과 기술에 관련된 직업의식을 강조한다.
⑨ 학생들에게 문제해결 시 시민정신을 수행할 수 있는 기회를 제공한다.
⑩ 과학과 기술은 미래에 영향을 미치는 중요한 요인임을 보여준다.

5. STEAM 수업모형의 장점과 단점

가. STEAM 수업모형의 장점

① 학습자의 탐구 능력과 태도 형성에 도움을 제공한다. 실제 STEAM 수업방법과 전통적 수업방법(강의식)을 비교한 결과 STEAM 수업방법이 통계적으로 유의한 효과가 있었다.
② STEM 수업에서는 학생들의 다양하고 직접적인 경험을 중시한다.

③ 과학과 기술에 관련된 사회문제와 직업에 대한 분야를 다루며 인지적 영역뿐만 아니라 정의적, 운동 기능적 영역도 중요시한다.

④ STEAM 교육은 무엇보다도 문제해결과 의사결정을 중요시하며, 다가올 미래의 세계에 초점을 두고 있다. 이는 수업현장에서 교사가 중심이 되어 교과서에 제시된 지식을 나열하고 학생들에게 이해시킴으로써 상급학교 진학에 주목적을 두었던 전통적 과학교육과 확실히 차별화된 것이다.

나. STEAM 수업모형의 단점

① STEAM 수업의 가장 큰 제한점은 일정한 시간에 학습시킬 수 있는 내용이 줄어든다는 점이다. 최근 학습량보다는 학습의 질이 중요하다는 의견도 많이 있지만 초·중등학교에서 다루어야할 최소한의 내용이 교육과정에 제시되어 있으며 이러한 모든 내용을 STEAM 수업 방식으로 다루는 것은 시간 여건상 불가능하다는 것이다.

② STEAM 수업의 다른 문제점은 STEAM 접근 방식이 통합적이기 때문에 기술이나 사회 또는 도덕 교과와의 중복이 불가피하다는 점이다. 이를 해소하기 위해서는 교육과정 운영의 융통성이 많이 요구되고 있다.

③ 또한 STEAM 수업이 원활하게 이루어지려면 교사의 부담이 현재보다 많이 증가할 가능성이 있다. 학습지 준비는 물론 교재 연구 등에 기존의 수업 방식보다 많은 노력이 요구되기 때문에 교사의 수고를 덜어줄 수 있는 다양한 학습 자료의 개발 및 보급이 필수이다.

6. STEAM 수업모형의 유형 및 절차

가. 융합인재교육 수업에서의 학습 준거

융합인재교육은 흥미·동기·성공의 기쁨 등을 통해 새로운 문제에 도전하고자 하는 열정이 생기게 하는 감성적 체험을 할 수 있도록 한다.

학생이 문제 해결 필요성을 구체적으로 느낄 수 있는 상황을 제시하고, 학생 스스로 문제 해결 방법을 찾아가는 창의적 설계를 한 다음 학생이 문제 해결 과정을 통해 성공의 경험을 느끼고 또 다시 새로운 문제에 도전할 수 있도록 한다. 이를 통해 과학기술 분야에 대한 흥미와 동기를 부여할 수 있다.

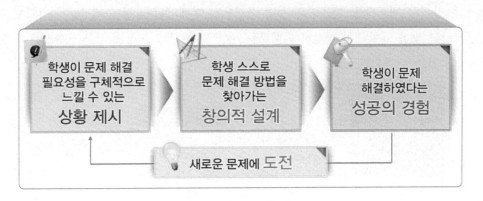

〈그림 1〉 융합인재교육 학습 준거(틀)

나. 융합인재교육(STEAM) 수업 유형

융합인재교육의 수업 유형은 교과내 수업형, 교과 연계 수업형, 창의적 체험활동 활용형으로 나눌 수 있다.

교과내 수업형은 하나의 중심 교과에 과학, 기술, 공학, 예술, 수학 요소를 연계한 수업 유형이다.

〈그림 2〉 교과 내 STEAM 수업

교과 연계 수업형은 공통된 주제 중심으로 관련된 여러 교과를 연계한 수업 유형이다.

〈그림 3〉 교과 연계 STEAM 수업

창의적 체험활동 활용형은 주제 중심으로 전체 교육과정을 재구성하거나 별도의
프로그램을 개발하여 창의적 체험활동 시간 또는 방과후 학교 시간을 활용하여 수업
을 하는 유형이다.

〈그림 4〉 창체 활용형 STEAM 수업

또한 지역 교육기관, 과학관, 대학 등의 프로그램이나 캠프 등을 이용한 학교 밖
창의적 체험활동과 STEAM 페스티벌, 챌린지대회, 미션투어링, STEAM 경진대회, 문
제해결 토너먼트 등의 이벤트도 융합인재교육 수업 유형의 예로 들 수 있다.

다. 융합인재교육(STEAM) 수업 단계

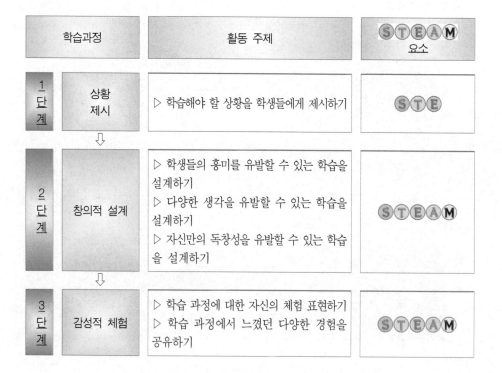

학습과정		활동 주제	STEAM 요소
1단계	상황 제시	▷ 학습해야 할 상황을 학생들에게 제시하기	STE
2단계	창의적 설계	▷ 학생들의 흥미를 유발할 수 있는 학습을 설계하기 ▷ 다양한 생각을 유발할 수 있는 학습을 설계하기 ▷ 자신만의 독창성을 유발할 수 있는 학습을 설계하기	STEAM
3단계	감성적 체험	▷ 학습 과정에 대한 자신의 체험 표현하기 ▷ 학습 과정에서 느꼈던 다양한 경험을 공유하기	STEAM

〈표 1〉 수업단계

7. STEAM 수업방법 및 적용시 유의점

STEAM 수업방법에서는 강의식 수업, 시범, 질문법, 문제해결법, 실험 등과 같이 전통적인 학습 지도 전략을 적용할 수 있을 뿐만 아니라 역할놀이, 현장 연구, 사회 활동 등 비교적 새로운 방법으로도 지도할 수 있다. STEAM 수업방법의 특징과 유의점은 다음과 같다.

〈표 10-3〉 STEAM 수업방법의 특징과 유의점

수업방법	특징	유의점
토론 및 토의법	한 집단 내의 학생들이 각자의 의견을 내고 검토하고 서로 가진 정보를 나누고 어떤 문제점을 논의하는 등의 협의 과정을 통해서 관련 내용을 체계적으로 이해하는데 효과적인 방식이다.	찬성과 반대의 양론이 있는 문제를 다루되 학생 중심의 토론이 더 바람직하다. 가능한 소집단으로 구성하며 교사는 관찰자, 평가자, 정보제공자 및 자료 참고인으로서의 역할을 수행하며, 원활한 토론 분위기를 조성해주는 역할만 수행한다.
상충법	토의법의 일환으로서 자신의 견해를 발표하고 동료의 생각을 들어봄으로써 자신의 관념을 명료화하는 절차에 따라 진행된다. 사회적으로 분쟁의 대상이 되는 논쟁거리에 적합한 방법이다.	
실험 및 현장실습법	학생들이 새로운 개념을 탐색하고 관찰과 실험을 하는 방법을 포함하여 야외 실습과 같은 현장 실습법을 뜻한다.	좁은 교실 또는 실험실의 공간을 벗어나 자연과 접하고 지역사회의 문제점을 직접 인식함으로써 문제해결을 위하여 스스로 참여할 수 있는 기회를 갖도록 한다.
역할놀이	상황을 모의적으로 설정한 후 각 역할을 맡은 사람의 주장을 자신이 가상적으로 경험하는 방식이다.	주제에 대하여 학생 각자가 설정된 인물의 입장이 되어 상황에 맞게 말하고 행동할 수 있도록 사전 자료조사와 입장정리가 필요하며, 특히 찬성, 중립, 반대 입장을 골고루 대변할 수 있는 인물의 설정이 무엇보다도 중요하다. 처음 실시할 때 익숙하지 않은 학생들의 소란스러울 수 있으므로 교사들은 준비할 수 있는 충분한 시간을 주고 진행에 필요한 사항들을 교사가 안내하고 도와주어야 한다.
소집단 활동	10명이 하의 모둠을 만들어 모둠 안에서 여	학생들이 STS관련 문제들에 대하여 함께

	러 다양한 활동이 이루어지게 하는 방식이다.	협동하여 그들의 입장과 다른 사람의 입장에 주의를 기울이면서 체계적으로 그러한 논쟁을 다룰 수 있는 능력을 기를 수 있도록 교사가 안내한다.
시청각 기자재	신문, TV, 비디오, 영화 등과 같은 인쇄 혹은 영상 자료를 활용하는 방법이다.	컴퓨터 시뮬레이션을 실시할 경우 저장용량이 큰 컴퓨터를 이용해야 하며 프로그램 개발이 용이하지 않으므로 이러한 단점을 잘 이해하고 있어야 한다. 또한 학생의 인지수준에 적절하며 학습내용과 연관이 있고 학생들이 관심을 가질 수 있는 다양한 시청각 자료를 이용하도록 한다.

8. STEAM 수업모형 적용을 위한 시나리오

　가. 수업 목표 :
　　1) 환경을 보존해야 하는 이유를 말할 수 있다.
　　2) 환경 보존 방법을 설명 할 수 있다.
　　3) 환경 보존 방법을 실천에 옮기려는 태도를 가진다.
　나. 문제 상황 : 수질오염, 토양오염 등 유형에 따른 환경오염 대처방안 모색하기
　다. 학습활동 과정

> **1단계: 상황제시**

교수·학습 활동	■ 자 료
교사(T) - 학생(S)	▶ 유의점
T : 〈환경보존이 잘 된 외국 사례 제시 - 뉴질랜드〉 여러분 안녕하세요? 지난 시간에 이어서 오늘도 환경에 대해서 공부 할 거 에요. 선생님이 여러분에게 보여줄 자료를 가지고 왔는데 같이 보고 이야기 하도록 해요.(사진 슬라이드 약 15장 제시) T : 어때요? 환경이 참 잘 보존되어 있지요? 저렇게 아름다운 산과 강, 그리고 산에 사는 동물들을 보니까 어떤 마음이 드나요? S : 부러워요. 우리도 저렇게 환경을 잘 보존해야 해요. T : 그래요. 잘 대답해 주었어요. 우리도 환경을 열심히 지키고 보존해서 더 이상 환경오염이	

심각해지지 않도록 막아야 하겠어요. 자 그럼 이번시간에는 환경을 잘 보존하기 위해서 우리가 어떻게 해야 하는지에 대해서 공부할 거 에요. 같이 열심히 공부하도록 해요.

❖ [mind map 활동]

〈지난 시간에 배운 환경오염의 유형에 따른 사진 자료를 각 모둠에게 유형별로 다르게 제시하고 대책을 마련하게 한다. 이 때 사진과 관련된 사회적 문제도 함께 제공하여 환경보존의 이유를 인식하게 한다.〉

T : 이제부터 모둠 별로 선생님이 사진 몇 장과 관련된 기사를 나누어 줄 거 에요. 기사문을 읽고 모둠 원끼리 토론을 해서 사진의 오염을 해결할 실천 방안을 mind map으로 만들어 보세요.

〈교사는 아이들이 토론을 관찰하면서 필요로 하는 자료를 제공한다. 또한 토론이 원활하게 이루어지지 않는 모둠은 교사가 개입하여 토론이 활발히 이루어질 수 있도록 지도한다.〉

2단계: 창의적 설계

교수 · 학습 활동	■ 자 료
교사(T) - 학생(S)	▶ 유의점

❖ 1 모둠의 토의 시나리오

S$_1$: 우리 모둠은 수질오염에 관련된 기사문이야. 수질오염 문제를 해결하기 위해서 무엇을 해야 할까? 각자 먼저 컴퓨터와 환경 관련 잡지를 보고 알아보도록 하자.
(약 2~3분 정도 정보 수집)

S$_2$: 수질오염을 해결하기 위해서는 개인, 가정, 국가 차원의 대책이 필요해.

S$_3$: 우리는 그 중에서 우리가 직접 실천 할 수 있는 항목인 생활하수를 줄이는 방법에 대해 더 자세히 알아보도록 하자.

S$_4$: 그래 그게 좋겠다.

S$_2$: 그런데 환경오염이 문제가 되는 것은 왜일까? 다들 문제인 것을 알면서 왜 계속 해결 하려 하지 않는 것이지?

S$_1$: 개발도 필요하기 때문이야. 환경을 너무 극단적으로 지키기만 하려고 하면 지금 우리가 누리고 있는 것들을 많이 포기해야 해. 하지만 삶의 기반이 되는 환경도 중요하기 때문에 그 절충점을 찾아야 하는 거야.

S$_4$: 그래서 우리는 환경의 심각한 오염 및 훼손을 막아야 하고 불필요한 오염이 발생하지 않도록 사전에 예방해야 하는 거야.

S$_3$: 그래 맞아. 환경오염에 대한 보존 노력이 없다면 선생님께서 주신 기사문의 내용처럼 어느 날부터는 더 이상 연어를 볼 수 없게 될지도 몰라. 그래서 환경 보존이 필요한 것이고. 지금 우리가 말한 환경 보존을 해야 하는 이유도 mind map에 적도록 하자.

S$_4$: 그럼 일단 수질오염을 막기 위해서 내가 실천할 수 있는 일은 무엇이 있을까?

S$_3$: 나는 매일 샤워를 하는데 샴푸와 린스 사용량을 줄일 수 있을 것 같아.

S$_1$: 물을 쓸데없이 많이 틀어서 물을 낭비하는 것도 문제가 되지 않을까?

S$_2$: 음식을 남겨서 버리는 것도 수질 오염에 들어가는 것 같아. 예를 들어서 학교에서 먹는 우유를 다 먹지 않고 그냥 버린다거나 급식을 남겨서 버리는 것 말이야.

S$_2$: 그럼 이제 가정 차원의 해결 방안을 생각해보자.

S$_1$: 우리 집에서 사용하고 있는 방법인데 주방 세제를 사용 할 때 세제 통에 물을 넣어서 사용하는 방법이 있어. 그러니까 세제가 반 정도 남았을 때 거기에 물을 넣어서 통을 채워서 사용해. 그렇게 하면 기존에 사용하던 양처럼 사용하더라도 실제 세제 사용양은 많이 줄게 되거든.

S$_3$: 굉장히 좋은 방법이다. 또 무엇이 있을까?

S$_4$: 재생 비누를 사용하는 것도 좋아. 재생 비누는 물에서 더 잘 분해되니까.

S$_1$: 빨래는 모아서 하는 것이 더 좋겠지? 세제와 물도 그만큼 덜 사용 될 테고 말이야.

S$_3$: 음식을 할 때 사용 된 기름은 휴지로 먼저 닦아내고 설거지해야 할 거야.

S$_2$: 가정에서 할 수 있는 일이 생각보다 굉장히 많구나. 이것만 모두 실천한다면 수질오염도 지금보다 훨씬 개선 될 수 있을 거야.

S$_4$: 그럼 이제 국가 차원의 할 일을 생각해 보아야겠다.

S$_2$: 국가는 환경 관련법을 제정하고 시행해야 해.

S$_1$: 또 하수 처리장과 쓰레기 매립장 등 환경 보전 시설을 갖추어야 해.

S$_3$: 국제적인 환경 문제를 해결하기 위해 다른 나라와 협조하고, 환경 관련 국제 협약에 가입할 수도 있어.

S$_4$: 그럼 이제 우리가 찾은 수질오염 대책 방안을 mind map으로 정리하도록 하자.

❖ 2 모둠의 토의 시나리오

S$_5$: 우리 모둠은 토양오염에 관련된 기사문이야. 토양오염 문제를 해결하기 위해서 무엇을 해야 할까? 각자 먼저 컴퓨터와 환경 관련 잡지를 보고 알아보도록 하자.
(약 2~3분 정도 정보 수집)

S$_6$: 토양오염문제를 해결하기 위해 내가 할일과 가정, 그리고 국가에서의 대책이 필요해.

S$_7$: 그런데 토양오염이 구체적으로 무엇이야?

S$_8$: 토양 오염은 쓰레기를 땅에 묻어서 땅이 썩어서 된 것을 말해.

S$_9$: 그럼 토양오염이 일어나는 원인이 무엇인지부터 알아보도록 하자.

S$_6$: 가정에서, 회사에서 많은 양의 쓰레기를 버리기 때문이야.

S$_7$: 채소를 가꿀 때 해충을 방지하기 위해 농약을 많이 뿌리면 토양이 오염돼.

S$_5$: 농약 외에도 비료를 많이 뿌리면 토양이 심하게 오염돼.

S$_8$: 그 외에 또 무엇이 있을까?

S$_9$: 쓰레기를 길에 함부로 버릴 때도 토양이 오염돼

S$_7$: 맞아, 그리고 도시에서 산업폐기물을 허가받지 않은 곳에 무단으로 버릴 때도 오염돼.

S$_5$: 화석원료를 태울 때 생긴 대기오염물질이 땅에 닿아서 오염되기도 해.

S₈: 그럼 일단 토양오염을 막기 위해서 내가 실천할 수 있는 일은 무엇이 있을까? 토양오염을 내가 해결할 수 있는 방법을 찾아보도록 하자.

S₉: 먼저 쓰레기의 사용량을 줄여야 해.

S₆: 쓰레기의 사용량을 줄이려면 가능한 한 쓴 자원을 분리수거하여 재활용해야 해.

S₅: 맞아! 유리병, 종이, 캔 등을 분리하여 자원으로 재활용 하면 돈도 절약되고 버리는 쓰레기의 양도 줄어들어 토양오염문제를 예방할 수 있어.

S₇: 그럼 이제 가정 차원의 해결 방안을 생각해보자.

S₈: 먼저 농약의 과다한 사용을 줄여야해

S₉: 그리고 산성비료의 사용을 줄이고 중성비료로 바꾸어야 하고, 화학비료보다 퇴비 등 유기질 비료의 사용을 적극적으로 권장해야해.

S₅: 가정 하수 또는 폐수를 함부로 토양에 버리지 않는 것도 매우 중요해.

S₆: 그리고 폐기물이나 독성물질을 무분별하게 토양에 버리지 않아야해.

S₈: 가정에서 할 수 있는 일이 생각보다 굉장히 많구나. 이것만 모두 실천한다면 토양오염도 지금보다 훨씬 개선 될 수 있을 거야.

S₇: 그럼 이제 국가 차원의 할 일을 생각해 보아야겠다.

S₉: 현재의 매립지의 방식을 위생매립으로 바꾸어 관리를 철저히 해야 해.

S₅: 토양오염의 원인이 되는 수질오염에 대한 국가적인 예방 대책도 필요하리라 생각해.

S₉: 맞아! 모든 환경오염은 연결되어 있으니까 수질오염을 예방 하는 것도 중요한 것 같아.

S₆: 국제적인 환경 문제를 해결하기 위해 다른 나라와 협조하고, 환경 관련 국제 협약에 가입할 수도 있어.

S₇: 그럼 이제 우리가 찾은 토양오염 대책 방안을 mind map으로 정리하도록 하자.

3단계 : 설명 및 해결 방안 제시

교수 · 학습 활동	■ 자 료
교사(T) - 학생(S)	▶ 유의점

T : 자, 모두 mind map을 완성하였나요?
　　그럼 각 모둠마다 어떤 기사문과 사진을 받았는지 소개하고 작성한 mind map을 발표해 보겠어요. 먼저 1모둠 발표해주세요.

S₁: 네, 저희 모둠은 연어가 돌아오지 못하는 이유에 관한 기사문을 받았습니다. 기사 내용과 사진은 수질오염과 관련되었고 따라서 저희는 수질오염에 대한 mind map을 작성하였습니다. 수질오염을 개선하기 위해서 개인, 가정, 국가 차원의 해결방안을 생각해 보았는데 각각 다음과 같습니다.
　　1. 샴푸와 린스 사용량을 줄이자.
　　2. 샤워 할 때 물을 아껴 사용해 물의 낭비를 줄이자.
　　3. 학교에서 먹는 우유를 다 먹지 않고 그냥 버린다거나 급식을 남기지 말자.

    4. 주방 세제를 사용 할 때 세제 통에 물을 넣어서 사용한다.
    5. 재생 비누를 사용하자.
    6. 빨래는 모아서 한꺼번에 하자.
    7. 환경 관련법을 제정하고 시행해야 한다.
    8. 하수 처리장과 쓰레기 매립장 등 환경 보전 시설을 갖추도록 하자.

T : 아주 잘 했어요. 1 모둠은 수질오염에 대한 mind map을 작성하였어요. 이제 2 모둠이 발표해 보세요.

S₅ : 네, 저희 모둠은 지구가 아파하는 이유에 관한 기사문을 받았습니다. 기사 내용과 사진은 토양오염과 관련되었고, 따라서 저희 모둠은 토양오염에 대해서 mind map을 작성하였습니다. 그리고 토양오염을 개선하기 위해 개인, 가정, 국가 차원의 해결방안을 다음과 같이 생각해보았습니다.

    1. 가정에서, 회사에서 많은 양의 쓰레기를 버리지 말자.
    2. 아이스크림 먹고 껍질 길에 함부로 버리지 말자.
    3. 분리수거를 생활화하자.
    4. 농약의 과다한 사용을 줄이자.
    5. 산성비료의 사용을 줄이고 중성비료로 바꾸어야 하고, 화학비료보다 퇴비 등 유기질 비료의 사용을 적극적으로 권장하자.
    6. 현재의 매립지의 방식을 위생매립으로 바꾸어 관리를 철저히 하자.
    7. 국제적인 환경 문제를 해결하기 위해 다른 나라와 협조하고, 환경 관련 국제 협약에 가입하자.

T : 2모둠도 매우 잘했어요.

4단계 : 감성적 체험

교수·학습 활동	■ 자 료
교사(T) - 학생(S)	▶ 유의점

T : 자 그럼 이제부터는 작성한 mind map을 바탕으로 모둠별 역할극을 해보도록 해요. 각 모둠에서는 환경보존에 관한 역할을 설정하고 자유롭게 짧은 역할극을 준비하도록 하세요.

❖ <1,2 모둠 역할분담 토론>

S₁ : 우리가 작성한 mind map을 역할극으로 만들어야 해. 먼저 어떤 역할이 필요할까?

S₂ : 환경오염을 잘 지키는 아이와 그렇지 않은 아이를 설정하는 것은 어때?

S₃ : 그래 그게 좋겠다. 우리의 실천이 중요한 것이니까 다른 국가 차원의 해결 방안을 다루는 것 보다 그게 좋을 것 같아.

S₄: 그럼 수질오염(토양오염) 을 해결하기 위해 실천하는 아이와 그렇지 않은 아이로 설정하고 또 어떤 역할이 필요하지?

S₂: 오염되고 있는 물(토양)의 입장을 설정하는 것은 어때? 그렇게 하면 물(토양)이 얼마나 오염되었는지, 그리고 왜 깨끗하게 해야 하는지를 잘 알 수 있을 것 같아.

S₅: 그래 좋아. 그럼 역할은 그렇게 정하자. 그럼 이제 짧은 대본을 써서 발표 준비를 해 보자.

S₁: 우리가 실제 수질오염(토양오염)을 해결할 수 있는 방안으로 작성하는 것이 좋을 것 같아. 그래야 역할극을 보는 다른 아이들도 쉽게 공감할 수 있을 테니까.

S₃: 그래 좋아. 그럼 환경보존을 실천하는 아이와 그렇지 않은 아이, 그리고 물(토양)에 대해서 우리가 직접 실천할 수 있는 방안들을 바탕으로 역할극을 만들어 보자.

S₄: 그래 좋아.

T : 자, 모두 역할극 준비가 끝났나요? 간단하게 발표해 보도록 합시다. 네, 1모둠 발표해 보세요.

S : 저희는 수질오염에 관한 mind map을 작성한 모둠입니다. 따라서 역할극도 수질오염과 관련된 것을 준비하였습니다. 환경보존을 위해 실천하는 아이와 그렇지 않은 아이, 그리고 물의 역할을 설정하고 우리가 직접 실천 할 수 있는 방법들을 중심으로 역할극을 꾸며 보았습니다.

(모둠 자리에서 미리 계획한 극본대로 역할극을 진행한다.)

T : 아주 잘 했어요. A 모둠은 수질오염에 대한 역할극을 보여주었어요. 이제 2 모둠도 발표해 볼까요?

소진 : 저희는 토양오염과 관련된 역할극을 준비했습니다. 토양보전을 위해 실천하는 아이와 그렇지 않은 아이, 그리고 토양의 역할을 설정하고 가정에서 실천 할 수 있는 방법을 중심으로 역할극을 꾸며 보았습니다.

(모둠 자리에서 미리 계획한 극본대로 역할극을 진행한다.)

T : 오늘 mind map활동과 역할극 활동을 하였는데 어때요, 재미있었나요?

S : 네.

T : 이번시간에 무엇을 공부했는지 말해봅시다.

S : 환경을 보존하는 방법에 대해서 배웠습니다. 환경보존의 실천에 대해서 배웠습니다.

T : 맞아요. 환경을 보존하는 것은 사회의 구성원으로서 다 함께 쾌적한 환경에서 살아가기 위해서 반드시 실천해야 하는 것이에요. 나의 실천이 환경을 지키는 시작이 되는 것 이지요. 작은 것이라도 먼저 실천하는 우리 반 여러분이 되도록 해요.

그리고 오늘 배운 실천 사항들은 집에 가서도 꼭 실천해야 해요. 모두 선생님이 나누어 주는 체크리스트에 자신의 환경 보호 실천 사항을 체크 해 오도록 하세요.

그럼 다음 시간에는 환경 단체의 활동을 알아보고 환경단체의 필요성에 대해 공부하도록 하겠어요. 모두 수고하셨습니다.

9. STEAM 수업모형을 적용한 교수·학습 과정안

일　시	2015년 6월24일(수) 2교시	대상	5학년 2반(14명)	수업교사	이정란
학습 단원				차시	5/5
학습 주제					
학습 목표	적당한 양의 액체를 혼합하여 손 소독제를 만들 수 있다..				

STEAM 요소	S	과학	용액의 반응을 이해한다
	T	창체	재료의 특징을 알고 손소독제를 만든다
	A	미술	손소독제 제품명과 로고를 디자인 한다
	M	수학	액체의 단위를 알고 올바르게 사용하게 한다.

준비물	학생	싸인펜, 기타 채색도구
	교사	에탄올, 글리세린, 정제수, 비커, 저울, 스푼, 빈 플라스틱 통, 라벨지

학습 단계	활동 단계	교 수·학 습 활 동	시 간	자료(◆) 및 유의점(◉)
상황 제시	문제 소개 하기	■ 동기유발 - 메르스(MERS)관련 뉴스 동영상 - 감염병을 예방하기 위해 우리들이 실천 할 수 있는 방법 발표해 　보기(기침예절 지키기, 손씻기, 음식 골고루 먹기 등) ■ 학습목표 제시 　적당한 양의 액체를 혼합하여 손소독제를 만들 수 있다. ■ 학습활동 안내 　[활동1] 손에 있는 세균들에는 무엇이 있는지 살펴보기 　[활동2] 손 소독제 원리를 알아보고 만들기 　[활동3] 손 소독제 제품명과 로고 디자인하기	7′	◆동영상 ◉손소독제 준비 시 상품명이 노출되지 않도록 한다.
창의 적 설계	탐색 하기	[활동1] 손에 있는 세균들에는 무엇이 있는지 살펴보기 □ 손에 사는 세균들에는 무엇이 있는지 살펴보기 　- 황색포도상구균, 박테로이드균, 뉴모니아균, 대장균,		◆PPT

		화농성연쇄상구균, 인플루엔자간균, 녹농균, 살모넬라균 등 □ 손을 청결하게 하기 위해 필요한 것이 무엇인지 알아보기 - 손 씻기 : 비누 또는 손 소독제를 사용 [활동2] 손 소독제 원리를 알아보고 만들기 □ 손 소독제의 원리 - 손 소독제란 물로 씻는 것을 대신하는 대용제를 총칭하는 말 - 손 소독제는 에탄올로 이루어진 제품으로 손 보습을 위해 글리세 린 추가 - 에탄올은 무색의 가연성 화합물로 알코올의 한 종류이자 술의 주성분 - 단백질을 응고시키므로 소독 및 살균작용이 있음 - 에탄올 80% 이상으로 손 소독(세계보건기구) □ 손 소독제 만들기 - 손 소독제 만들기 재료 : 에탄올, 정제수, 글리세린 - 미리 계획한 대로 정확하게 측정하고 혼합하여 보기 　(에탄올 : 정제수 : 글리세린=80ml : 20ml : 3ml) [활동3] 손 소독제 제품명과 로고 디자인하기 □ 제품 이름과 로고 정하기 □ 제품에 맞게 로고 디자인하기 □ 손 소독제 용기에 로고 붙이기	30′	◉손씻기의 소중함을 배우도록한다. ◉손소독제와 손세정제의 차이점을 설명해준다. ◉액체의 단위에 대하여 간단히 언급한다. ◆에탄올,정제수,글리세린,비이커 ◉에탄올 사용 시 유의점 -얼굴에 뿌리지 않는다 ◉재료의 양 측정을 바르게 해야 함을 지도 ◆라벨지,싸인펜 플라스틱용기
해결 방안 모색			
감성 적 체험	정리	□ 손 소독제를 사용해 보고 느낌 발표하기 - 내가 만든 손 소독제 소개하기 - 친구들의 손 소독제를 사용해보고 칭찬해 주기	3′	

※ 평가 계획

평가 내용	구분	평가 기준	평가 방법
손소독제의 원리를 알고 적당한 양의 액체를 혼합하여 손소독제를 만들었는가?	잘함	손 소독제의 원리를 알고 적당한 양의 액체를 혼합하여 손 소독제를 만들기를 할 수 있다.	관찰평가
	보통	손 소독제의 원리는 알지만 적당한 양의 액체를 혼합하여 손 소독제를 만드는 데 도움이 필요하다.	
	노력요함	손 소독제의 원리를 이해하지 못하고 적당한 양의 액체를 혼합하여 손 소독제를 만들지 못한다.	

참고문헌

권순범(2012). STEAM기반 융합학습이 초등학생의 창의적 인성에 미치는 영향. 한국교원대학교 대학원 석사학위논문.

김진수(2012). STEAM 교육론. 서울: 양서원.

배병일(2014). STEAM 교육 프로그램이 고등학생의 과학적 탐구능력과 과학에 대한 태도에 미치는 영향. 한국교원대학교 교육대학원 석사학위논문.

신재한(2013). STEAM 융합교육의 이론과 실제. 서울: 교육과학사.

최경희(1996). STS교육의 이해와 적용. 서울 : 교학사.

허태봉(2001). STS교수·학습지도안(1학년). 사천초등학교.

Cheek, D. W.(1992). *Thinking constructively about science, technology; add society education.* State University of New York press.

McFadden, C. P.(1991). Towards an STS school curriculum. *Science Education, 75(4)*, 457-469.

Yager, R. E., & Tamir, P.(1993). STS approach: Reason, intentions, accomplishment and outcomes,. *Science Education, 77(6)*, 637-658.

색 인

내용 색인

저 자 소 개

김민환(金玟煥)

공주사범대학 교육학과 졸업(교육학사)
서울대학교 대학원 교육학과 졸업(교육학 석사)
건국대학교 대학원 교육학과 졸업(교육학 박사)
The University of Waikato 객원 교수(New Zealand)
청소년상담원 부모교육 교수요원
초등학교 특별활동 교과용도서 심의회 심의위원 역임
한국교원대학교 종합교육연수원 교장자격연수 강사
한국교육과정평가원 교원임용경쟁시험 출제위원
한국교육개발원 교원양성기관평가 위원
상지대학교 인문사회과학대학 교직과 교수(현재)

【주요 저서 및 논문】
• **교사를 위한 교육과정론**. 공저, 공동체(2011)
• **실제적 교육방법론**, 양서원, 2004.
• **새로운 교육과정 탐구: 재개념주의적 접근**, 공저, 성원사, 1991.
• 초 · 중등학교 교육과정의 편성과 운영 실태 분석, **학습자중심교과교육연구**, 10(3). 2010.
• 다문화교육에 관한 연구경향과 과제, **학습자중심교과교육연구**, 10(1). 2010.
• 교사 임파워먼트에 관한 연구 동향과 전망 및 과제, **한국교원교육연구**. 24(1호), 2007.
• 교사의 교육과정 인식과 실천에 관한 연구. **교육과정연구**. 17(1), 1999. 외 다수

추광재(秋光在)

춘천교육대학교 졸업(교육학사)
연세대학교 대학원 교육행정 전공(교육학 석사)
한국교원대학교 대학원 교육과정 및 수업 전공(교육학 박사)
공주대학교, 공주교육대학교, 한국교원대학교 및 대학원 강사
한국교원대학교 종합교육연수원 전국수석교사연수 강사
상지대학교 인문사회과학대학 교직과 겸임교수(현재)

【주요 저서 및 논문】
• **교사를 위한 교육과정론**. 공저, 공동체(2011).
• **교육과정의 이해**, 공저, 강현출판사(2010).
• **교사와 교육과정**, 협신사(2009).
• 수업전문성 향상을 위한 교사평가 준거의 이론적 탐색, **학습자중심교과교육연구**, 7, 2005
• 교육과정 실행 수준 결정요인 탐색, **교육과정연구**, 28(3), 2006.
• 초등학교 특별활동 교육과정 실행의 문제점 및 대안 탐색, **학습자중심교과교육연구**, 7(2). 2007. 외 다수

개정판
예비 · 현직 교사를 위한 수업모형의 실제

초판인쇄	2012년 12월 18일
초판발행	2012년 12월 24일
개정판인쇄	2015년 8월 20일
개정판발행	2015년 8월 30일

공저자	김민환·추광재
펴낸이	안상준

편 집	김선민·한현민
기획/마케팅	송병민
표지디자인	김문정
제 작	우인도·고철민

펴낸곳	(주)박영story
	서울특별시 마포구 월드컵북로 400, 5층 2호(상암동, 문화콘텐츠센터)
	등록 2014. 2. 12. 제2014-000009호
전 화	02)733-6771
f a x	02)736-4818
e-mail	pys@pybook.co.kr
homepage	www.pybook.co.kr
ISBN	978-11-85754-20-8 93370

copyright©김민환·추광재, 2015, Printed in Korea

정 가   19,000원